LES
ANTIQUITÉS ROMAINES

ENVISAGÉES AU POINT DE VUE

DES INSTITUTIONS POLITIQUES

PAR

P. WILLEMS

PROFESSEUR A L'UNIVERSITÉ DE LOUVAIN.

LOUVAIN

TYPOGRAPHIE DE CH. PEETERS, ÉDITEUR
Rue de Namur, 22

PARIS   BONN

A. DURAND ET PEDONE-LAURIEL AD. MARCUS
9, rue Cujas.

1870

LES ANTIQUITÉS ROMAINES

ENVISAGÉES AU POINT DE VUE

DES INSTITUTIONS POLITIQUES

LES
ANTIQUITÉS ROMAINES

ENVISAGÉES AU POINT DE VUE

DES INSTITUTIONS POLITIQUES

PAR

P. WILLEMS

PROFESSEUR A L'UNIVERSITÉ DE LOUVAIN.

LOUVAIN

TYPOGRAPHIE DE CH. PEETERS, ÉDITEUR

Rue de Namur, 22

PARIS | BONN

A. DURAND ET PEDONE-LAURIEL | AD. MARCUS

9, rue Cujas.

1870

PRÉFACE.

—

Depuis le commencement de ce siècle, des travaux nombreux et savants ont paru en Allemagne sur le droit public et le droit privé du peuple romain. En assignant à l'étude de cette manifestation de la vie romaine la place qui lui revient dans le cercle des branches philologiques, ils l'ont élevée à la hauteur d'une science nouvelle, qui éclaire d'une vive lumière la succession des événements historiques, et expose à nos yeux le jeu varié et multiple des agents dont le concours bien combiné constituait la vie politique de la grande République.

Cependant il est interdit à ceux auxquels la langue alle-

mande est étrangère, de jouir des fruits de ces investiga-
tions soutenues et fécondes en heureux résultats. Il n'existe,
pour autant que nous sachions, ni en langue latine, ni en
langue française, aucune publication qui traite d'une manière complète des institutions politiques romaines, et qui
ait fait tomber dans le domaine public en France les décou-
vertes, réalisées par les savants d'outre-Rhin. Moins favo-
risés que les *histoires romaines* de Niebuhr et de Mommsen,
que l'*histoire grecque* de Grote, les manuels d'*antiquités romaines* de Becker-Marquardt et de Lange, travaux de haute
importance et de grand savoir, qui résument l'état de la
science au moment actuel, n'ont pas rencontré de traduc-
teurs jusqu'à ce jour. D'autre part, peu de savants français se sont créé un nom par des études personnelles dans ce
domaine de la philologie classique. La raison de ce double
fait se devine aisément. Les Facultés des Lettres de l'Université de France ne comprennent dans le cadre de leur
enseignement aucun cours spécial d'antiquités romaines (1),
et, partant, elles privent cette science d'un moyen puissant
de vulgarisation, et ne stimulent point les philologues français à exercer leur activité sur ce terrain.

En Belgique, la loi du 1er mai 1857 sur l'enseignement
supérieur a inscrit parmi les branches à examen de la candidature en philosophie et lettres «les antiquités romaines, en-

---

(1) Voir notre *Coup d'œil sur l'enseignement philosophique, littéraire et
philologique des écoles de Paris en 1862* dans la *Revue belge et étrangère*.
Bruxelles, 1863. T. XV, p. 508.

visagées au point de vue des institutions politiques». Quiconque est tant soit peu initié à la pratique de l'enseignement universitaire sait par expérience qu'il n'est pas moins
utile pour le professeur que pour les élèves d'avoir entre les
mains un précis qui puisse servir de base au développement oral de la branche enseignée. C'est pour cette raison que nous nous sommes efforcé de réunir en ce volume
le résumé concis et complet du cours d'antiquités romaines,
professé à l'Université de Louvain ; et pour mieux préciser
le but essentiel de notre publication, nous avons emprunté
au texte même de la loi le titre de ce livre.

Certains lecteurs reprocheront peut-être à ce manuel un
défaut de proportion dans le développement des différentes
parties : il leur semblera que le droit privé, sujet d'une importance secondaire pour le philologue, occupe une trop
large place, comparée à celle qui est réservée au droit
public. Leur reproche n'est point sans fondement; mais nous
les prions de prendre en considération que presque tous les
élèves auxquels ce cours est destiné se préparent à l'étude
du droit, et que, dans l'esprit de la loi, les antiquités romaines servent avant tout d'introduction au droit romain.

Nous nous sommes aussi proposé par cette publication de
faciliter la voie à ceux qui voudraient entreprendre des recherches approfondies sur des sujets spéciaux des antiquités
romaines. A cet effet, nous avons renvoyé dans les notes,
qui forment la moitié du livre, aux passages principaux des

monuments anciens, sur lesquels s'appuient nos assertions; nous avons reproduit les textes les plus importants, indiqué les travaux les plus récents sur chaque sujet, et là où l'importance de la question semblait l'exiger, nous avons résumé les controverses des savants modernes. Nous avons distingué partout avec soin entre les faits positifs et les hypothèses, si nombreuses dans la science des antiquités. Dans ce domaine des hypothèses, nous avons comparé les principaux systèmes actuellement en vogue, dont les deux extrêmes, Niebuhr et Walter d'une part, Mommsen de l'autre, sont reliés par les opinions intermédiaires de Becker-Marquardt et de Lange. Entre ces opinions divergentes, nous avons choisi pour chaque sujet celle qui nous semblait s'accorder le mieux avec les témoignages des anciens; et nous ne nous sommes permis qu'exceptionnellement de nous éloigner des maîtres d'outre-Rhin pour émettre une opinion qui nous fût personnelle.

INTRODUCTION.

Cᴴ. I. — LES SOURCES ET LES TRAVAUX MODERNES (1).

L'étude raisonnée et systématique des institutions politiques du peuple romain est une science moderne. Mais les matériaux de cette science sont les détails épars et souvent incomplets, relatifs aux institutions romaines, qui nous ont été conservés dans les monuments des littératures anciennes.

I. SOURCES LATINES.

Tous les ouvrages de la littérature romaine fournissent certaines données qui contribuent à la construction de la science des antiquités. Nous nous contenterons de citer brièvement les plus importants.

1º Documents officiels.

Les *Fasti consulares* ou *Magistratuum (Fasti Capitolini)* (²).

Les *leges, edicta, senatusconsulta*, etc. (³).

---

(1) W. A. Bᴇᴄᴋᴇʀ, *Manuel des antiquités romaines* (en allemand). Leipzig, 1843. T. I, p. 3-68.

L. Lᴀɴɢᴇ, *Antiquités romaines* (en all.). Berlin, 1863. T. I, p. 2-34. 2ᵉ éd.

(2) Ils sont publiés dans les *Inscriptiones latinae antiquissimae* de Tʜ. Mᴏᴍᴍsᴇɴ. Voyez plus bas.

(3) Hᴀᴜʙᴏʟᴅ, *Antiquitatis Romanae monumenta legalia*, ed. Sᴘᴀɴɢᴇɴʙᴇʀɢ. Berlin, 1830.

Gᴏᴇᴛᴛʟɪɴɢ, 15 *documents officiels romains* (en all.). Halle, 1845.

Bʀᴜɴs, *Fontes juris Romani antiqui*. Tubingen, 1860.

Dɪʀᴋsᴇɴ, *Examen des essais relatifs à la critique et à la restitution du texte des fragments des lois décemvirales* (en all.). Leipzig, 1824.

R. Sᴄʜᴏᴇʟʟ, *Legis XII tabularum reliquiae*. Leipzig, 1866.

Les *Acta senatus populique Romani, diurna* (¹).

2° Les Inscriptions (²) et les Monnaies.

3° Parmi les écrivains romains nous ne nommerons que l'historien Tite-Live (³),

Le savant Varron (⁴),

Et Cicéron, à la fois orateur, philosophe et homme d'Etat (⁵).

4° Les écrits des jurisconsultes, antérieurs à Justinien (⁶), et le *Corpus juris civilis* de cet Empereur.

II. SOURCES GRECQUES.

Nous ne mentionnerons que les plus importantes, l'histoire de Polybe (⁷), l'Ἀρχαιολογία Ῥωμαϊκή de Denys d'Halicarnasse, les vies parallèles et les questions romaines de Plutarque, et parmi les premiers écrivains de l'époque byzantine l'ouvrage de J. L. Lydus : περὶ ἀρχῶν τῆς Ῥωμαίων πολιτείας.

(1) LECLERC, *Des journaux chez les Romains*. Paris, 1838.

LIEBERKUEHN, *De diurnis Romanorum actis*. Weimar, 1840.

HUEBNER, *De senatus populique Romani actis*. Leipzig, 1859.

(2) ORELLI, *Inscriptionum Latinarum selectarum amplissima collectio ad illustrandam Romanae antiquitatis disciplinam accommodata*. Zurich, 1828. 2 vol. *Volumen tertium collectionis Orellianae supplementa emendationesque exhibens*, ed. G. HENZEN. Ib. 1856.

Le *Corpus inscriptionum Latinarum*, en cours de publication, dont ont paru : *Priscae Latinitatis monumenta epigraphica ad archetyporum fidem exemplis lithographis repraesentata*, ed. FR. RITSCHL. Berlin, 1862, in-fol. et *Inscriptiones Latinae antiquissimae ad C. Caesaris mortem*, ed. TH. MOMMSEN. Berlin, 1863.

(3) Comme notre cours d'antiquités s'arrête à la fondation de l'Empire romain, nous ne citons point les auteurs qui ont traité spécialement de l'Empire, comme Tacite, Suéthone, les *Scriptores historiae augustae* parmi les Romains, Dion Cassius parmi les Grecs.

(4) Son livre, *Rerum divinarum et humanarum antiquitates*, qui serait pour nous la source la plus précieuse, est presqu'entièrement perdu. Mais l'on trouve cependant des renseignements importants dans les livres conservés *de lingua latina*.

(5) Sont surtout à consulter les fragments *De republica*, les *Epistolae* et pour les antiquités judiciaires les *Orationes* (avec le commentaire d'*Asconius*).

(6) PH. ED. HUSCHKE, *Jurisprudentiae antejustinianae quae supersunt*. Leipzig, 1867. 2e éd.

(7) Malheureusement le VIe livre qui traitait *ex professo* de la constitution romaine, est perdu en majeure partie.

Observations générales sur les sources.

1° Nous ne possédons des anciens aucun ouvrage traitant *ex professo* des institutions politiques de Rome.

2° Les documents officiels les plus anciens, tels que les *Annales maximi*, les *Commentarii magistratuum*, de même que les historiens antérieurs au premier siècle avant J.-Chr., sont presque entièrement perdus (¹). Les ouvrages mêmes qui nous restent, comme ceux de Tite-Live, Cicéron, Halicarnasse etc., présentent de nombreuses lacunes dans leur état actuel.

3° Les sources manquent souvent de critique et d'impartialité (²).

III. TRAVAUX MODERNES.

Depuis le xvᵉ jusqu'à la fin du xviiᵉ siècle la science des antiquités fut préparée par un nombre immense de monographies sur des points spéciaux des institutions romaines. Les travaux les plus importants de cette période furent réunis dans certaines grandes collections, comme celles de :

GRAEVIUS, *Thesaurus antiquitatum Romanarum*. Utrecht, 1694-99. 12 vol. in-fol.

(1) *Historicorum veterum Romanorum reliquiae, a* C. L. ROTH, *collectae et dispositae*, dans l'édition de Salluste par GERLACH. Bâle, 1852, p. 249. Plusieurs écrivains de l'Empire ont pour nous une grande importance, parce qu'ils ont conservé des fragments ou consulté les ouvrages d'auteurs plus anciens, dont les textes originaux n'existent plus. Citons entr'autres : l'Encyclopédie de Pline l'Ancien, le traité *De verborum significatione* de S. P. Festus, avec l'*Epitome* de Paul Diacre, les Nuits attiques d'Aulu-Gelle et les Saturnales de Macrobe.

(2) Comme la reconstruction des institutions politiques est basée avant tout sur les données que les anciens nous ont transmises, il s'ensuit que le degré de créance, que chaque auteur mérite, est dans cette étude un point d'une importance capitale. Or les savants modernes ne s'accordent pas complètement à ce sujet. Tandis que Niebuhr élève infiniment Denys d'Halicarnasse au-dessus de Tite-Live et de Cicéron, Becker et Lange rabattent beaucoup de cette importance excessive, accordée à Denys, et estiment, au moins autant, les deux écrivains romains. D'ailleurs, cette question ardue ne sera pleinement résolue que lorsqu'on aura démontré, jusque dans les détails, à quelle source chaque écrivain a puisé. Ce problème, mis à l'étude depuis un demi siècle, est seulement en voie de solution.

SALLENGRIUS, *Novus thesaurus antiquitatum Romanarum.*
La Haye, 1716-19. 3 vol. in-fol.

POLENUS, *Supplementa utriusque thesauri.* Venise, 1730-40. 5 vol. in-fol.

Un essai d'exposition systématique des antiquités fût déjà fait par ROSINUS, dont l'ouvrage, intitulé : *Antiquitatum Romanarum corpus absolutissimum,* Bâle, 1583, fut plusieurs fois réédité avec les notes de DEMPSTER.

Le XVIIIe siècle vit paraître également un certain nombre de manuels d'antiquités romaines dont les principaux eurent de nombreuses éditions. Ce sont :

NIEUPOORT, *Rituum qui olim apud Romanos obtinuerunt succincta explicatio.* Utrecht, 1712 (fréquemment réimprimé durant le 18e siècle avec les commentaires d'autres philologues).

PETISCI *Lexicon antiquitatum Romanarum.* Leeuwaarden, 1713. 2 v. in-fol.

MATERNUS VON CILANO, *Traité développé sur les Antiquités romaines* (en allem.). Altona 1775, 4 vol.

ADAM, *Les antiquités romaines.* Londres, 1791-92 (en anglais et traduit en plusieurs langues).

Cependant tous ces travaux furent plutôt des œuvres de compilation que des études scientifiques, basées sur l'examen critique des sources. Ils nous offrent une aggrégation de faits, unis par un lien purement externe, mais ils n'expliquent point l'origine, les lois internes du développement historique et les transformations successives des institutions romaines. La *science* des antiquités naquit avec la rénovation des études philologiques en Allemagne au commencement de ce siècle.

La première impulsion à l'application de la méthode historique et critique aux études philologiques fut donnée par le célèbre F. A. WOLF :

Exposé de la science de l'antiquité, en rapport avec l'objet, l'étendue, le but et la valeur de cette science (en all.) dans le *Museum der Alterthums-Wissenschaft.* T. I. Berlin, 1807.

Leçons sur les antiquités romaines avec des corrections et des notes littéraires de HOFFMANN (en all.). Leipzig, 1835.

B. G. NIEBUHR, en appliquant la méthode de Wolf à l'étude des institutions romaines, devint le véritable fondateur de la science des antiquités politiques. Ses principaux ouvrages sont :

Histoire romaine (en all.). 2 vol. Berlin, 1811. Traduite en français par DE GOLBÉRY. Strasbourg, 1830.

Leçons sur l'histoire romaine, publiées par ISLER (en all.). Berlin, 1846-48. 3 v..

Leçons sur les antiquités romaines, publiées par ISLER (en all.). Berlin, 1858.

Les ouvrages et les leçons de Niebuhr ne créèrent pas seulement un système tout à fait neuf de l'origine et de l'histoire des institutions politiques de Rome, mais ils provoquèrent aussi une série de travaux et de recherches remarquables sur cette science nouvelle, qui continuaient et rectifiaient parfois la voie ouverte par Niebuhr. Ces travaux spéciaux seront mentionnés à leur place. Qu'il suffise ici de citer certains travaux d'ensemble :

RUBINO, *Recherches sur la constitution et l'histoire romaines*, 1ᵉ partie. *Du développement de la constitution romaine jusqu'à l'époque de grandeur de la République* (en all.). Cassel, 1839.

GOETTLING, *Histoire de la constitution politique de Rome depuis la fondation de la ville jusqu'à la mort de César* (en all.), Halle, 1840.

PETER, *Les époques de l'histoire des institutions de la République romaine* (en all.). Leipzig, 1841.

Mentionnons aussi les travaux scientifiques que les savants modernes ont publiés, dans les derniers temps, sur l'histoire romaine, et dans lesquels ils touchent, au moins partiellement, à presque tous les problèmes de la science des institutions politiques :

SCHWEGLER, *Histoire romaine* (en all.). Tubingen, 1853-58. 3 vol. La 2ᵉ édit. est en cours de publication.

PETER, *Histoire romaine* (en all.). 2ᵉ édit. Halle, 1865-67. 3 vol.

Th. Mommsen, *Histoire romaine* (en all.). Berlin, 1 et 2 vol. 5e edit. 1868-69. 3e vol. 4e édit. 1866. Une traduction française de cet ouvrage paraît à Paris par les soins de C. A. Alexandre, et à Bruxelles par E. de Guerle.

W. Ihne, *Histoire romaine* (en all.). T. I. *Depuis la fondation de Rome jusqu'à la première guerre punique.* Leipzig, 1868.

Mais les deux ouvrages capitaux, qui résument en quelque sorte l'état de la science à notre époque, ce sont les manuels d'antiquités romaines de Becker-Marquardt et de Lange.

Becker-Marquardt, *Manuel d'antiquités romaines* (en all.). Leipzig, 1843-67. 5 vol. Becker a composé le T. I, (1843), traitant des sources de la science et de la topographie de Rome, et les deux premières parties du T. II (1844, 1846) qui exposent les institutions politiques. Marquardt a continué l'ouvrage. Il a publié successivement la troisième partie du T. II (1849), traitant des comices sous la République et de la constitution impériale des trois premiers siècles, le T. III divisé en deux parties, dont la première (1851) s'occupe de l'Italie et des provinces, et la seconde (1853) de l'administration financière et de l'organisation militaire, le T. IV (1856), traitant de la religion, et le T. V, exposant en deux parties (1864, 1867) les antiquités privées. Cet ouvrage éminent sera complété par Th. Mommsen, qui s'est chargé des antiquités judiciaires.

L. Lange, *Antiquités romaines* (en all.). Berlin. Jusqu'ici ont paru deux éditions des deux premiers volumes, consacrés aux antiquités politiques. Les deux volumes de la seconde édition datent, le premier, de 1863, le second, de 1867 (1).

Les Manuels de Becker-Marquardt et de Lange, dans les questions si controversées qui se rapportent à l'histoire des institutions romaines jusqu'à l'époque historique, adoptent en général les théories fondamentales, émises par Nie-

---

(1) Voyez, sur le mérite des ouvrages de Becker-Marquardt et de Lange, l'appréciation, très-exacte, ce nous semble, de M. Herzog, dans le *Philologus*, T. XXIV, p. 285-90. Goettingen, 1866.

BUHR. Ce système, dans la plupart de ses points essentiels, est combattu actuellement par Th. Mommsen. Bien que ce savant n'ait point composé de Manuel d'antiquités, ses travaux sur les antiquités et principalement ses *Recherches romaines* (en all. Berlin, 1864. T. I, 2e éd.) ont une importance telle que nous ne pouvons ici les passer sous silence.

M. A. Troisfontaines, professeur à l'Université de Liége, a aussi entrepris la publication d'un *Traité d'Antiquités romaines considérées principalement sous le point de vue politique*. Jusqu'ici la 1re partie a seule paru. 2e éd. Bruxelles, 1866.

—

§ 1. — *De la division des individus d'après le droit romain.*

« *Summa... divisio de jure personarum haec est, quod omnes homines aut liberi sunt aut servi.* » *Instit.*, I, 3.

« *In servorum conditione nulla est differentia. In liberis multae differentiae sunt.* » *Instit.*, I, 3, § 5.

Le droit romain ne reconnaît la *personnalité*, la capacité juridique qu'aux hommes libres : « *Personae, quarum causa* [jus] *constitutum est.* » *Instit.*, I, 2, § 12.

La capacité juridique s'appelle *caput :* « *Servus caput non habet.* » Cf. *Inst.*, I, 16, § 4.

Le *caput*, quand il est complet, comprend 3 degrés ou *status* (¹) :

1° *Status libertatis.* — « *Et libertas quidem... est naturalis facultas ejus, quod cuique facere libet, nisi quod vi aut jure prohibetur.* » *Instit.*, I, 3, § 1. — Pas de liberté absolue : « *Legum... idcirco omnes servi sumus, ut liberi esse possimus.* » Cic., *pro Cluentio*, § 146. — Ce *status* est la base des autres.

2° *Status civitatis.*

3° *Status familiae.* « *Tria enim sunt, quae habemus : libertatem, civitatem, familiam.* » *Dig.* IV, 5, 11.

Les hommes libres, sous le rapport du *caput*, se divisent en *cives*, c'est-à-dire ceux qui possèdent les trois *status* du

______

(1) Sur la nature du *status* voyez Savigny, *Système du droit romain* (en all.). Berlin, 1840. II, 60-89.

caput, et *peregrini*, ou ceux dont le *caput* est incomplet (¹).

Juridiquement tout homme libre, non-citoyen, qu'il soit sujet de l'Etat romain ou non, s'appelle *peregrinus*. Mais parmi les *peregrini*, sujets de Rome, il y a une classe privilégiée qui en droit s'appelle *latini*. La *latinitas* est parfois considérée comme une condition intermédiaire entre la *peregrinitas* et la *civitas*.

DES CIVES. — Les éléments qui ont possédé la *civitas* ont varié aux différentes époques de l'histoire romaine.

Dans la première époque le droit de cité n'appartient qu'à ceux qui, par naissance ou par naturalisation, sont membres des trois tribus dites génétiques. Tous possèdent un droit de cité égal, et se nomment indifféremment *cives, quirites, patricii*. A côté d'eux il y a deux classes d'hommes libres, non-citoyens, les clients et les plébéiens, et puis des esclaves. — *Période patricienne.*

Dans la seconde époque, qui commence avec la réforme de Servius Tullius, le droit de cité est conféré aux clients et plébéiens. Ces nouveaux citoyens se trouvent cependant dans une infériorité politique marquée vis-à-vis des patriciens qui, seuls, ont la *civitas* complète. Il y a donc dès lors deux classes de citoyens, qui réunies forment le *populus romanus quiritium*. — *Période patricio-plébéienne.*

Une lutte opiniâtre de deux siècles entre ces deux classes de citoyens assure successivement aux citoyens de l'ordre inférieur les droits politiques dont ils étaient exclus dans le principe, et amène ainsi par l'égalité politique la constitution définitive du peuple romain.

Dès le commencement du III° siècle avant J.-Chr. la distinction politique entre patriciens, clients, plébéiens a presqu'entièrement disparu ; tous sont au même titre *cives romani*.

Les *cives* se distinguent extérieurement des *peregrini* par

(1) La division des *liberi* donnée par les *Institutes* (*aut enim sunt ingenui, aut libertini*, I, 3, § 5) n'est applicable qu'à l'époque de Justinien, où toute distinction entre *cives* et *peregrini* dans l'Empire romain avait disparu. Mais antérieurement cette division n'avait d'importance que pour les *cives*. Aussi n'en parlerons-nous que quand nous exposerons le droit de cité.

la *toga* dont l'usage était interdit à quiconque n'etait pas citoyen.

§ 2. *De la nature et des pouvoirs organiques du gouvernement romain.*

Le gouvernement romain fut *en droit* républicain depuis la plus haute antiquité jusqu'au siècle de Constantin. *Res publica.* Pendant cette longue période l'ensemble des citoyens, le *populus romanus quiritium*, fut en principe le dépositaire du pouvoir souverain ; les autres corps politiques étaient investis de leurs attributions en vertu d'une délégation du pouvoir souverain.

Le pouvoir souverain est exercé par les citoyens, réunis en *comitia.*

Les *comitia* de l'époque patricienne s'appellent *curiata :* ils sont basés sur les divisions en *curiae*, qui sont elles-mêmes des subdivisions des tribus génétiques. Chaque *curia* a une influence égale. *République démocratique.*

La réforme de Servius Tullius introduit les *comitia centuriata,* basés sur les divisions timocratiques des citoyens, et soumis en certains points à une sorte de tutelle des *comitia curiata,* qui ne comprenant maintenant qu'une partie des citoyens, les *patricii*, sont devenus aristocratiques. *République aristocratique et timocratique.*

A côté des Comices curiates et centuriates est créée une nouvelle réunion du peuple, d'après le principe plutôt démocratique des tribus locales : *comitia tributa.* Ces comices tributes étendent leur influence et leur compétence au dépens des deux précédents, et exercent de fait le pouvoir souverain à Rome dès le IIIe siècle avant J.-Chr. *République démocratique.*

Cependant le *populus romanus,* tout en étant pouvoir souverain, n'exerce pas par lui-même tous les actes du pouvoir et de l'administration. Il ne s'est réservé dans ses comices que la décision sur les projets de loi et sur une partie de la juridiction : il n'exerce pas même l'initiative législative.

La délibération qui précède la décision, l'exécution qui suit, l'administration en général, tous ces pouvoirs il les délègue directement ou indirectement à des citoyens ou des corps de citoyens. Les comices constituent donc le pouvoir législatif.

Le pouvoir délibératif est représenté essentiellement par le *senatus*, corps de citoyens d'élite que le *Censeur*, le délégué du peuple, choisit de préférence parmi les anciens magistrats, les élus du peuple. Le sénat est en outre chargé de plusieurs branches administratives, telles que finances, rapports internationaux etc.

Le pouvoir exécutif et certaines branches de l'administration sont confiés directement par le peuple à des citoyens qu'il choisit lui-même dans les comices. *Magistratus.*

La juridiction est répartie parmi les trois pouvoirs dont nous venons de parler.

Cependant, dans l'histoire romaine, l'on distingue ordinairement trois époques : la Royauté, la République et l'Empire. La cause de cette distinction se trouve dans l'organisation romaine du pouvoir exécutif, qui, selon les époques, fut confié à un seul magistrat ou scindé et distribué parmi plusieurs délégués du peuple.

Dans l'époque, appelée royale, le peuple souverain confère la totalité du pouvoir exécutif à un seul citoyen, le *Rex*, nommé à vie, irresponsable, et vis-à-vis duquel le sénat se trouve dans une complète subordination. La royauté est élective ; le pouvoir royal limité par la *lex curiata de imperio* ([1]).

Aussi quand les derniers Rois veulent transformer illégalement le gouvernement en monarchie absolue et héréditaire, le peuple leur enlève violemment le pouvoir usurpé ([2]).

Alors, pour rendre impossible le retour d'un tel état de choses, il remplace le Roi viager et irresponsable par deux *Consuls* annuels et responsables. Cette seule modification du

---

(1) LANGE, I, p. 239.
(2) LANGE, I, p. 369-380.

pouvoir exécutif forme la transition de la Royauté à la République. *« Uti consules potestatem haberent tempore duntaxat annuam, genere ipso ac jure regiam. »* Cic., *de rep.*, II, 32.

La tendance continuelle du peuple sous la République fut d'affaiblir ce pouvoir, soit en le scindant davantage entre plusieurs magistrats, *Censeurs, Préteurs, Ediles*, soit en établissant des garanties nouvelles des droits du citoyen vis-à-vis des magistrats, la *lex de provocatione*, le *Tribunat*, la législation décemvirale, etc., soit en reprenant une part plus large au gouvernement dans les comices tributes.

A mesure que le pouvoir exécutif se morcelle et s'affaiblit, — celui du sénat augmente en influence et en importance : sous la République le sénat eut une part très-grande à la direction des affaires publiques ([1]).

Ce gouvernement républicain démocratique ne put se maintenir intact qu'aussi longtemps que les citoyens restèrent fidèles aux traditions antiques de probité et d'honnêteté politiques, et que les partis observèrent le respect rigoureux des lois. Mais quand les sanglantes guerres civiles du premier siècle avant J.-Chr., effet nécessaire de la foi aveugle des masses populaires dans quelques chefs ambitieux, eurent épuisé les dernières forces vives de la République, le peuple romain, las du pouvoir, dans l'intérêt de sa sûreté matérielle, reconstitua sur de fortes bases le pouvoir exécutif qu'il avait scindé, cinq siècles auparavant, pour sa sûreté politique.

Le peuple accorde alors à un seul citoyen, par des lois successives et régulières, la plupart des attributions exercées antérieurement par plusieurs magistrats, une partie du pouvoir du sénat et de son propre pouvoir. Auguste est son délégué : il crée l'Empire.

Au successeur d'Auguste l'ensemble de ces pouvoirs est confié à vie par une seule loi.

Depuis Tibère c'est le sénat, qui, comme délégué du peuple, *crée* l'empereur et lui confère ses pouvoirs par la

[1] Lange, II, 332.

lex curiata de império. L'histoire de l'Empire romain nous montre que le droit, en cette occurrence, dut ordinairement céder à la violence, et elle nous instruit aussi des événements successifs qui amenèrent enfin, à dater de Constantin, la transformation du gouvernement romain en monarchie absolue et héréditaire.

L'étude détaillée des institutions que nous venons d'esquisser forme l'objet du cours d'antiquités politiques.

Deux méthodes différentes se présentent dans cette étude :

1° La méthode que j'appellerai *didactique* et qui a été suivie par BECKER. Elle consiste a étudier séparément chaque institution dès son origine jusqu'à sa disparition. Elle a un défaut capital ; celui de ne point offrir une image vraie et réelle de l'*ensemble* des institutions politiques aux différentes périodes de l'histoire romaine.

2° La méthode *historique*, suivie par LANGE, présente l'ensemble des institutions dans leur développement graduel et historique. Cette méthode, rigoureusement appliquée, aboutit à l'histoire politique du peuple romain, science distincte de celle des antiquités politiques.

Nous avons tâché de combiner cette double méthode. Nous avons divisé l'histoire des institutions romaines en deux grandes époques : une époque de formation et une époque de constitution définitive.

En conséquence nous étudions dans une première partie la génèse et le développement historique des institutions romaines, en y distinguant encore deux périodes : la période patricienne et la période patricio-plébéienne ou de transition.

Dans la seconde partie, nous donnerons un exposé systématique de ces institutions, telles qu'elles se présentent à nous à leur époque de grandeur et d'achèvement. Nous y traiterons, en insistant spécialement sur l'organisation romaine des trois derniers siècles de la République,

1° De la condition civile et politique des individus ou des personnes;

2° Des pouvoirs constitutifs du gouvernement;

3° Des principales branches de l'administration.

PREMIÈRE PARTIE

ÉPOQUE DE FORMATION.

LIVRE I. — L'ÉTAT PATRICIEN.

Cʜ. I. — DE L'ORIGINE DE ROME. DES TROIS TRIBUS GÉNÉTIQUES. DES QUIRITES, PATRICII OU CITOYENS.

Récit légendaire de la fondation de Rome selon les anciens. Mélange de traditions italiques et helléniques (1).

Les peuples italiques, sauf les Étrusques, forment avec les peuples helléniques la race pélasgique, branche de la grande famille des peuples indo-européens (2).

Les peuplades italiques, telles que les Latins, les Ombriens etc., étaient subdivisées en tribus (3).

(1) Les légendes grecques relatives à la fondation de la ville de Rome sont exposées par Nɪᴇʙᴜʜʀ, *Hist. rom.*, I, 224, 4ᵉ éd. Mᴜᴇʟʟᴇʀ, *Explicantur causae fabulae de Aeneae in Italiam adventu* dans le *Classical journal*. 1822. Vol. XXVI. Bᴀᴍʙᴇʀɢᴇʀ, *Sur l'origine du mythe de l'arrivée d'Enée dans le Latium* (en all.) dans le *Rheinisch Museum*. 1838. T. VI, p. 82. Kʟᴀᴜsᴇɴ, *Enée et les Pénales* (en all.). 2 v. Hambourg, 1839-41. Nᴀᴇɢᴇʟᴇ, *La fondation de Rome*, (en all.) dans les *Studien ueber altitalisches und roemisches Rechtsleben*. Schaffhouse, 1849, p. 249. Lɪɴᴋᴇʀ, *La plus ancienne histoire mythique de Rome* (en all.). Vɪᴇɴɴᴇ, 1858. Gᴇʀʟᴀᴄʜ, *De rerum Romanarum primordiis*. Bâle, 1861. 2ᵉ éd. Aᴍᴘᴇ̀ʀᴇ, *Histoire romaine à Rome* 2 v. 2ᵉ éd. Paris, 1863. Fᴏʀᴄʜʜᴀᴍᴍᴇʀ, *La fondation de Rome* (en all.). Kiel, 1868.

(2) Lᴀɴɢᴇ, I, 47-65. Lᴏᴛᴛɴᴇʀ, *Sur la position des Italiques dans la race indo-européenne* (en all.) dans Kᴜʜɴs *Zeitschrift für vergleichende sprachforschung*. T. VII, 1858.

(3) Kɪʀᴄʜʜᴏғғ, *Les recherches les plus récentes dans le domaine des langues italiques* (en all.) dans le *Kieler Monatsschrift*, 1852, p. 577 et 801.

Il semble qu'à une époque reculée le territoire de la ville de Rome fut occupé par trois de ces tribus, trois peuplades différentes, et que ces trois tribus y constituaient trois bourgs, trois *civitates* indépendantes : « *Ager Romanus primum divisus in partes tres.* » VARR., *de ling. lat.*, V, 9. On est réduit à des conjectures sur l'histoire et les rapports primitifs de ces trois cités ([1]). Mais, quoi qu'il en soit, elles finirent par se confédérer d'abord, et ensuite à ne plus former qu'un seul Etat : la *civitas Romana* ([2])..

Ces tribus portaient, d'après la tradition ([3]), les noms suivants :

1° Les *Ramnes* ([4]) *(Ramnenses, Ramnétes)*. Cette tribu, d'origine latine, semble s'être fixée la première sur le territoire romain ; peut-être sortit-elle d'Albe-la-Longue, alors la ville principale du Latium ([5]), par suite d'une *secessio*. Elle occupait le *mons palatinus*, et avait établi une *arx* (citadelle) sur le *mons capitolinus*. C'est d'elle que dérivent les noms de *Roma, Romulus, Remus* ([6]).

2° Les *Tities (Titienses, Tatienses :* héros patronymique, *Titus Tatius)*, d'origine sabine (ombrienne), étaient établis sur le *mons quirinalis*. Le règne simultané de Romulus et de Titus Tatius semble rappeler l'existence d'un *foedus aequum* entre la cité latine et la cité sabine ([7]), celui de Numa la prépondérance de l'élément sabin.

3° Les *Luceres (Lucerenses)* occupaient le *mons coelius* ([8]).

---

(1) Cf. LANGE, I, 75. HUELLMANN, *Origines de la constitution romaine* (en all.). Bonn, 1835.

(2) Sur l'origine de la ville, cf. NIEBUHR, *h. r.* I, 300. BECKER, II, 1, 12-19. LANGE, 1, 77-89. TROISFONTAINES, I, 1-24 et 56-59.

(3) Cf. VARR., *de l. l.*, V, 9, 14, 16. LIV., I, 13 et 36; X, 6. CIC., *de rep.*, II, 20.

(4) FROEHNER, *Rome et les Ramnes* dans le *Philologus*. Goettingen, 1855. T. X, p. 552.

(5) CINCIUS cité par FESTUS, p. 241 (éd. Mueller). CANINA, *Des trente colonies d'Albe* (en ital.). Rome, 1840.

(6) Sur l'étymologie du mot *Rome*, cf. BECKER, II, 1, 13. LANGE, I, 72.

(7) LANGE, I, 81.

(8) LIV., I, 33.

C'est selon toute probabilité la dernière venue des trois tribus. *Lucerum nominis et originis causa incerta est*, dit Tite-Live, I, 13. Les modernes sont divisés entre deux hypothèses: d'après les uns c'est une tribu étrusque [1], et leur nom dériverait de *lucumones* [2], le nom des chefs étrusques; d'après une autre opinion les *Luceres* seraient les familles albaines, transportées à Rome et incorporées dans le peuple romain après la destruction d'Albe-la-Longue, sous Tullus Hostilius. Dans cette hypothèse les *Luceres* sont aussi d'origine latine, et leur nom provient du même radical que *lucere*, et signifie *illustres, splendidi*. Cette dernière hypothèse expliquerait le retour de la prépondérance à l'élément latin représenté par Tullus Hostilius [3].

Le nom de *tribus génétiques, primitives, de race* ou *de naissance* est donnée à ces trois tribus pour les distinguer des *tribus locales*, créées par Servius Tullius.

Depuis que les trois tribus se sont réunies en une seule *civitas*, les membres de ces tribus forment le *populus* [4] romanus; comme citoyens du nouvel Etat, ils se nomment *Quirites, Patres, Patricii*.

Quelle est l'origine de ces dénominations? Il y a en cette question, comme en général dans l'étymologie des noms propres, beaucoup d'obscurités, et partant des opinions très-divergentes.

D'après les uns, le mot *Quirites* aurait été d'abord une dénomination des seuls *Tities* [5]; ils le dérivent, ou

---

(1) Florus, III, 18, dit : *Quum populus Romanus Etruscos Latinos Sabinosque miscuerit et unum ex omnibus sanguinem ducat*, etc.

(2) Cf. Varr., *De l. l.*, V, 9. Cic., *De rep.*, II, 8. Aurelius Victor, 2, 11, etc. D'autres le dérivent de *lucus* : *Lucéres... a Lucumone sive Lucretino* (cf. Becker, II, 1, 30), *sive a luco, quem lucum asylum voverat Romulus*. Pseudo-Asconius ad Cic., *Verr.*, I, 5. Plutarq., *Rom.*, 20.

(3) Elle fut mise en avant par Niebuhr, *H. r.* I, 312, 366 ; combattue par Huscke, *Organisation de Serv. Tullius* (en all.), 32 ; par Goettling, *H. r.*, 222 ; Becker, II, 1, 135 ; et défendue de nouveau par Lange, I, 85-88 et dans les *Goettinger gelehrte Anzeigen*, 1851, p. 1897.

(4) Le sens propre de *populus* est *le peuple armé, guerrier*. Voy. Th. Mommsen, *Rech. rom.*, I, 168.

(5) Niebuhr, I, p. 304. Goettling, p. 60, sq.

bien avec VARRON, *De l. l.*, VI, 7, de *Cures*, ville sabine, ou bien encore d'après VARRON (chez DENYS, II, 48) du mot sabin *quiris, curis* (lance). Des *Tities* la dénomination se serait étendue aux membres des trois tribus.

D'après d'autres, *Quirites* serait une ancienne forme substantive, dérivée du mot *curia* (subdivision politique de la tribu) ; ce nom serait donc synonyme du mot de formation postérieure, *curiales*, et désignerait les membres de l'Etat, en tant qu'ils exercent dans la *curia* leurs droits politiques (1). « *Populus romanus quiritium* (2). »

Les *Quirites* s'appellent aussi et même plus généralement dans l'histoire *Patres* ou *Patricii* (3). *Patricius*, adjectif formé de *pater*, veut dire : celui qui a la qualité de *pater* (4).

Primitivement les droits politiques n'étant l'apanage que des citoyens qui étaient juridiquement *patres familias*, le nom de *pater* devint synonyme de citoyen, jouissant du plein exercice de ses droits politiques. De là, quand dans la suite des temps les *filiifamilias* furent admis aux droits politiques à leur majorité, ceux-ci, tout en étant *filiifamilias*, au point de vue du droit privé, pouvaient politiquement s'appeler *Patres*, tout aussi bien que *Quirites*.

Cette opinion sur l'origine du patriciat a été combattue par RUBINO (5), qui y préfère celle de Tite-Live et de Cicéron.

(1) Cette opinion, indiquée déjà par BECKER, est adoptée par LANGE, I, 78-80 et 248 : « *Quirites autem dicti post foedus a Romulo et Tatio percussum communionem et societatem populi factam indicant.* » FEST., p. 254. Cf. HORAC. *Ep.* 1, 6, 7. PERS. V, 75. — *Romulus Quirinus, Juno Quiritis.* — Dans les derniers temps de la République le mot *quirites* avait reçu la signification de *bourgeois*, opposés aux citoyens-soldats, comme le prouve le passage suivant de SUÉTONE (*Vie de César*, § 70). « *Una voce, qua quirites eos pro militibus appellarat, tam facile circumegit et flexit, ut ei milites esse confestim responderint et quamvis recusantem ultro in Africam sint secuti.* » Comparez aussi TITE-LIVE, XLV, 37, s. f.

(2) Sur l'expression *populus romanus quiritium* ou *populus romanus quirites*, cf. BECKER, II, 1, 21-25, et LANGE, I, 80.

(3) TROISFONTAINES, I, 61-71.

(4) Comparez le sens d'adjectifs de formation analogue : *gentilicius, aedilicius, dediticius, novicius*, etc.

(5) *Rech. sur la constit.*, etc. p 183, suiv. Cf. BECKER, II, 1, 138-150. L'opinion de RUBINO avait été déjà soutenue par WACHSMUTH, *Hist. rom.* (en

« *Centum* (Romulus) *creat senatores... patres certe ab honore, patriciique progenies eorum appellati.* » Liv., I, 8.
Cf. X, 8. « *Ille Romuli senatus, qui constabat ex optimati-
bus, quibus ipse rex tantum tribuisset, ut eos patres vellet
nominari patriciosque eorum liberos.* » Cic., *De rep.*, II, 12.
Cf. II, 8.

Réfutation. 1° Cicéron et Tite-Live ont été induits en
erreur par la signification ordinaire du mot *patres* à leur
temps. Beaucoup de textes prouvent que jusque dans les premiers siècles de la République ce mot était souvent employé
comme synonyme de *patricii* (¹). Exemples : « *Neve cui* PA-
TRUM *capere eum magistratum* (le Tribunat de la plèbe) *liceret.* » Liv., II, 33. La loi des XII Tables avait consacré :
« *Ne conubium* PATRIBUS *cum plebe esset.* » Liv., IV, 4.
Parlant de la même loi, Cicéron dit : « (Conubia) *ut ne
plebei cum* PATRIBUS *esset, inhumanissima lege sanxerunt.* » (*De
rep.*, II, 37). Une *rogatio Canuleia* portait ces mots : « *Ut
populo potestas esset seu de plebe seu de* PATRIBUS *vellet consules faciendi.* » Liv., IV, 1 (²).

2° Cette opinion conduit à une conséquence qui est en
contradiction absolue avec l'histoire romaine. Elle suppose
l'existence d'une classe de citoyens intermédiaire entre le patriciat et la plèbe, une noblesse non-patricienne (³).

Par conséquent *patres* ou *patricii* sont tous ceux qui

all.), Halle, 1819, p. 337. Huschke, *Constitution de S. T.*, p. 403. Elle le
fut ensuite par Peter, *Epoques de l'histoire*, etc., p. 14.

(1) Reuter, *De patrum patriciorumque apud antiquissimos Romanos significatione.* Wurzbourg, 1849. D'après Mommsen (*Rech. rom.*, I, 227-28), le
sens primitif et technique de *patres* serait celui de *sénat patricien*, et de là ce
mot aurait reçu deux significations plus étendues, ou de l'ensemble des patriciens, ou de tous les sénateurs tant plébéiens que patriciens.

(2) Voyez aussi Denys, II, 8, d'après lequel les historiens les plus dignes de foi
(οἱ μὲν δὴ τὰ πιθανώτατα περὶ τῆς Ῥωμαίων πολιτείας ἱστοροῦντες) expliquent
patres et *patricii* dans le sens plus large qu'on y attache généralement. Cf.
Serv. ad Verg., *Aen.*, VIII, 654.

(3) Ovid., *Fast.*, VI, 84, sq. — Autre objection : si dans le principe la qualité
de sénateur accordait le patriciat, comment se fait-il que plus tard cette règle ne
fût plus observée ?

descendent des membres des trois tribus primitives, et les non-citoyens auxquels le peuple patricien a octroyé le patriciat dans la suite (1).

Les *patres* étaient divisés depuis la plus haute antiquité en *juniores* et *seniores* (2). Cette distinction, essentiellement militaire, fut maintenue dans la réforme de Servius Tullius.

Les *quirites* ou *patricii* sont jusqu'à la réforme de Servius Tullius les seuls citoyens romains ; entre eux point de distinction : ils sont tous *cives optimo jure*.

Ils possèdent comme droits privés le *jus conubii* et le *jus commercii*.

Leurs droits politiques se résument dans

1° Le *jus suffragii* aux *comitia curiata* ;

2° Le *jus honorum* ;

3° Le *jus provocationis*, au moins d'après CICÉRON, *De rep.*, II, 31 : « *Provocationem autem etiam a regibus fuisse declarant pontificii libri, significant nostri etiam augurales* » (3) ;

4° Le *jus sacrorum*, *auspiciorum*, *sacerdotiorum*.

Droits et charges à la fois.

1° Le *jus militiae*.

(1) La vérité de cette thèse ressort encore de textes de source très-ancienne, où il est dit que primitivement *patricius* était synonyme de *ingenuus (civis)*. Ainsi CINCIUS dans FESTUS, p. 241 ; LIV., X, 8 ; DENYS, II, 8 ; PLUTARQ., *Rom.*, 13.

(2) Cf. FULVIUS NOBILIOR cité par MACROB., *Saturn.*, I, 12.

(3) Les auteurs anciens attribuent généralement l'origine du *jus provocationis* à Tullus Hostilius (LIV., I, 26, VIII, 33 ; DENYS, III, 22 ; *Dig.*, I, 13), parce que le jugement de Horatius est le premier cas cité d'un *judicium populi*. Plusieurs choses contredisent l'existence du *jus provocationis* sous la Royauté :

1o Ni sous Servius Tullius (DENYS, IV, 25), ni sous Tarquin le Superbe (LIV., I, 49) les auteurs anciens ne parlent de *provocatio*, et ne font aucun grief à ces Rois par suite du non-exercice de la *provocatio*.

2o La *lex Valeria de provocatione* de la République est considérée par tous les auteurs comme une innovation.

3o La Dictature, rétablissement temporaire de la Royauté, est *sine provocatione*.

Cependant BECKER concilie ces objections avec l'existence d'un *jus provocationis* restreint (II, 1, 385-392). D'après LANGE (I, 328-29) la *provocatio* ne s'exerçait pas contre les sentences du Roi, mais contre celles des *duumviri perduellionis*, auxquels le Roi pouvait déléguer le jugement du crime de *perduellio*.

2° Le *jus tributi*.

On peut encore y ajouter le *jus occupandi agrum publicum* (¹).

En dehors de cet ensemble de droits qui constituent proprement le *jus civitatis*, et qui furent communiqués successivement aux nouvelles classes de citoyens, les patriciens jouissaient encore de deux droits d'un caractère privé, mais qui restèrent toujours leur patrimoine exclusif : le *jus patronatus* et le *jus gentilitatis* ou la *jura gentilicia*.

Cʜ. II.—DES SUBDIVISIONS DES TROIS TRIBUS GÉNÉTIQUES. DES CURIAE ET DES GENTES (²).

Chaque tribu est divisée eu dix *curiae*; l'état patricien comprenait donc trente curies (³).

La *curia* est une institution *politique*, créée par le législateur après la réunion des trois tribus en une *civitas*.

Preuves. 1° Le caractère politique, religieux, administratif des *curiae*.

2° Leur nombre déterminé.

3° Leurs dénominations. Chaque *curia* porte un nom propre (⁴). Plusieurs de ces noms sont empruntés à des noms de localités. Πολλαὶ γάρ (φρατρίαι, *curiae*) ἔχουσιν ἀπὸ χωρίων τὰς προσηγορίας. Pʟᴜᴛᴀʀǫ., *Rom.*, 20. Ainsi la *curia foriensis (forum romanum)*, la *veliensis (Velia*, nom d'un monticule près du Palatin) etc. Aussi chaque curie aurait-elle eu son marché d'après Dᴇɴʏs, II, 7.

Signification du mot *curia*. Les anciens le dérivent de

(1) Nᴏɴɪᴜs, s. v. *plebitas*. Cf. Lɪᴠ., IV, 48.

(2) Bᴇᴄᴋᴇʀ, II, 1, 31-50.

(3) Lᴀɴɢᴇ, I, 244-250. Tʀᴏɪsꜰᴏɴᴛᴀɪɴᴇs, I, 51-55. Fʀᴀɴᴄᴋᴇ, *De tribuum, curiarum atque centuriarum ratione.* Schleswig, 1824. Kᴏʙʙᴇ, *Des curies et des clients* (en all.). Lubeck, 1839. Aᴍʙʀᴏsᴄʜ, *De locis nonnullis qui ad curias Romanas pertinent.* Breslau, 1846. Fʀᴀɴᴋᴇ, *De curialibus Romanis, qui fuerint regum tempore, brevi praemissa de curiarum origine quaestione,* 1ᵉ part. Breslau, 1853, 2ᵉ part. Glogau, 1859. Sᴏʀᴏꜰ, *Des curies romaines* (en all.) dans la *Zeitschrift fuer Gymnasialwesen.* Berlin, 1862. T. XVI, p. 433.

(4) Quelques-uns seulement de ces noms sont connus.

curare (¹) ; parmi les modernes, les uns donnent comme racine *quiris*, d'autres y voient un contracte de *co-viria*, réunion de *viri*, de guerriers (²).

La *curia* a une triple importance :

1) Sous le rapport politique, elle forme l'unité d'après laquelle les *comitia curiata* se réunissent et votent.

2) Sous le rapport religieux, chaque curie a son culte spécial (³) *(sacra curionia*, faisant partie des *sacra publica*), sa chapelle *(sacellum)*, son dieu, ses cérémonies, ses fêtes. Les *curiales* (⁴) doivent contribuer et assister au culte de la curie. En outre toutes les curies réunies célèbrent le culte commun de *Juno Quiritis* (⁵).

3° Sous le rapport administratif, avant Servius Tullius, chaque curie fournit un nombre déterminé de légionnaires et de cavaliers et probablement aussi de membres au sénat.

Chaque curie a son local de réunion, portant aussi le nom de *curia* ; elle est présidée par un *curio* (⁶), qui dans ses fonctions religieuses est assisté d'un *flamen curialis* (⁷). Ces dignitaires doivent avoir plus de 50 ans, sont nommés à vie et exempts du service militaire. Le chef des 30 *curiones* est le *Curio Maximus* (⁸).

Des Gentes (⁹). La *curia* comprenait un certain nombre

---

(1) Varr., *De l. l.*, V, 32. Telle semble être aussi l'opinion de Lange, I, 79, et dans les *Neue jahrbuecher fuer Philologie und Paedagogik*. 1853. T. 67, p. 42.

(2) D'autres de *covisia*, rac. sanscr. *vas :* habiter. Corssen, *De Volscorum lingua*. Naumbourg, 1858.

(3) Denys, II, 23. Paul. Diac., p. 62. Fest., p. 245.

(4) Paul. Diac., p. 49. « *Curiales ejusdem curiae, ut tribules et municipes.* » Festins des *curiales* : Denys, II, 23, 65, 66.

(5) Denys, II, 50. Cf. Serv., *ad Aen.*, I, 17.

(6) Denys, II, 7, 21, 64. Varr., *De l. l.*, V, 15, VI, 6.

(7) Denys, l. l. Ambrosch, *De sacerdotibus curialibus*. Breslau, 1840. *Quaestionum pontificalium caput alterum*. Ib., 1850. Marquardt, IV, 394-400. Ces dignitaires étaient-ils nommés par leur curie respective ou par les comices curiates ou par le Roi? L'on n'en sait rien.

(8) Paul. Diac., p. 126 : *Maximus Curio, cujus auctoritate curiae omnesque curiones reguntur.*.

(9) Lange, I, 192-202. Rein, *Le droit civil des Rom.* (en all.). Leipzig, 1858, p. 506-511. Troisfontaines, I, 25-50. Muehlenbruch, *De veterum Romanorum gentibus et familiis*. Rostock, 1807. Heiberg, *De familiari pa-*

de *gentes;* la *gens* était un groupe de familles, portant le même *nomen gentilicium.*

Mais sur la nature et l'origine de la *gens* on est très-divisé; il y a principalement deux systèmes en présence.

D'après le premier, défendu surtout par NIEBUHR, I, 321, suiv. et plusieurs après lui (ORTOLAN, GIRAUD, WALTER), la *gens* serait une institution politique au même titre que la *curia.* Le lien primitif entre les familles de la même *gens* aurait été créé par le législateur.

Le second système (GOETTLING, BECKER, REIN, LANGE etc.) prétend que le lien primitif fut la parenté; que la *gens* est un groupe de familles *agnatae,* c'est-à-dire descendant d'un même auteur commun, et partant une institution naturelle, mais qu'elle a été adoptée par le législateur en ce sens que celui-ci a garanti aux membres de la *gens* comme tels l'exercice de certains droits, appelés *gentilices* (1).

I. *Preuves invoquées pour la défense du premier système et réfutation de ces preuves.*

1. Analogie des institutions attiques et de l'organisation romaine primitive.

Le peuple attique était divisé primitivement en 4 φυλαί (*tribus*), chaque φυλή en 3 φρατρίαι (*curiae*); chaque φρατρία comprenait un certain nombre de γένη (*gentes*).

Or, POLLUX, un lexicographe du IIe siècle après J.-Chr., affirme : ἐν ἑκάστῃ [φρατρίᾳ] γένη τριάκοντα, ἕκαστον ἐκ τριάκοντα ἀνδρῶν, ἐκαλοῦντο δ' οὗτοι καὶ ὁμογάλακτες καὶ ὀργεῶνες. *Onomasticon,* III, 52(2).

---

triciorum nexu. Schleswig, 1829: ORTOLAN, *Des gentils chez les Romains* dans la *Revue de législation et de jurisprudence.* Paris, 1840. T. XI, p. 257. QUINON, *Sur la gens et les droits de gentilité chez les Romains.* Grenoble, 1845. GIRAUD, *De la gentilité romaine* dans la *Revue de législation.* Nouv. coll. Paris, 1846. T. III, p. 385. TH. MOMMSEN, *Les gentes patriciennes* dans ses *Rech. rom.,* I, 71-127.

(1) MOMMSEN (*Hist. rom.,* I, p. 69-71, 3e éd.) a adopté un système mixte, en admettant l'origine naturelle des *gentes,* et l'intervention du législateur pour attribuer un nombre égal de *gentes* à chaque curie.

(2) Un fragment d'ARISTOTE, cité par le scoliaste de PLATON (*In Axioch.,* III, 371. D. Steph.), contient la même affirmation.

Il y ajoute, VIII, 111 : γένει μὲν οὐ προσήκοντες, ἐκ δὲ τῆς συνόδου οὕτω προσαγορευόμενοι.

Si ces nombres déterminés, fixes, sont exacts, il faut reconnaître l'œuvre du législateur dans cette institution athénienne : de là on tire la même conclusion pour l'institution romaine.

La parenté primitive entre les membres du γένος à Athènes, qui n'est vraiment contredite que par ces chiffres de Pollux et d'Aristote, est admise au contraire par la plupart des auteurs modernes (¹). — Le terme de Ὁμογάλακτες semble déjà le prouver.

D'ailleurs dans toute cette argumentation, la vérité même des prémisses ne justifierait pas la conclusion.

2. Témoignage de DENYS D'HALICARNASSE, II, 7 : Τριχῇ νείμας (Romulus) τὴν πληθὺν ἅπασαν... ἔπειτα τῶν τριῶν πάλιν μοιρῶν ἑκάστην εἰς δέκα μοίρας διελών,... ἐκάλει δὲ τὰς μὲν μείζους μοίρας τρίβους, τὰς δ'ἐλάττους κουρίας,.... διῄρητο δὲ καὶ εἰς δεκάδας αἱ φρᾶτραι πρὸς αὐτοῦ, καὶ ἡγεμὼν ἑκάστην ἐκόσμει δεκάδαρχος κατὰ τὴν ἐπιχώριον γλῶτταν προσαγορευόμενος.

Niebuhr tire de ce passage la conclusion que chaque curie se composait de dix *gentes* (δεκάδες) et chaque *gens* de dix familles, et partant que la *gens* est une institution purement politique.

Remarquons d'abord que c'est probablement par confusion avec la subdivision militaire des centuries que Denys divise les curies en décuries, institution dont aucune source ne dit mot (²). Ensuite on ne peut tirer du mot δεκάς les conclusions que Niebuhr en déduit. En outre personne n'ignore que Denys d'Halicarnasse, comme les anciens en général, a des idées complètement fausses sur les institutions primitives de Rome, entr'autres quand il représente ces institutions comme l'œuvre personnelle d'un seul homme. Enfin les colonies romaines, qui reproduisaient en miniature les anciennes institutions de Rome, se composaient aussi de

(1) K. F. HERMANN, *Manuel des antiquités politiques de la Grèce* (en all.). Heidelberg, 1855 (4ᵉ édit.), 281-284, et G. F. SCHOEMANN, *Antiquités grecques* (en all.). Berlin, 1855, I, 319.

(2) BECKER, II, 1, 35.

3 tribus, 30 curies : mais au-delà il n'y avait aucune subdivision fixe (1).

3. Certaines définitions de la gentilité, dans lesquelles les auteurs latins ne font aucune mention de la parenté.

a) CINCIUS ALIMENTUS dans PAUL. DIAC., p. 94 : « *Gentiles mihi sunt qui meo nomine appellantur.* »

b) CICÉRON, *Top.*, 6, 29 : « *Gentiles sunt, qui inter se eodem nomine sunt. Non est satis. Qui ab ingenuis oriundi sunt. Ne id quidem satis est. Quorum majorum nemo servitutem servivit. Abest etiam nunc. Qui capite non sunt deminuti. Hoc fortasse satis est. Nihil enim video Scaevolam pontificem ad hanc definitionem addidisse.* »

Ces textes ne nient pas l'existence primitive de la parenté; du silence qu'ils gardent à ce sujet, il n'est pas permis de conclure à la non-existence de ce lien primitif.

On peut d'ailleurs y opposer d'autres textes qui affirment ou supposent le lien de la parenté.

VARRON (*De ling. lat.*, VIII, 2) : « *Ut in hominibus quaedam sunt cognationes et gentilitates, sic in verbis : ut enim ab Aimilio homines orti Aimilii ac gentiles, sic ab Aimilii nomine declinatae voces in gentilitate nominali.* »

PAULUS DIACONUS, p. 94 : « *Gentilis dicitur et ex eodem genere ortus et is qui simili nomine appellatur, ut ait Cincius : gentiles* etc. »

La *gens* est souvent nommée *familia.*

ULPIEN (*Dig.*, L, 16, 195, § 4) : « *Item appellatur familia plurium personarum, quae ab ejusdem ultimi genitoris sanguine proficiscuntur, sicuti dicimus familiam Juliam, quasi a fonte quodam memoriae.* » Cf. ib., § 2.

TITE-LIVE, II, 49, appelle la *gens Fabia* une *familia.* Cf. ib., III, 25, *Quinctia familia* etc.

II. *Preuves de la parenté primitive entre les membres d'une même gens.*

1) Les textes affirmatifs, cités plus haut.

2) Le mot *gens* (radic. pélasg. *gen :* produire, procréer, d'où *gigno, genui, genus* ; γίγνομαι, γένος).

(1) LANGE, I, 201.

3) Le *nomen gentilicium*. Tout Romain a au moins deux noms : le *praenomen* et le *nomen (gentilicium)* (¹), parfois un 3ᵉ, 4ᵉ et même 5ᵉ *(cognomina)* (²). Ces *nomina gentilicia* (*Julius, Fabricius, Aemilius, Tullius, Porcius, Cornelius, Furius*) sont de vrais noms propres, ne trahissent aucune origine locale.

4) Les *gentes albanae*, qui sont reçues dans le patriciat romain, conservent leur *nomen gentilicium* propre. Conséquence à en tirer.

5) Des coutumes d'un caractère privé, propres à certaines *gentes :* par exemple, l'affection des *gentiles* pour des prénoms déterminés (³). La gens *Julia : Caius, Lucius, Sextus.* La gens *Fabia : Caius, Kaeso, Marcus, Numerius, Quintus.* La gens *Porcia : Caius, Lucius, Marcus, Publius.* La gens *Domitia* ne se sert que de deux prénoms : *Cneius* et *Lucius* (Suet. *Ner.*, 1).

« *In Cornelia* [familia] *nemo ante Sullam dictatorem traditur crematus.* » Pline, VII, 54. Cf. Cic., *de leg.*, II, 22.

« *M. Varro tradit in Serranorum familia* [de la gens *Atilia*] *gentilicium esse, feminas linea veste non uti.* » Pline, XIX, 1, 2.

« *Cum in Quinctiorum vero familia aurum ne feminas quidem habere mos fuerit.* » Pline, XXXIII, 1, 6.

« *Vetera familiarum insignia nobilissimo cuique ademit : Torquato torquem, Cincinnato crinem.* » Suet., *Calig.*, 35 (⁴).

6) Le caractère privé du *jus gentilicium* (Gaj., III, 17), *gentilitatis* (Cic., *De or.*, I, 39), ou *jura gentium* (Liv. IV, 1), qui ne sont, au moins pour les plus importants d'entre eux, que le développement des *jura agnationis.*

(1) Th. Mommsen, *Les noms propres romains* dans ses *Rech. rom.*, I, 1-68. Marquardt, V, 1, 10-18. Lahmeyer, *L'ordre des noms propres chez les Romains* (en all.) dans le *Philologus*, 1864. T. XXII, 469, sq.

(2) La distinction entre *cognomen* et *agnomen* a été inventée par les grammairiens de l'Empire. Marquardt, V, 1, 17, nᵒ 64.

(3) Mommsen, l. l., 15.

(4) Plusieurs des *gentes*, que nous avons citées, étaient plébéiennes comme la gens *Porcia*, la gens *Domitia* (cf. Mommsen, *Rech. rom.*, I, 73-74) ; mais cela ne diminue en rien la valeur de la preuve. L'existence même des *gentes plebeiae* prouve en faveur de notre hypothèse. Car quand le législateur a-t-il organisé ces *gentes*-là ?

Ils sont au nombre de cinq :

a) Jus haereditatis gentiliciae. « *Lex : si paterfamilias intestato moritur, familia pecuniaque ejus agnatum gentiliumque esto.* » CIC., *De inv.*, II, 50 (1).

b) Jus curae legitimae. « *Lex : si furiosus escit, agnatum gentiliumque in eo pecuniaque ejus potestas esto.* » CIC., ib.(2).

c) Jus sacrorum gentiliciorum (3). *Sacrificia gentilicia* (CIC., *De har. resp.*, 15) ou *sollennia, anniversaria.* Ces *sacra* sont sous la surveillance des Pontifes. Charge, résultant de ce droit. *Hereditas sine sacris* (4). Tandis que les *sacra curionia* font partie des *sacra publica*, les *sacra gentilicia* appartiennent aux *sacra privata.* « *An gentilicia sacra ne in bello quidem intermitti, publica sacra et Romanos deos etiam in pace deseri placet? et pontifices flaminesque neglegentiores publicarum religionum esse quam privatus in solemni gentis fuerit?* » Discours de Camille pour dissuader les Romains de transmigrer à Veji. LIV., V, 52.

« *Sacra privata quae pro singulis hominibus, familiis, gentibus fiunt.* » FEST., p. 245. DENYS même, II, 21, les appelle τὰς συγγενικὰς ἱερωσύνας et, II, 65, [ἱερὰ] ἴδια καὶ συγγενικά opposés aux ἱερὰ κοινὰ καὶ πολιτικά.

d) Jus sepulcri (5) *Monumentum. Monumenta Scipionum.*

e) Jus decretorum. Décrets d'un caractère privé. La gens *Fabia* défendit le célibat et l'exposition des enfants (DENYS, IX, 22). — « *Gentilicia* [nota adjecta] *quod gentis Manliae decreto cautum est, ne quis deinde Marcus Manlius vocaretur.* » LIV., VI, 20. Cf. CIC., *Phil.*, I, 13. PAUL. DIAC., p. 151 etc.

---

(1) GAJ., III, 117. *Auct. ad Herenn.*, I, 13.

(2) Cf. *Auct. ad Herenn.*, I, 13. VARR., *De re r.*, I, 2. Les sources ne disent mot d'un droit gentilice de tutelle. REIN, *Droit civ.*, p. 515, n° 2.

(3) A. T. WOENIGER, *Droit sacré des Rom.* (en all.). Leipzig, 1843, 177-202.

(4) C. G. E. HEIMBACH, *De sacrorum privatorum mortui continuandorum apud Romanos necessitate.* Leipzig, 1827.

(5) « *Jam tanta religio est sepulcrorum, ut extra sacra et gentem inferri fas negent esse : idque apud majores nostros A. Torquatus in gente Popilia judicavit.* » CIC., *De leg.*, II, 22.

« *Cum praenominibus cognominibusque variis distinguerentur, Luci praenomen consensu repudiavit* [gens Claudia], *postquam e duobus gentilibus praeditis eo alter latrocinii, caedis alter convictus est.* » Suet., *Tib.*, I.

Les *jura gentilicia* (¹) ne sont reconnus par la loi qu'aux *gentes patriciae*. Les clients et affranchis des *gentes*, sans être *gentiles*, jouissent du *jus sepulcri*, et assistent aux *sacra*.

Les *jura gentilicia* s'acquièrent (²) :

1° Par la naissance dans une *gens patricia* ;

2° Par *cooptatio* (³) ou *adlectio* (⁴) des *comicia curiata*. La tradition attribue à Tullius Hostilius la *cooptatio* de beaucoup de familles albaines (*gens Julia, Servilia, Quinctia, Curiatia, Cloelia* etc.) (⁵). Sous Tarquin l'Ancien (⁶) *adlectio* d'un grand nombre de *gentes plebeiae* (⁷). *Gentes majores et minores* (⁸). *Ramnes, Tities, Luceres primi et secundi* (⁹). *Gens Claudia* d'origine sabine (¹⁰).

3° par *adoptio* ou *adrogatio* d'un plébéien par un patricien (¹¹).

Un *gentilis* peut permuter de *gens* par *adoptio* ou *adrogatio*.

---

(1) Les gentils se devaient-ils secours mutuel pour la rançon des prisonniers de guerre, paiement d'amendes judiciaires etc. ? Le point est douteux. Cf. Becker, II, 1, 48.

(2) Becker, II, 1, 153-156.

(3) Mercklin, *La coöptation des Romains* (en all.). Mitau, 1848. 11-12.

(4) Suet., *Aug.*, 2.

(5) Liv., I, 30. Denys, III, 29.

(6) Lange, I, 382-84.

(7) Cic., *De rep.*, II, 20 : « *Duplicavit pristinum illum patrum numerum.* »

(8) Cic., ib.

(9) Fest., p. 344.

(10) La *cooptatio* de la *gens Claudia* (Suet., *Tib.* 1. Denys, V, 40. Liv., II, 16) est le seul exemple de la collation de la *gentilitas* par les *comitia curiata* sous la République jusqu'à César. Lange, I, 196 et 348. Quant à la *gens Domitia*, que cite Becker, II, 1, 153, voyez Mommsen, *Rech. rom.*, 1, 73. D'après Mommsen, I, 72, sqq., 174, l'entrée de la *gens Claudia* dans le patriciat date elle-même de plus haut.

(11) Cic., *De leg.*, II, 3. Lange, I, 121. Mommsen, *Rech. rom.*, 1, 75. Les exemples ne remontent pas au-delà de la seconde moitié de la République.

Perte de la gentilité :

1° Par la perte du droit de cité ;

2° Par *adoptio* ou *adrogatio* d'un patricien par un plébéien (¹) ;

3° Par la *transitio ad plebem* (²).

A côté des *gentes patriciae*, il y a aussi des *gentes plebeiae*, par exemple, la *gens Terentia, Licinia, Caecilia ;* mais ces *gentes* n'étant pas reconnues par le droit public, leurs membres ne jouissent point des *jura gentilicia* (³).

Il y a plus. L'on trouve le même *nomen gentilicium* commun à des familles patriciennes et à des familles plébéiennes: *gens Servilia, Genucia, Cornelia.* Il y a de cela plusieurs causes :

1° Clients et affranchis portent le *nomen gentilicium* de leur *patronus ;*

(1) Liv., *Epit.*, 54. Val. Max., V, 8, 3. Cic., *De fin.*, I, 7. Lange et Mommsen, l. l. Même observation qu'à la note précédente.

(2) Cf. Mommsen, *Rech. rom.*, I, 123-27, et l'addition à ce Tome, 399-411. Lange, I, 122-26, et *De la transitio ad plebem* (en all.). Leipzig, 1865. Dernburg, *De la transitio ad plebem* (en all.) dans le *Rheinisch Museum*. 1865. T. XX, 90-108. Mommsen a nettement distingué entre ces deux modes d'acquisition de la *plebitas :* le premier *(adoptio, adrogatio)*, qui la produit indirectement, et qui donne au patricien adopté un nom gentilice plébéien, le second qui confère la plébité directement et qui laisse à l'ex-patricien son nom gentilice propre. C'est ce dernier mode qui d'après Mommsen porte le nom technique de *transitio ad plebem* (Cic., *Brut.*, 16). Mais en quoi consistait cette formalité ? Là-dessus il n'y a que des conjectures. Mommsen pense qu'elle se faisait par une simple déclaration devant les *comicia calata*, sans intervention de *lex curiata ;* et que c'est à elle que s'applique la phrase si diversément interprétée d'Aulu-Gelle, XV, 27 : « *Isdem comitiis, quae « calata » appellari diximus, et* sacrorum detestatio *et testamenta fieri solebant.*» D'après Lange, au contraire, la *transitio ad plebem* se faisait par une *adrogatio fiduciae causa* suivie d'une *emancipatio fiduciae causa.* Quant à la *detestatio sacrorum,* il faut y voir, d'après Lange, comme d'après Savigny *(De la manière juridique de traiter les sacra privata des Romains* (en all.) dans ses *Vermischte Schriften,* Berlin, 1850. I, 151), et d'après Marquardt, IV, 239, n° 1434, un acte religieux précédant ou accompagnant la sortie d'une *gens* par *adrogatio*, et que Cic., *Or.*, 42, appelle *alienatio sacrorum.*

(3) C'est pour cela que les patriciens prétendent avoir seuls des *gentes.* « *Vos solos gentem habere.* » Liv., X, 8. Il n'est pas impossible cependant, quoique nous n'en ayons aucune preuve certaine, que les droits strictement privés de la gentilité, tels que l'hérédité et la curatelle, aient aussi existé pour les membres des *gentes* plébéiennes. Rein, *Droit civil,* 508, n° 2.

2° La *transitio ad plebem* (¹).

Les *jura gentilitatis* disparaissent vers la fin de la République. Le *jus haereditatis* est encore mentionné du temps de César.(SUET., *Caes.*,1).GAJUS,III,17 (2° siècle après J.-Chr.) dit : *Totum gentilicium jus in desuetudinem abiisse.*

CH. III. — ORGANISATION POLITIQUE DE L'ÉTAT PATRICIEN.

§ 1. *Du pouvoir souverain ou des comitia curiata* (²).

Le peuple patricien, convoqué par le Roi pour faire acte de souveraineté, se réunit par curies, *comitia curiata*, et y vote sur les *rogationes*, que le Roi lui soumet. Quels sont les objets de ces *rogationes?*

DENYS, II, 14, les résume en trois termes : τῷ δὲ δημοτικῷ πλήθει τρία ταῦτα ἐπέτρεψεν. (³) ἀρχαιρεσιάζειν τε καὶ νόμους ἐπικυροῦν καὶ περὶ πολέμου διαγινώσκειν, ὅταν ὁ βασιλεὺς ἐφῇ (⁴).

1° ἀρχαιρεσιάζειν, c'est-à-dire, la *creatio regis* et la collation de l'*imperium* au Roi élu. *Lex curiata de imperio* (⁵).

(1) Comme avant la *lex Canuleia* les enfants issus d'un mariage entre patriciens et plébéiens étaient probablement en tout cas plébéiens (LANGE, I, 109), on pourrait y trouver une troisième cause du fait que nous expliquons.

(2) BECKER, II, 1, 353-394. LANGE, I, 341-355. SCHOEMANN, *De comitiis curiatis*, Greifswald, 1831-32, réédité dans ses *Opuscula minora*. Berlin, 1856. T. I, p. 61-72.NEWMAN, *Des comices curiates* (en angl.)dans le *Classical Museum*. 1848. N. XX. p. 101-127. Les travaux généraux sur les *comitia* seront mentionnés plus tard.

(3) DENYS parle de Romulus : c'est à lui qu'il attribue, conformément à son système, l'institution des comices curiates. Comme d'ailleurs il fait de la plèbe une partie intégrante du peuple romain depuis Romulus, les plébéiens votent à ces comices, tout comme les patriciens. Cette opinion a été suivie dans les derniers temps par GERLACH-BACHOFEN, *Histoire romaine* (en all.), Bâle, 1851, T. I, et par BROECKER, *Recherches sur l'histoire des institutions rom.* (en all.). Hambourg, 1858 « *Les plébéiens ont-ils eu le droit de vote aux comices curiates, avant* 282 *de la ville?* » p. 112, sqq. D'après MOMMSEN le plèbe participe aux comices curiates sous la République. Nous en parlerons plus tard.

(4) Cf. ib., IV, 20, et VI, 66.

(5) La souveraineté du peuple, dans les institutions primitives de Rome, a été surtout mise en lumière par NIEBUHR. La nature élective et constitutionnelle de la Royauté était si bien admise par les anciens que DENYS (II, 6) ra-

2° νόμους ἐπικυροῦν. Le peuple décide souverainement de toutes les *affaires importantes*. Il ne faut pas entendre cette attribution dans le sens moderne de *pouvoir législatif*. Les lois écrites, constitutionnelles, civiles, pénales etc. ne sont pas antérieures à la loi des XII Tables. L'expression *leges regiae* (¹) est un prochronisme. Dans cette époque primitive le droit civil et criminel était appliqué *more majorum*, ou d'après le *jus sacrum* (²).

3° περί πολέμου διαγινώσκειν (³).

Les *comitia curiata*, réunion des *gentiles* majeurs, exercent ainsi l'autorité souveraine pour les questions de gentilité :

1° Les cas de *cooptatio* ou *adlectio*, qui à cette époque est synonyme de collation du droit de cité (⁴).

2° L'*adrogatio*, dont nous parlerons plus loin.

Les *Comitia curiata* sont convoqués et présidés par le Roi et, pendant la vacance du trône, par l'Interroi. Le Roi peut se faire remplacer par le *Tribunus celerum* (LIV., I, 59).

La réunion a lieu ordinairement au *Comitium* (partie du

conte jusqu'aux détails de l'élection de Romulus. RUBINO (*Rech. sur la constit.* etc.) attribue à la monarchie romaine un caractère essentiellement théocratique : le Roi est désigné par les *auspicia*, c'est-à-dire par les dieux, et, comme le délégué des dieux, il exerce un pouvoir absolu dans l'Etat. Voyez aussi GERLACH-BACHOFEN, l. l. T. I, 2e part., p. 209 et BIFFART, *La constitution romaine aux temps de la Royauté* (en all.) dans les *Mémoires de l'Acad. roy. des sciences de Prague*. 1863. Cette thèse est en contradiction absolue avec tout ce que nous savons sur l'histoire primitive de Rome. Cf. BECKER, II, 1, 295. MOMMSEN, *Rech. rom.* I, 275, attribue, sans plus de vraisemblance, ce nous semble, la nomination du Roi à l'Interroi.

(1) LIV., VI, 1. *Dig.*, I, 2, 2, § 2. SCHEIBNER, *De legibus Romanorum regiis*. Erfurt, 1824. SALVERDA, *De jure civili Papiriano*. Groningen, 1825. Cf. LANGE, I, 272-74.

(2) L'expression νόμους ἐπικυροῦν peut être admise, si l'on prend νόμος dans dans le sens générique du mot *lex*, c'est-à-dire, un *jussus populi*.

(3) DENYS y ajoute, IV, 20, la décision de la paix, ce qu'il est plus difficile d'admettre. Cf. RUBINO, l. l., p. 259-289. D'après CIC. (voyez plus haut, p. 20) il faudrait y ajouter le droit de juridiction criminelle en cas de *provocatio*.

(4) De certains textes (LIV., I, 30, DENYS, III, 29) on pourrait conclure que cette collation dépendait uniquement du Roi; mais ces auteurs ont attribué au Roi ce qui se faisait sur sa *rogatio*. D'ailleurs l'intervention des comices curiates est attestée par d'autres passages, comme LIV., IV, 4, DENYS, IV, 8 etc. Cf. BECKER, II, 1, 91. N° 212.

forum) (¹). Les citoyens sont convoqués *nominatim* par des *praecones* (²). Après les cérémonies religieuses le Président énonce la *rogatio*, sur laquelle le peuple va voter. Le vote se fait *curiatim* (³), et dans chaque curie *viritim, secundum capita* (⁴). Le sort désigne la curie dont le vote sera proclamé le premier. *Curia principium* (⁵). La majorité des trente suffrages, c'est-à-dire seize, fait loi.

Le peuple patricien se réunit encore par curies, non pour voter, mais pour être *témoin* de certains actes religieux ou civils. *Comitia calata* (⁶). Ces assemblées sont convoquées par un *lictor curiatus* (⁷) sur l'ordre du *Pontifex Maximus;* elles sont présidées par le *Pontifex Maximus* (⁸) et se tiennent *pro conlegio pontificum* (⁹) devant la *curia calabra* (¹⁰) au Capitole.

(1) Varr., *De l. l.*, V, 32. En dehors des ouvrages spéciaux sur la topographie de Rome, voyez Becker, II, 2, 408, nᵒ 1042. Detlefsen, *De comitio Romano* dans les *Annali dell' instituto di correspondenza archeologica.* Rome, 1860. Vol. XXXII. Dernburg, *Sur la situation du comitium* (en all.) dans *Rudorff's Zeitschrift für Rechtsgeschichte.* Weimar, 1862. T. II. Urlichs, *Le forum Romanum* dans les *Mémoires du congrès des philologues à Heidelberg* (en all.). Leipzig, 1866, p. 53.

(2) Denys, II, 8.

(3) Denys, II, 14.

(4) Liv., I, 43. Denys, IV, 20.

(5) Liv., IX, 38. *Lex munic. Malacit.*, LVII. Mercklin, *De curiatorum comitiorum principio.* Dorpat, 1855.

(6) J. von Gruber, *Des comitia calata* (en all.) dans le *Zeitschrift fuer Alterthumswiss.* 1837. Nᵒ 20. Source principale : Aulu-Gelle, XV, 27.

(7) *Per lictorem curiatum calari, id est convocari.* Aulu-Gelle, l. l. De ce même verbe *calare* dérivent *calendae* et *calatores*, serviteurs des pontifes (Serv., *ad Georg.*, I, 268) ou esclaves en général : *Calatores dicebantur servi,* ἀπὸ τοῦ καλεῖν, *quod est vocare.* Paul. Diac., p. 38. Cf. Plaut., *Merc.*, V, 2, 11. *Rud.*, II, 3, 5.

(8) Le *Pontifex Maximus* fut le Président sous la République. Le fut-il aussi sous la Royauté? Oui, d'après Becker, II, 1, 368, nᵒ 713, et Mommsen, *Rech. rom.*, I, 273. Selon Lange au contraire, I, 343, ce fut le Roi d'abord, le *Pontifex Maximus* seulement depuis la République. Marquardt, IV, 189, doute même s'il y a eu un *Pontifex Maximus* avant la République, et est porté à croire, que le Roi, sans avoir le titre de *Pontifex Maximus*, était cependant le chef du collége des Pontifes.

(9) Aulu-Gelle, l. l.

(10) Paul. Diac., p. 49. Varr., *De l. l.*, V, 1, s. f

Ces réunions ont lieu :

1° Pour l'*inauguratio* du *Rex* et sous la République du *Rex sacrorum ;*

2° Pour l'*inauguratio* des *flamines ;*

3° Pour les *testamenta comitiis calatis facta* (¹) ;

4° Pour la *detestatio sacrorum* (²) ;

5° Pour la proclamation des nones aux calendes, et des fêtes aux nones de chaque mois (³).

§ 2. *Du Roi et de ses fonctionnaires subalternes.*

Du regium consilium (⁴).

Les attributions royales (⁵) comprenaient le pouvoir administratif et exécutif, délégué par le peuple à un seul citoyen, nommé à vie et irresponsable.

Le Roi seul était *magistratus populi romani quiritium.*

La mort du Roi était suivie nécessairement d'une vacance du trône *(interregnum,* μεσοβασιλεία), pendant laquelle le pouvoir était géré par des *Interreges* (μεσοβασιλεῖς) (⁶).

L'interrègne était exercé par les sénateurs, dans un ordre déterminé par le sort (⁷). Chaque Interroi restait cinq jours

---

(1) Nous en parlerons à propos de la *testamentifactio.*

(2) Ces quatre causes de réunion sont citées par AULU-GELLE, l. l. Sur la *detestatio sacrorum* voyez p. 29, n° 2.

(3) DUENTZER, *La proclamation aux calendes* (en all.) dans le *Philologus,* 1861. T. XVII, p. 361. — MACROB., *Saturn.,* I, 15. VARR., *De l. l.,* VI, 4. Dans ce dernier cas, sous la République, ce n'était pas le *Pontifex Maximus* qui présidait, mais le *rex sacrorum.* MARQUARDT, IV, 263. Il est naturel qu'à cette époque les patriciens n'assistaient plus seuls à ces proclamations, mais tout le *populus,* réuni peut-être par centuries. Ainsi on pourrait expliquer ces mots obscurs d'AULU-GELLE, XV, 27 : *Eorum* (comitiorum calatorum) *autem alia esse curiata, alia centuriata.* BECKER, II, 1, 371. LANGE, I, 344, 398.

(4) BECKER, II, 1, 291-353. LANGE, I, 252-341.

(5) RUBINO, *De la Royauté* dans ses *Rech. sur la constit.* etc., I, 107-143. TERPSTRA, *De populo, de senatu, de rege, de interregibus.* Rotterdam, 1842.

(6) RUBINO, l. l., p. 13-106. MOMMSEN, *De l'interregnum* dans ses *Rech. rom.,* I, 218-233. BAMBERGER, *De Interrege Romano.* Braunschweig, 1844.

(7) Cela résulte de la tradition sur l'interrègne qui suivit la mort de Romulus. LIV., 1, 17. DENYS, II, 57. PLUTARQ., *Numa,* 2. Cf. BECKER, l. l., 296-299. LANGE, I, 258. MOMMSEN, l. l., démontre que ces auteurs anciens, tout en

en fonctions (¹). La fonction principale de l'Interroi était de proposer aux comices curiates un candidat à la Royauté (²). « *Non fuit autem moris ab eo, qui primus Interrex proditus erat, comitia haberi.* » Ascon., *In Milon.*, p. 43, éd. Or. La raison de cette coutume n'est pas connue (³).

L'interrègne finit par la *creatio Regis*. L'installation d'un nouveau Roi se compose de quatre actes :

1° La *creatio* ou élection par les comices ;

2° La *patrum auctoritas* ou ratification du sénat (⁴);

Par ces deux actes le Roi obtient la *regia potestas.*

3° L'*inauguratio* du Roi par l'*Augur Maximus* sur l'*arx Capitolina* (*auguraculum*, Paul. Diac., p. 18) en présence des *comitia calata*. Si le Roi est agréé des dieux, il devient par le fait grand prêtre de l'Etat (⁵);

4° Collation de l'*imperium* par les comices curiates, convoqués par le Roi. *Lex curiata de imperio* (⁶).

Cette *lex* confère au Roi le pouvoir militaire et judiciaire, *jus vitae necisque* ; et comme marque extérieure de ce droit, le Roi a 12 *lictores*, portant les *fasces cum securi.*

variant pour les détails, s'accordent presque littéralement pour les points fondamentaux. C'est donc au sénat que retourne le pouvoir après la mort du Roi ; partant c'est au sénat qu'il faut appliquer ces mots de Tite-Live : *Mortuo Tullo* res, *ut institutum jam inde ab initio erat, ad* patres redierat. I, 32. De l'interrègne sous la République nous parlerons plus loin.

(1) Liv., Den., II. 11.

(2) « *Tullum Hostilium populus regem interrege rogante comitiis curiatis creavit.* » Cic., *De rep.*, II, 17. Cf. Denys, III, 36, IV, 40, 80 etc.

(3) Voyez Lange, I, 260. Mommsen, *Rech. rom.*, I, 220, n° 4.

(4) « *Decreverunt enim, ut, cum populus Regem jussisset, id sic ratum esset, si patres auctores fierent.* » Liv., I, 17. Cf. ib., 22, 32. Denys, II, 14.

(5) Liv., I, 18. Plutarq., *Numa*, 7. Zonar., VII, 5.

(6) « [Numa] *quamquam populus curiatis cum comitiis Regem esse jusserat, tamen ipse de suo imperio curiatam legem tulit.* » Cic., *De rep.*, II, 13. Cf. ib., 17, 18, 20. Niebuhr, et après lui Becker, II, 1, 314, Schwegler, *H. r*, II, 154, Lange, I, 264, identifient la *patrum auctoritas* avec la *lex de imperio ;* d'après Huschke, *La constit. de Serv. Tull.* (en all.), Heidelberg, 1838, Rubino, *Rech.* etc., I, 381, et surtout Mommsen, *Rech. rom.*, I, 247-249, nous les considérons comme deux actes complétement distincts.

Insignes de la royauté : la *sella curulis*, la *toga picta* et la *tunica palmata* (¹), le *mulleus* (²).

Le Roi possède comme domaine royal une partie de l'*ager publicus* (³).

Analogie entre la royauté romaine et notre royauté constitutionnelle. Limites du pouvoir royal.

Cause de la chute de la royauté romaine.

A côté du Roi, il y a le *senatus* (⁴), composé de *seniores* parmi les *gentiles*. Il semble avoir compté primitivement 100 membres (⁵) ; il a été porté à 200, puis à 300, probablement à la suite de l'adjonction des *Tities* et des *Luceres* (⁶).

Le sénat formait un corps délibératif que le Roi consultait (*consilium regium*, Cic., *De rep.*, II, 8) principalement sur les affaires religieuses (Liv., I, 31) et internationales (ib., 49) ; en second lieu il exerçait à l'égard des décrets et des élections des comices la *patrum auctoritas* (Denys, II, 14).

Au-dessous du Roi, il y a certains fonctionnaires subalternes, nommés par lui et exerçant les attributions qu'il leur délègue. Ce sont :

---

(1) Denys, III, 61. Cf. Marquardt, V, 2, 150-153.

(2) Fest., p. 142. Isidor., *Or.*, XIX, 34. Dio Cass., XLIII, 43. Cf. Marquardt, V, 2, 191. Presque tous ces insignes sont réputés d'origine étrusque (Liv., I, 8. Cf. Macrob,, *Saturn.*, I, 6). La couronne d'or et le sceptre, attribués au Roi par Denys, III, 62, et Lyd., *De mag.*, I, 7, sont probablement d'invention plus récente.

(3) Cic., *De rep.*, V, 2. Denys, III, 1.

(4) Rubino, *Du sénat et du patriciat* dans ses *Recherches* etc., I, 144-232.

(5) Liv., I, 8. Denys, II, 12.

(6) Les opinions diverses, émises par les anciens sur ce point d'un intérêt secondaire, sont discutées par Becker, II, 1, 340-346, et Lange, I, 339-340. Les sénateurs étaient-ils nommés librement par le Roi, ou bien le choix du Roi était-il restreint par les *gentes ?* C'est une question controversée. Cf. Mommsen, *Rech. rom.*, I, 278-279. Lattès, *De la constitution du sénat romain à l'époque royale* etc. (en ital.) dans les comptes-rendus de l'*Istituto reale Lombardo di scienze e lettere.* Milan, 1868. 2e série.

1º Le *tribunus celerum* (¹), commandant de la cavalerie ou des *celeres, trossuli, flexuntes* (²).

Depuis la réunion des trois tribus, les cavaliers sont au nombre de 300, une centurie par tribu (³). Militairement ils sont divisés en 10 *turmae* (⁴). Leur nombre est augmenté par Tullus Hostilius et Tarquin l'Ancien (⁵).

La dignité de *tribunus celerum* disparaît avec la royauté.

2º Le *custos* ou *praefectus urbis*, chargé de la *custodia urbis* pendant l'absence du Roi (⁶).

3º Les *II viri perduellionis*, juges extraordinaires pour le *crimen perduellionis* (⁷).

4º Les *quaestores parricidi*, collége ordinaire, chargé de l'instruction du *crimen parricidi* (⁸).

---

(1) Denys, IV, 71. *Dig.*, I, 2, 2, § 15. Lyd., *De mag.*, I, 14.

(2) « *Namque et equites habuit Romulus... quos celeres appellavit, vel a celeritate, vel a duce Celere... Alii hos celeres ideo appellatos dicunt, quod explorationes obirent, et quae usus exigeret, velocius facerent ; alii a Graeco dictum putant quod est* κέλης. Serv. *ad Aen.*, XI, 603. L'origine du mot *Trossuli* est obscure. Cf. Plin., XXXIII, 2, 9. Plus tard ce mot devint un terme injurieux, signifiant *petit-maître*. Pers., I, 82. Senèq., *Epit.*, 87 etc. Certains manuscrits de Pline (l.l.) les appellent *flexumines*. Le *cod. Bambergensis* donne *flexuntes*, et cette forme est confirmée par Serv. *ad Aen.*, IX, 606 : « *Flectere ludus equos.* » *Flectere autem verbo antiquo usus est ; nam equites apud veteres flexutes vocabantur, sicut ait* Varro *rerum humanarum.* »

(3) Liv., I, 13. Denys, II, 13.

(4) Varr., *De l. l.*, V, 16. Polyb., VI, 25.

(5) Le fait de l'augmentation est universellement admis ; mais les discordances des sources à ce sujet rendent très-difficile de fixer les détails. Becker, II, 1, 240-246. Lange, I, 384-386.

(6) Tac., *Ann.*, VI, 11. Liv., I, 59. Denys, IV, 82 : « τῆς πόλεως ἔπαρχος. » *Dig.*, I, 2, 2, § 33.

(7) Liv., I, 26. Cf. Cic., *p. Rab. perd.*, 4, § 13. Koestlin, *La perduellio sous les Rois romains* (en all.). Tubingen, 1841. Geib, *Histoire de la procédure criminelle chez les Romains* (en all.). Leipzig, 1842, p. 59, sqq. Rein, *Le droit criminel des Romains* (en all). Leipzig, 1844, p. 466-472.

(8) *Dig.*, I, 13, 1. Varr., *De l. l.*, V, 14. Paul. Diac., p. 221. Fest., p. 258. Zonar., VII. 13. Osenbrueggen, *Le parricidium de l'anc. droit rom.* (en all.) dans les *Kieler philologische Studiën*. Kiel, 1841, p. 213. Rein, *Droit crim.*, 449-454. Geib, *Hist. de la proc.*, 50, sqq. Bruner, *De parricidii crimine et quaestoribus parricidii* dans les *Acta societatis fennicae.* Helsingfors, 1856. T. V, p. 219. — Sur le mode de nomination des *quaestores* les anciens sont en contradiction flagrante. Tandis que Junius Gracchanus (*Dig.*, l. l.) les fait

Le Roi, sans qu'il y eût un code écrit, observait cependant dans sa juridiction les règles prescrites par le *mos majorum* ou par le droit sacré. Etait-il assisté d'un *consilium* de sénateurs?

Cʜ. IV. — DU JUS PATRŎNATUS ET DE LA CLIENTÈLE [1].

Les clients *(clientes, clientae* (Pᴀᴜʟ. Dɪᴀᴄ., p. 61), πελάται), formaient dans le principe une classe d'hommes libres, exclus du droit de cité, mais liés aux citoyens par certaines obligations héréditaires, en retour desquelles les citoyens leur devaient aide et protection.

Ils se distinguent des plébéiens et par leur origine et par la nature de leur condition primitive [2].

Cliens dérive du verbe archaïque *cliere* ou *cluere* (cf. κλύειν), qui signifie *audire, esse obedientem alicui* [3].

élire par le peuple : *quos ipsi* (les Rois) *non sua voce, sed populi suffragio crearent*, Tᴀᴄɪᴛᴇ *(Ann.,* XI, 22) attribue leur nomination au Roi, ce qui semble plus conforme aux institutions de la royauté. Lᴀɴɢᴇ, I, 333. Les *quaestores parricidi* et les *II viri perduellionis*, qui sont souvent confondus par les anciens (*Dig.,* l. l.), formaient deux colléges distincts (Bᴇᴄᴋᴇʀ, II, 2, 330-331, Lᴀɴɢᴇ, I, 331). Sur la juridiction sous la royauté, voyez aussi Zᴜᴍᴘᴛ, *Le droit criminel de la République romaine* (en all.). Berlin, 1865, I. 1, 41-78.

(1) Bᴇᴄᴋᴇʀ, II, 1, 124-133. Mᴀʀǫᴜᴀʀᴅᴛ, V, 1, 203-211. Lᴀɴɢᴇ, I, 212-224. Tʀᴏɪsғᴏɴᴛᴀɪɴᴇs, I, 193-212. Sᴜʀɪɴɢᴀʀ, *De patronatus et clientelae in Romanorum civitate ratione* dans les *Annales de l'Univ. de Groningen.* 1821-22. Wɪᴄʜᴇʀs, *De patronatu et clientela Romanorum.* Groningen, 1825. Kᴏᴇʟʟɴᴇʀ, *De clientela.* Goettingen, 1831. Rᴏᴜɴᴅᴇʟʟ Pᴀʟᴍᴇʀ, *De jure clientelae apud Romanos.* Oxford, 1835. Kᴏʙʙᴇ, *Des curies et des clients* (en all.). Lubeck, 1839. Rᴏᴜʟᴇᴢ, *Considérations sur la condition politique des clients dans l'ancienne Rome* dans les *Bulletins de l'Acad. royale de Bruxelles.* 1839. T. VI, 1e part., 304-314. Iʜɴᴇ, *Recherches dans le domaine de l'histoire des institutions romaines* (en all.). Frankfort s/m., 1847. Bʀᴏᴇᴄᴋᴇʀ, *Le caractère privé de la clientèle* (en all.) dans ses *Untersuchungen ueber die Glaubwuerdigkeit der Verfassungsgeschichte.* Hambourg, 1858, p. 1, sqq. Tʜ. Mᴏᴍᴍsᴇɴ, *L'hospitium et la clientèle romaine* dans ses *Rech. rom.* I, 320-390.

(2) Nɪᴇʙᴜʜʀ, *H. r.,* I, 617, sqq.

(3) Nɪᴇʙᴜʜʀ, *H. r.,* I, 339. Gᴏᴇᴛᴛʟɪɴɢ (p. 126), s'appuyant sur Pʟɪɴᴇ, XV, 27, « *cluere enim antiqui purgare dicebant* », présente une autre étymologie peu admissible. Les anciens (Sᴇʀᴠ., *ad Aen.,* VI, 609, Isɪᴅᴏʀ., *Orig.,* X, 53), dérivent le mot *a colendo* : ce qui est contraire aux règles étymologiques et n'explique pas la nature de la clientèle.

La clientèle est une institution commune aux peuples italiques. Les clients de la gens sabine des Claudii (¹).

A Rome chaque client a un citoyen protecteur ou *patronus* (προστάτης) (²). Les rapports établis entre eux constituent le *jus patronatus*.

I. *Devoirs du client envers le patron.*

1º Il lui doit certaines marques de respect, *Salutatio*, et reçoit en retour des *sportulae*, des *strenae* etc.

2º Il l'accompagne à la guerre (³).

3º Il lui doit aide pécuniaire en différentes circonstances (⁴) :

a) Il contribue à la dotation de ses filles ;

b) A la rançon du patron ou de ses fils, devenus prisonniers de guerre ;

c) Aux frais de justice, aux amendes auxquelles le patron est condamné ;

d) Aux frais des *sacra* du culte gentilice et de l'exercice des magistratures par le patron (ceci naturellement sous la République) (⁵).

II. *Obligations du patron envers le client* (⁶).

Le patron doit protection au client en toute circonstance ; il doit spécialement le représenter en justice et l'initier à la

---

(1) « *Magna clientium... manu.* » LIV., II, 16. DENYS, V, 40. Pour les *Sabins* voyez encore DENYS, II, 46. Les *penestes* en Etrurie : ib., IX, 5.

(2) Sur le sens du mot *patronus*, cf. MOMMSEN, *Rech. rom.*, I, 356.

(3) Cf. DENYS, VI, 47, VII, 19, IX, 15 etc.

(4) « τοὺς δὲ πελάτας ἔδει τοῖς ἑαυτῶν προστάταις θυγατέρας τε συνεκδίδοσθαι γαμουμένας εἰ σπανίζοιεν οἱ πατέρες χρημάτων, καὶ λύτρα καταβάλλειν πολεμίοις, εἴ τις αὐτῶν ἢ παίδων αἰχμάλωτος γένοιτο · δίκας τε ἁλόντων ἰδίας ἢ ζημίας ὀφλόντων δημοσίας ἀργυρικὸν ἐχούσας τίμημα ἐκ τῶν ἰδίων λύεσθαι χρημάτων, οὐ δανείσματα ποιοῦντας ἀλλὰ χάριτας · ἔν τε ἀρχαῖς καὶ γερηφορίαις καὶ ταῖς ἄλλαις ταῖς εἰς τὰ κοινὰ δαπάναις τῶν ἀναλωμάτων ὡς τοὺς γένει προσήκοντας μετέχειν. » DENYS, II, 10. Cf. LIV., V, 32.

(5) MOMMSEN, 1. 1., 379-381, y ajoute le droit de succession dans le cas où le client meurt sans héritiers légaux et *ab intestat*.

(6) « τοὺς μὲν πατρικίους ἔδει τοῖς ἑαυτῶν πελάταις ἐξηγεῖσθαι τὰ δίκαια, ὧν οὐκ εἶχον ἐκεῖνοι τὴν ἐπιστήμην · παρόντων τε αὐτῶν καὶ μὴ παρόντων τὸν αὐτὸν

connaissance du droit *(clienti promere jura)* (¹). Le client vient immédiatement après les *agnati* du patron ; il a le pas sur ses *cognati* et ses *affines* (²).

Depuis que le client est admis à ester en justice et à l'exercice de certains droits politiques, client et patron ne peuvent ni se poursuivre en justice ni déposer l'un contre l'autre. Le client ne peut pas voter contre son patron (³).

Le client, sans être membre effectif de la *gens* de son patron, porte cependant le *nomen gentilicium*, et a une participation passive à certains droits gentilices (⁴).

Deux caractères distinguent la clientèle à Rome : l'*hérédité* de ces rapports du côté du client et du patron (⁵) et la *sanction religieuse.* « *Patronus, si clienti fraudem fecerit, sacer esto.* » Loi des XII Tables (⁶).

Le problème de l'origine de la clientèle a été très-diversément résolu.

1. Les auteurs anciens (Cic., *De rep.*, II, 9, Plutarq., *Rom.*, 13, Denys, II, 9, Fest., v. *patrocinia*, p. 233), considèrent les clients comme créés par un décret de Romu-

---

ἐπιμελεῖσθαι τρόπον ἅπαντα πράττοντας, ὅσα περὶ παίδων πράττουσι πατέρες εἰς χρημάτων τε καὶ τῶν περὶ χρήματα συμβολαίων λόγον · δίκας τε ὑπὲρ τῶν πελατῶν ἀδικουμένων λαγχάνειν, εἴ τις βλάπτοιτο περὶ τὰ συμβόλαια, καὶ τοῖς ἐγκαλοῦσιν ὑπέχειν · ὡς δὲ ὀλίγα περὶ πολλῶν ἄν τις εἴποι πᾶσαν αὐτοῖς εἰρήνην τῶν τε ἰδίων καὶ τῶν κοινῶν πραγμάτων, ὡς μάλιστα ἐδύναντο, παρέχειν. » Denys, II, 10.

(1) Hor., *Epist.*, II, 1, 104. Voyez l'explication dans Cic., *De or.*, III, 33.

(2) Caton cité par Aulu-Gelle, V, 13, « *adversus cognatos pro cliente testatur.* » Cf. ib. XX, 1, 40.

(3) « κοινῇ δ'ἀμφοτέροις οὔτε ὅσιον οὔτε θέμις ἦν κατηγορεῖν ἀλλήλων ἐπὶ δίκαις ἢ καταμαρτυρεῖν, ἢ ψῆφον ἐναντίαν ἐπιφέρειν ἢ μετὰ τῶν ἐχθρῶν ἐξετάζεσθαι. » Denys, II, 10. Cf. Plutarq., *Rom.*, 13.

(4) Denys, II, 10, IX, 19. Que les clients n'ont pas eu le droit de vote aux *comicia curiata* est une opinion généralement reçue et conforme aux institutions romaines. Ce droit leur est cependant attribué par Huschke, *Const. de S. T.*, p. 84, et par les auteurs cités p. 30, ne 3.

(5) Denys, II, 10. Cf. *leg. repet.* (*Inscr. lat. antiq.* Mommsen, p. 58. X) : *Quoiave in fide is erit majoresve in majorum fide fuerint.*

(6) Ce texte se trouve dans Servius, *ad Aen.*, VI, 609. « *Aut fraus innexa clienti.* » Cf. Denys, II, 10. Mommsen, *Rech. rom.*, I, 384.

lus; dans la question d'origine ils ne distinguent pas entre clients et plébéiens.

L'histoire des premiers siècles de la République est incompréhensible, si l'on identifie les clients et les plébéiens [1]. — Il y a contradiction entre la *sacratio capitis* du patron et les rigueurs exercées par les patriciens envers leurs débiteurs plébéiens insolvables.—Le plébéien pouvait ester en justice; le client dans le principe ne le pouvait pas.

II. D'autres cherchent dans l'*asylum* de Romulus ou plutôt dans l'institution des asiles l'origine de la clientèle [2].

L'*asylum* de Romulus n'a jamais existé. L'*asylum* en Italie est une importation d'origine grecque.

III. D'après BECKER, à la suite de NIEBUHR, les clients descendraient des habitants primitifs de l'Italie, réduits à cette condition par les conquérants postérieurs.

Quels sont ces habitants primitifs? Comment d'ailleurs expliquer dans ce système la *sacratio capitis,* comminée contre le patron?

IV. Système de MOMMSEN. L'affranchissement d'esclaves constitue la première source de la clientèle. Distinction à faire entre la *manumissio* antérieure à Servius Tullius, qui était un acte privé, et la *manumissio justa* postérieure, qui était un *acte public* [3].

Cette hypothèse explique parfaitement la condition des clients, et surtout le caractère religieux des rapports héréditaires du *patronatus.* Il y a d'ailleurs de grandes analogies entre les rapports de client à patron et ceux d'affranchi à patron sous la République.

Une seconde source de la clientèle doit être cherchée dans

---

(1) Cf. LIV., II, 35, 56, 64, III, 14. DENYS, VI, 45-47.

(2) Ainsi GOETTLING, p. 128.

(3) D'après LANGE aussi (I, 216-220) les clients sont les descendants d'esclaves; mais la transformation de la servitude en clientèle se serait faite peu à peu, et non pas par un acte formel d'affranchissement. Cette hypothèse découle du système général de l'Auteur sur la constitution patriarcale de la *gens* et de la famille romaine, système ingénieux, développé d'une manière conséquente, mais en somme tout-à-fait conjectural.

la soumission volontaire de *peregrini*, vivant à Rome, qui entraient dans les liens de la clientèle pour jouir de la protection d'un citoyen-patron. " *Quid quod item in centumvirali
judicio certatum esse accepimus qui Romam in exilium venis-
set, cui Romae exulare jus esset, si se ad aliquem quasi patronum applicavisset intestatoque esset mortuus: nonne in ea causa*
JUS APPLICATIONIS *obscurum sane et ignotum patefactum ni
judicio atque illustratum est a patrono?* CIC., *De or.*, I, 39 (¹).

Histoire de la clientèle (²). Les clients sont exclus du droit
de cité jusqu'à la réforme de Servius Tullius. Celle-ci leur
octroie les mêmes droits qu'aux plébéiens ; peut-être jouissaient-ils déjà avant cette époque du *jus commercii*.

Dans la lutte entre le patriciat et la plèbe, les clients,
tout en appuyant le parti patricien (³) ou celui de leurs patrons, participent aux conquêtes politiques de la plèbe. Depuis qu'ils sont admis aux *comitia tributa*, la communauté
d'intérêts les engage à faire cause commune avec la plèbe
contre le patriciat.

A mesure que s'achève l'émancipation politique de la
clientèle, les anciens rapports du patronat se relâchent :

En 450 av. J.-Chr. des clients comparaissent eux-mêmes
en justice. LIV., III. 44.

En 391 av. J.-Chr. des clients de la *gens Furia* déclarent
vouloir voter aux comices contre un membre de cette *gens*.
LIV., V, 32.

Différentes causes font cesser les rapports de clientèle :

1° La mort de la famille du client ;

2° L'extinction de la *gens* du patron ;

3° Plus tard l'exercice d'une magistrature curule rompait
les liens de la clientèle. PLUTARQ., *Mar.*, 5.

La sanction religieuse finit aussi par ne plus être appli-

---

(1) " *In fide alicujus esse.* " Cf. *leg. repet.*, l. l. AULU-GELLE, V, 13 : " *Clientes,... qui sese... in fidem patrociniumque nostrum dediderunt.* "

(2) BECKER, II, 1, 157-164.

(3) Cf. LIV., II, 56, 64 etc. Voyez NIEBUHR, *H. r.*, I, 618.

quée. De la sorte l'antique institution de la clientèle se transforme complétement (¹); les clients de la fin de la République et de l'Empire sont des courtisans *(salutatores)*, des parasites qui s'attachent de leur gré à la personne d'un riche *(Dominus et Rex)* pour être admis à sa table ou recevoir certains dons en nature et en argent *(sportulae)* (²).

Ch. V. — DE L'ORIGINE DE LA PLÈBE (³).

D'après les anciens, Romulus créa la plèbe *(plebs, πλῆθος)* comme la clientèle (⁴). Niebuhr a le premier donné une explication plus satisfaisante sur l'origine de la plèbe (⁵).

Les plébéiens primitifs furent les citoyens de cités latines voisines, soumises par Rome. Celle-ci leur laisse la liberté et le *commercium*, mais elle ne les admet point au droit de cité. Etant d'origine latine, italique, comme les patriciens, ils sont aussi divisés en *gentes;* mais ces *gentes plebeiae* ne furent jamais, au point de vue du droit public, assimilées aux *gentes patriciae.*

Incorporation de plusieurs villes latines, attribuée par la tradition à Ancus Martius (⁶). A-t-il établi les habitants des cités soumises sur le mont Aventin (⁷)?

(1) Les sources se taisent complétement sur l'histoire de cette transformation. On ne peut pas admettre avec Niebuhr (*H. r.*, II, 360) et Goettling (130, 316) que la dissolution de la clientèle ait été l'œuvre de la loi des XII Tables. Voyez Becker, II, I, 162.

(2) Marquardt, V, 1, 512-520. Heuermann, *Des clients sous les premiers empereurs romains* (en all.). Munster, 1856. Friedlaender, *Mœurs romaines* (en all.). Leipzig, 1862, I, 207-260.

(3) Becker, II, 1, 133-138. Lange, I, 356-369. Troisfontaines, I, 72-82. Straesser, *Essai sur la plèbe romaine dans les temps les plus anciens* (en all.). Elberfeld, 1832. Pellegrino (Krjukoff), *De la différence primitive entre la religion des patriciens et des plébéiens* (en all.). Leipzig, 1842. Ihne, *Recherches dans le domaine de l'histoire des institutions romaines* (en all.). Francfort s/m., 1847. Kruszynski, *Les progrès politiques de la plèbe romaine depuis l'origine jusqu'à l'égalité complète avec le patriciat* (en all.).Lemberg,1852.Torhoff, *De plebe romana*. Essen, 1856. Wallinder, *De statu plebeiorum Romanorum ante primam in montem sacrum secessionem qvaestiones*. Upsal, 1860.

(4) Voyez les passages cités plus haut, p. 30.

(5) Voyez aussi Schwegler, *H. r.*, I, 638, sqq.

(6) Liv., I, 33. Denys, III, 37; 38. Cic., *De rep.*, II, 18.

(7) Liv., l. l. Cic., l. l. Denys, III, 43. Strab., V, 3, 7. Cf. Lange, I, 360.

Les Rois protégaient l'élément plébéien. Pourquoi? — Le projet de Tarquin l'Ancien d'accorder le droit de cité complet à toute la plèbe ne réussit point (¹):

La plèbe est admise à la *civitas* par Servius Tullius.

— Certes la plèbe a pu s'accroître ensuite par des *Latins* des villes confédérées, qui choisissaient domicile sur le territoire romain *(municipes)*, de même que par les clients qui, par l'extinction de la *gens* de leur patron, sortaient de la clientèle. Nous n'admettons cependant pas avec MOMMSEN (*Rech. rom.*, I, 388-390) que ce soient là les deux seules causes, ni même les causes principales de l'origine de la plèbe.

(1) LANGE, I, 381-387. FRANKE, *La réforme de Tarquin* (en all.) dans le *Rheinisch Museum*. Frankfort, 1857. T. XII, p. 512. Cf. DENYS, III, 71-72. CIC., *De rep.*, II, 20. LIV., I, 36. FLORUS, I, 5. VALER. MAX., 1, 4, 1. ZONAR., VII, 8.

LIVRE II. — L'ÉTAT PATRICIO-PLÉBÉIEN OU L'ÉPOQUE DE TRANSITION.

Ch. I. — DE L'EXTENSION DU DROIT DE CITÉ PAR LA RÉFORME DE SERVIUS TULLIUS. LES TRIBUS LOCALES. LES CLASSES ET CENTURIES [1].

Le *but* de la réforme de Servius Tullius était de faire entrer dans la cité deux éléments qui en étaient exclus jusquelà, les plébéiens et les clients. Le droit de cité est divisé en deux parts : de l'une, qui est la plus importante, l'exercice exclusif est réservé aux membres des curies et des *gentes patriciae;* l'autre part est rendue commune aux patriciens, plébéiens et clients.

Avant Servius Tullius il n'existait qu'une seule classe de citoyens : les *gentiles*, tous égaux, tous *cives optimo jure*. Depuis sa réforme, il y a deux classes : les patriciens ou *quirites*, qui constituent dès lors une aristocratie de naissance, étant seuls *cives optimo jure;* la plèbe et la clientèle qui ne possèdent qu'une *civitas minuto jure*.

L'exercice des droits spéciaux est régi par le principe génocratique, celui des droits communs par le principe timo-

<hr>

(1) Niebuhr, *H. r.*, I, 422. Goettling, 230. Huschke, *La constitution du Roi Servius Tullius* (en all.). Heidelberg, 1838. Raumer, *De Servii Tullii censu*. Erlangen, 1839. Peter, *Epoques* etc. Gerlach, *Le développement de la constitution de Servius Tullius* (en all.) dans ses *Historische Studiën*. Hambourg, 1841. T. 1, p. 343-434. *Les dernières recherches sur la constitution de Servius* du même auteur. Bâle, 1847. T. II, p. 203-266. W. Ihne, *L'origine de la constitution de Servius* (en all.) dans les *Symbola philologorum Bonnensium*. Leipzig, 1864-67.

cratique (¹). Gouvernement moitié aristocratique, moitié timocratique (²).

A l'effet de régler l'exercice des droits communs, Servius
crée deux nouvelles divisions : l'une, locale, en *regiones*
ou *tribus*, l'autre, timocratique, en *classes* et *centuries*.
Tandis que la division primitive en trois tribus génétiques
se perd, leurs subdivisions, les anciennes *curies* et *gentes*,
se maintiennent comme les bases de l'exercice des droits
spéciaux du patriciat.

§ 1. *Des regiones ou tribus locales* (φυλαι τοπικαι) (³).

Servius Tullius divise le territoire romain en quatre districts (⁴), *tribus* ou *regiones* (⁵). Ce sont les tribus *Suburana,
Esquilina, Collina, Palatina* (⁶).

Le nombre des tribus s'accroît ensuite; en 494 av. J.-Chr.
il y en a 21 (⁷). Dès lors la ville reste divisée en quatre tri-

(1) Cf. Fr. von Raumer, *De la constitution politique des Romains* (en all.) dans
les *Mémoires de l'Acad. de Berlin. Classe d'hist. et de phil.* 1846, p. 180.

(2) Le but de la réforme, tel que nous venons de l'énoncer, est l'opinion généralement reçue. Ce n'est cependant pas la manière de voir d'Ihne, ni de Mommsen *(Rech. rom.*, I, 271-276).

(3) Becker, II, 1, 164-183. Lange, I, 435-453. Th. Mommsen, *Du but
administratif des tribus romaines* (en all.). Altona, 1844. Rein, *Les tribus* (en
all.) dans *Pauly's Realencyclopedie.* Stuttgardt, 1852. T. VI, p. 2117. Zeyss (en
all.) dans le *Zeitschrift fuer das Alterthumswissenschaft,* 1857, p. 660. Haacke,
Essai pour fixer le nombre primitif des tribus romaines (en all.). Hirschberg, 1861.
C. L. Grotefend, *La division géographique des tribus dans tout l'Empire romain* (en all.). Hannover, 1863.

(4) Liv., I, 43 : *Quadrifariam enim urbe divisa* REGIONIBUSQUE ET COLLIBUS,
qui habitabantur, partes eas tribus appellavit. Ed. Weissenborn. Pour les mots im-
primés en majuscules les mscr. donnent de nombreuses variantes et le passage a
été diversément corrigé.

(5) Varr., *De l. l.,* V, 8.

(6) Varr., *De l. l.,* V, 8 et 9. Plin., XVIII, 3. Denys, IV, 14.

(7) Liv., II, 21. Denys, VII, 64. Niebuhr, *H. r.,* I, 433, s'appuyant sur
Denys, IV, 15, attribue à Servius Tullius la division du territoire romain en
30 tribus, 4 urbaines et 26 rustiques (cf. Varr., *De vit. pop. rom.,* cité par
Non., p. 43, M.). A la suite de la guerre de Porsenna, Rome, ayant perdu
un tiers de son territoire, n'aurait conservé que 20 tribus auxquelles serait
venue s'ajouter ensuite la *tribus Claudia.* Niebuhr a été suivi par Goettling,
237, Becker, II, 1, 165. Cependant celui-ci n'admet pas l'hypothèse de Niebuhr, relative à la guerre de Porsenna. — Nous avons adopté l'opinion de

bus *urbanae*, qui conservent les anciennes dénominations; le
le reste du territoire est partagé en dix-sept tribus *rusticae*.
De ces dix-sept, une porte un nom local (*Crustumina*), les
autres des noms de *gentes patriciae (Aemilia, Claudia,
Cornelia, Fabia* etc.) ([1]).

Ce nombre reste stationnaire environ pendant un siècle;
depuis 387 jusqu'à 241 av. J.-Chr., par suite de l'extension du
territoire romain, quatorze nouvelles tribus rustiques ([2]), portant presque toutes des noms locaux ([3]), sont ajoutées successivement aux 21 existantes. Le nombre de 35 ne fut pas
dépassé. Ce fait est probablement en rapport avec la réforme
des comices centuriates au 3ᵉ siècle avant J.-Ch. Depuis lors,
quand le droit de cité est accordé à des habitants de territoires nouvellement acquis, ces nouveaux citoyens sont
inscrits dans une des 35 tribus ([4]).

Les tribus locales comprenaient, dès le principe, tous les
citoyens : patriciens, clients et plébéiens ([5]).

MOMMSEN, *Les tribus rom.* etc. et de LANGE, I, 437, sqq. Il reste toujours une
difficulté : celle de savoir pourquoi, comment et depuis quand la modification de
4 tribus en 21 s'est faite? Cf. LANGE, I, 443, sqq. MOMMSEN, *Rech. rom.*, I,
188, nᵒ 18.

(1) MOMMSEN, *Rech. rom.*, I, 106, nᵒ 80.

(2) LIV., VI, 5, VII, 15, VIII, 17, IX, 20, X, 9, *Epit.*, XIX.

(3) MOMMSEN, *Rech. rom.*, I, 106, nᵒ 79.

(4) Cf. LIV., II, 16, XXXVIII, 36. FEST., p. 194. — Lorsque les *leges Julia
et Plautia Papiria* eurent conféré le droit de cité à tous les Italiques, le projet a
existé, il est vrai, de les répartir entre dix tribus nouvelles (APPIEN, *Civil.*, I,
49. Comparez cependant VELLEJ., II, 20). Ce projet a-t-il été réalisé? Nous ne
le savons pas : mais ce qui est certain, c'est que, six ans plus tard, après le retour
de Sulla de l'Asie, ils étaient déjà distribués entre les 35 tribus anciennes (*lege
Sulpicia*. LIV., *Epit.*, LXXVII, LXXXVI).

(5) NIEBUHR (*H. r.*, I. 439, II, 240, 355, 361) exclut des tribus jusqu'à la
loi des XII Tables les patriciens et les clients et n'y admet dans le principe que
les plébéiens, propriétaires fonciers *(assidui)*. Cette hypothèse a été combattue
à bon droit par BECKER, II, 1, 175, sqq. D'après MOMMSEN (*Les trib. rom.*, p. 2,
sqq. *Rech. rom.*, I, 151) les tribus n'auraient compris jusqu'à la censure d'Appius Claudius (312 avant J.-Chr.) que les patriciens et plébéiens *assidui*.
Voyez la réfutation dans BECKER, II, 1, 188, MARQUARDT, II, 3, 44, nᵒ 132,
LANGE, I, 439, sqq. Sous la République, il y a, il est vrai, une classe de citoyens, exclus des tribus, les *Aerarii*; mais il n'est pas probable que cette
classe remonte jusqu'à l'époque de Servius.

La *tribus* est à la fois une division géographique *(regio)* et une division administrative, comprenant tous les citoyens domiciliés dans.la tribu (¹). Dans le principe ces deux sens du mot *tribus* se correspondaient parfaitement (²). Mais plus tard il s'est établi une différence entre le domicile réel (la *regio)* et le domicile d'origine *(origo)* (³). Dès lors, la qualité de membre d'une tribu déterminée se transmettait héréditairement, même pour celui qui changeait de domicile réel et se fixait dans une autre *regio.*

Il s'introduit, du temps de la République, une différence de rang entre les tribus rustiques et urbaines (⁴).

Le but de la division en tribus était dans le principe purement administratif ; celles-ci servaient de base au recensement, au recrutement, à la perception du *tributum* (DENYS, IV, 14).

Sous la République elles obtiennent une grande importance politique (⁵), à la suite de l'institution des *concilia plebis,* transformés plus tard en *comitia tributa.*

Sous l'Empire elles sont restreintes à leur rôle exclusivement administratif.

Les membres de la tribu s'appellent *tribules ;* chaque tribu a son chef, *curator tribus,* (⁶) *(tribunus?)* (⁷), *(tribunus aerarius?)* (⁸).

La division géographique en *pagi,* qui existait, même à Rome, avant Servius Tullius (⁹), fut mise en rapport avec celle des tribus rustiques, de telle sorte que chaque tribu rustique se composait d'un certain nombre de *pagi. Pagani, Magister*

---

(1) AULU-GELLE, XVIII, 7.

(2) DENYS, IV, 14.

(3) MOMMSEN, *Rech. rom.,* I, 151, sqq.

(4) PLIN., XVIII, 3. VARR., *De r. r.,* II. *Pr.*

(5) Cf. MARQUARDT, II, 3, 41.

(6) VARR,, *De l. l.,* VI, 9.

(7) φύλαρχοι. DENYS, IV, 14.

(8) MADVIG, *De tribunis aerariis* dans ses *Opusc. acad.* Copenhagen, 1842, p. 242. MOMMSEN, *Les trib. rom.,* 44, sqq. Cf. MARQUARDT, III, 2, 131-134.

(9) DENYS, II, 76. PLUTARQ., *Num.,* 16. Cf. MOMMSEN, *Les trib. rom.,* 15, 17.

pagi, Sacra paganalia (¹). Dans la ville de Rome, les habitants des quartiers *(vici)* formaient des *collegia compitalicia*, célébrant annuellement les *compitalia* aux *compita*. *Magistri collegiorum compitaliciorum* (²).

§ 2. *Des classes et des centuries* (³).

Les classes et centuries sont des divisions timocratiques, à la fois militaires et politiques.

Principe. L'influence politique du citoyen, dans l'exercice des droits communs, sera proportionnelle à l'impôt qu'il paie, et aux services militaires qu'il rend à l'Etat. L'impôt et les charges militaires seront déterminés d'après le *census* de chaque citoyen, c'est-à-dire, d'après sa fortune imposable, évaluée au recensement qui sera fait à des époques fixes. D'après leur fortune imposable les citoyens seront divisés en *classes* et *centuriae*. *Censum* [Servius Tullius] *instituit, rem saluberrimam tanto futuro imperio, ex quo belli pacisque munia, non viritim ut ante, sed pro habitu pecuniarum fierent. Tum classes centuriasque... ex censu descripsit.* LIV., I, 42. *Descriptio centuriarum classiumque.* Ib.. IV, 4.

L'ensemble des citoyens imposables forme l'*exercitus (classis)* (⁴). L'*exercitus* se compose d'*equites* et de *pedites*. Les *pedites* sont divisés en cinq classes (⁵).

---

(1) DENYS, l. l. et IV, 15. FEST., p. 371. PAUL. DIAC., p. 126. MARQUARDT, IV, 160.

(2) Les *vici*, comme divisions politiques et religieuses de la ville de Rome, ayant comme chef un *magister vici*, ne datent que depuis Auguste. MARQUARDT, IV, 161 sq.

(3) BECKER, II, 1, 198-218. LANGE, I, 402-435. ZACHARIAE. *De numero centuriarum a Servio Tullio institutarum.* Goettingen, 1831. BREDA, *La constitution des centuries de Servius Tullius* (en all.). Bromberg, 1848.

(4) " *Vetustius fuit multitudinem hominum quam navium classem appellari.* " PAUL. DIAC., p. 225. " *Classis procincta, exercitus instructus.* " Ib., p. 56. *Lex regia* citée par FEST., p. 189 : " *Cujus auspicio classe procincta opima spolia capiuntur.* " Cf. FAB. PICT. cité par AULU-GELLE, X, 15.

(5) LIV., I, 43, III, 30. AULU-GELLE, X, 28. Le nombre de cinq ne fut point changé. Cf. CIC., *Ac. pr.*, II, 23. 73. DENYS, IV, 18, VII, 59, se trompe quand il fait une 6e classe de ceux qui sont en dehors des cinq classes.

Les Equites (¹) sont subdivisés en 18 centuries (²).   *Census maximus,*

τὸ μέγιστον τίμημα(³).

Les Pedites (⁴) de la 1ᵉ classe en 80 centuries. 100000 as.

2ᵉ	//	20	//	75000 as.
3ᵉ	//	20	//	50000 as.
4ᵉ	//	20	»	25000 as.
5ᵉ	//	30	//	12500 as

(d'après Denys),
11000 (d'après Tite-Live).

En dehors des classes il y a   1 *centuria capite censorum.*

—————

189

(1) Il s'agit ici des *equites equo publico,* qu'il faut bien distinguer des *equites equo privato* qui ont existé à Rome depuis le siége de Veji, 403 av. J.-Chr. (Liv., V, 7) jusqu'après la seconde guerre punique.

(2) Liv., I, 43. « *Equitum ex primoribus civitatis duodecim scripsit* [Serv. Tull.] *centurias. Sex item alias centurias, tribus ab Romulo institutis, sub isdem, quibus inauguratae erant, nominibus fecit.* » Ces six dernières centuries s'appellent aussi *sex suffragia* (Cic., *De rep* , II, 22. Fest., p. 334). Il y a peu de questions aussi controversées que celle de ces 18 centuries. Cf. Becker, II, 1, 245-249. Rubino, *Sur le rapport entre les sex suffragia et la cavalerie romaine* (en all.) dans le *Zeitschrift fuer Alterthumsw.*, 1846, no 27-30. Mommsen, *Rech. rom.*, I, 134-140. Lange, I, 385-386, 418-419. Th. Pluess, *Les sex suffragia* (en all.) dans les *Jahrbuecher fuer Philol. und Paedag.*, 1868, T. LXXXXVIII, no 8, 1 div. La controverse porte surtout sur deux points : 1o la centurie comptait-elle 100 ou 200 membres ? 2o les *sex suffragia* se composaient-ils uniquement de patriciens ?

(3) Cic., *De rep.*, II, 22. Denys, IV, 18. Ce cens équestre fut-il dès le principe supérieur au cens de la première classe (Becker, II, I, 250), ou cette différence ne se produit-elle que sous la République ? (Lange, I, 419, II, 19-20).

(4) Liv., I, 43. « *Ex iis, qui centum milium aeris aut majorem censum haberent, octoginta confecit centurias, quadragenas seniorum ac juniorum : prima classis omnes appellati ; seniores ad urbis custodiam ut praesto essent, juvenes ut foris bella gererent. Arma his imperata galea clipeum ocreae lorica, omnia ex aere ; haec ut tegumenta corporis essent : tela in hostem hastaque et gladius. Additae huic classi duae fabrum centuriae, quae sine armis stipendia facerent ; datum munus ut machinas in bello ferrent.* »

« *Secunda classis intra centum usque ad quinque et septuaginta milium censum*

Il faut y ajouter deux *centuriae fabrum (tignarii* et *aerarii)*, qui d'après Tite-Live votent avec la 1e classe, d'après Denys avec la 2e, et d'après Tite-Live 3 *centuriae* de *accensi, cornicines* et *tubicines*, votant avec la 5e classe, ou d'après Denys 2 de *cornicines* et *tubicines*, votant avec la 4e. Le total des centuries est donc d'après Tite-Live de 194, d'après Denys de 193 ([1]).

I. *Caractère timocratique de cette division* ([2]).

Le *minimum* de fortune de chaque classe ne se rapporte pas aux revenus, mais au capital.

La fortune recensée du citoyen ne se composait dans le principe que des *res mancipi* sur lesquels il avait le *dominium quiritarium*. Il semble même que jusqu'à une époque assez avancée de la République la division en *classes* reposait

instituta, et ex iis, senioribus junioribusque, viginti conscriptae centuriae. Arma imperata scutum pro clipeo, et praeter loricam omnia eadem. »

« *Tertiae classis in quinquaginta milium censum esse voluit. Totidem centuriae et haec, eodemque discrimine aetatium factae ; nec de armis quicquam mutatum, ocreae tantum ademptae.* »

« *In quarta classe census quinque et viginti milium ; totidem centuriae factae ; arma mutata, nihil praeter hastam et verrutum datum.* »

« *Quinta classis aucta, centuriae triginta factae. Fundas lapidesque missiles hi secum gerebant. In his accensi, cornicines, tubicinesque, in tres centurias distributi. Undecim milibus haec classis censebatur.* »

« *Hoc minor census reliquam multitudinem habuit : inde una centuria facta est immunis militia.* »

(1) Denys, dans les deux passages où il traite longuement de cette institution, IV, 16-18, VII, 59, s'accorde avec Tite-Live, sauf pour les points indiqués plus haut. La difficulté principale gît dans la centurie d'*accensi*, que Tite-Live ajoute à la cinquième classe et dont Denys ne parle pas. De là chez Tite-Live 194 centuries, tandis que le nombre vrai semble avoir été de 193, chiffre qui est aussi donné par Cicéron, *De rep.*, II, 22. On est généralement d'accord à dire ou bien que Tite-Live s'est trompé, ou que le texte est fautif. D'après Lange, I, 408, 420-421, 463 *accensi velati* étaient dans le principe la dénomination générale des citoyens de la cinquième classe ; il propose de lire : *in his accensis cornicines tubicinesque in II centurias distributi*. Cf. Paul. Diac., p.14, s. v. *adscripticii*. Comparez cependant Marquardt, IV, 2, 242-244. — En désaccord absolu avec Tite-Live et Denys sont les données, erronées sans aucun doute, de Cicéron, *De rep.*, II, 22. Cf. Becker, II, I, 203-208. Les travaux nombreux des philologues modernes sur ce passage célèbre sont mentionnés par Becker, 203, n° 423, et Lange, I, 421.

(2) Lange, I, 422-435.

uniquement sur la quotité de *praedia*, de *jugera agri censui censendo*, possédés par un même citoyen (¹). L'évaluation des *jugera* en monnaie ne peut être antérieure à l'époque décemvirale, à laquelle remonte l'origine du monnayage à Rome (²). L'unité monétaire était l'*as*, monnaie en cuivre avec un alliage d'étain et de plomb.

Le poids et la valeur de l'*as* ont varié aux différentes époques :

a) Depuis les décemvirs jusque vers 269 av. J.-Chr., le poids nominal de l'*as* était d'une *libra*, le poids réel de $^5/_6$ d'une livre ou 10 *unciae* (la livre romaine était divisée en 12 *unciae*) : *asses librales* (³), *librarii* (⁴), *aes grave* (⁵).

b) Depuis 269 jusque vers 241 av. J.-Chr., l'*as* est réduit à 4 onces : as trientaire.

c) Depuis 241 jusque vers 217 av. J.-Chr., l'*as* ne pèse plus que deux onces : *asses sextantari* (⁶).

d) Vers 217 av. J.-Chr., l'*as* devient oncial, et peu après, par la *lex Papiria*, il ne pèse plus qu'une demi-once.

Les *as* d'après lesquels Tite-Live et Denys déterminent le taux de chaque classe, sont-ce des *asses librales ?*

Impossible. Le taux de fortune pour la 1ᵉ classe eut été bien trop élevé pour l'époque. Une *lex Julia Papiria de multarum aestimatione* (430 av. J.-Chr.) (⁷) évalue un bœuf à 100

---

(1) Huschke, *La constit. de Serv.* etc., p. 111, 164, 644, 672, suppose que le *jugerum*, y compris le bétail et les esclaves supposés nécessaires pour la culture, était évalué à 5000 assextantaires. D'après Mommsen *(H. r.,* I, 297 (3ᵉ éd.), *Rech. rom.,* I, 305, *Les trib. rom.,* 115, 153), le censeur Appius (312 av. J.-Chr.) aurait le premier fait servir les richesses, autres que la propriété foncière, à parfaire le cens, et aurait exprimé celui-ci en des sommes d'argent. D'après Lange (I, 429, II, 77) les biens-fonds restèrent toujours seuls la base de la division politique des classes.

(2) Th. Mommsen, *Histoire du système monétaire romain* (en all.), Berlin, 1860 (traduite de l'allemand par le duc de Blacas. T. I. Paris, 1865). Hultsch, *Métrologie grecque et romaine* (en all.). Berlin, 1862. Cf. Maury, *Exposé des progrès de l'archéologie.* Paris, 1867, 29-35. Marquardt, III, 2, 8-15.

(3) Varr., *De l. l.,* V, 36. Plin., XXXIII, 3 (13), §42.

(4) Paul. Diac., p. 98, s. v. *grave aes.*

(5) Paul. Diac., l. l. Plin., l. l.

(6) Plin., l. l., §44. Fest., p. 347.

(7) Aulu-Gelle, XI, 1. Fest., p. 202.

asses acris gravis, une brebis à 10. En 419 av. J.-Chr. on appelle *richesse* une somme de 10000 *as* (¹). D'ailleurs, Servius Tullius, pour rendre sa réforme acceptable par les patriciens, devait fixer le cens de la 1ᵉ classe de telle manière que la presque totalité du patriciat pouvait y être admise.

Aussi BOECKH (²) a-t-il conjecturé que les *as* dont parlent DENYS et TITE-LIVE sont des *asses sextantari*, de sorte que pour exprimer ces sommes en *asses librales*, il faut réduire tous les chiffres au cinquième : donc respectivement à 20000, 15000 *as* etc. L'opinion de BOECKH a été généralement adoptée (³); elle est d'autant plus probable que l'*as* sextantaire était l'unité monétaire à l'époque de la réforme des comices centuriates, et que les auteurs anciens ont selon toute vraisemblance puisé leurs chiffres dans les *tabulae censoriae* de cette époque (⁴).

Les citoyens de la 1ᵉ classe s'appellent *classici* (⁵) ou *censi* (⁶) par excellence, *proci, principes* (⁷); les autres sont *infra classem* (⁸).

Les citoyens des cinq classes portent le nom officiel de *assidui* : « *adsiduo vindex adsiduus esto : proletario jam civi, cui quis volet vindex esto.* » Loi des XII Tables. AULU-GELLE,

---

(1) LIV., IV, 45.

(2) BOECKH, *Recherches métrologiques* (en all.). Berlin, 1838, 427-446. HERTZ, *De la manière dont Goettling et Zumpt envisagent les chiffres du cens de Servius* (en all.) dans le *Philologus*. T. I, 1846, p. 108. RUBINO, *De Serviani census summis disputatio*. Part. I. Marbourg, 1854.

(3) D'après ZUMPT, *Des chevaliers romains et de l'ordre équestre à Rome* (en all.), Berlin, 1840, le taux primitif aurait été doublé plus tard, de telle sorte que, pour exprimer le cens de Servius en *asses librales*, les chiffres de DENYS et de TITE-LIVE devraient être réduits au dixième.

(4) LANGE, I, 424.

(5) De là le sens figuré de ce mot (AULU-GELLE, XIX, 8, § 15) et du français *classique*.

(6) C'est le terme dont se servait la *lex Voconia*. Cf. GAJ., II, 274. CIC., *Verr.*, II, 1, 42.

(7) FEST., p. 249. CIC., *Or.*, 46, § 156.

(8) AULU-GELLE, VI (VII), 13.

XVI, 10 (¹). On les nomme aussi *pecuniosi, locupletes* (²).

Ils contribuent au *tributum* pour une quote-part proportionnelle à leur cens.

Le fils majeur est inscrit dans la classe de son père (³).

Exclus des classes *(extra classes)* sont :

1° Les citoyens, ayant un cens inférieur à celui de la 5ᵉ classe. *Proletarii* (⁴), *capite censi* (⁵). Ils sont exemptés du *tributum* et du service militaire (⁶).

2° Les *opifices* et *sellularii* (⁷), qui à cause de leur *état* étaient considérés comme impropres au service militaire (⁸) et, partant, exclus des classes (⁹). Une exception est faite à l'égard des *fabri aerarii* et *tignarii*, des *tibicines* et *cornicines*.

3° Les *cives libertini*, exclus de la légion et des classes en raison de leur naissance servile.

Proletarii, capite censi, opifices, sellularii, libertini, sont tous réunis dans une seule centurie : la *centuria capite censorum* (¹⁰).

---

(1) Les anciens dérivent *assiduus ab assibus dandis* ou *ab aere dando*. AULU-GELLE, l. l., § 15. CIC., *De rep.*, II, 22. *Top.*, 2, § 10. De même BECKER. LANGE (I, 404) le fait venir *ab assidendo* et le traduit par *Ansaessige*.

(2) « *Quod tum erat res in pecore et locorum possessionibus.* » CIC., *De rep.*, II, 9. — « *Locuples... est assiduus, ut ait Aelius, appellatus ab asse dando.* » Id., *Top.*, 2, § 10.

(3) PAUL. DIAC., s. v. *duicensus*, p. 66. LIV., XXIV, 11. Cf. DENYS, IX, 36. MOMMSEN, *Les trib. rom.*, p. 150.

(4) « *Ut ex iis quasi proles, id est quasi progenies civitatis, expectari videretur.* » CIC., *De rep.*, II, 22.

(5) Dans le principe il n'y eut aucune distinction entre ces deux termes. Cf. PAUL. DIAC., p. 226. Il en était encore ainsi à l'époque décemvirale : AULU-GELLE, XVI, 10, § 5. Ensuite il s'établit une différence : « *Proletariorum tamen ordo honestior aliquanto et re et nomine quam capite censorum fuit.* » AULU-GELLE, ib., § 12. Cf. VARR. cité par NONIUS, p. 48. G. Cette distinction reposait sur le cens. AULU-GELLE, ib., § 10.

(6) LIV., I, 43, II, 9. DENYS, IV, 18, VII, 59.

(7) MARQUARDT, II, 3, 45-46. LANGE, I, 407, 420. MOMMSEN, *De collegiis opificum* dans le traité *De collegiis et sodaliciis Romanorum*. Kiel, 1843, p. 27.

(8) LIV., VIII, 20. Cf, X, 21.

(9) DENYS, IX, 25.

(10) D'après LANGE, I, 405, cette centurie ne remonte pas à Servius Tullius, mais seulement à l'époque qui suit la législation décemvirale.

II. *Caractère militaire.*

Le service militaire est obligatoire pour tous les *assidui.*
Le citoyen doit s'équiper et s'entretenir en campagne. L'ar-
mement diffère selon la classe dont le citoyen fait partie.

Les *equites* seuls, en raison des charges spéciales de leur
service, ont une certaine rémunération : « *Ad equos emendos
dena milia aeris* ([1]) *ex publico data, et quibus equos alerent* ([2]),
*viduae attributae, quae bina milia aeris in annos singulos
penderent* ». Liv., I, 43 ([3]).

La solde *(stipendium)* ne fut introduite régulièrement que
depuis Camille (406 av. J.-Chr.) à laquelle époque des modifications importantes furent apportées à l'ancienne organisation militaire de Servius Tullius ([4]).

Division militaire des classes en *centuriae* ([5]) *juniorum* (17
à 45 an révolus) et *seniorum* (46 à 60 ans) ([6]). — *Centurio,*
λοχαγός ([7]).

III. *Caractère politique.*

La nouvelle assemblée du peuple, appelée *comitia centuriata*, a pour base la division des citoyens en classes et centuries. Chaque centurie a un suffrage.

1° Avantage accordé à la richesse. Les *equites* et les citoyens de la première classe disposent à eux seuls de la majorité des suffrages ([8]).

---

(1) *Aes equestre.* Gaj., IV, 27. Paul. Diac., p. 81, 371. Si, en sortant du
corps, l'*eques* est tenu à restituer le cheval ou une somme équivalente, opinion
généralement reçue, quoiqu'elle ne soit guère prouvée (Becker, II, I, 254),
l'*aes equestre* est plutôt une avance d'argent qu'une solde.

(2) *Aes hordiarium.* Gaj., l. l., Paul. Diac., p. 102.

(3) Faut-il appliquer à ces sommes la réduction que nous avons admise pour
le cens des classes ? Cf. Becker, II, 1, 252, n° 513-514. Lange, I, 475.

(4) Liv., IV, 59, VIII, 8. Marquardt, III, 2, 73 et 247-248.

(5) Sur l'étymologie du mot cf. Lange, I, 402. « *Centuriae quae sub uno
centurione sunt quorum centenarius justus numerus.* » Varr., *De l. l.*, V, 16.
« *Centuria... in re militari* [significat] *centum homines.* » Paul. Diac., p. 53. Il
faut distinguer, à cet égard, entre la centurie militaire et la centurie politique.

(6) Denys, IV, 16. Varr. cité par Censorin., 14. Cf. Aulu-Gelle, X, 28.

(7) Denys, IV, 17, VII, 59. Fest., p. 177, s. v. *niquis scivit.*

(8) Cf. Denys, IV, 19, 21, VIII, 82, XI, 45. Liv., I, 43. Cic., *De rep.*,
II, 22, § 40. D'après Lange, I, 409 sqq., toutes les centuries de *juniores* de-

2° Privilége concédé à l'âge : les *seniores*, quoique beaucoup moins nombreux, forment autant de centuries que les *juniores*. D'après les données de la statistique moderne les *juniores* étaient en nombre double des *seniores* (¹).

L'organisation des *comitia centuriata* sera exposée plus loin.

Ch. II. — DE LA LUTTE POLITIQUE ENTRE LE PATRICIAT ET LA PLÈBE (²).

Plébéiens et clients ont reçu par la réforme de Servius Tullius le *jus commercii*, le *jus censendi*, et comme conséquences le *jus militiae*, le *jus tributi* et le *jus suffragii* aux comices centuriates (³).

vaient être de force égale, vu que le service militaire était obligatoire pour tous les *assidui*. Il en conclut que, si la 2e classe n'avait que la quatrième partie de centuries de la 1e classe, elle ne pouvait compter que la 4e partie de citoyens de la 1e classe, de sorte que la 1e classe aurait compris les $8/_{17}$ des *assidui*, la 2e, 3e et 4e, chacune $2/_{17}$, et la 5e, $3/_{17}$. Les affirmations contraires des auteurs anciens ne s'appliqueraient qu'à l'époque où des altérations s'étaient déjà produites dans le système militaire de Servius, et, partant, une distinction entre les centuries militaires et politiques, c'est-à-dire, depuis Camille. Il est impossible d'admettre l'hypothèse de Lange :

a) Comment concevoir que les citoyens de la 1e classe aient été au nombre réuni des citoyens des 4 autres classes comme $8/_{17}$ à $9/_{17}$?

b) Dès le principe les centuries politiques des *seniores* devaient être plus nombreuses que leurs centuries militaires ; car elles comprenaient aussi les citoyens âgés de plus de 60 ans, exemptés du service militaire.

c) Quant aux centuries militaires des *juniores*, rien ne nous oblige d'admettre que toutes fussent de nombre égal. Cf. Marquardt, III, 2, 245, n° 1360.

d) Lange (I, 417) déroge lui-même à son système, en composant des *juniores* de la 1e classe non-seulement les 40 *centuriae juniorum* de cette classe, mais encore les 18 *centuriae equitum*.

(1) Lange, I, 412-414 (notes).

(2) Lange, I, 492-582. C. F. Schulze, *Lutte de la démocratie et de l'aristocratie à Rome* (en all.). Altenbourg, 1802. Hennebert, *Histoire de la lutte entre les patriciens et les plébéiens à Rome.* Gand, 1845. Schuermans, *Histoire de la lutte entre les patriciens et la plèbe à Rome.* Bruxelles, 1845. Kiehl, *La législation de Licinins Stolon* (en néerland.) dans la *Mnemosyne.* Leiden, 1852 T. I, 157, 215, 257. Wachsmuth, *Histoire des partis politiques des temps anciens et modernes* (en all.) Braunschweig, 1853. T. I, p. 170. Broecker, *Les traits fondamentaux de l'histoire des institutions de 244 à 282 de la ville*, dans ses *Recherches sur l'histoire des institutions*, (en all.) Hambourg, 1858, p. 23.

(3) Lange, I, 394-396.

Ils sont exclus du *conubium* avec les patriciens, du *jus honorum*, du *jus sacrorum*, des *gentes* et des comices curiates. Mais, peu d'années après la chute de la Royauté, la plèbe entreprend contre les droits exclusifs du patriciat une lutte acharnée qui dura plus de deux siècles. Nous ne décrirons pas les phases successives de cette lutte politique ; nous n'entrerons pas dans le détail des causes qui l'ont provoquée, ni des circonstances qui l'ont alimentée. Ce sujet est du domaine de l'Histoire politique. Nous marquerons seulement les étapes qui ont conduit la plèbe à l'égalité politique avec le patriciat et qui ont effacé, au point de vue du droit privé et du droit public, les anciennes distinctions de race.

La première année de la République, 509 av. J.-Chr., la *lex Valeria* donne à *tous* les citoyens le droit d'en appeler aux comices centuriates des sentences capitales prononcées par le consul : *jus provocationis.*

La première *secessio plebis*, 493 av. J.-Chr. (¹), est suivie de la création de deux magistratures plébéiennes, le *tribunatus plebis* et l'*aedilitas*, qui ont pour mission de défendre la plèbe contre le pouvoir des consuls, magistrats patriciens. Dès lors aussi la plèbe dans des *concilia* délibère sur ses intérêts, et prend des décisions, obligatoires pour elle.

La loi des XII Tables, 450 av. J.-Chr. prononce l'égalité de tous les citoyens devant le droit civil et criminel (²).

Par suite de la *lex Valeria et Horatia*, 449 av. J.-C., les *concilia plebis* se transforment en *comitia tributa*, qui comprennent dès lors aussi les patriciens et les clients, et constituent la troisième assemblée politique du peuple romain.

La *lex Canuleia*, 445 av. J.-Chr., abolit la défense du *conubium* entre le patriciat et la plèbe.

En 444 av. J.-Chr. la plèbe est déclarée admissible au tribunat militaire avec puissance consulaire, et en 420 avant J.-Ch. à la questure.

La *lex Licinia de consulatu*, 366 avant J.-Ch., admet les plébéiens au consulat. Ensuite ils arrivent successivement

(1) LANGE, I, 507-512.
(2) BECKER, II, 2, 130, 132.

aux autres magistratures : à l'édilité curule depuis 364, la dictature en 356, la censure en 351, la préture en 337 av. J.-Chr.

Reste le *jus sacerdotiorum*, droit corollaire du *jus sacrorum*. Déjà avant que le consulat leur eût été ouvert, les plébéiens avaient été admis au collége *sacris faciundis* (367 av. J.-Chr.). « *Sextus et Licinius de decemviris sacrorum* [1] *ex parte de plebe creandis legem pertulere. Creati quinque patrum, quinque plebis.* » Liv., VI, 42. Mais la loi principale sur ce sujet et qui clôt, peut-on dire, la lutte entre la plèbe et le patriciat, c'est la *lex Ogulnia* (300 av. J.-Chr.). « [Q. et Cn. Ogulnii] *eam actionem susceperunt, qua non infimam plebem accenderent, sed ipsa capita plebis, consulares triumphalesque plebeios, quorum honoribus nihil, praeter sacerdotia, quae nondum promiscua erant, deessent. Rogationem ergo promulgarunt, ut, cum quattuor augures, quattuor pontifices ea tempestate essent, placeretque augeri sacerdotum numerum, quattuor pontifices, quinque augures de plebe omnes, adlegerentur.* » Liv., X, 6. « [Lex] *ingenti consensu accepta est.* » Ib., 9 [2].

Les clients avaient participé, comme nous l'avons dit plus haut, à toutes les victoires politiques de la plèbe.

L'on peut donc dater du commencement du iiie siècle av. J.-Chr. l'égalité politique des citoyens romains. Les patriciens conservèrent, il est vrai, jusque sous l'Empire certains priviléges (les *jura gentilicia*, la fonction d'*Interrex*, celle de *Rex sacrorum*, des *flaminats majeurs*, des *Saliens*, la *patrum auctoritas* et les comices curiates) [3]; mais ces priviléges étaient largement contrebalancés par l'exclusion rigoureuse des patriciens du tribunat du peuple et de l'édilité plébéienne [4].

(1) « *Carminum Sibyllae ac fatorum populi hujus interpretes, antistites eosdem Apollinaris sacri caerimoniarumque aliarum.* » Liv., X, 8. Sur ce collége voyez Lange, I, 387-391.

(2) Cf. Lange, II, 89-92.

(3) Cic., *P. dom.* 14, §38.

(4) Cic., ib., § 37.

Le patriciat se maintient comme noblesse de naissance. Il ne jouit plus dans l'Etat d'une prépondérance politique, mais d'une grande considération sociale qui s'attache partout à une haute naissance et aux familles dont les ancêtres se sont illustrés dans les carrières politiques ou militaires. Cependant le nombre des *gentes patriciae* décroît rapidement ; vers la fin de la République on ne cite plus que 14 *gentes*, comprenant une trentaine de familles patriciennes (¹).

Les empereurs s'efforcèrent à diverses reprises de relever le patriciat par l'incorporation de nouvelles familles (*adsciscere, sublegere in patricios*) ; déjà du temps de César une *lex Cassia* (²) tendit à ce but, sous Auguste une *lex Saenia* (³). Claude (⁴) et Vespasien (⁵) conférèrent aussi le patriciat. Plus tard l'empereur Commodus en fit un moyen de trafic et accorda cet honneur même à des affranchis (⁶).

Le patriciat changea complètement de nature depuis Constantin ; il devint une dignité personnelle, attachée à l'exercice de certaines hautes fonctions, et conférant plusieurs immunités (⁷).

De la transformation de la clientèle en institution purement privée, nous avons parlé plus haut.

---

(1) MOMMSEN, *Rech. rom.*, I, p. 122.

(2) TAC., *Ann.*, XI, 25. SUET., *Caes.*, 41. Cf. MOMMSEN, *Rech. rom.*, I, 175, nᵉ 12.

(3) TAC., ib. *Monum. Ancyr.*, II, 1.

(4) TAC., ib.

(5) TAC., *Agric.*, 9. JUL. CAPIT., *M. Ant.*, 1.

(6) DIO CASS., LXXII, 12. LAMPRID., *Comm.*, 6.

(7) WALTER, *Histoire du droit romain* (en all.). Bonn, 1860. I, § 368 (3ᵉ éd.).

SECONDE PARTIE.

ÉPOQUE D'ACHÈVEMENT.

LIVRE I. — DES PERSONNES.

SECTION I. — DES CITOYENS.

Ch. I. — DE L'ACQUISITION DU DROIT DE CITÉ (¹).
INGENUI ET LIBERTINI.

« *Ut sit civis quis, aut natus sit oportet aut factus.* » Quintil., *Inst. orat.*, V, 10, § 65. L'on *naît* citoyen ou on le *devient*. On devient citoyen surtout de deux manières ; par naturalisation ou par affranchissement.

I. *Par naissance.*

« *Conubio interveniente liberi semper patrem sequuntur : non interveniente conubio matris conditioni accedunt.* » Ulp., V, 8.

Il est dérogé à ce principe par une loi portée au commen-

---

(1) Becker, II, 1, 89-97. Lange, I, 446-447. Troisfontaines, I, 173-180. Beaujon, *De variis modis quibus variis temporibus jus civitatis Romanae acquiri potuerit.* Leiden, 1845. A. W. Zumpt, *De propagatione civitatis Romanae* dans ses *Studia Romana.* Berlin, 1859, 325-380.

cement de l'Empire : « *Lex Mensia* (¹) *ex alterutro peregrino natum deterioris parentis conditionem sequi jubet.* » ULP., ib.

II. *Par naturalisation. Civitatis· donatio, civitatem dare* (²). La naturalisation est la collation du droit de cité à des *peregrini*, faite par le peuple (³).

En quel cas le droit de collation de la cité appartient-il à des magistrats (⁴) ?

Concessions illégales du droit de cité par Sulla et César.

Facilités d'acquisition de la *civitas* accordées aux *Latini* et *Latini juniani*.

La *civitas* est donnée ou bien *viritim, sigillatim* (⁵), ou à des villes, des contrées entières (⁶). Elle est complète ou incomplète : *civitas cum* ou *sine suffragio* (⁷).

Les *leges Julia* (90) et *Plautia Papiria* (89 av. J.-Chr.) confèrent le droit de cité à tous les Italiques (⁸).

Sous l'Empire le droit de naturalisation appartient à l'Empereur.

Mesure transitoire et financière (⁹) de l'empereur Cara-

---

(1) Comme le titre de *lex Mensia* n'est point cité ailleurs, et qu'une *gens Mensia* nous est absolument inconnue, PUCHTA *(Institut.*, II. § 217, n° h. Leipzig, 1857, 5e éd.) a conjecturé avec beaucoup de vraisemblance que le mot *Mensia* est une corruption pour *A. Sentia* et qu'il s'agit de la *lex Aelia Sentia* de l'an 4 de notre ère.

(2) Les auteurs anciens regardent ces naturalisations comme une cause importante de l'agrandissement de l'empire romain. CIC., *p. Balb.*, 13. DENYS, I, 9.

(3) LIV., IV, 4 : *Jussu populi.*

(4) Une *lex Apuleia* donne ce droit à Marius (CIC., *p. Balb.*, 21); une *lex Gellia et Cornelia* à Pompée (CIC., ib., 8).

(5) Cf. CIC., ib. 8. LIV., III, 29 etc.

(6) Cf. LIV., VIII, 17, 21 etc.

(7) ZOELLER, *De civitate sine suffragio et municipio Romanorum.* Heidelberg, 1866. Le premier municipe *cum suffragio* fut Tusculum, 381. av. J.-Chr. CIC., *p. Planc.*, 8. LIV., VI, 26 ; le premier municipe *sine suffragio*, Caere, probablement en 353 av. J.-Chr. (LIV., VII, 20, XXVIII, 45. AULU-GELLE, XVI, 13. STRAB., V, 2, 3). Cf. MARQUARDT, III, 1, 7-14.

(8) AULU-GELLE, IV, 4, § 3, « *Civitas universo Latio lege Julia data est* ». Cf. CIC., *p. Balb.*, 8, 21. MARQUARDT, III, 1, 45-46. LANGE, II, 637.

(9) « ἔργῳ, ὅπως πλείω αὐτῷ καὶ ἐκ τοῦ τοιούτου προσῇ, διὰ τὸ τοὺς ξένους τὰ πολλὰ αὐτῶν μὴ συντελεῖν. » DIO CASS., LXXVII, 9.

calla. « *In orbe Romano qui sunt, ex constitutione Imperatoris Antonini cives Romani effecti sunt.* » *Dig.*, I, 5, 17.

Justinien abolit définitivement dans l'Empire romain toute distinction entre citoyens et pérégrins ([1]).

III. *Par manumissio justa.* L'introduction de ce mode d'acquisition du droit de cité est attribuée à Servius Tullius (DENYS, IV, 22. ZONAR., VII, 9).

Distinction entre les *ingenui* et les *libertini.* « *Ingenui sunt, qui liberi nati sunt; libertini, qui ex justa servitute manumissi sunt.* » GAJ., I, 11. Cf. *Inst.*, I, 4 et 5. « *In jure civili, qui est matre libera, liber est,* » CIC., *De nat. deor.*, III, 18.

L'infériorité politique et civile des *cives libertini* par rapport aux *cives ingenui* sera exposée plus loin.

CH. II. — DU JUS CIVITATIS.

Le droit de cité s'appelle *jus civitatis* ou *jus quiritium.*

Y a-t-il une distinction à faire entre ces deux termes? La question est controversée ([2]).

Les droits compris dans la *civitas* sont privés ou politiques : *Jura privata, jura publica* ([3]).

1ʳᵉ DIVISION. — DES JURA PRIVATA.

Les *jura privata* se résument en deux droits principaux : le *jus conubii* et le *jus commercii.*

Au point de vue des droits privés les citoyens sont ou *sui juris* ou *alieni juris.* « *Quaedam personae sui juris sunt, quaedam alieno juri subjectae.* » *Instit.*, 1, 8 ([4]).

Tout citoyen *sui juris* s'appelle en droit *paterfamilias,* toute citoyenne *sui juris, materfamilias.* « *Pater autem familias appellatur, qui in domo dominium habet; recteque hoc nomine appellatur, quamvis filium non habeat; non enim solam*

---

(1) WALTER, *Histoire du droit romain* (en all.) 3ᵉ éd. Bonn, 1860-61, § 421.
(2) Cf. BECKER, II, 1, 98. LANGE, I, 92.
(3) BECKER, ib. WALTER, § 459. TROISFONTAINES, I, 147-149.
(4) Cf. GAJ., I, 48-50. ULP., IV, 1.

personam ejus, sed et jus demonstramus. " Dig., L, 16, 195, § 2. Cf. ib., I, 6, 4.

" Sed rursus earum personarum, quae alieno juri subjectae sunt, aliae in potestate, aliae in manu, aliae in mancipio sunt. " GAJ., I, 49 (1).

Article 1. — Du jus conubii (2).

" Conubium est uxoris jure ducendae facultas. Conubium habent cives Romani cum civibus Romanis; cum Latinis autem et peregrinis ita si concessum sit. Cum servis nullum est conubium. " ULP., V, 3-5.

Ce fut là le principe admis sous l'Empire ; avant cette époque il y avait eu des exceptions à cette règle générale.

1° Le *conubium* entre patriciens et plébéiens ne fut admis que par la *lex Canuleia* (445) (3).

2° Le *conubium* entre *cives ingenui* et *cives libertini* ne date que des *leges Julia* et *Papia* sous Auguste (4), et encore avec certaines restrictions :

a) Le mariage est défendu entre affranchis et membres et l'ordre sénatorial. *Dig.*, XXIII, 2, 44.

b) Il est défendu à une *patrona* d'épouser son *libertus*, excepté *si patrona tam ignobilis sit, ut ei honestae sint vel liberti sui nuptiae. Dig.*, ib., 13.

Du *jus conubii* découlent le *jus manus*, le *jus patriae potestatis* et les *jura agnationis*.

---

(1) Cf. *Instit.*, I. 8. ULP.,V, 1, VIII, 1, IX, 1, X. WALTER, § 501, nᵒ 4. REIN, *Droit civil romain* (en all).Leipzig,1858,p.120.TROISFONTAINES, I, 183.

(2) ROSSBACH, *Recherches sur le mariage romain* (en all.). Stuttgardt, 1853. FR. DE GERLACH, *De Romanorum connubio.* Halle, 1851.

(3) LIV., IV, 6. CIC., *De rep.*, II, 37. DENYS, X, 60, XI, 28.

(4) Cf. WALTER, § 105 et 353. REIN. *Dr. c.*, 402, et d'autres ne considèrent pas le mariage entre *ingenui* et *libertini* comme défendu sous la République, mais comme mal réputé. Voyez cependant LIV., XXXIX, 19.

— 63 —

§ 1. *Des différentes espèces de mariage et des conditions nécessaires pour contracter une union légale.*

Définition. « *Nuptiae sunt conjunctio maris et feminae, et consortium omnis vitae, divini et humani juris communicatio.* » *Dig.*, XXIII, 2, 1 [1].

La bigamie était interdite à Rome (GAJ., 1, 63).

Le mariage était considéré comme un devoir pour les citoyens. CIC., *De leg.*, III, 3. Les célibataires furent fréquemment punis sous la République par les censeurs [2] (*Aes uxorium.* PAUL. DIAC., p. 379), sous l'Empire en vertu des *leges Julia* et *Papia Poppaea.*

But du mariage. *Uxor liberorum quaerendorum causa* [3].

Le droit romain distingue deux espèces de *matrimonia* [4] :

1° *Ex jure civili : matrimonium justum* (GAJ., I, 76), *legitimum* (*Dig.*, I, 5, 24), *jure contractum* (ULP., V, 10), *justae nuptiae* (GAJ., I, 55).

2° *Ex jure gentium : matrimonium injustum.*

Le *matrimonium justum* seul produit les effets civils du mariage.

Du *matrimonium* il faut distinguer :

1° Le *contubernium*, union entre esclaves, ou entre libres et esclaves. Dans ce dernier cas la condition des enfants est réglée *jure gentium.*

Senatusconsultum Claudianum sur le commerce d'une femme libre avec un esclave (52 ap. J.-Chr.). « *Refert* [Claudius] *ad patres de poena feminarum quae servis conjungerentur ; statuiturque, ut ignaro domino ad id prolapsae in servitute, sin consensisset, pro libertis haberentur.* » TAC., *Ann.*, XII, 53.

---

(1) Les *Instit.* (I, 9, 1) définissent le mariage de même : « *Viri et mulieris conjunctio, individuam vitae consuetudinem continens.* »

(2) VAL. MAX., II, 9, 1. PLUT., *Cat. maj.*, 16.

(3) ENNIUS cité par FEST., v. *quaeso*, p. 258. AULU-GELLE, IV, 3, XVII, 21, § 44.

(4) LANGE, I, 112-113. REIN, *Dr. c.*, 368-370, 393-398. WALTER, § 517 et 533.

Dans ce dernier cas même les enfants sont esclaves ([1]).

Ce sénatusconsulte est modifié par Adrien en ce sens : *ut cum ipsa mulier libera permaneat, liberum pariat.* GAJ., 1, 84.

2° Le *concubinatus* ([2]), union autorisée depuis les *leges Julia* et *Papia Poppaea* sous Auguste entre des personnes de condition inégale *(Dig.,* XXV, 7, 3), pourvu que l'homme n'eût point d'épouse légitime (PAULL., *Sent.,* II, 201). *Inaequale conjugium.* La *concubina* n'est ni *uxor* ni *pellex,* mais *uxoris loco (Dig.,* L, 16,144). Les enfants, issus d'une telle union, ne sont ni *legitimi* ni *spurii,* mais *naturales (Cod.,* V, 27).

Conditions requises pour un *matrimonium justum* ([3]). "*Justum matrimonium est, si inter eos, qui nuptias contrahunt, conubium sit, et tam masculus pubes* (14 ans)*, quam femina* [viri] *potens sit* (12 ans) ([4])*, et utrique consentiant, si sui juris sint, aut etiam parentes eorum, si in potestate sint.*" ULP., V, 2.

Les empêchements de mariage, résultant du degré de parenté entre les futurs, furent différents aux diverses époques ([5]).

§ 2. *Des formes du matrimonium justum et legitimum* (6).

Ce *matrimonium* admet deux formes :

1° La forme libre *(matrimonium sine manu, sine in manum conventione,* ULP., XXVI, 7), et 2° la forme stricte (*matri-*

---

(1) Cf. PAULL., *Sent.,* II, 21ᴬ, GAJ., I, 84, 91, 160.

(2) DUBOIS, *De concubinatu apud Romanos.* Utrecht, 1809. SCHMIDT, *De concubinatu Romanorum usque ad Constantinum Magnum.* Berlin, 1835.

(3) LANGE, I, 101-103. MARQUARDT, V, 1, 28-30. REIN, *Dr. c.,* 399-407. WALTER, § 521.

(4) Cf. MACROB., *In somn. Scip.,* I, 6, § 71. *Cod.,* V, 4, 24. CRAMER, *De pubertatis termino ex disciplina Romanorum* dans ses *Opuscula.* Leipzig, 1837, p. 40.

(5) PLUT., *Quaest. rom.,* 6. LIV., XLII, 34. GAJ., I, 58-64. ULP., V, 6. Sur la *gentis enuptio* voyez MOMMSEN, *Rech. rom.,* I, 9-10, n° 5. MARQUARDT, V, 1, 29, n° 138.

(6) LANGE, I, 103-108. MARQUARDT, V, 1, 30-32. REIN, *Dr. c.,* 375-393. WALTER, § 504-507, § 519.

monium cum manu : uxor convenit in manum mariti, Cic.,
Top., 4, § 23. Gaj., I, 109).

Ces deux formes diffèrent et par les formalités et par les
effets civils.

Le mariage de la forme stricte se contracte par trois modes (¹) différents :

I. Par *confarreatio* (²), mode le plus ancien, essentiellement religieux et patricien.

« *Farreo convenit uxor in manum certis verbis et testibus X
praesentibus et sollemni sacrificio facto, in quo panis quoque
farreus adhibetur.* » Ulp., IX, 1 (³).

Le même acte produit ici l'union conjugale et la *manus*.

Les fonctions des trois flaminats majeurs et de *Rex sacrorum* n'étaient accessibles qu'aux enfants nés *parentibus con-
farreatis*. Tac., *Ann.*, IV, 16. Gaj., I, 112. Serv., *ad Aen.*,
IV, 374.

II. Par *coëmptio*. Ce mode comprend deux actes :

a) Achat de la *manus*, par *mancipatio*, à celui *in potestate*
duquel la femme se trouve. Gaj., I, 113 (⁴).

b) Union conjugale, produite par le consentement des

___

(1) Serv., *ad Georg.*, I, 31. Gaj., I, 110. Nous ne parlons ici que des formalités prescrites par la loi, non pas de celles dont il était simplement de coutume
d'accompagner la célébration du mariage. Cf. Marquardt, V, 1, 38-54.

(2) Marquardt, IV, 236-237. Pagenstecher, *De confarreatione*. Bonn, 1848.

(3) Cf. Denys, II, 25. Plin., XVIII, 3. Gaj., I, 112 : *Certa et solemnia
verba*. Paul. Diac., p. 88 : *Farreum libum*. Les solennités sont décrites par
Serv., *ad Georg.*, I, 31 : *Farre* [nuptiae fiebant], *quum per Pontificem Maximum et Dialem Flaminem, per fruges et molam salsam conjungebantur, unde confarreatio appellabatur* ; et *ad Aen.*, IV, 374 : *Mos... fuit... ut per farreationem
in nuptiis convenirent, sellas duas jugatas ovili pelle superinjecta poni ejus ovis,
quae hostia fuisset, et ibi nubentes velatis capitibus in confarreatione... residerent.*
Cf. ib., *ad* 104. Pourquoi les dix témoins ? Selon les uns (Lange, Walter,
Mommsen), ils représentaient les dix curies de la tribu de l'époux, selon d'autres
(Rossbach, Marquardt), les dix *gentes* de sa curie.

(4) C'est une erreur d'expliquer avec Serv. (*ad Aen.*, IV, 103) et Isid.
(*Orig.*, V, 24) le sens primitif du mot *coemptio* par achat réciproque. Marquardt, V, 1, 32, n° 151. Sur la *coëmptio fiduciae causa* (Gaj., I, 114) qui avait
lieu soit *tutelae mutandae causa* (ib., 115), soit *testamenti faciendi gratia* (ib.,
115a), soit *sacrorum interimendorum gratia* (Cic., *p. Mur.*, 12, § 27), voyez
Rein, *Dr. c.*, 386.

deux parties. « *An sibi mulier materfamilias esse vellet ? — An vir sibi paterfamilias esse vellet ?* » (SERV., *ad Aen.*, IV, 214. BOETH., *ad* CIC. *Top.*, 3, § 14, p. 299, Or.).

Dans la *confarreatio* et la *coëmptio*, l'épouse, avant d'entrer dans la maison de son époux, prononçait une formule que nous ne connaissons plus que par la traduction grecque : ὅπου σὺ Γάϊος, ἐγώ Γαΐα (PLUT., *Quaest. rom.*, 30) (¹). Les modernes sont en désaccord sur l'interprétation de cette formule (²).

III. Par *usus*.

« *Usu in manum conveniebat, quae anno continuo nupta perseverabat ; (quia enim) velut annua possessione usu capiebatur, in familiam viri transibat filiaeque locum optinebat. Itaque lege XII tabularum cautum erat, si qua nollet eo modo in manum mariti convenire, ut quotannis trinoctio abesset atque ita usum cujusque anni interrumperet.* » GAJ., I, 111 (³).

L'origine de ces différents modes du mariage légal est controversée (⁴).

Dans les premiers siècles de la République la forme stricte prévalait, dans les derniers siècles la forme libre.

§ 3. *De la dissolution du mariage* (⁵).

« *Dirimitur matrimonium divortio, morte, captivitate, vel alia contingente servitute utrius eorum.* » *Dig.*, XXIV, 2, 1.

---

(1) Cf. CIC., *p. Mur.*, 12, § 27. PAUL. DIAC., p. 95. PLIN., VIII, 74.

(2) Voyez ROSSBACH, p. 253. REIN, *Dr. c.*, 381, nᵒ 1, 384, nᵒ 2. MOMMSEN, *Rech. rom.*, I, 11, traduit la formule par : *quando tu Gaius, ego Gaia.*

(3) A. GELL., III, 2, § 12. MACROB., *Saturn.*, I, 3, § 9.

(4) Il y en a qui rapportent l'origine des 4 formes de mariage aux 4 éléments qui auraient constitué l'Etat romain (cf. BUNTSCHLI, *Les différentes formes du mariage romain* dans le *Schweizer Museum fuer historische Wissenschaft*, 1837, T. I. DANZ, *De Sabina confarreationis origine commentatione.* Jena, 1844). Cette opinion a été victorieusement réfutée par ROSSBACH, 162-197, qui expose les différentes hypothèses auxquelles ce sujet a donné lieu. Voyez aussi LANGE, l. l., et MARQUARDT, V, 1, 33-37.

(5) MARQUARDT, V, 1, 67. REIN, *Dr. c.*, 445-457. WALTER, § 522-524. WAECHTER, *Des divorces chez les Romains* (en all.). Stuttgardt, 1822. KLENZE, *De la liberté du divorce* (en all.) dans le *Zeitschrift fuer geschichtl. Rechtswiss.*

L'on distingue entre *divortium* et *repudium*. « *Divortium inter virum et uxorem fieri dicitur, repudium vero sponsae remitti videtur; quod et in uxoris personam non absurde cadit.* » *Dig.*, L, 16, 101, § 1.

Il semble que primitivement (dans le mariage par *confarreatio*) le divorce n'était permis qu'à l'époux et seulement dans certains cas déterminés : ἐπὶ φαρμακείᾳ τέκνων ἢ κλειδῶν ὑποβολῇ καὶ μοιχευθεῖσαν. PLUT., *Rom.*, 22 ([1]).

A l'époque historique le divorce est permis dans toutes les formes de mariage.

Certains auteurs prétendent qu'il n'y a pas eu de divorce à Rome avant celui de Spurius Carvilius Ruga, 234 ou 231 avant J.-Chr. ([2]). C'est une erreur ([3]) ; mais cette assertion prouve la rareté des divorces aux premiers siècles de la République.

Formalités. Dans le *matrimonium sine manu* l'union conjugale est dissoute par la simple expression de la volonté de l'une des parties : *Res tuas tibi habeto* ou *agito* (*Dig.*, XXIV, 2, 2, § 1). *Res suas repetere* (SENÈQ., *Controv.*, I, 6, 5). *Vade foras* (MART., XI, 104, 1). *Exi* (JUVEN., VI, 146). *Claves adimere, exigere* (CIC., *Phil.*, II, 28, § 69).

Dans la *confarreatio* l'union et la *manus* sont dissoutes par la *diffarreatio : sacrificii genus quo inter virum et mulierem fiebat dissolutio.* PAUL. DIAC., p. 74 ([4]).

Berlin, 1831. T. VII. TAFEL, *De divortiis apud Romanos.* Oehringen, 1832. BERNER, *De divortiis apud Romanos.* Berlin, 1842. DIEPHUIS, *De jure et ratione divortiorum apud antiquos Romanos.* Groningen, 1842. STIPPELMANN, *Le droit du divorce* (en all.). Cassel, 1854, p. 31-48.

(1) Si l'époux repousse sa femme pour un autre motif, une partie de ses biens est dévolue à la femme, l'autre au temple de Cérès. PLUT., ib. Cf. PLUT., *Quaest. rom.*, 50. PAUL. DIAC., p. 74. Quand DENYS, II, 25, dit que la *confarreatio* ne pouvait être dissoute que par la mort, il a été induit en erreur par la défense de divorcer, qui existait encore à son époque pour le *flamen Dialis.* FEST., v. *flammeo.*

(2) DENYS, II, 25. Cf. AULU-GELLE, IV, 3. VAL. MAX., II, 1, 4.

(3) En 306 av. J.-Chr. un divorce est déjà mentionné. VAL. MAX., II, 9, 2. SAVIGNY, *Du premier divorce à Rome* dans ses *Vermischte Schriften.* Berlin, 1850. I, 81-93.

(4) « *Sacerdos confarreationum et diffarreationum.* » MARINI, *Iscr. Alb.*, p. 143. ORELLI, *Inscript.*, 2648.

Dans la *coëmptio* et l'*usus* (¹), la dissolution de l'union se faisait comme pour la forme libre ; celle de la *manus* par *remancipatio* (²).

A la fin de la République les divorces étaient devenus tellement fréquents et arbitraires qu'Auguste essaya d'y mettre des obstacles (³).

§ 4. *De la condition de l'épouse dans le matrimonium justum et de la manus* (⁴)

L'épouse dans le *matrimonium justum (uxor justa)* porte le nom d'*uxor* ou celui de *materfamilias*. « *Genus est uxor ; ejus duae formae; una matrumfamilias, eae sunt quae in manum convenerunt; altera earum quae tantummodo uxores habentur.* » Cic., *Top.*, 3, § 14. Cf. A. Gell., XVIII, 6, § 9 (⁵).

---

(1) Nous ne savons rien de certain sur la dissolution de l'*usus ;* mais il est probable qu'elle se faisait de la même manière que pour la *coemptio*.

(2) Fest., p. 277. Cf. Gaj., 1, 137a. Marquardt, V, 1, 36, n° 170. Huschke, *Etudes de droit rom.* (en all.). Breslau, 1830, p. 216, sqq.

(3) Auguste fit toute une législation *(leges Juliae*, 18 av. J.-Chr., et *lex Papia Poppaea*, 9 apr. J.-Ch.) pour relever les mœurs romaines : il soumet le divorce à certaines formalités *(nullum divortium ratum est, nisi septem civibus Romanis puberibus adhibitis praeter libertum ejus, qui divortium faciet.* Dig., XXIV, 2, 9. *Mittere repudium. Dig.*, XXIV, 1, 57) ; il favorise les parents légitimes de trois enfants au moins *(jus liberorum)*, prive du droit de succession les célibataires etc. Il serait trop long d'entrer dans le détail de ces mesures qui n'eurent d'ailleurs qu'une influence restreinte et passagère. Gitzler, *Quaestionum juris Romani de lege Julia et Papia Poppaea spec.* 1. Halle, 1835. *Spec.* 2, Breslau, 1835. Potocky, *De lege Julia et Papia Poppaea*. Bonn, 1855.

(4) Lange, I, 100-101 et 110-112. Marquardt, V, 1, 7-8. Rein, *Dr. c.*, 371-375, 414-422. Walter, § 503, 518, 525-531. Van Maanen, *De muliere in manu et in tutela secundum Gaji instit. principia*. Leiden, 1823. Hasse, *Le droit de propriété des époux d'après le droit romain* (en all.). Berlin, 1824. Eggers, *De la nature et des particularités de l'ancien mariage romain avec manus* (en all.). Altona, 1833. Troplong, *Du mariage chez les Romains et de la puissance maritale* dans la *Revue de législation*. Paris, 1844, p. 129-57. Hase, *De manu juris Romani antiquioris*. Halle, 1847. Fresquet, *De la manus en droit romain* dans la *Revue historique du droit français et étranger*. Paris, 1856. T. II. p. 135.

(5) Sur les noms propres de l'épouse voyez Marquardt, V, 1, 19-21. Mommsen, *Rech. rom.*, I, 9-12.

La condition juridique de l'épouse dépend de la forme du mariage.

Dans la forme libre, elle conserve sa condition antérieure: *in patria potestate* (¹) ou *sui juris*. Le mari obtient seulement la propriété de la *dot* apportée par la femme (²).

Dans la forme stricte, l'épouse *convenit in manum mariti*, et, comme conséquence, *in familiam viri transibat filiaeque locum* (respectiv. *neptis locum*, GAJ., 1, 159) *obtinebat*. GAJ., I, 111 (³).

La *manus* donne au mari :

1) Le droit de propriété sur ce que la femme a ou acquiert. « *Quum mulier viro in manum convenit, omnia, quae mulieris fuerunt, viri fiunt dotis nomine.* » CIC., *Top.*, 4, § 23. Cf. GAJ., II, 86, III, 83.

2) Certains droits personnels.

A l'époque historique, le mari n'avait point sur la femme *in manu* le *jus necis*, excepté dans le cas de flagrant délit d'adultère où il pouvait la tuer *sine judicio impune*, qu'elle fût *in manu* ou non (⁴), et encore ce droit lui fut-il enlevé par la *lex Julia de adulteriis* (PAULL., II, 26, § 4).

Il n'avait non plus sur elle ni le *jus vendendi* (PLUT., *Rom.*, 22, S. AUGUSTIN, *Ep.*, 157. v. II. p. 422. Bened.), ni le *jus mancipationis ex noxali causa*, ni le droit de céder la *manus* à un autre.

Les délits de la femme étaient jugés et punis par le mari, assisté nécessairement d'un conseil de famille *(judicium domesticum)*, qui prononçait, dans les temps anciens, même la

(1) Cela est si vrai que le père peut enlever sa fille au mari, *abducere* (ENN., *Fragm. Cresph.*, 7. PLAUT., *Stich.*, I, 1, 14 etc.). Il se sert à cet effet de l'*interdictum de liberis exhibendis et ducendis* (*Dig.*, XLIII, 30, 1 § 5). Depuis le second siècle de l'Empire le mari obtient d'abord une *exceptio* contre cet interdit (*Dig.*, ib.) et ensuite même une action contre son beau-père : *interdictum de uxore exhibenda ac ducendu* (*Dig.*, ib., 2. Cf. *Cod.*, V, 4, 11.

(2) *Dig.*, XXIII, 3, 7, § 3 ; 3,75.

(3) Cf. GAJ., I, 114. ULP., XXII, 14. DENYS, II, 25.

(4) CATON, cité par AULU-GELLE, X, 23, § 5. Cf. QUINTIL., *Inst. or.*, VII, 1, § 6. PIRMEZ, *De marito tori violati vindice*. Louvain, 1822. REIN, *Dr. crim.*, 835-850.

pëine de mort (¹), plus tard ordinairement le divorce (²). — Le mari avait aussi le droit de donner à sa femme un tuteur par testament. GAJ., I, 148-153. ULP, XI, 14.

Le *matrimonium cum manu* devient rare vers la fin de la République : l'*usus* disparaît en premier lieu (GAJ., I, 111); la *coëmptio* ne se rencontre plus après Gajus et Ulpien.

La *confarreatio* se maintient à cause des nécessités du culte. Mais la *manus*, qui en était la conséquence, fut profondément modifiée sous Tibère : *lata lex qua flaminica Dialis sacrorum causa in potestate viri, cetera promisco feminarum jure ageret.* » TAC., *Ann.*, IV, 16. Cf. GAJ., I, 136.

Cette *manus* religieuse subsiste jusqu'à l'abolition du flaminat.

§ 5. De la patria potestas (³).

Les enfants issus d'un *matrimonium justum* sont des *liberi justi* (GAJ., I, 77), ou *legitimi* (CIC., *de rep.*, V, 5).

La loi leur reconnaît :

1° La condition civile et politique de leur père,

---

(1) TAC., *Ann.*, XIII, 32 : *de capite famaque.* PLIN., XIV, 14, 13. VAL. MAX., VI, 3, 7.

(2) FRESQUET, *Du tribunal de famille chez les Romains* dans la *Revue historique du droit français* etc. Paris, 1855. T. I, p. 125. ZUMPT, *Dr. crim. de la rép. rom.*, I, 1, 354-358. Nous ne sommes guère renseignés ni sur le mode de procédure devant ce tribunal, ni sur le degré de parenté jusqu'où s'étendait le droit d'en faire partie. Les anciens emploient des termes très-généraux : οἱ συγγενεῖς (DENYS, II, 25), *cognati* (PLAUT., *Amphit.*, 847-853. VAL. MAX., VI, 3, 37), *propinqui* (TAC., *Ann.*, XIII, 32). Cf. POLYB. d'après ATHÉN., X, 56 (éd. Schweigh.).—D'après REIN (*Dr. c.*, 416) et RUDORFF(*Hist. du dr. rom.*, II, § 99. Leipzig, 1859), le mari, assisté du conseil, juge et punit aussi la femme qui n'est pas *in manu;* nous croyons avec WALTER, § 525, que dans ce cas le droit de coërcition appartenait au *paterfamilias*, ou si la femme était *sui juris*, à ses *cognati* seuls. Cf. LIV., XXXIX, 18. Voyez aussi ZUMPT, l. l., 356.

(3) LANGE, I, 114-117. MARQUARDT, V, 1, 4. WALTER, § 502, 534-542. REIN, *Dr. c.*, 468-469, 482-496. ROYER, *De patria potestate.* Groningen, 1803. BERGH, *De nimia Romanorum patrum in liberos potestate.* Leiden, 1823. KOENEN, *De patria potestate et statu familiae.* Amsterdam, 1831. HASSOLD, *Synopsis variarum immutationum et ambitus et acquisitionis solutionisque patriae Romanorum potestatis.* Ansbach, 1833. DERNBURG, *La puissance paternelle* (en all.). Zurich, 1854. THOEN, *La famille romaine* (en all.). Kronstadt, 1857, p. 13.

2° Le droit de porter son *nomen gentilicium* et son *cognomen*,

3° Le *jus haereditatis legitimae*.

Le père exerce sur eux la *patria potestas* (*Dig.*, L, 16, 215, ULP., V, 1), ou *majestas* (LIV., IV, 45), le *jus patrium* (LIV., I, 26), *imperium paternum* (PLAUT., *Pers.*, III, 1, 15).

La *patria potestas* est un JUS PROPRIUM CIVIUM ROMANORUM (GAJ., I, 55) (¹).

Ce droit ne peut être exercé que par un *sui juris* ; les enfants des *filii familias* sont dans la *potestas* du grand'père.

I. Droits personnels de la *patria potestas*.

1° Le père est le juge de ses enfants, et exerce sur eux le *jus vitae necisque* (²). Dans l'exercice de ce droit il se fait assister ordinairement d'un conseil de famille.

2° Il peut les exposer à leur naissance (³). Ce droit fut cependant limité dès une haute antiquité : « εἰς ἀνάγκην κατέστησε (Romulus) τοὺς οἰκήτορας αὐτῆς (Romae) ἅπασαν ἄρρενα γενεὰν ἐκτρέφειν καὶ θυγατέρων τὰς πρωτογόνους, ἀποκτιννύναι δὲ μηδὲν τῶν γεννωμένων νεώτερον τριετοῦς, πλὴν εἴ τι γένοιτο παιδίον ἀνάπηρον ἢ τέρας εὐθὺς ἀπὸ γονῆς · ταῦτα δ'οὐκ ἐκώλυσεν ἐκτιθέναι τοὺς γειναμένους ἐπιδείξαντας πρότερον πέντε ἀνδράσι τοῖς ἔγγιστα οἰκοῦσιν, ἐὰν κἀκείνοις συνδοκῇ. » DENYS, II, 15. Cf. CIC., *De leg.*, III, 8, § 19.

3° Il a sur eux le *jus vendendi* (⁴). Cependant une loi, attribuée à Numa, défend la vente des fils mariés (DENYS, II, 27, PLUT., *Num.*, 17), et une loi des XII Tables portait : *si pater filium ter venum duit, filius a patre liber esto* (ULP., X, 1. GAJ., I, 132, DENYS, l. l.).

4° Le *jus mancipationis ex noxali causa*. Voyez le § suivant.

(1) Nous voyons cependant par le document de Salpensa *(lex Salpens.*, p.374, 3, MOMMSEN) que les *Latini coloniarii* jouissaient aussi de la *patria potestas*. Ce droit est un *jus proprium civium*, en ce sens que chez ceux-ci il a été porté jusqu'aux dernières limites. — Un pérégrin ne peut exercer la *patria potestas* sur un citoyen, ni un citoyen sur un pérégrin. GAJ., I, 128. ULP., X, 3.

(2) DENYS, II, 26. AULU-GELLE, V, 19, § 9. Les exemples de l'exercice de ce droit sont réunis par ROSSBACH, *Le mar. rom.*, 15, sqq. Voyez aussi ZUMPT, *Le droit crim. de la rép. rom.*, I, 1, 349-354.

(3) Des exemples se trouvent chez SUET., *Cal.*, 5, *Aug.*, 65, etc.

(4) DENYS, II, 27. CIC., *p. Caec.*, 34, § 98, *De or.*, I, 40, § 181.

5° Le droit de désigner un tuteur par testament. ULP., XI, 14.

L'*abdicatio* ou *relegatio* (ἀποκήρυξις) est une institution grecque qui fut aussi appliquée à Rome, mais qui n'avait d'effets juridiques que quand elle était accompagnée d'*exhaeredatio*. *Cod.*, VIII, 47, 6. Cf. *Instit.*, I, 11, 3.

Restrictions apportées sous l'Empire aux droits personnels du *paterfamilias*.

« *Divus Trajanus filium, quem pater male contra pietatem afficiebat, coëgit emancipare.* » *Dig.*, XXXVII, 12, 5.

« *Inauditum filium pater occidere non potest, sed accusare eum apud praefectum praesidemve provinciae debet.* » ULP., *Dig.*, XLVIII, 8, 2.

« *Necare videtur... et is, qui publicis locis misericordiae causa* [partum] *exponit.* » PAULL., *Dig.*, XXV, 3, 4.

« *Liberos a parentibus neque venditionis, neque donationis titulo, neque pignoris jure, aut alio quolibet modo, nec sub praetextu ignorantiae accipientis in alium transferri posse, manifesti juris est.* » Rescrit de Dioclétien, *Cod.*, IV, 43, 1.

« *Si quis... filii... fata properaverit, sive clam sive palam id fuerit enisus, poena parricidii puniatur.* » Rescrit de Constantin, 319 apr. J.-Chr., *Cod.*, IX, 17, 1.

II. Le père est propriétaire de tout ce que ses enfants acquièrent ([1]). Cependant il peut laisser à ses fils l'administration et l'usufruit de certaines choses. *Peculium (Dig.*, XV, 1*)*. Ce sont principalement :

1° Les acquisitions faites par le fils à l'occasion ou au moyen de son service militaire, *peculium castrense (Dig.*, XLIX, 17), sur lequel Auguste lui donne le droit de disposer par testament. (ULP., XX, 10). Cf. *Dig.*, XLI, 3, 4 § 1.

2° Les acquisitions faites dans d'autres services publics ou le *peculium quasi-castrense (Dig.*, XXXVI, 1, 1, § 6).

Depuis Constantin le fils a la propriété des *bona adventicia*, c'est-à-dire des *res quae ex matris successione fuerint ad filios devolutae*. Le droit d'usufruit et d'administration de ces *bona* appartient au père. *Cod.*, VI, 60, 1.

____

(1) GAJ., II, 86-87, 96. ULP., XIX, 18-19. DENYS, VIII, 79.

Bien que le fils à sa majorité politique soit admis à l'exercice des droits politiques (¹), et que les effets de la *patria potestas* soient *suspendus*, quand le fils est soumis à l'*imperium* militaire du consul, cependant la *patria potestas*, dans toute sa rigueur, appartient au père, sa vie durant (²), excepté dans les cas énumérés au § 8.

§ 6. *Du Mancipium* (³).

Le *Mancipium* est réel ou fictif et momentané.

I. Le *Mancipium* est réel quand un *paterfamilias* cède son enfant par *mancipatio* à un tiers, soit pour éteindre une dette, soit pour réparer un dommage : *ex noxali causa, noxae dare* (GAJ., I, 116-117, 140, IV, 75, 79).

L'enfant *in mancipio* a une condition intermédiaire entre la liberté et l'esclavage, il est *servi loco* (GAJ., I, 123, 138), *in imaginaria servili causa* (*Dig.*, IV, 5, 3, § 1).

Tout ce qu'il acquiert, appartient à son maître (ULP., XIX, 18, GAJ., II, 86) : mais il conserve le *jus conubii*, et, s'il est maltraité, il a l'*actio injuriarum* (GAJ., I, 141) (⁴).

Le *mancipium* ne cesse que par affranchissement solennel : « *ii, qui in causa mancipii sunt, quia servorum loco habentur, vindicta, censu, testamento manumissi sui juris fiunt* » GAJ., I, 138, 140.

Le *mancipium* affranchi reprend les droits d'ingénuité (*Cod.*, VIII, 47, 10); cependant le *manumissor* conserve sur lui

---

(1) « *Filius familias in publicis causis loco patris familias habetur* ». *Dig.*, I, 6, 9.

(2) Il l'exerce même à l'égard de son fils, devenu magistrat. Cf. LIV., IV, 45. CIC., *de inv.*, II, 17, § 52, VAL. MAX., V, 4, 5. DENYS, II, 26.

(3) LANGE, I, 178. WALTER, § 508 et 542. REIN, *Dr. c.*, 491, 604-607. TROISFONTAINES, I, 172-173. BOECKING, *De mancipii causis*. Berlin, 1826.

(4) RUDORFF, *H. d. dr.*, *r.*; *II*, § 107. Par qui cette *actio* devait-elle être intentée ? Par le père ou par l'enfant, et dans ce dernier cas pendant ou après son *mancipium ?* On ne le sait pas. Pour ce qui regarde les enfants, nés pendant le *mancipium* du père, leur condition juridique est suspendue ; si leur père meurt *in mancipio*, ils deviennent *sui juris*, s'il sort de sa condition quasi-servile, les enfants sont soumis à sa *patria potestas*. GAJ., I, 135.

certains droits d'hérédité et de tutelle (Ulp., XI, 5, Gaj., I, 115) (¹).

II. L'emploi fictif du *mancipium* a lieu pour les enfants *in patria potestate* dans l'*adoptio* et l'*emancipatio*, et pour la femme *in manu* dans la *remancipatio* de la *manus*.

§ 7. *Des moyens d'acquisition de la patria potestas* (²).

La *patria potestas* s'acquiert :

I. Sur les *justi liberi :* par leur naissance même.

II. Sur les enfants naturels :

Iº Par *adrogatio*, applicable seulement aux fils (³).

2º Par *causae probatio* (⁴). Ce mode ne date que de l'Empire et comprend deux cas :

a) Anniculi causa. Quand un *Latinus Junianus* prouve devant le Magistrat, qu'il est le père d'un enfant, âgé d'une année, procréé dans un mariage qu'il a contracté, en présence de 7 témoins, avec une femme de condition au moins égale, à la suite de cette déclaration, le Latin, sa femme et son enfant obtiennent la *civitas*, et le père la *patria potestas* sur l'enfant (Gaj., I, 29-31, 66, Ulp., III, 3).

b) Erroris causa, «*In potestate parentum sunt etiam hi liberi, quorum causa probata est,* PER ERROREM *contracto matrimonio inter disparis condicionis personas* (entre citoyens et latins ou pérégrins). Ulp., VII, 4, Gaj., I, 67-75.

3º Par *legitimatio.* Ce mode s'applique aux enfants issus d'un *concubinatus.* La forme la plus ancienne, encore qu'elle ne fût introduite que sous Constantin, est celle *per subsequens matrimonium* (*Cod.*, V, 27, 5).

III. Sur des enfants procréés par d'autres :

(1) Walter, § 660.
(2) Walter, § 543-547. Rein, *Dr. c.*, 470-482.
(3) Walter, § 547.
(4) Walter, § 492 et 536. Rein, *Dr. c.*, 593-594. Bethmann-Hollweg, *De causae probatione.* Berlin, 1820.

Par adoption (¹).

L'adopté cesse d'appartenir légalement à sa famille et entre dans celle de l'adoptant (*Dig.*, I, 7, 23). Aussi prend-il les noms de son père adoptant, mais il conserve le souvenir de son origine, en ajoutant à ses noms le *nomen gentilicium* modifié de son père. Ex. *Publius Cornelius Scipio Aemilianus.* — (Liv. XLIV, 44, cf. XLV, 41) (²).

Conditions générales requises pour l'adoption. Il faut :

1) Que l'adoptant et l'adopté soient citoyens.

2) Que l'adoptant soit *sui juris.*

3) Qu'il soit plus âgé que l'adopté au moins de 18 ans (³).

4) Il faut le consentement de l'adoptant, et du père de l'adopté ou de l'adopté lui-même s'il est *sui juris* (⁴).

5) Les femmes ne peuvent adopter (⁵), au moins jusqu'aux derniers siècles de l'Empire.

Il y a deux modes d'adoption : l'*adrogatio* et l'*adoptio per aes et libram* ou *adoptio* proprement dite.

« *Adoptio fit aut per populum aut per praetorem vel praesidem provinciae. Illa adoptio, quae per populum fit, specialiter adrogatio dicitur. Per populum qui sui juris sunt arrogantur, per praetorem autem filii familiae a parentibus dantur in adoptionem.* » Ulp., VIII, 2-3 (cf. Gaj., I, 98-99, A. Gell., V, 19, § 1-2).

1. Par *adrogatio* (⁶).

Après que le collége des Pontifes a fait une enquête (*causae cognitio*) (⁷) sur les causes de l'adoption, et qu'il a porté

---

(1) Lange, I, 117-121. Scheurl, *De modis liberos in adoptionem dandi.* Erlangen, 1850. Demelius, *La fiction juridique au point de vue historique et dogmatique* (en all.). Weimar, 1858, p. 26.

(2) Cf. Th. Mommsen, *L'adoption de Pline* (en all.) dans le *Hermes.* T. III, 1868, p. 66-68, 70-74 et 133-136.

(3) *Dig.*, I, 7, 40, § 1. Gaj., I, 106.

(4) Cic., *p. dom.*, 29, § 77. Aulu-Gelle, V, 19, § 4. Gaj., I, 99.

(5) Gaj., I, 104. Ulp., VIII, 7ᴬ.

(6) Becker, II, 1, 392. Marquardt, II, 3, 190-196, IV, 239-240.

(7) Aulu-Gelle, V, 19 : « *Sed adrogationes non temere nec inexplorate committuntur : nam comitia, arbitris pontificibus, praebentur, quae « curiata » appellantur, aetasque ejus, qui adrogare vult, an liberis potius gignendis idonea sit,*

un décret favorable, les comices curiates sont convoqués
pour voter sur l'adoption. Le consentement des deux parties
étant constaté (¹), le président soumet au vote des comices la
rogatio suivante :

« *Velitis, jubeatis, uti L. Valerius L. Titio tam jure lege-
que filius siet, quam si ex eo patre matreque familias ejus
natus esset, utique ei vitae necisque in eum potestas siet, uti
patri endo filio est. Haec ita uti dixi, ita vos Quirites rogo.* »
A. GELLE, V, 19. Cf. CIC., *p. dom.*, 29, § 77.

Ne peuvent être adrogés ni les femmes, ni, dans le droit
ancien, les impubères (²).

Les comices curiates conservent cette attribution jusqu'aux
premiers siècles de l'Empire (³).

Depuis Dioclétien (286 apr. J.-Chr.) la *lex curiata* est
remplacée par un rescrit impérial : *ex indulgentia principali.*
Cod., VIII, 48, 2.

2° Par *adoptio per aes et libram* (⁴).

Ce mode se compose de deux actes, dont le premier sert à
éteindre la *patria potestas* du père naturel, le second à l'oc-
troyer au père adoptif.

---

*bonaque ejus, qui adrogatur, ne insidiose appetita sint, consideratur, jusque
jurandum a Q. Mucio, pontifice maximo, conceptum dicitur, quod in adrogando
juraretur.* » Cf. CIC., *p. dom.*, 13, § 34. « *Quae causa... cuique sit adoptionis,
quae ratio generum ac dignitatis, quae sacrorum, quaeri a Pontificum collegio
solet.* » Cf. ib., 14, § 36.

(1) « *Quae species adoptionis dicitur adrogatio, quia et is, qui adoptat, rogatur, id est interrogatur, an velit eum, quem adoptaturus sit, justum sibi filium
esse ; et is, qui adoptatur, rogatur, an id fieri patiatur ; et populus rogatur, an id
fieri jubeat.* » GAJ., I, 99.

(2) « *Cum feminis nulla comitiorum communio est.* » AULU-GELLE, V, 19, § 10.
Cf. ib., § 7. GAJ., I, 101-102. ULP., VIII, 5. — Bien que nous soyons d'avis
que les plébéiens n'ont pas eu le droit de vote aux comices curiates, nous ne
voyons aucune contradiction à admettre que les plébéiens aient pu adroger ou
être adrogés devant ces comices (LANGE, I, 125). C'est sans preuve que NIE-
BUHR, *H. r.*, I, 535, sqq., BECKER et MARQUARDT, attribuent l'*adrogatio* des
plébéiens aux comices centuriates. Voyez LANGE, I, 120. WALTER, § 50, n° 11.

(3) Tibère est adrogé par Auguste, *lege curiata*, SUET., *Aug.*, 65 ; de même
Néron par Claude. TAC., *Ann.*, XII, 26, 41.

(4) GAJ., I, 134. Cf. SUET., *Aug.*, § 64. D'après MOMMSEN, *Rech. rom.*,
I, 76-77, dans les premiers siècles de la République le collége des Pontifes aurait
eu un droit d'enquête aussi dans ce mode d'adoption.

Le premier acte consiste dans trois mancipations, deux affranchissements et une rémancipation du fils à adopter.

S'il s'agit d'une fille ou d'un petit-fils, une mancipation et une rémancipation suffisent.

Le second acte est un procès fictif en revendication. « *Adoptantur autem, cum a parente, in cujus potestate sunt, tertia mancipatione in jure ceduntur atque ab eo, qui adoptat, apud eum, apud quem legis actio est, vindicantur.* » A. GELL., V, 19.

Justinien remplace ces formalités par une déclaration solennelle devant le magistrat compétent. *Cod.*, VIII, 48, 11.

A ces deux modes on peut encore ajouter l'*adoptio per testamentum*. Bien que sous l'Empire cette adoption n'eût en réalité d'autres effets que la *heredis institutio sub conditione nominis ferendi (Dig.*, XXXVI, 1, 63, § 10), il semble que sous la République elle produisait pour l'adopté les mêmes effets civils que l'adoption entre vifs. Peut-être, dans le principe, devait-elle être ratifiée par une *lex curiata* (¹).

§ 8. *De l'extinction de la patria potestas* (²).

Elle cesse naturellement ou civilement :

Naturellement, par la mort du *paterfamilias* ou de l'enfant.

Civilement :

1° Quand le père ou l'enfant perdent la *civitas*.

2° Quand le père est adrogé.

3° Si l'enfant est adopté ou donné en *mancipium*, avec cette restriction toutefois que la *patria potestas* sur un fils ne cesse complètement qu'après une triple *mancipatio*.

---

(1) Voyez BACHOFEN, *De l'adoption testamentaire* (en all.) dans les *Ausgew. Lehren des roem. Civilrechts*, Bonn, 1848, p. 228, et surtout MOMMSEN, dans le *Hermes*, T. III, 1868, p. 63-66, 68-70. Le droit d'adopter par testament semble avoir existé aussi pour les femmes. Cf. CIC., *ad Att.*, VII, 8, § 3. MOMMSEN, l. l., 64-65.

(2) MARQUARDT, V, 1, 6. WALTER, § 548. REIN, *Dr. c.*, 496-499. — GAJ., I, 127-132, 134, 136, 138, 140. ULP., X. PAULL., II, 25.

4ᵉ Si le fils devient *flamen dialis* ou la fille, vierge vestale (¹).

4° Par *emancipatio* (²).

Cet acte consiste dans une triple *mancipatio* du fils à un *fiduciarius*, accompagnée de trois affranchissements du fils. Cependant, en règle générale, après la 3ᵉ *mancipatio*, le *fiduciarius* rémancipe le fils au père, qui l'affranchit ensuite.

S'il s'agit d'émanciper une fille ou un petit-fils, une seule *mancipatio*, suivie d'affranchissement, suffit.

L'empereur Anastase introduit un autre mode d'émancipation : par rescrit impérial donné sur la demande du père (*Cod.*, VIII, 49, 5).

Depuis Justinien l'émancipation se fait ou par rescrit impérial ou par l'affranchissement du fils par le père et devant le magistrat compétent (*Cod.*, VIII, 49, 6).

§ 9. *Résumé des droits du paterfamilias. De la parenté et des jura agnationis* (³).

Le *paterfamilias* est le chef de sa *familia* (*Dig.*, L, 16, 195) (⁴).

1° Il est le prêtre du culte de la famille. Cat., *De r. r.*, 143 (144).

2° Il dispose de la personne et des biens de ceux qu'il a *in patria* et *in dominica potestate*, et des biens de son épouse *in manu*. « *Adquiritur autem nobis non solum per nosmet ipsos, sed etiam per eos, quos in potestate, manu mancipiove habemus.* » Gaj., II, 86.

3° Il dispose souverainement de la *res familiaris* durant sa vie et par testament.

---

(1) En effet les *flamines* et les *vestales* passent, probablement par *mancipatio*, sous la *potestas* de la divinité, représentée par le *Pontifex Maximus*. « *Pontifex Max. capit flaminem, virginem vestalem.* » Aulu-Gelle, I, 12. Cf. Boecking, *Pandectes* (en all.). Bonn, 1853, 2ᵉ éd., I, 217. Marquardt, IV, 244-245.

(2) Lange, I, 122. Unterholzner, *Des formalités de l'emancipatio* (en all.) dans le *Zeitschrift fuer gesch. Rechtsw.* Berlin, 1816. T. II.

(3) Lange, I, 188. Walter, § 511-514. Rein, *Dr. c.*, 499-500.

(4) Cf. Lange, I, 95-98. Thoen, *La famille romaine considérée spécialement au point de vue du droit privé* (en all.). Kronstadt, 1857.

La mort du *paterfamilias* scinde la *familia* en plusieurs *familiae*. « *Quum paterfamilias moritur, quotquot capita ei subjecta fuerint, singulas familias incipiunt habere; singuli enim patrumfamiliarum nomen subeunt* » (*Dig.*, L, 16, 195, § 2).

Mais entre ces *paterfamilias* qui au moment de la mort de leur *paterfamilias* se trouvaient sous une *potestas* commune, subsiste un lien de parenté, appelé *Agnatio*. « *Agnati sunt a patre cognati virilis sexus, per virilem sexum descendentes.* » ULP., XI, 4, (¹).

Les parents du sang, qui ne sont point *agnati*, sont *cognati*, (*naturalis cognatio*) GAJ., I, 156.

Le terme de *cognatio* est tantôt générique, indiquant la parenté du sang en général, tantôt spécifique et, en ce cas, opposé à *agnatio* (*Dig.*, XXXVIII, 10, 4, § 2).

La parenté d'alliance se dit *affinitas*. « *Affines sunt viri et uxoris cognati.* » *Dig.*, ib., § 3 (²).

L'ancien droit n'attachait l'exercice des droits réels de parenté qu'à l'*agnatio* (*legitima, civilis cognatio.* GAJ., III, 10. *Dig.*, l. l.). Les *jura agnationis* (³) sont :

1° *Jus haereditatis legitimae* (⁴).

« *Si paterfamilias intestato moritur, familia pecuniaque ejus agnatum gentiliumque esto.* » CIC., *De inv.*, II, 50.

« *Si intestato moritur, cui suus heres nec escit, agnatus proximus familiam habeto.* » Loi des XII Tables. ULP., XXVI, 1. Cf. GAJ., III, 9.

La rigueur de ce droit de succession fut modifiée dans

---

(1) GAJ. (I, 156) dit de même : « *Sunt autem agnati per virilis sexus personas cognatione juncti, quasi a patre cognati.* »

(2) KLENZE, *Les droits de parenté des cognati et des affines* (en all.) dans le *Zeitschrift fuer gesch. Rechtsw.* Berlin, 1820. T. VI, p. 1-200.

(3) LANGE, I, 202-212.

(4) LANGE, I, 156-157. WALTER, § 641-649. REIN, *Dr. c.*, 817-821. GANS, *Du droit de succession* (en all.). Berlin, 1825. 2 vol. VERING, *Le droit de succession romain dans son développement historique et dogmatique* (en all.). Heidelberg, 1861. LASSALLE, *La nature du droit de succession romain et germanique dans son développement historico-philosophique* (en all.), Leipzig, 1861, formant la deuxième partie du *System der erworbenen Rechte*.

l'intérêt des *cognati* en partie par le droit prétorien, en partie par des sénatusconsultes sous l'Empire.

2° *Jus tutelae legitimae* (1), qui arrive dans le cas où il n'y a pas de tutelle testamentaire (ULP., XI, 3. GAJ., I, 155, 164).

« *Tutela est… vis ac potestas in capite libero ad tuendum eum, qui propter aetatem suam sponte se defendere nequit, jure civili data ac permissa.* » *Dig.*, XXVI, 1, 1.

Le sexe était aussi une raison de tutelle. *Tutela pupillaris et muliebris* (2).

3° *Jus curae legitimae* (3). Droit de curatelle sur les *furiosi* et les *prodigi*. ULP., XII. 2. Cf. PAULL., III, 4ᴬ, § 7 (4).

Article 2. — Du jus commercii.

Le *jus commercii* appartient aux *cives sui juris*, aux *Latini* et à ceux d'entre les *Peregrini* « *quibus commercium datum est.* » ULP., XIX, 4.

Le *jus commercii* (5) est le droit de propriété conforme à la loi romaine : *dominium ex jure quiritium* (6). Le propriétaire *ex jure quiritium* possède sur sa chose un droit absolu

---

(1) WALTER, § 549-556. REIN, *Dr. c.*, 512-543. RUDORFF, *Le droit de tutelle* (en all.). 3 t. Berlin, 1832-34.

(2) La *tutela muliebris* disparaît sous l'Empire. SZULDRZYNSKI, *De origine ac progressu tutelae muliebris, quae apud Romanos obtinuit.* Berlin, 1853.

(3) WALTER, § 556-558. REIN, *Dr. c.*, 543-551.

(4) Dans la suite l'autorité intervint de plus en plus, au dépens des droits des agnati, dans la désignation des tuteurs et curateurs : *tutela dativa, cura honoraria.* De même la *cura minorum XXV annis*, introduite par la *lex Plaetoria* (vers 200 av. J.-Chr.), était dévolue par ou avec le consentement du préteur. Voyez SAVIGNY, *De la protection des mineurs en droit romain* (en all.) dans ses *Vermischte Schriften.* Berlin, 1850. T. II, p. 321.

(5) ULP., XIX, 5, n'envisage le *commercium* que d'un côté quand il le définit : *emendi vendundique invicem jus.* Cf. ib., 4, et XX, 13.

(6) BALLHORN ROSEN, *La doctrine du dominium* (en all.). Lemgo, 1822. BOSCH KEMPER, *Historica expositio doctrinae juris Romani de dominio.* Groningen, 1837. GIRAUD, *Recherches sur le droit de propriété chez les Romains.* Paris, 1835. PAGENSTECHER, *La doctrine romaine sur la propriété* (en all.). 3 part. Heidelberg, 1857-1859.

de disposition ([1]), sauf les restrictions que la loi y apporte dans l'intérêt public ou privé ([2]). Ce droit de propriété comprend entre autres :

1° Le *jus vendendi et emendi secundum regulas juris,*

2° Le *jus rei vindicationis,*

3° Le *jus obligationum,*

4° Le *jus testamentifactionis.*

Les choses, qui sont susceptibles de *dominium* individuel, sont dites être *in commercio.*

§ 1. *De la division des choses et du jus italicum.*

Les choses sont *in commercio, patrimonio,* ou *extra commercium, patrimonium* ([3]).

Sont *extra commercium :*

1° Les *res divini juris.* GAJ., II, 9. *Dig.,* I, 8, 6, § 2.

« *Divini juris sunt veluti res sacrae et religiosae. Sacrae sunt, quae dis superis consecratae sunt ; religiosae, quae diis manibus relictae sunt.* » GAJ., II, 3-4 ([4]). « *Sanctae quoque res, veluti muri et portae, quodammodo divini juris sunt.* » GAJ., II, 8 ([5]).

2° Les *res omnium communes : aër, aqua profluens, mare* etc. *Dig.,* I, 8, 2, § 1.

---

(1) WALTER, § 559. Cf. ib., § 459.

(2) WALTER, § 574. REIN, *Dr. c.,* 204-223. FRESQUET, *Principes de l'expropriation pour cause d'utilité publique à Rome et à Constantinople jusqu'à l'époque de Justinien. Des limitations apportées par les lois au droit de propriété tant dans l'intérêt général que dans l'intérêt privé* (dans la *Revue historique du droit français et étranger.* Paris, 1860. T. VI, p. 971. BEKKER, *Les limitations apportées par les lois au droit de propriété dans le droit romain* (en all.) dans les *Jahrb. des gem. deutschen Rechts.* T. V. Leipzig, 1862, p. 147.

(3) GAJ., II. *Dig.,* XVIII, 1; 6. WALTER, §575. REIN, *Dr. c.,* 175-188.

(4) Cf. FEST., v. *religiosus,* p. 278. R. ELVERS, *Romanorum de rebus religiosis doctrina.* Goettingen, 1851. La définition que GAJUS donne des *res religiosae* semble être plus restreinte que la signification primitive de ce mot. Cf. MARQUARDT, IV, 437.

(5) *Dig.,* I, 8, 9, § 3 : « *Proprié dicimus sancta, quae neque sacra, neque profana sunt, sed sanctione quadam confirmata, ut leges sanctae sunt.* » Cf. ib., 11. CIC., *De nat. d.,* III, 40.

3º Les *res quae universitatis sunt*, c'est-à-dire les propriétés communales. *Dig.*, I, 8, 6, § 1.

4º Les *res publicae*. « *Sola ea publica sunt, quae populi Romani sunt.* » *Dig.*, L, 16, 15.

Aux *res publicae* appartiennent l'*ager publicus* en Italie, et tout l'*ager provincialis*, sauf le sol des *civitates*, dotées du *jus italicum*.

Le *jus italicum* (¹) est une fiction juridique en vertu de laquelle un territoire extra-italique est assimilé au sol italique, et partant rendu susceptible du *dominium quiritarium* individuel. Ce droit, dont l'origine remonte à Auguste, fut accordé comme privilége à des municipes ou colonies de citoyens en province (²).

Les *res in commercio* sont *corporales* ou *incorporales* (³) (les *servitutes)* (⁴).

---

(1) MARQUARDT, III, 1, 261-265. WALTER, § 319-320. TROISFONTAINES, I, 141-146. SAVIGNY, *Du jus italicum* dans ses *Vermischte Schriften*. I, 29-80. ZUMPT, *Commentationes epigraphicae*, Berlin, 1850, I, p. 477-491, et *Studia Romana*, p. 337-338. RUDORFF, *Institutions gromatiques des Romains* (en all. . Berlin, 1852. T. II, p. 310, 318, 373-378.

(2) PLINE (III, 3, § 25, 21, § 139) a mentionné le premier le *jus italicum*. Voyez aussi *Dig.*, L, 15, 1, 6, 7, 8. Tandis que WALTER en rapporte l'origine à César, ZUMPT a conjecturé avec beaucoup de vraisemblance qu'Auguste, en transportant en province les habitants des villes italiques qu'il voulait concéder à ses vétérans (DIO CASS., LI, 4), pour ne pas diminuer les droits des Italiques expulsés, leur a accordé cette fiction juridique. SAVIGNY a eu le mérite de réfuter complètement l'opinion de SIGONIUS, qui avait cours jusque là, à savoir que le *jus italicum* aurait été une condition politique intermédiaire entre celle des *Latini* et des *Peregrini*. Depuis lors différentes nouvelles hypothèses ont été mises en avant pour expliquer le droit italique : les uns (ZUMPT) lui attribuaient un caractère exclusivement politique, d'autres un caractère politique et juridique (SAVIGNY). Maintenant, par suite de la découverte de la *lex Flavia Salpensana et Malacitana* (MOMMSEN, Leipzig, 1855), on est obligé d'admettre que le droit italique a consisté exclusivement dans la transformation du sol provincial en sol italique, avec les conséquences qui en découlaient : *mancipatio, in jure cessio, usucapio*, immunité etc. (cf. GAJ., II, 27, 31, 63. FRONTIN., *De controv.*, II, p. 36. DIO CASS., XLVIII, 12. *Cod.*, VII, 40). RUDORFF, *Hist. du dr. r.*, I, § 12.

(3) GAJ., II, 12-14. *Dig.*, I, 8, 1, § 1. Cf. CIC., *Top.*, 5, § 27.

(4) ELVERS, *La théorie des servitudes en droit romain* (en all.). Marbourg, 1854.

Les choses corporelles sont subdivisées en *res mobiles* et *immobiles* (¹).

Beaucoup plus ancienne est la division en *res mancipi* et *res nec mancipi* (²).

« *Mancipi res sunt praedia in Italico solo, tam rustica, qualis est fundus, quam urbana, qualis domus; item jura praediorum rusticorum* (³), *velut via, iter, actus, aquaeductus; item servi et quadrupedes, quae dorso collove domantur, velut boves, muli, equi, asini. Caeterae res nec mancipi sunt. Elefanti et cameli quamvis collo dorsove domentur, nec mancipi sunt, quoniam bestiarum numero sunt.* » ULP., XIX, 1. Cf. GAJ., I, 120, II, 15-17.

Le *'ominium ex jure quiritium* sur les *res mancipi* s'acquiert seulement par les modes civils d'acquisition de la propriété; celui sur les *res nec mancipi* par des modes civils et par des modes naturels (⁴).

Toutes les *res mancipi* ont essentiellement rapport à l'agriculture. Les modernes ont émis grand nombre de théories différentes pour expliquer le caractère primitif et l'origine de cette division qui remonte à la plus haute antiquité (⁵).

§ 2. *Du dominium et de la possessio.*

La propriété romaine, conforme au droit civil, protégée par la loi *(rei vindicatio)*, s'appelait probablement d'abord

(1) *Dig.*, L, 16, 93, XXI, 1, 1.

(2) LANGE, I. 133. WALTER, § 560 et 564. REIN, *Dr. c.*, 238-242. ZACHARIAE, *Conject. de rebus mancipi et nec mancipi*. Leipzig, 1807. MAXHAYN, *De l'origine et de l'importance des res mancipi dans l'ancien droit romain* (en all.). Francfort, 1823. ROLIN, *Nouvelle explication de la distinction entre les choses mancipi et nec mancipi*. Gand, 1827. VERLOREN, *De rebus mancipi et nec mancipi*. Utrecht, 1839. PLANGE, *Des res mancipi et nec mancipi* (en all.). Heidelberg, 1858. LATTES, *Notices sur le droit privé ; manceps, manubiae, praes, praedium, res mancipi* (en ital.) dans les *Compte rendus de l'Istituto reale Lombardo di scienze e lettere*. Milan, 1868. 2e série. Vol. 1.

(3) WALTER, § 577. REIN, *Dr. c.*, 314-320.

(4) GAJ., II, 19, 22. ULP., XIX, 3, 7. Cf. CIC., *Top.*, 5, § 28. BOETH. *ad h. l.*

(5) GAJ., II, 47. CIC., l. l. BOETH., l. l. — Les diverses hypothèses sur ce sujet sont passées en revue par REIN, *Dr. civ.*, 241-244.

mancipium (CIC., *ad div.*, VII, 29). L'expression ordinaire
est : *rem habere ex jure quiritium* (CIC., *p. Mur.*, 12. *Verr.*,
II, 2, 12), *dominium ex jure quiritium* (GAJ., II, 40) ou *legitimum* (VARR., *De r. r.*, II, 10), ou simplement *dominium*
(ULP., XIX, 2, 7, 8, 16).

Pour exercer la propriété quiritaire sur une chose (¹), il
faut :

1° Que le propriétaire ait le *jus commercii*,

2° Que la chose soit *in commercio*,

3° Qu'elle ait été acquise par un mode qui, d'après la loi
romaine, donne la propriété quiritaire.

A côté du *dominium ex jure quiritium*, le droit romain
admet la propriété *ex jure gentium* (²) : *rem in bonis habere*
(GAJ., II, 40).

Sont *in bonis* les *res mancipi* acquises par simple tradition (³).

Du *dominium* tant quiritaire que bonitaire le droit romain
distingue la *possessio* (⁴). Celle-ci consiste simplement dans
le fait de détenir une chose *(corpore possidere)* avec l'intention de la garder *(animus possidendi)* (⁵).

La loi ne protége ni les *bona*, ni la *possessio ;* mais dans la
suite le droit prétorien est intervenu pour garantir les droits

---

(1) REIN, *Dr. c.*, 223-225.

(2) REIN, *Dr. c.*, 198-203. UNTERHOLZNER, *Des différentes sortes de propriété*
(en all.) dans le *Rhein. Mus. f. jurisprud.* Bonn, 1827. T. I, p. 129, et *De la
théorie de la propriété bonitaire* (en all.) dans le même recueil. Goettingen, 1833.—
T. V, p. 1. ZIMMERN, *De la nature de la propriété bonitaire* (en all.) dans le même
recueil. Bonn, 1829, p. 311. MAYER, *Du duplex dominium du droit romain* (en
all.) dans le *Zeitschrift f. geschichtl. Rechtsw.* Berlin, 1835. T. VIII, p. 1-80.

(3) GAJ., II, 41. ULP., I, 16.

(4) *Dig.*, XLI, 2. — L'ouvrage classique de SAVIGNY, *Traité de la possession*
(en all.), a paru pour la première fois à Giessen en 1803. Il a été traduit en français d'après la 7e édition de RUDORFF par H. STAEDTLER. Bruxelles, 1866. —
Cf. REIN, *Dr. c.*, 188-198. DESPOT, *De acquirenda vel amittenda possessione.* Louvain, 1827.

5) «*Adipiscimur possessionem corpore et animo, neque per se animo aut per se
corpore.*» *Dig.*, XLI, 2, 3, §1.

du propriétaire bonitaire, et, sous certaines conditions, du *possessor* [1].

§ 3. *Des moyens d'acquisition et de la protection légale du dominium ex jure quiritium* [2].

Le *dominium* est acquis par des modes naturels *(jure gentium)* ou par des modes civils *(jure civili)* [3].

Les principaux modes naturels sont [4] :

1° La *traditio*.

" *Traditio propria est alienatio rerum nec mancipi. Harum enim rerum dominium ipsa traditione adprehendimus, scilicet si ex justa causa traditae sint nobis.* " ULP., XIX, 7. Cf. *Dig.*, XLI, 1, 9, § 3.

Ce mode ne s'applique qu'à des choses corporelles. GAJ., II, 19, 28.

2° L'*accessio*.

" *Accessio cedit principali.* " *Dig.*, XXXIV, 2, 19, § 13. Par exemple *per alluvionem*. GAJ., II, 70-72.

3° L'*occupatio*.

" *Quod nullius est, id ratione naturali occupanti conceditur.* " *Dig.*, XLI, 1, 3. *Res nullius* sont par exemple les animaux sauvages, les choses enlevées à l'ennemi etc. GAJ., II, 66-69 [5].

Les moyens civils se distinguent des moyens naturels :

1° En ce qu'ils ne peuvent être employés que par les per-

---

(1) La question de l'origine et du développement de la théorie romaine sur le *dominium* et la *possessio* est très-controversée. Cf. REIN, *Dr. c.*, 199, n° 1, 201, n^{es} 3 et 4. Cependant l'on est généralement d'accord à admettre que primitivement il n'y avait qu'un seul *dominium*, celui *ex jure quiritium*, et que la protection de la propriété *in bonis* est de date plus récente. L'intervention du droit prétorien dans la *possessio* semble avoir eu sa source dans la protection, accordée par le préteur aux usufruitiers de l'*ayer publicus* dont nous parlerons au § 6. C'est l'hypothèse émise par NIEBUHR et adoptée par SAVIGNY, REIN, LANGE etc. Cf. REIN, *Dr. c.*, 192, n° 1.

(2) LANGE, I, 132-148. G. F. HAENEL, *De acquirendo rerum dominio*. Leipzig, 1817

(3) GAJ., II, 65. *Dig.*, VI, 1, 23. — REIN, *Dr. c.*, 225-228.

(4) WALTER, § 565. REIN, *Dr. c.*, 274-291.

(5) D'autres modes naturels, moins importants, sont énumérés par GAJ., II, 73-79. *Dig.*, XLI, 1, 7, § 7-13. Cf. REIN, *Dr. c.*, 291-297.

sonnes qui possèdent le *jus commercii : jus proprium civium Romanorum*. GAJ., II, 65. ULP., XIX, 4.

2° En ce qu'ils produisent toujours le *dominium ex jure quiritium* (¹).

3° En ce qu'ils sont entourés de formalités prescrites par la loi. Ces formalités servent à constater l'existence des conditions suivantes (²) :

a) L'*animus vendendi* et *emendi*,

b) L'accord des parties sur les conditions de l'échange,

c) La remise de la chose *(res, merx)* et du prix *(pretium)*. Modes civils.

« *In emptionibus dominium legitimum sex fere res perficiunt : si haereditatem justam adiit; si, ut debuit, mancipio ab eo accepit, a quo jure civili potuit; aut si in jure cessit, qui potuit cedere, et id ubi oportuit; aut si usucepit; aut si e praeda sub corona emit tumve cum in bonis sectioneve cujus publice venit.* » VARR., *De r. r.,* II, 10 (³).

I. *Haereditas justa :* soit *ex testamento*, soit *ab intestato ex lege XII tabularum*. GAJ., II, 99. Il faut y ajouter le *legatum,* GAJ., II, 97, et les acquisitions par *adrogatio* ou par *manus*. GAJ., II, 98, III, 82.

II. *Mancipatio* (⁴), appelée aussi *mancipium, mancipii datio*, ou *nexum* (CIC., *Top.*, 5, § 28).

« *Mancipatio propria species alienationis est rerum mancipi.* » ULP., XIX, 3.

---

(1) Sur les effets des modes naturels les opinions sont très divergentes. Cf. REIN, *Dr. c.,* 226, nᵉ 1. Il y en a qui prétendent que les modes naturels ne donnent jamais que le *dominium in bonis;* ainsi SCHEURL, *Num juris gentium adquisitionibus dominium civile Romanorum effectum sit.* Erlangen, 1836. D'après d'autres (WALTER, § 565, nᵉ 48), les modes naturels que nous avons cités produisent la propriété *ex jure quiritium;* excepté la *traditio* des *res mancipi.* Cette opinion est aussi admise par REIN, en ce qui concerne l'époque postérieure.

(2) REIN, *Dr. c.,* 700-713.

(3) Cf. CIC., *Top.,* 5, § 28. ULP., XIX, 2. *Inst.,* II, 9, § 6.

(4) WALTER, § 561. REIN, *Dr. c.,* 233-245. DIRKSEN, *Eclaircissements sur certaines questions de droit relatives à la mancipatio* (en all.) dans *Sells Jahrbuecher.* Braunschweig, 1843. T. II. DEITERS, *De mancipationis indole et ambitu.* Bonn, 1854. VOEGE, *De origine et natura eorum, quae apud veteres Romanos per aes et libram fiebant.* Kiel, 1856.

En présence des personnes indiquées ci-dessous, le vendeur énonce *(nuncupat)* les conditions de la vente : *lex mancipi*. La loi des XII Tables ordonnait : « *Cum nexum faciet mancipiumque, uti lingua nuncupassit, ita jus esto.* » FEST., v. *nuncupata*, p. 173. CIC., *De off.*, III, 16. *De or.*, I, 57.

« *Est autem mancipatio... imaginaria quaedam venditio : quod et ipsum jus proprium civium Romanorum est ; eaque res ita agitur : adhibitis non minus quam quinque testibus civibus Romanis puberibus et praeterea alio ejusdem condicionis, qui libram aeneam teneat, qui appellatur libripens* (¹), *is, qui mancipio accipit, aes* (²) *tenens ita dicit :* HUNC EGO HOMINEM EX JURE QUIRITIUM MEUM ESSE AJO ISQUE MIHI EMPTUS EST HOC AERE AENEAQUE LIBRA ; *deinde aere percutit libram* (³) *idque aes dat ei, a quo mancipio accipit, quasi pretii loco.* » GAJ., I, 119. Cf. ULP., XIX, 3.

Les formalités de la *mancipatio* interviennent dans la *coëmptio*, l'*adoptio*, l'*emancipatio*, la *mancipio datio*, le *testamentum per aes et libram* et le *nexum per aes et libram*.

III. *In jure cessio* (⁴).

Ce mode, qui est déjà mentionné par la loi des XII Tables *(Fragm. vatic.*, § 50), est applicable aux *res mancipi* et *nec mancipi* (ULP., XIX, 9) et surtout aux choses incorporelles (ULP., XIX, 11. GAJ., II, 29-30).

(1) Les cinq témoins représentent les cinq classes de Servius ; ce sont eux probablement qu'on désigne par le mot de *classici testes*. PAUL. DIAC., v. *classici*, p. 56. Cf. REIN, *Dr. c.*, 234, n° 1. Le *libripens*, à l'époque où il n'y avait point de monnaie, pesait les lingots de métal donnés en échange de la chose. Plus tard la balance est touchée avec un morceau de cuivre *(aes* ou *raudusculum)*, qui alors était le symbole de la remise du prix. GAJ., I, 122. PLIN., XXXIII, 13 (3). FEST., v. *rodus*, p. 265. Mais en dehors de ces 6 personnages, quelques textes anciens (GAJ., *Epit.*, I, 6, § 3. PRISCIEN, VIII, 4. ORELLI-HENZEN. *Inscr.*, n° 7321), en mentionnent un septième, qu'ils appellent *antestatus*, et dont les passages classiques de GAJUS et d'ULPIEN ne disent mot. On n'a su déterminer jusqu'ici, d'une manière positive, le rôle de ce personnage. Cf. REIN, *Dr. c.*, 235, n° 1. WALTER, § 561, n° 20. WALCH, *De antestato in mancipatione.* Jena, 1840.

(2) D'autres lisent *rem tenens*. Cf. GAJ., II, 24. En effet l'objet, *s'il est mobile*, doit être présent ULP., XIX, 6. GAJ., I, 121.

(3) « *Raudusculo libram ferito.* » VARR., *De l. l.*, V, 34.

(4) WALTER, § 562. REIN, *Dr. c.*, 231-232.

« *In jure cessio... hoc modo fit : apud magistratum populi Romani, velut praetorem, vel apud praesidem provinciae is, cui res in jure ceditur, rem* (¹) *tenens ita dicit :* HUNC EGO HOMINEM EX JURE QUIRITIUM MEUM ESSE AJO ; *deinde postquam hic vindicaverit, praetor interrogat eum, qui cedit, an contravindicet ; quo negante aut tacente tunc ei, qui vindicaverit, eam rem addicit.* » GAJ., II, 24 (²).

L'*in jure cessio* intervient dans l'*adoptio* et la *manumissio per vindictam*.

IV. *Usucapio* (³) (CIC., *p. Caec.*, 26, § 74. A. GELL., VI (VII), 10), ou plus anciennement *usus auctoritas* (CIC., *p. Caec.*, 19).

« *Usucapio est dominii adeptio per continuationem possessionis anni vel biennii : rerum mobilium anni, immobilium biennii.* » ULP., XIX, 8 (⁴).

Ce mode s'applique aux *res mancipi* et *nec mancipi* (ULP., ib.), qui sont *in bonis* ou *in possessione*.

Conditions nécessaires à l'usucapion :

1. Par rapport à la chose :

a) Il faut qu'elle soit *in commercio*. GAJ., II, 46, 48. *Dig.*, XLI, 3. 9.

b) Et qu'elle n'ait pas été soustraite à l'usucapion par la loi (⁵).

2. De la part de l'*usucapiens* :

(1) Ici encore la présence, au moins des choses mobiles, était nécessaire.

(2) ULP., XIX, 10 : « *In jure cedit dominus ; vindicat is, cui ceditur ; addicit praetor.* » La nécessité de la présence du magistrat rendait l'emploi de ce mode difficile. GAJ., II, 25.

(3) WALTER, § 563, 571. REIN, *Pr. c.*, 246-263. ENGELBACH, *De l'usucapion à l'époque des XII Tables* (en all). Marbourg, 1828. REINHARDT, *L'usucapion* (en all.). Stuttgardt, 1832. HAMEAUX, *L'usucapion et la longi temporis praescriptio* (en all.). Giessen, 1835. SCHEURL, *Théorie de l'usucapion* (en all.) dans les *Beitraege zur Bearbeitung des Roemischen Rechts*. T. II, p. 29. Erlangen, 1854. SCHIRMER, *L'idée fondamentale de l'usucapion en droit romain* (en all.). Berlin, 1855.

(4) « *Lex* (des XII Tables) *usum auctoritatem fundi jubet esse biennium.* » CIC., *p. Caec.*, 19. Cf. *Top.*, 4, § 20. GAJ., II, 42.

(5) Ainsi la loi des XII Tables, complétée par la *lex Atinia* et d'autres, défendait l'*usucapio* des choses volées : *res furtivae, subreptum* (GAJ., II, 46 A. GELL., XVII, 7) ; la *lex Plautia de vi* et la *lex Julia de vi*, celle des *res vi possessae* (GAJ., ib., *Dig.*, XLI, 3, 33, § 2).

a) Qu'il ait le *jus commercii.* GAJ., II, 65. « *Adversus hostem aeterna auctoritas.* » CIC., *De off.*, I, 12.

b) Qu'il possède *bona fide* et en vertu d'un *justus titulus,* « *titulus usucapionis ex justa causa possessionis* ». *Dig.*, XLI, 4, 2, § 1. L, 16, 109 ([1]).

c) Qu'il ait possédé pendant le temps légal et sans *usurpatio*, c'est-à-dire, sans interruption de sa possession. *Dig.*, XLI, 3, 2 et 5.

L'*usucapio* est appliquée dans le *matrimonium usu.*

V. *Emptio sub corona*, ou l'achat des prisonniers de guerre vendus au nom de l'Etat ([2]), et

VI. *Sectio* ([3]) *bonorum*, ou la vente au nom de l'Etat des biens devolus au trésor public, soit du butin (*praedae sectio*, CIC., *De inv.*, I, 45. CAES., *B. g.*, II, 33. A. GELL., XIII, 25 (24)), soit des *bona damnatorum* (CIC., *Verr.*, II, 1, 20. ASC., *p. Rabir.*, 4), ou des biens des proscrits (CIC., *p. Rosc. Am.*, 43), ou plus tard des successions dévolues au fisc (*Cod.*, IV, 39).

Dans les deux derniers modes de vente ([4]) les enchères avaient lieu par le ministère du questeur (A. GELL., XIII, 25 (24), § 29-30), et *sub hasta*, en présence d'une lance fichée en terre, symbole du butin et de la propriété quiritaire (PAUL. DIAC., p. 101. LIV., V, 16. CIC,, *Phil.*, II, 26 etc). ([5]).

<hr>

([1]) STINTZING, *De la bona fides et du titulus dans la théorie romaine de l'usucapion* (en all.). Heidelberg, 1852.

([2]) L'expression propre est : *sub corona venire.* LIV., II, 17, IV, 34, V, 22 etc. CAES., *B. g.*, III, 16, etc. « *Sub corona venire dicuntur, quia captivi coronati solent venire ut ait Cato in eo qui est de re militari.* » FEST., p. 306. Cf. A. GELL., VI (VII), 4. — Parfois on se sert de l'expression plus générale : *sub hasta venire.* LIV., VI, 4 etc.

([3]) Le sens du mot *sectio* dans cette expression est très-controversée. Cf. REIN, *Dr. c.*, 228, n° 2.

([4]) WALTER, § 196-197 et 757. RUDORFF. *H. d. dr. r.*, II, § 93. REIN, *Dr. c.*, 228-230. HAUBOLD, *De hastae in jure Romano usu symbolico* dans ses *Opusc. acad.* T. I, p. 635. Leipzig, 1825. TEN BRINK, *De hastae praecipuo apud Romanos signo imprimis justi dominii.* Groningen, 1839.

([5]) De là sous l'Empire le terme *subhastatio* remplace *sectio.* *Cod.*, IV, 44, 16.

Il faut y ajouter la vente publique de parcelles de l'*ager publicus*. *Ager quaestorius* [1].

En dehors des modes civils énumérés par Varron, les anciens citent encore :

VII. La *lex* [2].

« *Lege nobis acquiritur velut caducum vel creptorium e lege Papia Poppaea, item legatum ex lege XII Tabularum, sive mancipi res sint sive nec mancipi.* » ULP., XIX, 17.

C'est en vertu d'une *lex* qu'un colon devient propriétaire de son lot de terre, *ager publice datus, assignatus* (CIC., *De l. agr.*, III, 2, § 7).

Ajoutez-y le *senatusconsultum* sous l'Empire, par exemple le sénatusconsulte Claudien. Voyez p. 63.

VIII. L'*adjudicatio*, qui arrive dans les *judicia divisoria* [3]. « *Adjudicatione dominium nanciscimur*

1° *Per formulam familiae herciscundae, quae locum habet inter coheredes; et*

2° *Per formulam communi dividundo, cui locus est inter socios; et*

3° *Per formulam finium regundorum, quae est inter vicinos.*

Nam si judex uni ex coheredibus aut sociis aut vicinis rem aliquam adjudicaverit, statim illi adquiritur, sive mancipi sive nec mancipi sit. » ULP., XIX, 16.

La propriété quiritaire est protégée par la loi ; le propriétaire, lésé dans son droit, a une *legis actio*, en vertu de laquelle il intente au détenteur illégal de sa chose une *in rem actio*, qui s'appelle revendication : *rei vindicatio* (GAJ., IV, 5, *Dig.*, VI, 1, 23, XLIV, 7, 25) [4].

---

(1) HYGIN. in GROM. VETT., ed. Lachm., p. 115. CIC., *D. l. agr.*, II, 14, 20, III, 2. LIV., IV, 48, XXVIII, 46.

(2) REIN, *Dr. c.*, 232.

(3) WALTER, § 717. RUDORFF, *H. d. dr. r.*, II, § 29. REIN, *Dr. c.*, 232.

(4) WALTER, § 712-714. RUDORFF, *H. d. dr. r.*, II, § 36-38. REIN, *Dr. c.*, 297-301, 804-897. TROISFONTAINES, I, 238. WETZELL, *Le procès en revendication dans le droit romain* (en all.). Leipzig, 1845.

La *vindicatio* (¹) était un combat simulé devant le magistrat judiciaire, entre deux citoyens qui prétendaient à la propriété d'une même chose.

« *Si in rem agebatur, mobilia quidem et moventia, quae modo in jus adferri adducive possent, in jure vindicabantur ad hunc modum : qui vindicabat, festucam tenebat ; deinde ipsam rem* (²) *adprehendebat, velut hominem, et ita dicebat :* HUNC EGO HOMINEM (³) EX JURE QUIRITIUM MEUM ESSE AJO SECUNDUM SUAM CAUSAM ; SICUT DIXI, ECCE TIBI, VINDICTAM IMPOSUI (⁴) ; *et simul homini festucam imponebat. Adversarius eadem similiter dicebat et faciebat. Cum uterque vindicasset, praetor dicebat :* MITTITE AMBO HOMINEM. *Illi mittebant. Qui prior vindicaverat, ita alterum interrogabat :* POSTULO, ANNE DICAS, QUA EX CAUSA VINDICAVERIS? *Ille respondebat :* JUS PEREGI, SICUT VINDICTAM IMPOSUI. *Deinde qui prior vindicaverat, dicebat :* QUANDO TU INJURIA VINDICAVISTI, D AERIS SACRAMENTO TE PROVOCO ; *adversarius quoque dicebat :* SIMILITER EGO TE. « GAJ., IV, 16. Cf. ASCON., *in Verr.*, II, 1, 45.

Alors la cause était instruite par le juge ; et jusqu'au prononcé du jugement, le préteur donnait la possession provisoire à l'un des deux prétendants : « *Praetor secundum alterum eorum vindicias dicebat, id est interim aliquem possessorem constituebat.* « GAJ., ib. (⁵).

La *vindicatio* est employée fictivement dans l'*in jure cessio* et dans la *manumissio per vindictam*.

---

(1) *Vindicare* dérive de *vim dicere*. L'acte s'appelle *vindicatio*, l'objet en litige *vindiciae*. FEST., p. 376. De là : *vindicias dare, dicere, sumere.* De là aussi *vindicta ;* voyez nᵉ 4.

(2) Quand l'objet en litige était un immeuble, anciennement le magistrat accompagnait les parties à l'endroit où l'immeuble était situé ; plus tard il fut permis de représenter le tout par une partie. A. GELL., XX, 10. GAJ., IV, 17. — SAVIGNY, *De la lis vindiciarum* (en all.) dans ses *Verm. Schriften*, I, 292-314.

(3) GAJUS parle de la revendication d'un esclave.

(4) Cela se dit aussi : *in jure manum conserere.* Loi des XII Tables. A. GELL., XX, 10. Par l'imposition de la *festuca*, le *vindicans* fait acte de propriété : « *Festuca autem utebantur quasi hastae loco, signo quodam justi dominii, quod maxime sua esse credebant, quae ex hostibus cepissent.* « GAJ., IV, 16. La *festuca* s'appelle aussi *vindicta*, quoique ce mot indique proprement l'acte d'imposer la baguette.

(5) La *legis actio sacramento* fut remplacée plus tard par la *sponsio*, et, dans la procédure formulaire, *per formulam petitoriam.* GAJ., IV, 91-95.

Le *dominium* cesse (1) :

1° Par la destruction de la chose. *Dig.*, VII, 4, 23.

2° Par abandon volontaire, *derelictio*. *Dig.*, XLI, 7, 1.

3° Par vente, confiscation, perte du *jus commercii* etc.

4° Si la chose tombe sous la puissance de l'ennemi.

§ 4. *De la protection prétorienne du dominium in bonis* (²).

Lorsqu'un propriétaire quiritaire vend par tradition une *res mancipi*, l'acquéreur n'obtient que le *dominium in bonis*, qui par usucapion se transforme en *dominium ex jure quiritium* (³).

Jusqu'à ce moment l'ancien propriétaire conserve le *nudum jus quiritium*; le propriétaire bonitaire jouit des droits réels de la propriété (⁴).

Le droit prétorien protége le propriétaire :

a) Contre le *dominus ex jure quiritium* par l'*exceptio rei venditae et traditae* (⁵) ou par l'*exceptio doli* (⁶).

b) Contre les prétentions des tiers par l'*actio Publiciana*. Cette action est une fiction juridique qui consiste à traiter le propriétaire bonitaire, qui n'a pas encore pu se servir de l'*usucapio*, comme si celle-ci avait déjà eu lieu (7).

(1) WALTER, § 573. REIN, *Dr. c.*, 305-306.

(2) WALTER, § 566. REIN, *Dr. c.*, 301-303.

(3) GAJ., II, 41.

(4) GAJ., I, 54, II, 40, 41, 88, III, 166. ULP., I, 16, XIX, 20. Le seul avantage pratique du *nudum jus quiritium* sous l'Empire fut que les esclaves impubères, affranchis par un *dominus* bonitaire et devenus Latins juniens, étaient sous la tutelle du *dominus* quiritaire. GAJ., I, 167. Cf. LANGE, I, 146. REIN, *Dr. c.*, 203.

(5) *Dig.*, XXI, 3. — WIEBEKING, *De l'exceptio rei venditae et traditae* (en all.). Munich, 1847.

(6) *Dig.*, XLIV, 4, 14.

(7) « *Fingitur rem usucepisse, et ita quasi ex jure quiritium dominus factus esset, intendit* etc. » GAJ., IV, 36. Cf. *Dig.*, VI, 2. *Inst.*, IV, 6, § 4. L'action publicienne a été instituée par le préteur Publicius, qui a vécu selon toute vraisemblance vers la fin de la République. Les sources ne parlent de l'*actio Publiciana* que pour ce qui concerne le *bonae fidei possessor* ; mais il ne semble guère douteux que cette action ne se soit appliquée aussi au *dominium in bonis*. L'action publicienne ne pouvait pas être employée contre le *dominus ex jure quiritium*, mais seulement contre le tiers qui avait un titre plus faible de possession.

§ 5. *De la protection prétorienne de la possessio.*

La *possessio* est aussi protégée par le droit prétorien : à condition que le détenteur possède *bona fide* et en vertu d'un *justus titulus* (par exemple, donation, achat de la part d'un non-propriétaire, d'un pérégrin etc.) : *bonae fidei possessio* [1].

La *possessio bonae fidei* se transforme par *usucapio* en *dominium ex jure quiritium* (GAJ., II, 43-44). Jusque-là le *possessor* est protégé par l'action publicienne, et contre le *dominus* par l'*exceptio doli* etc. Voyez le § précédent.

En dehors des modes naturels et civils, il y avait aussi certains modes d'acquisition introduits par le droit prétorien [2], et dont le plus important est la *bonorum possessio*. GAJ., IV, 34-35.

En certains cas, le préteur, pour adoucir les rigueurs du droit strict de succession et de la liberté absolue de tester, accorde, en vertu de son *imperium*, la succession à des personnes, qui, en cas d'*intestat*, d'après la loi ne peuvent y prétendre (fils émancipé), ou qui se prétendent déshérités sans motifs (enfants) : *bonorum possessio*. GAJ., III, 32 [3].

Les modes prétoriens d'acquisition ne donnent point le *dominium*, mais la simple *possessio* [4], qui par *usucapio* se transforme en *dominium ex jure quiritium* (GAJ., III, 80), et qui, jusque-là, est protégée par les interdits possessoires du préteur [5] : *interdicta adipiscendae, retinendae* ou *recuperandae possessionis* [6].

---

(1) WALTER, § 570. REIN, *Dr. c.*, 203-204 et 303-305.

(2) WALTER, § 567.

(3) WALTER, § 650-654. RUDORFF, *H. d. dr. r.*, II, § 57. REIN, *Dr. c.*, 838-852. SAVIGNY, *De l'interdit quorum bonorum* dans ses *Verm. Schriften*. T. II, p. 216. HINGST, *Commentatio de bonorum possessione*. Amsterdam, 1858. LOHMANN-JANSSONIUS, *Dissertatio de bonorum possessione*. Groningen, 1859.

(4) Comme les droits sur la *possessio* ressemblent à ceux sur le *dominium in bonis*, les *possessiones* sont parfois appelées *bona* (GAJ., III, 80) ou *dominium* (DIG., XXXVII, 1, 1).

(5) WALTER, § 765-770. RUDORFF, *H. d. dr. r.*, II, § 53-54. REIN, *Dr. c.*, 949-957. SCHMIDT, *Les interdits en droit romain* (en all.). Leipzig, 1853.

(6) GAJ., IV, 143-155. DIG., XLIII, 1, 2, § 3. Cf. CIC., *Ad div.*, VII, 32, p. Caec., 31, 32. FEST., v. *possessio*.

§ 6. *De la possession de l'ager publicus* ([1]) *et de l'ager provincialis.*

Tout territoire conquis devient, *jure belli*, propriété du peuple vainqueur : *ager publicus.* « *Publicatur... ille ager qui ex hostibus captus sit.* » *Dig.*, XLIX, 15, 20. § 1.

En règle générale la plus grande partie est rendue aux anciens propriétaires contre une redevance annuelle, *ager redditus.* CIC., *Verr.*, II, 3, 6, § 13.

Le peuple romain garde un tiers comme son propre domaine : *ager publicus* (dans le sens strict du mot). DENYS, II, 35, 50 ([2]).

En Italie la partie de l'*ager publicus*, propre à la culture, était vendue par l'intervention du questeur (*ager quaestorius*, HYGIN., in GROM.. VETT., ed. Lachm., p. 115), ou bien elle était destinée par une *lex colonica* ([3]) à la fondation d'une colonie ([4]), ou bien encore elle était partagée entre les citoyens par une *lex agraria* ([5]).

Dans ces trois cas l'*ager publicus* devenait *privatus.*

Si aucune de ces trois hypothèses ne se réalisait, cette partie de l'*ager publicus* était mise en location. SICUL. FLACC., p. 136, ed. L.

Les prairies ou *pascua* étaient réservées à l'usage commun

---

(1) NIEBUHR, *H. r.*, II, 146. MARQUARDT, III, 1, 14, 314 341. LANGE, I, 140-142. WALTER, §§ 37 39, 61 62, 182, 222, 329, 582. HUSCHKE, *Du passage de Varron concernant les Licinii, avec un appendice sur Fest., v possessiones et possessio* (en all.). Heidelberg. 1835. RUDORFF. *Instit. grom.*, II, 227-464.

(2) LIV., I, 38, II, 25, VII, 27, X, 1 etc.

(3) FRONTIN., in GROMAT. VETT:, ed. Lachm., p. 24.

(4) Le partage des lots se faisait par une commission *(III viri coloniae deducendae agroque dividundo.* LIV., VI, 21, VIII, 16 etc.). Chaque colon recevait en propriété quiritaire ordinairement 2 *jugera* ou un *heredium* (VARR., *De r. r.*, I, 10. SICUL. FLACC., p. 153. HYGIN. *De lim.*, p. 110. LIV., VI, 36, VIII, 21. JUVEN., XIV, 163).

(5) Cf. LIV., I, 46, IV, 48, VIII, 11 etc. — L'*assignatio* avait lieu par une commission *(III, V, X viri agris dandis, assignandis)* CIC., *De l. agr.*, II, 7, § 17. La partie que le citoyen recevait en propriété s'appelait *viritanus ager.* FEST., s. v.

— 95 —

contre le paiement d'une redevance *(scriptura)*, proportionnelle au nombre de têtes de bétail que chacun y envoyait (¹).

Les terrains incultes, vagues, de l'*ager publicus* étaient con-
cédés *(concessu,* CIC., *De l. agr.,* III, 2 § 7) à l'*occupatio* des
citoyens, *(agri occupatorii* ou *arcifinales,* SICUL. FLACC.,
p. 138) contre une redevance d'un dixième sur les moissons,
et d'un cinquième sur les fruits des arbres. L'*occupatio* se
faisait probablement d'après les règles indiquées par un édit
du magistrat (²).

L'occupant n'obtenait pas le *dominium,* et il ne pouvait
pas l'acquérir par usucapion (³). Il n'était que *possessor* (Liv.,
II, 41, 61) ; les parties occupées s'appelaient *possessiones* (⁴).
Cependant cette possession était protégée par les interdits
possessoires du préteur (⁵) ; et grâce à cette protection, le citoyen exerçait sur ces *possessiones* des droits analogues à
ceux qu'il avait sur sa propriété : vendre, hypothéquer, donner, transmettre héréditairement etc. (⁶).

Les possessions de l'*ager publicus* ont suscité, du temps de
la République, beaucoup de troubles dans l'Etat romain (⁷).

(1) APP., *B. c.,* I, 7. FRONTIN., *De contr.,* p. 15. FEST., p. 333. VARR., *De
r. r.,* 11, 1. CIC., *p. l. Man.,* 6, § 15.

(2) APPIEN (*B. c.,* 1, 7), résume en peu de mots la destination de l'*ager
publicus :* Ῥωμαῖοι τὴν Ἰταλίαν πολέμῳ κατὰ μέρη χειρούμενοι, γῆς μέρος
ἐλάμβανον, καὶ πόλεις ἐνῴκιζον ἢ ἐς τὰς πρότερον οὔσας κληρούχους ἀπὸ σφῶν
κατέλεγον· καὶ τάδε μὲν ἀντὶ φρουρίων ἐπενόουν· τῆς δὲ γῆς τῆς δορικτήτου
σφίσιν ἑκάστοτε γιγνομένης τὴν μὲν ἐξειργασμένην αὐτίκα τοῖς οἰκιζομένοις
ἐπεδίδοσαν, ἢ ἐπίπρασκον, ἢ ἐξεμίσθουν· τὴν δὲ ἀργὸν ἐκ τοῦ πολέμου τότε
οὖσαν, ἣ δὴ καὶ μάλιστα ἐπλήθυεν, οὐκ ἄγοντές πω σχολὴν διαλαχεῖν, ἐπε-
κήρυττον ἐν τοσῷδε τοῖς ἐθέλουσιν ἐκπονεῖν, ἐπὶ τέλει τῶν ἐτησίων καρπῶν,
δεκάτῃ μὲν τῶν σπειρομένων, πέμπτῃ δὲ τῶν φυτευομένων· ὥριστο δὲ καὶ τοῖς
προβατεύουσι τέλη μειζόνων τε καὶ ἐλαττόνων ζῴων.

(3) CIC., *De l. agr.,* III, 3. FRONTIN., *De contr.,* p. 50.

(4) FEST., v. *possessio,* p. 233, et *possessiones,* p. 241.

(5) AELIUS GALLUS, cité par FEST., s. v. *possessio,* p. 233. CIC., *De l. agr.,*
III, 3. — Interdit *de loco publico fruendo.* Dig., XLIII, 9.

(6) « *Relictas sibi a majoribus sedes, aetate, quasi jure hereditario, posside-
bant.* » FLOR., III, 13.

(7) LANGE, 1, 522-527, 570, sqq. SCHALLER, *De l'importance de l'ager publicus dans l'histoire romaine avant le temps des Gracques* (en all.). Marbourg,
1865.

Dans les premiers siècles les patriciens seuls avaient le droit d'occuper l'*ager publicus* (1), cause permanente du mécontentement de la plèbe.

Plus tard, quand les plébéiens y furent admis (2), ce privilége n'était en fait accessible qu'aux riches (App., *B.c.*, I, 36). De là les *leges agrariae* (3) des derniers siècles de la République, qui avaient pour but soit de limiter le nombre de *jugera* de l'*ager publicus*, pouvant être possédés par un même citoyen (4), soit de partager parmi les pauvres des parcelles de l'*ager publicus*.

En outre, le peuple, en sa qualité de propriétaire quiritaire de l'*ager publicus* (5), quand les besoins des finances l'exigeaient, enlevait parfois aux citoyens leurs *possessiones*, malgré une occupation séculaire et malgré les impenses utiles de l'occupant (6), et les vendait au profit du trésor public (7).

Sous l'Empire il n'y avait plus guère d'*ager publicus* en Italie.

De même que l'*ager publicus* en Italie, tout l'*ager provincialis* (8), sauf les territoires dotés du *jus italicum*, était soustrait au *dominium ex jure quiritium*.

On distinguait cependant aussi en province entre les *agri*

---

(1) Cf. p. 21, n° 1, et Liv., II, 41, IV, 51, VI, 14, 37. Denys, VIII, 70, 73, 74 etc. — D'après Niebuhr, Walter etc. les plébéiens furent exclus de la *possessio agri publici* jusqu'aux lois liciniennes *en droit*, d'après d'autres (Huschke, Marquardt etc.) seulement *de fait*.

(2) Liv., VII, 16, s. f.

(3) Lange, II, 639-641. Rudorff, *H. d. dr. r.*, I, § 15-16. Engelbrecht, *De legibus agrariis ante Gracchos*. Leiden, 1842. Macé, *Des lois agraires chez les Romains*. Paris, 1846. Laboulaye, *Des lois agraires chez les Romains* dans la *Revue de législation*. Paris, 1846. T. II, 385, III, 1. E. Labatut, *La question des subsistances, l'alimentation publique et les lois agraires chez les Romains* dans le *Journal des économistes*. Paris. Août 1868.

(4) Par exemple une *lex Licinia*, Liv., VI, 35 ; une *lex Sempronia*. Liv., Epit., LVIII. Appien, *B.c.*, I, 9. Cic., *p. Sest.*, 48, § 103. Plutarq., *Tib. Gr.*, 8-14 etc.

(5) Liv., XXXI, 13.

(6) Cic., *De l. agr.*, II, 14, § 36. *De off.*, II, 22, § 79, III, 23, § 83.

(7) Liv., XXVIII, 46, XXXI, 13.

(8) Marquardt, III, 2, 140-145. Walter, § 238-239, 328, 571, 582-583. Rein, *Dr. c.*, 224, 268-272, 342-345.

privati vectigalesque, possédés *ex jure gentium* par des particuliers, et les *agri publici vectigalesque,* qui sont mis en location par les censeurs (1).

Les droits des possesseurs de l'*ager provincialis* sont exprimés par les termes *possessio et ususfructus.* GAJ., II, 7 (2).

A défaut d'*usucapio,* ces droits sont garantis par la *longi temporis praescriptio* (10 ou 20 ans d'après les circonstances), qui n'était pas seulement à l'usage des citoyens, mais aussi des pérégrins. PAULL., V, 2, § 3 ; 5A, § 8. *Cod.,* VII, 35, 7 (3).

§ 7. *Des obligations naissant du contrat de prêt.*
De la condition des débiteurs insolvables, addicti et nexi.

Le *jus commercii* comprend le droit de contracter des obligations. « *Obligatio est juris vinculum, quo necessitate adstringimur alicujus solvendae rei, secundum nostrae civitatis jura.* » *Inst.,* III, 13.

Nous ne traiterons que des obligations qui naissent du contrat de prêt d'argent, parce qu'elles seules ont eu un rapport direct aux institutions politiques, à l'époque de la lutte entre la plèbe et le patriciat (LIV. et DENYS, passim).

En règle générale le prêt d'argent se faisait à intérêt, *foenus* (4). L'intérêt légal, déterminé par la loi des XII Ta-

---

(1) APP., *B. c.,* II, 140. CIC., *Verr.,* II, 3, 6, § 13, *De l. agr.,* I, 4, II, 21, § 57. *Lex Thor.,* c. 22, 30. *Dig.,* XXI, 2, 11. — Sous l'Empire ces *agri publici vectigales* étaient affermés *in perpetuum* (GAJ., III, 145. *Dig.,* VI, 3, 1,), de sorte que le fermier avait une *utilis in rem actio* même contre le propriétaire. Plus tard ce droit fut remplacé par le *jus emphyteuticum. Dig.,* II, 8, 15, § 1. *Inst.,* III, 24, § 3.

(2). Cf. FRONTIN., *De contr.,* II, p. 36, et AGG. URB., p. 63, éd. L. *Fragm. Vatic.,* § 293, 315, 316.

(3) Justinien abolit la différence entre le sol italique et le sol provincial, l'usucapion et la *longi temporis praescriptio,* les *res mancipi* et *nec mancipi,* la propriété *ex jure quiritium* et celle *in bonis* (*Cod.,* VII, 31), et modifie ainsi profondément la théorie romaine sur la propriété.

(4) LANGE, I, 156. MARQUARDT, III, 2, 47-53. WALTER, § 609. REIN, *Dr. c.,* 628-643, HIPP, *De fenere veterum Romanorum.* Hambourg, 1828. STREUBER, *Du taux d'intérêt chez les Romains* (en all.). Bâle, 1857.

bles, était le *foenus unciarium* (1), 8 ¹/₃ p. c. pour l'année financière de 10 mois (2), par conséquent 10 p. c. pour l'année de 12 mois.

Le prêt d'argent se faisait par contrat réel ou par contrat verbal.

I. Prêt d'argent par contrat réel ou *mutuum* (3).

La simple remise de l'argent forme le contrat (4). L'intérêt doit être déterminé par une *stipulatio* formelle, indépendante du *mutuum* (5).

Si le débiteur n'exécute point ses obligations, la procédure est la suivante (6) :

« *Aeris confessis* (7) *rebusque jure judicatis triginta dies justi sunto* (8). »

« *Post deinde manus injectio esto* (9), *in jus ducito.* »

« *Ni judicatum facit aut quis endo eom jure vindicit* (10), *secum ducito, vincito aut nervo aut compedibus. Quindecim*

(1) Tac., *Ann.*, VI, 16. Le *foenus unciarium* a été fort controversé parmi les modernes. Cf. Rein, *Dr. c.*, 630, n° 1. Il y eut sous la République de nombreuses lois concernant l'intérêt, l'usure et les dettes : *leges fenebres et de aere alieno.* Rudorff, *H. d. dr. r.*, I, § 19. Lange, II, 578 et 584.

(2) Th. Mommsen, *L'année de 10 mois* dans la *Chronologie romaine* (en all.). Berlin, 1858, p. 45.

(3) « *Re contrahitur obligatio mutui datione. Mutui autem datio consistit in his rebus, quae pondere, numero, mensurave constant, veluti vineo, oleo, frumento, pecunia numerata.* » *Dig.*, XLIV, 7, 1, § 2.

(4) *Numeratio pecuniae rei facit obligationem.* » Gaj., III, 131.

(5) *Dig.*, XIX, 5, 24. De là *mutuum* et *foenus* sont parfois opposés. Plaut., *Asin.*, I, 3, 95. Non. Marc., V, 70.

(6) Walter, § 750, 754. Rein, *Dr. c.*, 935-937. Rudorff, *H. d. dr. r.*, II, § 89, 90. Lange, I, 179-182. Troisfontaines, I, 222-226. Savigny, *La législation sur les dettes (Schuldrecht) dans l'ancien droit romain* (en all.) dans ses *Vermischte Schriften*, II, 396-470.

(7) « *Confessi debitores pro judicatis habentur.* » Paull., V, 5ª, § 2.

(8) Ce texte est emprunté à la loi des XII Tables. Cf. Aulu-Gelle, XV, 13, § 11.

(9) « *Quod tu mihi judicatus sive damnatus es,... ob eam rem ego tibi... manum injicio.* » Gaj., IV, 21. « *Obaerati, cum solvendo non essent, ipsi manu capiebantur.* » Donat., ad Ter. *Phorm.*, II, 2, 20.

(10) Cf. Liv., VI, 14. Celui qui se porte caution s'appelle *vindex.* Fest., p. 376. Gaj., IV, 21.

pondo ne minore aut si volet majore vincito (¹). *Si volet suo vivito. Ni suo vivit, qui eum vinctum habebit, libras farris endo dies dato. Si volet plus dato.* « A. GELL., XX, 1, § 45.

Le créancier garde ainsi le débiteur *(addictus)* pendant 60 jours, et le conduit trois jours de marché successifs au *comitium* devant le préteur, pour proclamer sa dette (²).

Si au bout de ce terme la dette n'est pas acquittée, les débiteurs *capite poenas dabant, aut trans Tiberim peregre venum ibant* (A. GELL., ib., § 47) (³).

S'il y avait plusieurs créanciers, la loi disait : « *Tertiis nundinis partes secanto. Si plus minusve secuerunt, se fraude esto* » (A. GELL., ib., § 49) (⁴).

II. Prêt d'argent par contrat verbal ou *nexum* (⁵).

L'acte par lequel cette obligation, très-ancienne, se contracte s'appelle *nexus* (CIC., *p. Mur.*, 2, § 3); l'obligation elle-même *nexum* (⁶).

---

(1) CUJACIUS a proposé de lire : *ne majore aut si volet minore vincito*, ce qui semble plus vraisemblable. Cf. RUDORFF, *H. d. dr. r.*, II, § 89, n° 15.

(2) AULU-GELLE, ib., § 46, 47.

(3) Dans l'ancien droit les enfants *in patria potestate* suivaient probablement le sort du père. Il va de soi que le créancier peut ne pas faire usage de son droit de mort ou de vente, et faire travailler l'*addictus* jusqu'à extinction de la dette. La libération de l'*addictus* a lieu, comme celle du *nexus*, par *solutio per aes et libram*. Voyez p. 100. LIV., VI, 14. L'*addictus* libéré redevient *ingenuus* et rentre dans sa tribu. QUINT., *Inst. or.*, V, 10, § 60, VII, 3, § 27.

(4) D'après l'opinion unanime des anciens (AULU-GELLE, l. l., QUINT., *Inst. or.*, III, 6, § 84, DION CASS., exc. Mai, 12, TERTULL., *Apol.*, 4) *partes secare* signifie *partiri corpus addicti*, et non, comme quelques modernes l'interprètent, *bona dividere*. Cependant, comme AULU-GELLE l'atteste, l'histoire ne fournit aucun exemple de l'exercice de ce droit barbare.

(5) WALTER, § 616, 624-625. REIN, *Dr. c.*, 649-659. LANGE, 1, 148-156, TROISFONTAINES, I, 169-171. SCHEURL, *Du nexum* (en all.). Erlangen, 1839. SELL, *De juris Romani nexu et mancipio*. Braunschweig, 1841. BACHOFEN, *Le nexum et les nexi* (en all.). Bâle, 1843. HUSCHKE, *Le nexum* (en all.). Leipzig, 1846. GIRAUD, *Des nexi* dans les *Mémoires de l'Acad. des sciences morales*. Paris, 1847, V, p. 393 suiv. VOEGE, *De origine et natura eorum, quae apud veteres Romanos per aes et libram fiebant*. Kiel, 1856, p. 89.

(6) *Nexum* est dérivé de *nectere*, synonyme de *ligare*. FEST.; s. v. p. 165. On appelle *nexum* proprement : *quae per aes et libram fiant ut obligentur*. (VARR., *Del. l.*, VII, 5 s. f.), et dans un sens plus restreint, l'obligation résultant du prêt d'argent, contracté par *mancipatio*. A cause de l'intervention de la *mancipatio* dans ces contrats, le mot *nexum* a reçu ensuite la signification plus générale de *omne quod per aes et libram geritur*. VARR., l. l. FEST., l, l. CIC., *De or.*, III, 40.

Le *nexum* (¹) se contracte *per aes et libram* et comprend comme la *mancipatio* deux actes :

1° La *nuncupatio*, ou l'énoncé des clauses du contrat, telles que le terme de paiement, l'intérêt etc. (²).

2° La *mancipatio* proprement dite ou la remise réelle ou symbolique de l'argent prêté *per aes et libram* (³).

Le *nexum* se dissout également *per aes et libram : nexi liberatio* (Fest., p. 165. Liv., VI, 14) ou *solutio per aes et libram* (Gaj., III, 173-174).

Si, en cas de *nexum*, le débiteur n'exécute pas ses obligations, le créancier accorde un délai de 30 jours (⁴) et ensuite, en cas de non-exécution, en vertu du contrat même il s'empare de la personne du débiteur. Celui-ci devient *nexus* (⁵). Le créancier peut le faire travailler à son profit, ou le mettre en prison (⁶), et même lui infliger des châtiments corporels (⁷); mais, à la différence de l'*addictus*, le *nexus* ne peut ni être vendu, ni être mis à mort (⁸).

(1) L'on dit du débiteur : *nexum inire* (Liv., VII, 19), *nexum se dare*. (ib., VIII, 28), *nexu obligatus* (Cic., *p. Mur.*, 2, § 3).

(2) « *Quum nexum faciet mancipiumque, uti lingua nuncupassit, ita jus esto.* » Loi des XII Tables. Fest., p. 173.

(3) L'argent prêté s'appelle *nexum aes*, Fest., p. 165, ou *nuncupata pecunia*, ib., p. 173.

(4) Cf. Denys, VI, 23, 83.

(5) « *Liber qui suas operas in servitutem pro pecunia quadam* (c'est la leçon de Mueller d'après un mscr. de Paris, cf. Rein, *Dr. c.*, 651, n° 2) *debebat, dum solveret, nexus vocatur.* » Varr., l. l. Il n'est vraiment *nexus* que depuis le moment qu'il n'exécute point ses obligations.

(6) Varr., *De l. l.*, VII, 5. *D. r. r.*, I, 17. Denys, V, 53. Liv., II, 23.

(7) Liv., II, 23, VIII, 28. Denys, VI, 26 etc.

(8) D'après l'ancienne opinion, qui date de Gronovius et de Salmasius, et qui est encore partiellement suivie par Niebuhr, Lange et d'autres, le *nexum* était un contrat par lequel le débiteur se donnait éventuellement ou provisoirement dans le *mancipium* du créancier; mais, à l'expiration du terme, s'il était insolvable, l'*addictio* du préteur l'adjugeait au créancier comme tout autre débiteur insolvable. Walter (§ 616, n° 17) le premier a plus nettement distingué entre les *addicti* et les *nexi*; il a été suivi par Bachofen, Huschke, Puchta, Rein etc. D'abord en cas de *nexum* il ne faut plus d'*addictio* du préteur; car le débiteur devient *nexus* en vertu du contrat. Ensuite, quoique la condition des *nexi* soit la même que celle des *addicti*, aussi longtemps que ceux-ci sont prisonniers du créancier (Denys, IV, 9, 11, Liv., II. 23 etc), cependant, le délai étant expiré,

En fait le *nexus* est *servi loco* ; en droit il conserve la liberté, la *civitas*, et sert même dans la légion ([1]).

La *lex Poetelia* ([2]) abolit le *nexum* pour dettes et adoucit la condition des *addicti* pendant leur emprisonnement : *»Eo anno plebei Romanae velut aliud initium libertatis factum, quod necti desierunt... jussique consules ferre ad populum, ne quis, nisi qui noxam meruisset, donec poenam lueret, in conpedibus, aut nervo teneretur ; pecuniae creditae bona debitoris, non corpus obnoxium esset. Ita nexi soluti, cautumque in posterum, ne necterentur.* » Liv., VIII, 28. Cf. Cic., *De rep.*, II, 34.

L'*addictio* pour dettes est appliquée jusque sous l'Empire, mais avec des adoucissements notables dans la condition des *addicti* ([3]).

---

les *addicti* peuvent être vendus ou mis à mort, les *nexi* pas. Ces deux classes de débiteurs insolvables sont clairement indiquées par Denys, VI, 83. « καὶ εἴ τινων ἤδη τὰ σώματα ὑπερημέρων ὄντων ταῖς νομίμοις προθεσμίαις κατέχεται (les *nexi*)... ὅσοι τε δίκας ἁλόντες ἰδίας παρεδόθησαν τοῖς καταδικασαμένοις (les *addicti*). Cf. ib., V, 69.

(1) Liv., II, 24. Denys, VI, 29 etc. En droit le *nexus* conserve la *patria potestas* sur ses enfants et la propriété sur sa fortune ; mais en fait les enfants et la fortune sont engagés, comme le *paterfamilias*, et partant, les droits que celui-ci conserve sont en réalité suspendus. Cf. Denys, VI, 26, 37, 41. Liv., II, 24, VIII, 28. — Y avait-il à la captivité du *nexus* un terme autre que celui du paiement ? Nous ne le savons pas.

(2) Van Heusde, *De lege Poetelia Papiria*. Utrecht, 1842. D'après Tite-Live cette loi fut portée en 326 av. J.-Chr. ; parmi les modernes il y en a qui, se basant sur Varron, *De l. l.*, VII, 5, la placent en 313 av. J.-Chr. Cf. Rein, *Dr. c.*, 656, nᵉ 2. Lange, II, 64 65.

(3) Paull., V, 26, § 2. *Dig.*, XLII, 1, 34. D'abord, à côté de l'exécution contre la personne, le droit prétorien introduit l'exécution contre la fortune, la *missio in possessionem*, protégée par un interdit prétorien. Gaj., III, 78. *Dig.*, XLIII, 4. Ensuite, la condition de l'*addictus* finit par ressembler à celle du *mancipium*, Gaj., III, 189, 199, de telle sorte qu'il est même défendu au créancier d'emprisonner son débiteur (*Cod.*, IX. 5, 1) et de forcer ses enfants à travailler pour éteindre les dettes de leur père (*Cod.*, IV, 10, 12). Cf. Walter, § 751-753.

§ 8. *Du jus testamentifactionis.*

La *testamentifactio* (¹) comprend deux droits : 1º celui de disposer de sa fortune par testament *(testamentifactio activa)* ; 2º celui d'hériter par testament *(testamentifactio passiva)*.

Le *jus testamentifactionis* n'appartient qu'aux individus *sui juris*, jouissant du *jus commercii* (²).

La loi des XII Tables accorde au *paterfamilias* le droit de disposition absolue sur sa fortune : « *Paterfamilias uti super familia pecuniaque sua legassit ita jus esto.* » Cic., *De inv.*, II, 50 (³).

Un testament, pour être valable, doit être fait avec les formalités, prescrites par la loi *(mentis nostraé justa contestatio sollemniter facta.* Ulp., XX, 1) (⁴).

I. Le droit civil reconnait trois formes de testament (⁵).

1º *Testamentum comitiis calatis factum*, à l'usage exclusif des patriciens. Après une enquête préalable du collége des Pontifes sur le sort, réservé aux *sacra* du testateur (⁶), celui-

---

(1) Walter, § 629-640. Rein, *Dr. c.*, 772-786. Lange, I, 163-168.

(2) Ulp., XX, 10, XXII, 1, 2. *Dig.*, XXVIII, 1, 3. « *Testamentifactio non privati, sed publici juris est.* »

(3) Cf. Ulp., XI, 14. Gaj., II, 224. Le droit de tester fut cependant limité plus tard par l'intervention du droit prétorien : la *bonorum possessio*. Voyez plus haut, p. 93. De même le droit d'hériter par testament fut restreint, par exemple, pour les femmes par la *lex Voconia*, 169 av. J.-Chr. (cf. Rudorff, *H. d. dr. r.*, I, § 24), pour les célibataires par la législation Julienne d'Auguste (voyez p. 68, nº 3) etc.

(4) Walter, § 633-636. Rein, *Dr. c.*, 786-796. Lange, I, 157-163. Dernburg, *Matériaux pour servir à l'histoire des testaments romains* (en all.). Bonn, 1821. Bang, *De tribus Romanorum testamentis antiquissimis.* Marbourg, 1832.

(5) Gaj., II, 101-108. Ulp., XX, 2. A. Gell., XV, 17, § 3 : « *Tria enim genera testamentorum fuisse accepimus : unum, quod calatis comitiis in populi contione fieret, alterum in procinctu, cum viri ad proelium faciendum in aciem vocabantur, tertium per familiae (e) mancipationem, cui aes et libra adhiberetur.* »

(6) Ce fait n'est, il est vrai, attesté nulle part d'une manière positive ; mais il a cependant pour lui toute vraisemblance : « *Sacra cum pecunia pontificum auctoritate, nulla lege, conjuncta sunt.* » Cic., *De leg.*, II, 21, § 52. Cf. Becker, II, 1, 369. Marquardt, IV, 238.

ci fait connaître ses dernières volontés, en présence du peuple des curies, qui sert de témoin (1). A cet effet les comices calates se réunissent deux fois par an.

2° *Testamentum in procinctu*, testament militaire.

Après la consultation des auspices par le général (2) et avant de commencer le combat (3), le soldat déclare ses dernières volontés, en prenant comme témoins ses camarades de guerre (4).

Ces deux modes de testament se perdirent déjà avant l'Empire. Gaj., II, 103.

3° *Testamentum per aes et libram* ou *per familiae emptionem* (5).

Anciennement ce mode consistait en ce que le testateur vendait *par mancipatio* sa fortune à son héritier *(familiae emptor)*, à condition que l'effet de la *mancipatio* ne ressortit qu'après la mort du testateur. La *mancipatio* pouvait être accompagnée de *nuncupatio*, c'est-à-dire, l'énoncé de certains mandats imposés à l'héritier, tels que l'exécution de legs particuliers, d'affranchissement d'esclaves etc. (6).

Plus tard, la *mancipatio* devient fictive, et la *nuncupatio* la partie essentielle. Le *familiae emptor* n'est plus l'héritier, mais un acheteur fictif. Dans la *mancipatio*, il prononce la formule suivante : « *Familia pecuniaque tua endo mandatelam, tutelam custodelamque meam, quo tu jure testamentum facere possis secundum legem publicam, hoc aere aeneaque libra, esto mihi empta.* » Gaj., II, 104.

---

(1) Le nom seul de *comitia calata* semble exclure le vote des curies, qui cependant est admis par Niebuhr, Rein et d'autres. Cf. Becker, l. l.

(2) La prise des auspices donnait en quelque sorte une consécration religieuse au testament. Cf. Cic., *d. nat. d.*, II, 3, § 9. *De div.*, I, 16, II, 36.

(3) « *In procinctu, id est, cum belli causa ad pugnam ibant : procinctus est enim expeditus et armatus exercitus.* » Gaj., II, 101. Cf. Fest., v. *procinctus*, p. 249 et Paul. Diac., v. *endo procinctu*, p. 77.

(4) Un exemple très-ancien de ce testament est mentionné par Plutarque, *Coriol.*, 9.

(5) Bachofen, *Histoire et dernière forme du testament par mancipation* (en all.) dans les *Ausgew. Lehren des roem. Civilrechts*. Bonn, 1848, p. 245.

(6) Gaj., II, 102-103.

La volonté du testateur est exprimée oralement ou par écrit : en ce dernier cas, après la *mancipatio*, le testateur prononce la formule suivante : « *Haec ita ut in his tabulis cerisque scripta sunt, ita do, ita lego, ita testor, itaque vos, quirites, testimonium mihi perhibetote* (GAJ., ib. Cf. ULP., XX, 2-9) ; après quoi les cinq témoins, le *libripens* et le *familiae emptor* signent l'écrit de leur cachet *(obsignatio)*.

II. Le droit prétorien est intervenu dans la *testamenti-factio*, en accordant la *bonorum possessio*, du moment qu'un testament écrit était pourvu du cachet de sept témoins [1]. *Testamentum jure praetorio factum (Coll. leg. mos., XVI, 3, 1).*

Sous l'Empire les formalités du *testamentum per aes et libram* furent simplifiées, et d'autres modes de testament furent introduits.

§ 9. *Du dominium sur les esclaves ou de la potestas dominica* [2].

Au nombre des *res mancipi* le droit romain range les esclaves, *servi*. En effet, juridiquement, l'esclave n'a pas de *caput* ; il n'est pas une personne, mais une chose. « *Quod attinet ad jus civile, servi pro nullis habentur.* » *Dig.*, L, 17, 32 [3].

Cependant la nature, plus impérieuse que le droit positif, ne souffre point l'assimilation complète de l'être humain à la chose. Aussi, la propriété sur les esclaves présentait-elle de

___

(1) CIC., *Verr.*, II, 1, 45. ULP., XXIII, 6, XXVIII, 6. GAJ., II, 119.— 122, 147-151.

(2) BECKER, II, 1, 53-65. MARQUARDT, V, 1, 139-202. LANGE, I, 168-170. WALTER, § 466-476. REIN, *Dr. c.*, 552-569. TROISFONTAINES, 213-234. W. BLAIR, *Recherches sur l'esclavage chez les Romains depuis la plus haute antiquité jusqu'à l'établissement des Lombards en Italie* (en angl.). Edimbourg, 1833. WALLON, *Histoire de l'esclavage dans l'antiquité.* Paris, 1847. 3 vol. ADAM. *De l'esclavage et de l'affranchissement chez les Romains* (en all.). Tubingen, 1866. G. BOISSIER, *Etudes de mœurs romaines sous l'empire. IV. L'esclave* (dans la *Revue des deux Mondes*, Paris, 1r déc. 1863, p. 513-542).

(3) « *Servile caput nullum jus habet.* » *Dig.*, IV, 5, 3, § 1. « *Servi... ne quidem omnino jure civili, neque jure praetorio, neque extra ordinem computantur.* » *Dig.*, XLVIII, 10, 7. Cf. IX, 2, 2, § 2, XXVIII, 1, 20, § 7.

fait des particularités qui la distinguaient de tout autre *dominium*, et ne s'appelait-elle pas seulement *dominium*, mais aussi *potestas* (¹), ou *dominica potestas*.

La condition du *servus* se dit *servitus*. D'après les juris-consultes romains de l'Empire, l'esclavage était une institu-tion, contraire au *jus naturale*, mais légitimée par le *jus gentium*. « *Servitus est constitutio juris gentium, qua quis do-minio alieno contra naturam subjicitur.* » *Dig.*, I, 5, 4, § 1 (²).

Sources de l'esclavage.

« *Servi aut nascuntur, aut fiunt. Nascuntur ex ancillis nos-tris ; fiunt aut jure gentium... aut jure civili.* » *Inst.*, I, 3, § 4. *Dig.*, I, 5, 5, § 1.

1° *Jure gentium*.

« *Jure gentium servi nostri sunt, qui ab hostibus capiuntur, aut qui ex ancillis nostris nascuntur.* » *Dig.*, ib. Sont par conséquent esclaves *jure gentium* :

a) Les prisonniers de guerre. Ils étaient vendus *sub co-*

---

(1) *Dig.*, L, 16, 215. GAJ., I. 54.

(2) Cf. *Inst.*, I, 3, § 2. GAJ., I, 52. — Cette doctrine n'est cependant pas antérieure à l'Empire. VARRON (*D. r. r.*, I, 17, § 1, où l'esclave est appelé un *instrumenti genus vocale* pour l'agriculture) et CICÉRON (*De rep.*, III, 25, *De off.*, I, 42, § 150. III, 23, § 39) suivaient encore l'opinion d'ARISTOTE (*Pol.*, I, 2, *Eth. Nic.*, VIII, 13), d'après lequel l'esclavage était de droit naturel ; et du temps de JUVÉNAL, l'on était encore à se demander, si l'esclave était bien un être humain, VI, 222 :

O demens, ita servus homo est?

C'est à l'influence de la philosophie stoïcienne d'abord et du christianisme ensuite qu'il faut attribuer la profonde modification de la doctrine romaine à cet égard. (Cf. LAFERRIÈRE, *Mémoire concernant l'influence du stoïcisme sur la doc-trine des jurisconsultes romains* dans les *Mémoires de l'acad. des sc. mor. et pol.* Paris, 1860, X, 579-685). Le philosophe SÉNÈQUE (*Epit.*, 95, § 52) avait déjà dit aux Romains : « *Membra sumus corporis magni. Natura nos cognatos edidit.* » Cf. *Epit.*, 47. Cette doctrine fut ensuite appliquée à l'esclave par les juriscon-sultes romains : « *Quod attinet ad jus naturale, omnes homines aequales sunt.* » *Dig.*, L, 17, 32. « Ἡ γὰρ φύσις πάντας ἐλευθέρους προτήγαγεν ».THEOPHIL.,I,3,2. C'est ce qui nous explique les adoucissements survenus sous l'Empire dans la condition juridique des esclaves. D'ailleurs de tout temps, le culte romain avait reconnu dans l'esclave la dignité humaine. « *Locum, in quo servus sepultus est, religiosum esse Aristo ait.* » *Dig.*, XI, 7, 2.

rona (voyez plus haut, p. 89) ou bien ils restaient *servi publici* de l'Etat. Polyb., X, 17. Liv., XXVI, 47.

b) Les enfants, nés d'une mère esclave (¹).

2° *Jure civili.*

L'esclavage en vertu du droit civil arrive dans tous les cas de *capitis deminutio maxima.* Ces cas seront exposés dans le chapitre qui traitera de la perte du droit de cité.

L'individu de condition servile s'appelle *servus* (²), par opposition à l'homme libre ; *mancipium* (³), pour marquer son état de dépendance absolue vis-à-vis de son propriétaire, son *herus* ou *dominus* ; *famulus, familiaris* (⁴), *puer*, pour indiquer sa condition domestique dans la famille du maître.

Les esclaves, nés dans la maison du maître, portent le nom spécial de *vernae* (⁵).

Légalement l'esclave n'a point de nom propre. Anciennement, quand le nombre d'esclaves était très-restreint, il était désigné par le nom de son maître ; il s'appelait *Marcipor (Marci puer), Lucipor* (Plin., XXXIII, 6 (1)), *Quintipor, Caipor* (Fest., p. 257ᴬ), *Publipor* (Quintil., *Inst. or.,* I, 4, § 26) etc. Plus tard, ils recevaient leur nom soit de leur pays natal, *Lydus, Syrus, Lesbius, Afer* etc. (Plaut. et Ter. passim), soit de leur état, *Tiro,* ou bien ils portaient certains noms éminemment serviles, *Davus, Dama* etc. (⁶).

---

(1) « *Lex naturae haec est, ut qui nascitur sine legitimo matrimonio, matrem sequatur, nisi lex specialis aliud inducit.* » *Dig.,* 1, 5, 24. Cf. Gaj., I, 82, 88, 89, 91. Ulp., V, 9, 10.

(2) Les anciens dérivaient *servus* de *servare.* « *Servi autem ex eo appellati sunt, quod imperatores captivos vendere jubent ac per hoc servare, nec occidere solent.* » *Inst.,* I, 3, § 3. *Dig.,* I, 5, 4 § 2. Sur les diverses étymologies des mots *servus* et *servire,* mises en avant par les modernes, voyez Creuzer, *Antiq. rom.,* p. 38, et Goettling, p. 132. Cf. Lange, I, 169.

(3) « *Mancipia vero dicta, quod ab hostibus manu capiantur.* » *Dig.,* I, 5, 4, § 3.

(4) Sénèq., *Epit.,* 47, § 14.

(5) Ce nom est fréquemment usité par les anciens, et se rencontre même souvent sur les inscriptions. Sur l'étymologie de ce mot d'après les anciens voyez Fest., s. v., p. 372, sur les essais modernes Becker, II, 1, 56, nᵒ 116. Cf. Lange, I, 169.

(6) Voyez Marquardt, V, 1, 21-22.

Les esclaves sont *privati*, la propriété d'un particulier, ou *publici*, appartenant à l'Etat.

L'ensemble des esclaves d'un particulier s'appelle *familia*. Celle-ci se compose des *vernae* (¹), des esclaves que le maître a acquis par succession ou par donation, et de ceux qu'il a achetés, *servi empticii* (²). Il y avait, en effet, à Rome, surtout vers la fin de la République, de véritables marchés d'esclaves. Ces marchés étaient alimentés ou bien par la guerre ou par le rapt d'hommes libres que les pirates organisaient parfois sur une large échelle, ou bien encore et surtout par le transport d'esclaves de toutes les provinces de l'Empire (³).

La *familia* du Romain riche, qui s'élevait parfois à des milliers d'esclaves, se subdivisait en *familia urbana* et *familia rustica* (⁴).

La *familia rustica* se composait des esclaves agriculteurs et pasteurs : à la tête se trouvait le *villicus* (⁵) ou l'*actor* (⁶); sous lui les *magistri singulorum officiorum* ou *operum magistri* (⁷), et sous ceux-ci les *aratores, vindemiatores, armentarii, arboratores, piscatores* etc. (⁸).

La *familia urbana*, mieux traitée que la précédente, comprenait d'abord le personnel domestique de la maison, l'*atriensis*, le *janitor*, les *servi a vinis, a veste*, les *cubicularii*,

---

(1) « *Vernas, ditis examen domus.* » Hor., *Epod.*, 2, 65. Cf. *Dig.*, V, 3, 27.

(2) Orelli, *Inscr.*, 2812.—Marquardt, V, 1, 174-176. Boeger, *De mancipiorum commercio apud Romanos.* Berlin, 1841.

(3) L'esclave, exposé en vente, était placé sur un échafaud, *catasta* (Tibull., II, 3, 60), et portait au cou un écriteau *(titulus)*, sur lequel le marchand *(mango)* inscrivait le pays natal, l'âge, les qualités et aussi les défauts de l'esclave : car, dans la vente d'esclaves, l'édit édilicien admettait des vices redhibitoires. « *In mancipiorum venditione fraus venditoris omnis excluditur. Qui enim scire debuit de sanitate, de fuga, de furtis, praestat edicto aedilium. Heredum alia causa est.* » Cic., *De off.*, III, 17, § 71. Cf. *Dig.*, XXI, 1, 1. A. Gell., IV, 2. Voyez avec quel art Horace décrit l'offre de vente d'un esclave, faite par un *mango*. *Epit.*, II, 2, v. 2-15.

(4) Cf. *Dig.*, XXXII, 1, 99.

(5) Orelli, *Inscr.*, 2857 et 6275. Colum., I, pr. § 12.

(6) *Dig.*, XI, 3, 1, § 5, XXVI, 7, 39, § 18.

(7) Colum., I, 8, § 11 et 17.

(8) Marquardt, V, 1, 144-146.

coqui, triclinarii, pedissequi, lecticarii etc., ensuite des esclaves instruits qui exerçaient dans la maison du maître la
profession de secrétaire *(amanuensis)*, de *lectores*, d'institu-
teurs *(litterati, paedagogi)*, de *medici, musicarii* etc. (¹).

L'usage, très-répandu chez les Grecs, de faire apprendre
à des esclaves bien doués des métiers ou des professions libé-
rales pour louer ensuite leurs services, trouva aussi des imi-
tateurs à Rome (²).

Condition juridique de l'esclave.

La personnalité de l'esclave n'étant point reconnue par la
loi romaine, l'esclave n'est protégé ni par le droit civil, ni
par le *jus gentium*: Partant le maître en dispose, selon ses
caprices, comme de toute autre propriété ; il a le droit de le
vendre (³), de le maltraiter, de le tuer. " *Dominis in servos
vitae necisque potestatem esse.* " GAJ., I, 52 (⁴). Le supplice
habituel était la croix. " *Crux, arbor infelix, servile suppli-
cium* (⁵). "

La loi ne reconnaît point de *matrimonium* entre esclaves, pas même entre esclaves et libres. " *Inter servos et liberos matrimonium contrahi non potest, contubernium potest.* "
PAULL., II, 19, § 6. Pour vivre en *contubernium* (⁶), il faut
aux esclaves l'autorisation du maître (⁷); les enfants des *contubernales* sont la propriété du maître de la mère (⁸); la parenté entre esclaves n'est pas reconnue par la loi. " *Ad leges
serviles cognationes non pertinent.* " *Dig.*, XXXVIII, 10, 10,
§ 5 (⁹).

L'esclave est incapable de posséder. " *Quodcumque per*

(1) MARQUARDT, V, 1, 147-158.
(2) Cf. PLUTARQ., *Cat. maj.*, 20. CIC., *p. Rosc. com.*, 10, 11. JUVÉN., VI,
352. *Dig.*, XXXIII, 7, 19, § 1.
(3) PLUTARQ., *Cat. maj.*, 8. CAT., *D. r. r.*, 2. A. GELL., VI (VII), 4.
(4) Cf. DENYS, VII, 69. PLUTARQ., *Cat. maj.*, 21.
(5) Cf. MARQUARDT, V, 1, 192-195.
(6) ROST, *De nuptiis servorum* dans ses *Opusc. plaut.* Leipzig, 1836, p. 64.
(7) COLUM., I, 8, § 5. VARR., *D. r. r.*, I, 17, § 5.
(8) DENYS, XI, 29. COLUM., I, 8, § 19.
(9) Cf. ib., 8, 1, § 2. *Cod.*, IX, 9, 23. — De là aussi : " *Servi ob violatum
contubernium suum adulterii accusare non possunt.* " *Dig.*, XLVIII, 5, 6.

servum adquiritur, id domino adquiri. » GAJ., I, 52 (1). Cependant le maitre peut lui donner ou permettre d'acquérir un *peculium* (2), sur lequel l'esclave n'exerce qu'un droit précaire d'administration et d'usufruit; le maître en est le seul propriétaire (3).

L'esclave ne peut hériter du maître que dans le cas où celui-ci lui accorde en même temps la liberté par testament; alors il est *heres necessarius.* » *Necessarius heres est servus cum libertate heres institutus; ideo sic appellatus, quia, sive velit sive nolit, omnimodo post mortem testatoris protinus liber et heres est.* » GAJ., II, 153.

Les stipulations, faites par un esclave, obligent-elles le maître?

Il faut distinguer. » *Si jussu domini negotium gestum erit* », le contrat oblige le maître (4). Si tel n'est pas le cas, les avantages qui proviennent des stipulations de l'esclave, sont au bénéfice du maître (5); s'il en résulte des pertes, celui-ci n'est pas tenu de les subir.

Le maître est responsable du dommage causé à une tierce personne par les *delicta* de l'esclave. Il peut lui livrer l'esclave en réparation du dommage (*noxae dedere)* (6).

Par contre, le maître a droit à exiger la réparation du dommage, que son esclave subit d'une tierce personne (7).

---

(1) Cf. ib., II, 86-89, 91-95.

(2) Cf. *Dig.*, XV, 1, 5, § 4; 1, 8 et 39. XLI, 1, 37, § I. — Les maîtres avaient même l'habitude de promettre la liberté à l'esclave contre un pécule déterminé que celui-ci amassait par son travail, sa parcimonie, même *ventre fraudato,* comme le dit SÉNÈQUE, *Epit.* 80. Cf. PLAUT., *Rud.,* IV,2, 22. *Casin.,* II, 5, 7. VERG., *Eclog.,* I, 33. TAC., *Ann.,* XIV, 42.

(3) » *Servorum peculia in bonis dominorum numerantur.* » *Inst.,* II, 12. Le droit prétorien reconnait cependant, jusqu'à un certain point, à l'esclave le droit d'engager son pécule. Cf. WALTER, § 471.

(4) GAJ., IV, 70. *Dig.,* XV, 4, 1. *Inst.,* IV, 7, 1.

(5) *Inst.,* III, 17, § 1.

(6) GAJ., IV, 75-78. *Dig.,* IX, 4, 12. XLVII, 10, 17, § 4. *Inst.,* IV, 8.

(7) GAJ., III, 210, 217, 222-223. *Dig.,* XLVII, 15, § 34-35. En cas de meurtre de l'esclave, le maître peut même intenter au meurtrier une action criminelle : » *Capitali crimine reum facere.* » GAJ., III, 213. — Cependant ce qui

Le maître est le juge des délits de l'esclave (¹). Cependant si l'esclave commet un crime contre un tiers, ou attente à la vie du maître, il est poursuivi devant les tribunaux. L'exécution de la peine capitale est parfois confiée au maître (²).

En cas d'assassinat du maître dans sa maison, il était de coutume de condamner à mort tous les esclaves qui, au moment du meurtre, s'étaient trouvés dans la maison : *qui sub eodem tecto fuerunt.* Cette coutume devint obligatoire par le *senatusconsultum Silanianum.* 10 ans apr. J.-Chr. (³).

L'esclave ne peut être *témoin* (*testis*) en justice (⁴). Ses déclarations ne sont censées avoir de valeur que si elles ont été faites sous l'empire de la douleur : *quaestionem habere de servis* (⁵).

Il n'est qu'exceptionnellement permis de mettre l'esclave à la torture pour lui arracher des aveux défavorables à son maître *(in caput domini)* (⁶).

Le droit de porter une accusation criminelle contre le maître ne fut accordé à l'esclave que sous l'Empire et seule-

---

était une *injuria* à l'égard d'un homme libre, n'était pas toujours considéré comme tel à l'égard d'un esclave, par exemple, « *si qui servo convicium fecerit, vel pugno eum percusserit.* » GAJ., III, 222. *Dig.*, XLVII, 10, 15, § 44. *Inst.*, IV, 4, § 3.

(1) CAT., *D. r. r.*, 5. DENYS, VII, 69. PLUTARQ., *Cat. maj.*, 21.

(2) PLUTARQ., l. l. *Mon. Ancyr.*, *tab.* II a dextr. l. 1, 2, 3. — La juridiction criminelle sur l'esclave fut réglée par un sénatusconsulte en 19 apr. J. Chr. *Dig.*, XLVIII, 2, 12. § 3-4. Cf. WALTER, § 818.

(3) PAULL., III, 5. *Dig.*, XXIX, 5. La rigueur de la punition fut encore augmentée par d'autres sénatusconsultes et appliquée par exemple aux *testamento manumissi*. TAC., *Ann.*, XIII, 32. Un exemple se trouve chez TAC., *Ann.*, XIV, 42 et 45. Le fait que cette coutume date de plus haut que de l'Empire est prouvé par CIC., *Ad div.*, IV, 12, et TAC., l. l., 42, qui dit : *vetere ex more.*

(4) Cf. TAC., *Ann.*, II, 28. *Dig.*, XXII, 5. *Cod.*, IV, 20. RUDORFF, *H. d. dr. r.*, 11, § 76, n° 21.

(5) CIC., *Orat. partit.*, 34, *p. Sull.*, 28., *p. Rosc. Am.*, 41-42, *p. Cluent.*, 63. *Dig.*, XLVII, 10, 15, § 41 : « *Quaestionem intelligere debemus tormenta et corporis dolorem ad eruendam veritatem.* » Cf. WALTER, § 851. RUDORFF, *H. d. dr. r.*, II, § 133.

(6) CIC., *Orat. partit.*, 34, *p. r. Dej.*, 1. TAC., *Ann.*, II, 30, III, 67. PAULL., V, 16, § 5-9. *Dig.*, XLVIII, 18, 1, § 7-16.

ment pour les crimes de lèse-majesté, de faux-monnayage et de suppression de testament (¹).

L'histoire nous apprend que le traitement, infligé aux esclaves par leurs maîtres, fut bien différent aux diverses époques.

Dans les temps anciens et durant la plus grande partie de la République, alors que les particuliers possédaient un nombre relativement restreint d'esclaves, ceux-ci étaient en général traités avec beaucoup d'humanité. Ils aidaient leur maître dans ses travaux agricoles et domestiques et prenaient part aux repas de la famille ; leurs enfants n'étaient pas rarement les camarades des enfants du maître (²).

Mais aux derniers siècles de la République et sous l'Empire, quand l'affluence des richesses et les exigences toujours croissantes d'un luxe sans bornes furent causes qu'un seul citoyen possédait parfois des milliers d'esclaves (³), ceux-ci étaient ordinairement exposés à toutes les brutalités du maître qui ne voyait dans l'esclave qu'un moyen d'augmenter sa fortune, et qui lui infligeait les plus cruelles punitions pour les moindres fautes (⁴).

Jusqu'à l'Empire la *potestas dominica* fut sans restriction légale aucune.

La religion cependant accordait aux esclaves une certaine protection : aux *Saturnalia* ils jouissaient d'une liberté relative, et assistaient aux repas du maître (⁵).

(1) Paull.. V, 13, § 3. *Dig.*, XLVIII, 4, 7, § 2 ; 10, 7 ; 18, 1. § 16 ; V, 1, 53. Cf. Walter, § 854.

(2) Plutarq., *Coriol.*, 24. *Cat. maj.*, 3, 20, 21. Macrob., *Saturn.*, I, 7, 10, 11. Plin., XXXIII, 6 (1). Sénèq., *Epist.*, 47.

(3) Cf. Tac., *Ann.*, III, 53, XIV, 43, 44. Sénèq., *De tranq. an.*, 8. Plin., XXXIII, 47 (10). Athénée, VI, p. 272, affirme que l'on possédait jusqu'à 10000, 20000 esclaves et au delà.

(4) Voyez des exemples des raffinements de cruauté des maîtres romains chez Suet., *Cal.*, 32. Cic., *p. Cluent.*, 66. App., *B. c.*, III, 98. Galen., *De plac. Hippocr. et Plat.*, VI, s. f. — Bien connu est le fait suivant : « *Fregerat unus ex servis ejus crystallinum. Rapi eum Vedius jussit, nec vulgari periturum morte ; muraenis objici jubebatur, quas ingens piscina continebat.* » Sénèq., De ira, III, 40. Cf. Dion Cass., LIV, 23. Plin., IX, 39 (23).

(5) Macrob., *Saturn.*, I, 7, 10, 11. Cf. Denys, IV, 14. Cat., *D. r. r.*, 57 (58). — Marquardt, IV, 462. Cf. ib., 163.

Il arrivait aussi que le censeur punissait par une *nota censoria* les cruautés excessives du maître (¹).

Mais, dès le commencement de l'Empire, une série de dispositions législatives mit des bornes légales au pouvoir arbitraire du maître.

Par une *lex Petronia* (²) complétée par des sénatusconsultes subséquents " *dominis potestas ablata est, ad bestias depugnandas suo arbitrios servos tradere; oblato tamen judici servo, si justa sit domini querela, sic poenae tradetur.* " *Dig.*, XLVIII, 8, 11, § 2.

L'empereur Adrien "*servos a dominis occidi vetuit eosque jussit damnari per judices si digni essent.* " SPARTIEN, *Hadr.* 18.

Antonin le Pieux " *consultus de his servis, qui ad fana deorum vel ad statuas principum confugiunt, praecepit, ut si intolerabilis videatur dominorum saevitia, cogantur servos suos vendere.* " GAJ., I, 53 (³).

Le *jus vitae necisque*, auquel des restrictions avaient été déjà portées par Claude (SUET., *Claud.*, 25), par Adrien (SPART., *Hadr.*, 18), par Antonin le Pieux (GAJ., I, 53) etc., fut définitivement enlevé par Constantin qui assimila le meurtre d'un esclave à tout autre homicide (*Cod.*, IX, 14, 1).

Le même empereur défendit, dans la vente d'une *familia* d'esclave, de séparer les enfants de leurs parents, les frères des sœurs, l'époux de l'épouse etc. (*Cod.*, III, 38, 11. Cf. *Dig.* XXI, 1, 35).

Mais le Christianisme exerça sur les mœurs une action plus puissante que les décrets impériaux ; c'est grâce à son enseignement que le fléau de l'esclavage fut adouci et graduellement aboli dans l'Occident (⁴).

(1) DENYS, XX, 3, fragm. Mai, nov. coll., II, p. 523.

(2) C'est une loi du premier siècle de l'Empire, mais la date exacte est incertaine. D'après les uns (LANGE, I, 176), cette loi ne fut portée que sous Néron, 61 apr. J.-Chr. ; d'après d'autres (BECKER, WALTER etc.), elle le fut sous Tibère ou peut être déjà sous Auguste. Cf. REIN, *Dr. c.*, 561. n° 3.

(3) Cf. *Dig.*, I, 6, 2 ; 12, 1, § 1 et 18.

(4) TROPLONG, *Sur l'influence du christianisme dans le droit civil des Romains.* Louvain, 1844, p. 68-78. N. J. LAFORET, *Etudes sur la civilisation européenne onsidérée dans ses rapports avec le christianisme.* Bruxelles, 1851, p. 171-195.

Les *servi publici* ou *populi Romani* (¹) sont la propriété de l'Etat. Ils sont au service des magistrats, surtout de ceux qui sont chargés de la police, tels que les censeurs (Liv., XLIII, 16), les édiles (A. Gell., XIII, 13), ou bien au service dés temples (²), *servi fanorum* (Varr., *De l. l.*, VIII, 41) ou *deorum* (³) ou encore des colléges de prêtres (⁴).

La condition des *servi publici* est meilleure que celle des *privati*. L'Etat leur permet toujours de s'acquérir un pécule, et sous l'Empire ils peuvent en disposer par testament *pro parte dimidia*. Ulp., XX, 16.

§ 10. *Du jus manumissionis* (⁵).

L'esclavage cesse naturellement ou civilement.

Il cesse naturellement par la mort de l'esclave, mais non par celle du maître.

Il cesse civilement par affranchissement, à l'exception d'un seul cas, où l'esclave, sans affranchissement, redevient libre *ex jure gentium;* cette exception s'applique au prisonnier de guerre qui parvient à rentrer sur le sol natal. *Jus postliminii* (⁶).

L'acte d'affranchir se dit *manumittere*, l'affranchissement, *manumissio* (⁷), celui qui affranchit, *manumissor*, l'affranchi, *manumissus, libertus, libertinus*.

---

(1) Becker, II, 2, 383-384. Lange, I, 775. Gessner, *De servis Romanorum publicis.* Berlin, 1844.

(2) Marquardt, IV, 173-174.

(3) Par exemple les *servi Venerii* ou d'un temple de Vénus (Cic., *Div. in Caec.*, 17), *Martiales* (Cic., *p. Cluent.*, 15) etc.

(4) Ils sont fréquemment mentionnés dans les Inscriptions. Cf. Marquardt, IV, 174.

(5) Becker, II, 1, 65-89. Lange, I, 172-178. Walter, §§ 477, 480-487. Rein, *Dr. c.*, 569-583. Troisfontaines, I, 235-246.

(6) Nous parlerons de cette fiction juridique au chapitre IV, qui traitera de la *cupitis deminutio*.

(7) « *Est autem manumissio de manu missio, id est datio libertatis; nam quamdiu quis in servitute est, manui et potestati suppositus est; manumissus liberatur potestate.* » Ulp., *Dig.*, I, 1, 4.

Le droit romain distingue entre la *justa ac legitima manumissio* et la *manumissio minus justa* (¹). Ces deux espèces d'affranchissement diffèrent par les formalités qui les accompagnent et surtout par leurs effets juridiques.

I. *Manumissio justa.*

Elle se fait de trois manières : *vindicta, censu, testamento* (²).

1o *Manumissio vindicta* (³). Elle consiste dans l'emploi fictif de la *vindicatio*, combinée avec l'*in jure cessio*. Elle requiert la présence d'un magistrat, *apud quem legis actio est* (⁴), du *manumissor*, du *manumittendus*, et d'un tiers, citoyen romain, qui s'appelle *assertor in libertatem* (⁵). Elle se compose de trois actes :

a) La *vindicatio* de la liberté de l'esclave par l'*assertor* : Hunc ego hominem liberum esse ajo secundum suam causam ; sicut dixi, ecce tibi vindictam imposui. Cf. Gaj., IV, 16 (⁶).

(1) Dosith., *De manum.*, 5. Tac., *Ann.*, XIII, 27, et sur ce passage Rein, *Dr. c.*, 559, ne 1.

(2) Cic., *Top.*, 2. « *Si neque censu nec vindicta nec testamento liber factus est, non est liber.* » Boeth., Ad h. l. Plaut., *Casin.*, II, 8, 68. Gaj., I, 17. Ulp., I, 6-9. Dosith., *De manum.*, 5. Theophil., I, 5, § 4.

(3) Unterholzner, *Des formalités de la manumissio per vindictam* etc. (en all.) dans le *Zeitschr. f. geschichtl. Rechtsw.* Berlin, 1816. T. II, p. 189, suiv.

(4) *Dig.*, I, 7, 4. A Rome c'étaient le consul, le dictateur, l'interroi, surtout et ordinairement le préteur (Liv., XLI, 9), hors de Rome les gouverneurs de province (Plin., *Epit.*, VII, 16) ou les magistrats municipaux, « *si habeant legis actionem.* » Paull., II, 25, § 4. — Le passage cité de Tite-Live qui d'ailleurs a donné lieu à de nombreuses discussions et controverses (cf. Rein, *Dr. c.*, 570, 2, Lange, II, 256) mentionne aussi les censeurs ; mais cela ne peut s'appliquer qu'à la *manumissio censu.*

(5) Fest., v. *sertor*, p. 340. Cf. Rudorff, *H. d. dr. r.*, II, § 17. — Dans le principe le maître prenait pour *assertor* un ami, plus tard il se servait ordinairement d'un licteur du magistrat. Pers., V, 175. Boeth., *Ad* Cic. *top.*, 2.

(6) Nous avons donné l'étymologie du mot *vindicta*, p. 91, ne 1. Ce mot a ici le même sens ; car cet affranchissement n'est qu'une application de la *vindicatio.* C'est donc une erreur de dériver ce mot de *Vindicius*, qui aurait été le nom du premier esclave affranchi par ce mode (cf. Liv., II, 5. Plutarq., *Poplic.*, 7). Boeth., *ad* Cic. *Top.*, 2, donne du mot *vindicta* une définition trop restreinte quand il dit : « *Vindicta vero est virgula quaedam, quam lictor manumittendi servi*

— 115 —

b) L'*in jure cessio*, par le maître. Pour prouver qu'il ne contrerevendique point, « *dominus aut caput servi, aut aliud membrum tenens dicebat :* HUNC HOMINEM LIBERUM ESSE VOLO, *et* (en le faisant tourner sur lui-même (¹)), *emittebat eum e manu.* » PAUL. DIAC., v. *manumitti*, p. 159.

c) L'adjudication de la liberté à l'esclave par le magistrat : *praetor addicit libertatem* (²).

Après cela, le maître et les assistants félicitent l'affranchi : « *Cum tu liber es, gaudeo* (³). »

Sous l'Empire ces formalités sont peu à peu simplifiées de sorte qu'à la fin le magistrat adjuge la liberté, même *in transitu*, sur une simple déclaration du maître (⁴).

2° *Manumissio censu.*

Ce mode consiste en ce que le maître, au moment du recensement, fait inscrire l'esclave par le censeur sur la liste des citoyens (⁵).

Du temps d'Ulpien ce mode n'était plus en usage. ULP., I, 8.

3° *Manumissio testamento* (⁶).

capiti imponens eundem servum in libertatem vindicabat, dicens quaedam verba solennia, atque ideo illa virgula vindicta vocabatur. » — Cette imposition de la *festuca* se fit plus tard sous forme de soufflet, *alapa*, donné par l'*assertor*, et non pas, comme quelques textes anciens le prétendent erronnément, par le maître ou le préteur. Cf. BECKER, II, 1, 67, ne 140. REIN, *Dr. c.*, 571, ne 2.

(1) PERS., V, 75 : « *Una quiritem vertigo facit.* » APP., *B. c.*, IV, 135 : τῆς δεξιᾶς λαβόμενος, καὶ περιστρέψας αὐτόν, ὡς ἔθος ἐστὶ Ῥωμαίοις ἐλευθεροῦν.

(2) CIC., *ad Att.*, VII, 2, § 8. VARR., *De l. l.*, VI, 4.

(3) PLAUT., *Menaechm.*, V, 7, 42 ; 9, 87 etc.

(4) Cf. GAJ., I, 20. *Dig.*, XL, 2, 7, 8, 17, 23. — La *manumissio adoptione*, dont l'existence a été déduite de A. GELL., V, 19, § 11-14 (cf. *Inst.*, I, 11, § 12) et la *manumissio sacrorum causa* qui n'est mentionnée que par FEST. (v. *manumitti*, p. 158, et v. *puri*, p. 250), si tant est que ces données soient exactes, ne peuvent avoir été que des affranchissements *per vindictam*, accompagnés de certaines formalités. Cf. BECKER, II, 1, 87-88. REIN, *Dr. c.*, 573, ne 2 et 581.

(5) L'effet était-il immédiat dans ce mode, ou suivait-il seulement après la fin du recensement ? C'était déjà parmi les anciens un point de controverse. CIC., *De orat.*, 1, 40. DOSITH., *De manum.*, 19.

(6) BODEMEYER, *De manumissione testamentaria atque de fideicommisso libertatis.* Goettingen, 1852.

Elle peut avoir lieu *verbis directis et imperativis* ou *verbis precativis, per fidei commissum.*

« *Libertas et directo* (¹) *potest dari hoc modo* LIBER ESTO, LIBER SIT, LIBERUM ESSE JUBEO, *et per fidei commissum* (²), *ut puta* ROGO, FIDEI COMMITTO HEREDIS MEI, UT STICHUM SERVUM MANUMITTAT. » ULP., II, 7.

La condition des affranchis diffère considérablement d'après ces deux modes : « *Is, qui directo liber esse jussus est, orcinus fit libertus; is autem, cui per fidei commissum data est libertas, non testatoris, sed manumissoris fit libertus.* » ULP., II, 8. *« Libertus heredis ».*

Le maître peut poser aussi des conditions à l'affranchissement par testament (³) : jusqu'au moment de l'exécution de la condition imposée, l'esclave est *statu liber* (⁴). — *Libertus futurus* (⁵).

Constantin, en 316 apr. J.-Chr., introduit la *manumissio*

---

(1) *Directa libertas.* DIG., XL, 4, 35. Cf. ib., 4, 11, § 2. GAJ., II, 267. Nous avons déjà parlé du *necessarius haeres*, p. 109.

(2) *Libertas fideicommissa. Dig.;* XL, 4, 11. PAULL., IV, 13, 2. GAJ., II, 263-266. Sous l'Empire plusieurs sénatusconsultes furent portés dans le but d'obliger l'héritier d'exécuter le fidéicommis du testateur. REIN, *Dr. c.*, 576-578. L'héritier doit affranchir l'esclave par un mode solennel. Dans le premier cas l'esclave est affranchi en vertu du testament même.

(3) ULP., II, 4. « *Sub hac conditione liber esse jussus* : SI DECEM MILIA HEREDI DEDERIT, *etsi ab herede abalienatus sit, emptori dando pecuniam ad libertatem perveniet ; idque lex duodecim tabularum jubet.* » Quand une telle condition est posée, l'héritier ne peut enlever son pécule à l'esclave. *Dig.*, XL, 7, 3, § 2. Mais les conditions peuvent être de nature très diverse, par exemple : « THAIS, ANCILLA MEA, QUUM HEREDI MEO SERVIERIT ANNOS DECEM, VOLO SIT MEA LIBERTA. » *Dig.*, XL, 5, 41. — « *Si per heredem factum sit, quominus statu liber condicioni pareat, proinde fit liber, atque si condicio expleta fuisset.* » ULP., II, 5. FEST., v. *statuliber*, p. 314.

(4) ULP., II, 1. GAJ., II, 200. *Dig.*, XL, 7. FEST., l. l. — VAN DER BRUGGHEN, *Ad tit. Pandect. de statu liberis.* Leiden, 1826. MADAI, *Les statu liberi en droit romain* (en all.). Halle, 1834. Sur le terme de *statu liber*, cf. REIN, *Dr. c.*, 578, n° 3.

(5) Ce terme ne se rencontre que sur des inscriptions (ORELL., 2980, 5006). L'on ne sait trop s'il faut l'appliquer à l'esclave qui doit être affranchi par l'héritier, ou bien au *statu liber.* Cf. BECKER, II, 1, 72, n°s 160, 161. REIN, *Dr. c.*, 576, n° 1.

in sacrosanctis ecclesiis. Elle se fait par une déclaration du maître, dont acte authentique est dressé, en présence de l'évêque et des fidèles assemblés. *Cod.*, I, 13.

II. *Manumissio minus justa.*

« Φυσικοὶ δὲ τρόποι ἐλευθερίας ἦσαν τρεῖς, *inter amicos, per mensam, per epistolam.* καὶ *inter amicos* μὲν ἡνίκα φίλων παρόντων ἠλευθέρουν τινὰ *per mensam* ὅτε συνεστιαθῆναι ἐπὶ ἐλευθερίας δόσει προςέταττον τῷ οἰκέτῃ. *per epistolam* ἡνίκα ὄντι αὐτῷ ἐν ἑτέρᾳ χώρᾳ δι' ἐπιστολῆς ἐπέτρεπον διάγειν ἐν ἐλευθερίᾳ ». THEOPHIL., I, 5, § 4.

L'affranchissement de *servi publici* a lieu par un magistrat sur l'ordre d'un sénatusconsulte (1).

III. Une première restriction au *jus manumissicnis* fut portée en 357 av. J.-Chr. par la *lex Manlia de vicesima eorum, qui manu mitterentur* (LIV., VII, 16. Cf. ib., XXVII, 10). *Aurum vicesimarium* (2).

Pendant longtemps l'affranchissement fut une récompense des services rendus et de l'honnêteté de l'esclave. Mais vers la fin de la République il devint cause des plus graves abus, dont DENYS (IV, 24) peint un triste tableau :

« εἰς τοσαύτην σύγχυσιν ἥκει τὰ πράγματά, καὶ τὰ καλὰ τῆς Ῥωμαίων πόλεως οὕτως ἄτιμα καὶ ῥυπαρὰ γέγονεν, ὥσθ' οἱ μὲν ἀπὸ λῃστείας καὶ τοιχωρυχίας καὶ πορνείας καὶ παντὸς ἄλλου πονηροῦ πόρου χρηματισάμενοι, τούτων ὠνοῦνται τῶν χρημάτων τὴν ἐλευθερίαν, καὶ εὐθύς εἰσι Ῥωμαῖοι · οἱ δὲ συνίστορες καὶ συνεργοὶ τοῖς δεσπόταις γενόμενοι φαρμακειῶν καὶ ἀνδροφονιῶν καὶ τῶν εἰς θεοὺς ἢ τὸ κοινὸν ἀδικημάτων, ταύτας φέρονται παρ' αὐτῶν τὰς χάριτας · οἱ δ' ἵνα τὸν δημοσίᾳ διδόμενον σῖτον λαμβάνοντες κατὰ μῆνα καὶ εἴ τις ἄλλη παρὰ τῶν ἡγουμένων γίγνοιτο τοῖς ἀπόροις τῶν πολιτῶν φιλανθρωπία φέρωσι τοῖς δεδωκόσι τὴν ἐλευθερίαν · οἱ δὲ διὰ κουφότητα τῶν δεσποτῶν καὶ κενὴν δοξοκοπίαν · ἔγωγ' οὖν ἐπίσταμαί τινας

---

(1) VARR., *D. l. l.*, VIII, 41. LIV., IV, 45, XXII, 3, XXIV, 14 etc. Il arrivait aussi que l'Etat rachetait au maître un esclave qui avait rendu des services publics, pour l'affranchir. LIV., XXVI, 27. Pendant la seconde guerre punique, après le désastre de Cannes, il se passa un fait particulier : l'Etat arma 8000 esclaves, *Volonés* (LIV., XXII, 57, PAUL. DIAC., p. 370), et, peu après, comme récompense de leur courage, accorda la liberté à un grand nombre d'entre eux (LIV., XXIV, 14, 16). Obtinrent-ils aussi le droit de cité ? Là-dessus nous ne sommes guère renseignés. Voyez BECKER, II, 1, 77, n° 177.

(2) LANGE, II, 24-25. RUDORFF, *H. d. dr. r.*, I, § 26.

ἅπασι τοῖς δούλοις συγκεχωρηκότας εἶναι ἐλευθέροις μετὰ τὰς ἑαυτῶν τελευτάς, ἵνα χρηστοὶ καλῶνται νεκροί, καὶ πολλοὶ ταῖς κλίναις αὐτῶν ἐκκομιζομέναις παρακολου-θῶσι τοὺς πίλους ἔχοντες ἐπὶ ταῖς κεφαλαῖς · κ. τ. λ.

Aussi Auguste se crut-il obligé de mettre un frein à ces abus (1). A cet effet il fit porter deux lois (2) :

1° La *lex Aelia Sentia* (4 apr. J.-Chr.), qui comprenait trois clauses principales :

a) « *Minori XX annorum domino non aliter manumittere permittitur, quam si vindicta apud consilium* (3) *justa causa* (4) *manumissionis adprobata manumiserit.* » GAJ., I, 38 (5).

b) « *Ea lex* [Aelia Sentia] *minores XXX annorum servos non aliter voluit manumissos cives Romanos fieri, quam si vindicta, apud consilium justa causa manumissionis adprobata, liberati fuerint.* » GAJ., I, 18. Cf. ULP., I, 12.

c) Lege Aelia Sentia cavetur, ut qui servi a dominis poenae nomine vincti sint, quibusve stigmata inscripta sint, deve quibus ob noxam quaestio tormentis habita sit, et in ea noxa fuisse convicti sint, quique ut ferro aut cum bestiis depugnarent, traditi sint, inve ludum custodiamve conjecti fuerint, et postea vel ab eodem domino, vel ab alio manumissi, ejusdem condicionis liberi fiant, cujus condicionis sunt peregrini dediticii. » GAJ., I, 13 (6).

2° La *lex Furia Caninia* (8 apr. J.-Chr.). Elle limite le nombre des esclaves qu'un maître peut affranchir par testa-

---

(1) SUET., *Aug.*, 40. DION CASS., LV, 13.

(2) LANGE, II, 677. RUDORFF, *H. d. dr. r.*, I, § 26.

(3) « *In consilio autem adhibentur Romae V senatores et V equites Romani ; in provinciis XX recuperatores, cives Romani.* » ULP., 1. 13ᴬ. Cf. GAJ., I, 20.

(4) « *Justa autem causa manumissionis est veluti si quis... paedagogum, aut servum procuratoris habendi gratia, aut ancillam matrimonii causa, apud consilium manumittat.* » GAJ., I, 19. Cf. ib., 39.

(5) Cf. ULP., I, 13. DOSITH., *De manum.*, 13.

(6) Cf. ULP., I, 11. PAUL., IV, 12, § 3-8. — Ils ne peuvent devenir jamais ni citoyens, ni même latins. GAJ., I, 15, 26. SUET., *Aug.*, 40. Il leur est défendu de séjourner à Rome ou dans un rayon de cent milles autour de la ville (*intra centesimum urbis Romae miliarium*), sous peine d'être revendus comme esclaves par l'Etat. GAJ., I, 27. Leurs enfants sont réputés pérégrins, nés libres.

ment : celui qui possède de 3 à 10 esclaves, a le droit d'en affranchir la moitié, de 11 à 30 le tiers, de 31 à 100 le quart, de 101 à 500 le cinquième; et si le nombre est supérieur, le *maximum* que le maître puisse affranchir, est de 100. La loi portait cependant que dans chaque catégorie supérieure de cette échelle le maître pouvait en affranchir au moins autant que le *maximum* de la catégorie inférieure (¹).

Justinien abolit les restrictions de la *lex Furia Caninia* *(Cod.*, VII, 3) et, en grande partie, celles de la *lex Aelia Sentia (Inst.*, I, 5, § 3; 6, § 7).

IV. Affranchissements *ipso jure.*

Sous l'Empire la liberté est accordée à l'esclave, sans ou contre la volonté du maître, en certains cas dont les principaux sont les suivants :

1° D'après le *senatusconsultum Silananium* sous Auguste , *« qui ob necem detectam domini praemium libertatis consequitur, fit orcinus libertus. »* *Dig.*, XL, 8, 5. Cf. *Cod.*, VII, 13, 1.

2° L'empereur Claude *« quum quidam aegra et adfecta mancipia in insulam Aesculapii taedio medendi exponerent, omnes qui exponerentur liberos esse sanxit, nec redire in dicionem domini, si convaluissent. »* SUET., *Claud.*, 25 (²).

3° L'esclave qui dénonce et fait condamner certains criminels, comme un faux-monnayeur, l'auteur du rapt d'une jeune fille, un déserteur etc., obtient la liberté *(Cod.*, VII, 13, 2-4).

—La condition civile et politique des affranchis, tant par *manumissio justa* que par *manumissio minus justa,* sera traitée plus loin.

<hr>

(1) GAJ., I, 42-46. ULP., I, 24-25. PAULL., IV, 14. GAJ., *Epit.*, I, 2, § 2-4.

(2) Cf. DION CASS., LX, 29. *Dig.*, XL, 8, 2. *Cod.*, VII, 6, 1, § 3.

2° DIVISION. — DES JURA PUBLICA.

Les *jura publica* sont de deux catégories : les uns sont des droits proprement dits ; les autres sont des droits et des charges à la fois.

A la première catégorie appartiennent :

1° Les droits qui protégent la liberté du citoyen.

a) Le *jus provocationis* ou le droit d'en appeler aux comices centuriates des sentences capitales, prononcées par le magistrat. Les Romains l'appelaient : *unicum praesidium libertatis* (LIV., III, 55), *patronam civitatis ac vindicem libertatis* (CIC., *De or.*, II, 48, § 199) (1).

b) Le droit d'en appeler aux comices tributes des amendes, infligées par les magistrats, quand elles dépassent le *maximum* légal.

c) L'*appellatio* des actes posés par un magistrat à son collègue ou à un magistrat supérieur.

d) L'*auxilium tribunicium*.

e) Le droit de se soustraire à une condamnation capitale ou infamante par un exil volontaire (2) *(exilii causa solum vertere)* (3), à condition que l'exilé choisisse pour résidence une ville avec laquelle Rome a le *jus exulandi*, comme Tibur, Praeneste, Naples etc.: *justum exilium* (4).

Sous l'Empire, tous ces moyens de protection sont remplacés par un seul : l'*appellatio Caesaris*.

2° Le *jus suffragii*.

3° Le *jus honorum* (5).

---

(1) Cf. LIV., III, 45. *«Tribunicium auxilium et provocationem... duas arces libertatis tuendae.»* DENYS, VI, 58.

(2) WALTER, § 823. RUDORFF, *H. d. dr. r.*, II, § 123. MARQUARDT, II, 3, 156. LANGE, II, 472.

(3) LIV., III, 58, V, 32. CIC., *p. Caec.*, 34, § 100. SALL., *Catil.*, 51.

(4) POLYB., VI, 14. Cf. CIC., *De or.*, I, 39, § 177.

(5) Les droits politiques que nous venons d'énumérer seront développés davantage quand nous traiterons des comices et des magistratures.

Droits et charges à la fois :

1° Le droit et l'obligation de se faire recenser, et le droit de faire partie d'une classe en raison du cens, *jus censendi.* Liv., XLV, 15 (¹)

2° Le *jus tributi.*

3° Le *jus militiae.* Le cavalier était tenu de faire *decem stipendia* (Liv., XXVII, 11), le légionnaire, seize ou au *maximum* vingt (²).

4° Le *jus sacrorum* (³). Les *sacra* sont *publica* ou *privata.* « *Publica sacra, quae publico sumptu pro populo fiunt, quaeque pro montibus, pagis, curiis, sacellis; at privata, quae pro singulis hominibus, familiis, gentibus fiunt.* » Fest., p. 245ᴬ.

Ch. III. — DU DROIT DE CITÉ INCOMPLET.

Les citoyens, qui jouissent de l'ensemble des droits civils et politiques, sont *cives optimo jure.* Mais certaines causes, naturelles ou civiles, mettent des restrictions à l'exercice du droit de cité complet.

Les causes naturelles (⁴) sont :

1° Le sexe. « *Feminae ab omnibus officiis civilibus vel publicis remotae sunt.* » Dig., L, 17, 2. Elles sont exclues des droits politiques, et, si elles ne sont ni *in patria potestate,* ni *in manu,* il leur faut cependant dans les actes de la vie civile la *tutoris auctoritas* « *et propter sexus infirmitatem et propter forensium rerum ignorantiam.* » Ulp., XI, 1. Cf. Liv., XXXIV, 2.

2° Certaines maladies mentales, comme la *furor.* « *Furiosus nullum negotium contrahere potest.* » Dig., L, 17, 5.

3° L'âge (⁵). Le citoyen *sui juris* ne sort de tutelle qu'à

<hr>

(1) Marquardt, II, 3, 46, n° 142, 47, n° 145.

(2) Le passage de Polybe, VI, 19, qui en traite, est corrompu. Marquardt, III, 2, 286, n° 1580. Cf. Lange, I, 411, 417, 473.

(3) Marquardt, IV, 45-48, 61-63, 142-145.

(4) Rein, *Dr. c.,* 146-160.

(5) Marquardt, V, 1, 125-139. Lange, I, 204.

l'âge de puberté, et n'obtient qu'alors la jouissance complète des *jura privata*. A cet âge il passe de l'enfance à la *juventus* par une cérémonie religieuse qui est célébrée ordinairement aux *Liberalia* (¹) (17 mars). Il dédie aux dieux Lares les *insignia pueritiae*, la *bulla* (²), il dépose la *toga praetexta* (³) et se revêt de la *toga virilis* (⁴). Ensuite, il est conduit par son père, accompagné de parents et amis, au *forum*, et inscrit dans une tribu sur la liste des citoyens (⁵), probablement au *tabularium* des tribuns sur le Capitole (⁶). Dès lors il est astreint au service militaire, et admis à l'exercice des droits politiques *(jus suffragii)* (⁷).

Les classes de citoyens dont le droit de cité est restreint pour une cause civile, sont :

1° Les *filiifamilias in patria potestate*. Voyez p. 73.

2° Les *mancipio dati* (p. 73), les *addicti* jusqu'au moment de la vente ou de l'exécution (p. 99) et les *nexi* (p. 100) (⁸).

(1) Ovid., *Fast.*, III, 771 suiv. Cic., *ad Att.*, VI, 1, § 12.

(2) Propérc., V, 1, 131. Pers., V, 31.

(3) Cic., *De amic.*, 10, § 33.

(4) Cic., *Phil.*, II, 18. Elle se nomme aussi *pura* (Cic., *ad Att.*, V, 20, § 9), *libera* (Prop., l. l.). Dès lors le jeune homme est *vesticeps*, tandis qu'auparavant il était *investis* (Paul. Diac., p. 368. Cf. Macrob., *Sat.*, III, 8, § 7).

(5) App., *B.c.*, IV, 30. Cf. Dion Cass., LV, 22, LVI, 29. Cf. Sénèq., *Epit.*, 4, § 2.

(6) Marquardt, V, 1, 128, nᵉ 657.

(7) Sous l'Empire l'âge légal de puberté était de 14 ans pour les garçons. Voyez p. 64. D'autre part, sous la République, l'âge requis pour le service militaire, et partant pour l'exercice du *jus suffragii*, était de 17 ans (16 ans révolus d'après Becker, II, 1, 215, 17 ans révolus d'après Marquardt, V, 1, 125, nᵉ 639). Voyez plus haut, p. 54. De cette contradiction il y en a qui ont conclu que la toge virile n'était prise qu'à l'occasion de la majorité politique, distincte de la majorité civile *(pubertas)*. Tel est l'avis de Rein, *Dr. c.*, 148, nᵒ 1. Il semble plus probable que jusqu'aux derniers siècles de la République l'âge légal de puberté coïncidait avec la majorité politique (16 à 17 ans), et que seulement vers la fin de la République et surtout sous l'Empire, alors que les droits politiques du citoyen eurent été singulièrement restreints, la prise de la toge virile comme reconnaissance légale de l'âge de puberté, fut mise à 15 et ensuite à 14 ans. C'est l'opinion de Savigny, *Système du dr. r.*, III, 59, développée davantage par Marquardt, V, 1, 134-139.

(8) Ces trois classes de citoyens jouissaient-ils des droits politiques pendant leur état de dépendance? Les sources n'en parlent point. Il semble cependant qu'ils pouvaient être mis dans l'impossibilité matérielle d'exercer ces droits par celui qui les détenait.

3° Les *opifices, sellularii, proletarii, capite censi* (p. 53), qui n'avaient qu'un *jus suffragii* restreint, et qui, tant qu'ils furent exclus du *jus militiae* (¹), furent privés, comme conséquence nécessaire, du *jus honorum* (²).

4° Les *aerarii*.

5° Les *cives libertini*.

§ 1. *Des aerarii* (³).

Aerarius est tout citoyen qui n'est membre d'aucune tribu. Les *aerarii* comprennent trois catégories :

1° Les *municipes sine suffragio* (⁴). Les *municipia sine suffragio* obtenaient le *conubium* et le *commercium*, mais non les droits politiques (⁵). Leurs habitants n'étaient inscrits dans aucune tribu.

La ville de Caere en Etrurie fut le premier municipe sans suffrage (vers 353 av. J.-Chr.). A. GELL., XVI, 13, § 7. A cette époque, en punition de sa révolte, elle perdit l'*hospitium publicum* qu'elle avait eu d'abord avec Rome (LIV., V, 50, VII, 20), et fut réduite à cette condition défavorable (⁶).

---

(1) « [Proletarii] *et asperis reipublicae temporibus, cum juventutis inopia esset, in militiam tumultuariam legebantur armaque is sumptu publico praebebantur... Capite censos autem primus C. Marius, ut quidam ferunt, bello Cimbrico difficillimis reipublicae temporibus, vel potius, ut Sallustius ait* [Jug., 91], *bello Jugurthino milites scripsisse traditur, cum id factum ante in nulla memoria extaret.* » A. GELL., XVI, 10, § 13-14.

(2) MARQUARDT, II, 3, 47-48. LANGE, I, 434-435. TROISFONTAINES, I, 167-168. — Toutes ces catégories de citoyens sont désignées avec les *cives libertini* sous le nom commun de *humiles*, et elles ont suivi, pour ce qui regarde leur inscription dans les tribus et les classes, le sort des *libertini*. Voyez le § 2.

(3) BECKER, II, 1, 183-193. LANGE, I, 406-407, 439-440. HUSCHKE, *Constit. de Serv. Tul.*, p. 494, suiv. GOETTLING, p. 260. TROISFONTAINES, I, 164-167. PARDON, *De aerariis*. Berlin, 1853.

(4) MARQUARDT, III, 1, 8-10.

(5) PAUL. DIAC., v. *municipium*, p. 127.

(6) DION CASS., fr. 33. SCOL. CRUQ., *Ad* HOR. *Epist.*, I, 6, 62. Cf. MADVIG, *De jure et condicione coloniarum populi Romani* dans ses *Opusc.* Copenhagen, 1834, p. 233, suiv.

De là l'expression : *in Caeritum tabulas referri*, est devenue synonyme de : *aerarium fieri* (1).

2° Les *infames* (2).

L'*infamia* était encourue (3) :

a) Pour avoir posé un acte déshonorant, comme la bigamie, ou la permission donnée par le père à sa fille-veuve de se remarier avant l'expiration du temps légal de deuil, ou le mariage d'un citoyen avec une veuve dans ces conditions.

b) Pour exercer une profession déshonorante, telle que celle de *leno*, d'acteur dramatique, de gladiateur etc. : « *quive depugnandi causa auctoratus est, erit, fuit, fuerit*, (*Tab. Heracl.*, 112-113), « *quive lanistaturam artemve ludicram* (4) *fecit fecerit quive lenocinium faciet.* » Ib., 123-124.

c) Pour avoir été condamné dans un *judicium turpe* (5). On appelle ainsi certains procès civils, tels que le *judicium tutelae, pro socio, mandati* (6), des procès pour certains délits privés, *furtum, injuria, dolus (Dig.*, III, 2, 1), et parmi les causes publiques dans le principe les procès de *calumnia* et de *praevaricatio (Dig.*, l. l. *Tab. Heracl.*, 120) et dès le premier siècle de l'Empire tous les *judicia publica (Dig.*, XLVIII, 1, 7).

3° Ceux auxquels les censeurs, en vertu de leur pouvoir

---

(1) Pseud., Asc., *Ad* Cic. *div. in Caec.*, 3, p. 103, Or. Scol. Cruq., l. l A. Gell., l. l. Cf. Strab., V, 2, 3, p. 220. Mommsen, *Les trib. rom.*, 160, suiv.

(2) Savigny, *Syst. d. dr. r.*, II, 170. Supplém., VII, 516. Becker, II, 1, 121-123. Walter, § 826. Rein, *Dr. c.*, 135-146. Rudorff, *H. d. dr. r.*, II, § 124. Burchardi, *De infamia*. Kiel, 1819. Van Geuns, *De infamia legibus Romanis constituta*. Utrecht, 1823.

(3) Les causes d'*infamia* sont énumérées dans l'édit prétorien. *Dig.*, III, 2, 1. Cf. *Tab. Heracl.*, 110-125.

(4) On exceptait cependant les acteurs des Atellanes : « *Eo institutum manet, ut actores Atellanarum nec tribu moveantur et stipendia, tamquam expertes arti ludicrae, faciant.* » Liv., VII, 2. Cf. Val. Max., II, 4, 4. L. Gelbke, *De causis infamiae, qua scenicos Romani notabant*. Leipzig, 1835.

(5) Cic., *p. Cluent.*, 42.

(6) Cic., *p. Caec.*, 3, *p. Rosc. com.*, 6, *De or.*, I, 36. *Tab. Heracl.*, 111. *Dig.*, III, 2, 1.

censorial, infligent la plus forte *nota censoria* ou *ignomi-nia* (¹), l'exclusion de toutes les tribus : *tribu moti et aerarii facti* (²).

L'*infamia* et l'*ignominia* produisent une *minutio dignitatis et existimationis* (³). « *Existimatio est dignitatis illaesae status legibus ac moribus comprobatus, qui ex delicto nostro auctoritate legum aut minuitur, aut consumitur.* » *Dig.*, L, 13, 5. Cf. *Inst.*, I, 16, § 5.

Ces trois classes de citoyens sont *aerarii* (⁴), parce qu'elles

(1) Nous en parlerons à propos de la censure.

(2) Liv., IV, 24, XXIV, 18, 43, XLII, 10, XLIV, 16, XLV, 15.

(3) Walter, § 463. Molitor, *De minuta existimatione*. Louvain, 1824. Marezoll, *De l'honneur civil* (en all.). Giessen, 1824.

(4) Il y a peu de questions aussi controversées que celle de l'origine des *aerarii*. D'après Niebuhr *(H. r.*, I, 492, 623, 635, II, 361) cette classe remonte jusqu'à Servius Tullius, et comprenait dans le principe les plébéiens non-propriétaires, les clients, de même que les affranchis *per censum*, qui jusqu'à la loi des XII Tables auraient été tous exclus des tribus, et y étant entrés en vertu de cette législation, seraient sortis par là de la condition d'*aerarii*. Comme les sources anciennes ne nous autorisent pas à admettre l'exclusion de ces classes des tribus jusqu'à cette époque (voyez p. 46, ne 5), nous ne pouvons en aucune manière adopter l'opinion de Niebuhr. Lange, I, 406, est aussi d'avis qu'il y eut des *aerarii* à Rome dès une haute antiquité ; mais il en cherche l'origine dans les *municipes*, c'est-à-dire les habitants de villes unies par un *hospitium publicum* avec Rome, ayant choisi domicile sur le territoire romain (voyez aussi Mommsen, *Rech. rom.*, I, 389, et plus haut, p. 43, ne 7). Cependant ces *municipes*, quelques droits que Rome leur eût accordés, étaient simplement *hospites* ; ils n'étaient pas *cives*, pas même *cives sine suffragio* ; par conséquent ils ne faisaient pas partie des *aerarii*, qui, eux, jouissaient du droit de cité. Nous croyons que la classe des *aerarii* ne s'est formée que peu à peu sous la République. En effet l'*infamia* n'existait encore qu'à l'état rudimentaire à l'époque de la législation décemvirale, 450 av. J.-Chr. (cf. Zumpt, *Le droit crim. de la Rép. rom.*, I, 1, 391). Le premier exemple d'un citoyen, fait *aerarius* par les censeurs, qui nous soit relaté par l'histoire, est celui de Mamercus, 434 av. J.-Chr. Liv., IV, 24). Le premier municipe sans suffrage fut Caere vers 353 av. J.-Chr. (voyez p. 60, ne 7). Or la synonymie des expressions *in Caeritum tabulas* et *in aerarios referri* semble bien prouver que c'est seulement dès lors que les censeurs ont fait des listes spéciales des *aerarii*, et partant, qu'avant cette époque les citoyens, faisant partie de cette classe, étaient peu nombreux. D'où vient la désignation d'*aerarius* ? Voici l'explication de Pseudo-Asconius, l. l. : « *Ut pro capite suo tributi nomine* AERA *praeberet.* » — Dans l'exposition de ce sujet nous avons suivi de préférence Huschke, Goettling et Becker, en établissant cependant entre les différentes catégories d'*aerarii* une distinction plus sévère qu'on ne l'a fait, ce nous semble, jusqu'ici.

sont exclues de toutes les tribus(¹), partant des classes et centuries (Pseud. Asc., l. l.), et en conséquence privées du *jus suffragii* (²). Mais sous d'autres rapports il faut distinguer.

Les *municipes sine suffragio* et les *infames* sont privés du *jus honorum* (³); ceux qui deviennent *aerarii* en vertu de la seule *nota censoria* en jouissent (⁴).

Les *municipes sine suffragio* et ceux que la seule *nota censoria* a faits *aerarii* sont astreints au service militaire (⁵); les *infames* en sont exclus (⁶).

Les *municipes sine suffragio* paient le *tributum* que le sénat romain leur a imposé; les *aerarii* par la *nota censoria* et, sans aucun doute, aussi les *infames*, paient le *tributum ex censu*, mais arbitrairement multiplié par le censeur (⁷).

Une dernière distinction à faire, mais d'une importance capitale, c'est que les *municipes sine suffragio* cessent d'être *aerarii*, en obtenant la *civitas* complète(⁸), et que ceux qui sont devenus *aerarii* à cause de la seule *nota censoria* peuvent être réhabilités par les censeurs suivants (Cic., *p. Cluent.*, 43, § 122), tandis que les *infames* sont atteints d'une flétrissure indélébile, et restent *aerarii* pour toujours (⁹).

---

(1) Pour les *municipes sine suffragio* et ceux qui deviennent *aerarii* à la suite d'une *nota censoria*, il n'y a aucun doute. Pour les *infames* le fait est prouvé par l'exclusion des histrions des tribus. Liv., VII, 2. Voyez aussi la *lex* de la table Bantine *(Inscr. Lat. ant.*, p. 45, l. 5. Mommsen).

(2) Cf. Liv., XLV, 15. A. Gell., XVI, 13, 7.

(3) Pour les *municipes sine suffragio* voyez Marquardt, III, 1, 8; pour les *infames*, Cic., *p. Cluent.*, 42, *p. Sull.*, 32. *Dig.*, XLVIII, 7, 1,

(4) Cela est prouvé par Liv., XXIV, 43. Cic., *p. Cluent.*; 43, § 120, 45, § 126.

(5) Les *municipes* servent dans la légion ou forment des corps spéciaux, comme la *legio Campana*. Marquardt, III, 2, 297-298. Pour les *notati* par les censeurs, les charges du service militaire étaient parfois aggravées, Liv., XXIV, 18. Que le simple fait d'être rangé par le censeur parmi les *aerarii* n'excluait pas du service militaire, cela résulte de Liv., XXIX, 37.

(6) Liv., VII, 2. Val. Max., II, 4, 4. Cf. *Dig.*, III, 2, 2.

(7) Exemple : « *Censores... Mamercum, quod magistratum populi Romani minuisset, tribu moverunt octiplicatoque censu aerarium fecerunt.* » Liv., IV, 24.

(8) A dater des *leges Julia* et *Plautia Papiria* (90 et 89 av. J.-Chr.) il n'y a plus de *municipia sine suffragio*.

(9) Cic., *p. Cluent.*, 42, § 119. « *Turpi judicio damnati in perpetuum omni honore ac dignitate privantur.* » Cf. Plaut., *Pers.*, 3, 1, 27.

§ 2. *Des cives libertini* ([1]).

L'affranchi s'appelle *libertus* par rapport à celui qui lui a donné la liberté, *libertinus* par rapport à sa condition civile et politique ([2]).

En signe de sa liberté, il se revêt de la toge, se fait raser la tête et se coiffe du *pileus* ([3]).

La *manumissio justa*, quand elle est faite par un citoyen romain à l'égard d'un esclave, duquel il est seul propriétaire quiritaire et usufruitier, confère à l'affranchi la *justa libertas* ([4]) et la *civitas* ([5]).

Cependant, à cause de leur naissance servile, les *cives libertini* se trouvent vis-à-vis des *cives ingenui* ([6]) dans une grande infériorité civile et politique, et constituent dans l'Etat un ordre inférieur : *ordo libertinorum* ou *libertinus* ([7]); d'un autre côté la liberté de l'affranchi est limitée par certaines obligations qu'il doit à son ancien maître, qui par l'affranchissement est devenu son *patronus*.

I. L'*ordo libertinorum* sous le rapport du droit privé et public ([8]).

Les affranchis jouissent du *jus commercii* sans restriction, mais, jusqu'à Auguste, ils sont exclus du *conubium* avec les *ingenui* ([9]).

(1) Bierregaard, *De libertinorum hominum conditione libera republica Romana*. Copenhagen, 1840. Grégoire, *De la condition civile et politique des descendants des affranchis dans l'ancien droit romain* dans la *Revue de législation*. Paris, 1849. T. II, p. 384. Rein, *Libertini* (en all.) dans Pauly's *Realencyclopaedie*. Stuttgardt, 1846. T. IV, p. 1026.

(2) S'il faut en croire Suet., *Claud.*, 24, dans les premiers siècles de la République, le *libertus* était l'affranchi, le *libertinus*, le fils de l'affranchi.

(3) Polyb., XXX, 16. App., *Mithr.*, 2. Serv., *Ad Aen.*, VIII, 564.

(4) Suet., *Aug.*, 40. Sénèq., *De vit. beat.*, 24. Ulp., I, 23.

(5) Gaj., I, 17. Ulp., I, 16, 18, 19. Dosith., *De manum.*, 11, 12. L'origine de ce mode d'acquisition du droit de cité est rapportée à Servius. Cf. p. 61.

(6) Voyez p. 61.

(7) « *Cives Romani libertini ordinis.* » Liv., XLIII, 12. Cf. XLII, 27, 31.

(8) Becker, II, 1, 193-197. Marquardt, II, 3, 45 49. Lange, I, 447-451. Walter, §§ 105, 106, 353, 421, 488. Troisfontaines, I, 251-254.

(9) Voyez p. 62.

Ils furent de tout temps exclus de la légion romaine. Jus·
qu'à la guerre sociale (91 av. J.-Chr.), dans des circonstances critiques, ils servaient sur la flotte, non comme mariniers
(milites), mais comme matelots *(socii navales)* (¹). Depuis la
guerre sociale ils ont été admis dans l'armée de terre (²), non
pas dans la légion, mais organisés en cohortes séparées (³).

Le *jus suffragii* qu'ils exercent aux comices centuriates
et tributes est très-restreint.

En effet jusqu'à la censure d'Appius Claudius (312 avant
J.-Chr.), ils sont rélégués dans les quatre tribus urbaines,
et, tout en payant le *tributum* proportionnel à leur cens, ils
n'ont point le *jus censendi*, et n'ont accès qu'à la *centuria
capite censorum* (⁴).

Le censeur Appius Claudius (⁵) les admet dans toutes les

(1) Liv., XXVI, 2, XL, 18, XLII, 27, 31, XLIII, 12. — Les mariniers
sont distincts des matelots. Liv., XXII, 11, XLV, 43. Cf. Marquardt, III, 2,
286, ne 157b.

(2) App., *B. c.*, I, 49. Liv., *Epit.*, LXXIV. Avant cette époque ce fait est
extrêmement rare ; en 296 avant J.-Chr. « *libertini cen'uriati* ». Liv., X, 21,
et à l'époque de la seconde guerre punique. Liv., XXII, 11, XXIV, 16.

(3) Macrob., *Saturn.*, I, 11, § 32. — Marquardt, III, 2, 337.

(4) Les opinions des modernes sur la condition primitive des *libertini* sont
aussi divergentes que celles sur l'origine des *aerarii*. Ainsi d'après Niebuhr,
H. r., I, 623, dans les premiers siècles, la *manumissio censu* seule donnait le
droit de cité, et les affranchis étaient exclus des tribus jusqu'à la censure d'Appius Claudius. Goettling, p. 141, aussi et d'autres encore ne leur font accorder
le *jus suffragii* que par Appius Claudius. Cependant Denys, IV, 22, les place
dans les tribus urbaines dès Servius Tullius. De même Zonaras, VII, 9. Et les
auteurs anciens, qui parlent de la censure d'Appius, ne disent pas qu'il les ait
inscrits le premier dans les tribus urbaines, mais dans toutes les tribus : d'où il
faut conclure qu'avant lui ils se trouvaient déjà dans les tribus urbaines. « *Fo-
rensis factio, Ap. Claudii censura vires nacta... humilibus per omnes tribus divisis* etc. » Liv., IX, 46. « ἔδωκε δὲ τοῖς πολίταις καὶ τὴν ἐξουσίαν ὅποι προαιροῖντο
τιμήσασθαι. » Diod Sic., XX, 36. D'ailleurs, comme on vient de le voir, il ne s'agit
pas dans ces textes des *libertini* seuls, mais des *humiles* en général, dont les *libertini*
forment une catégorie importante, mais qui comprennent en outre les *opifices* et
sellularii ingenui etc. Cf. p. 123, ne 2. Si les *libertini* sont inscrits dans les tribus
urbaines, il n'y a aucune raison pour ne pas les admettre aussi à la *centuria capite
censorum*. Un seul texte ancien (Plutarq., *Poplic.*, 7) semble contredire notre
opinion ; mais ce même texte contient encore d'autres inexactitudes. Voyez
Becker, II, 1, 193-194.

(5) Lange, II, 71-83. Saal, *De Appio Claudio Caeco*. Cologne, 1842. Sie-
bert, *Le censeur Appius Claudius* (en all.). Cassel, 1863.

tribus , et d'après leur cens dans les classes et centuries (¹).

En 304 avant J.-Chr. les censeurs Q. Fabius Rullianus et P. Decius les rejettent tous dans les tribus urbaines (²), et, probablement, dans la *centuria capite censorum* (³).

Mais comme les affranchis parviennent à rentrer dans les tribus rustiques et dans les classes, les censeurs L. Aemilius Papus et C. Flaminius (220 avant J.-Chr.) les rélèguent de nouveau dans les tribus urbaines et les privent du *jus censendi*, à l'exception de ceux qui ont un fils âgé de plus de 5 ans et de ceux qui possèdent en biens-fonds le cens de la 2ᵉ classe (⁴).

En 168 avant J.-Chr. le censeur T. Sempronius Gracchus rejette tous les affranchis dans une seule tribu urbaine, déterminée par le sort : la *tribus Esquilina* (⁵).

Plus tard, une loi (probablement une *lex Aemilia* de 115

---

(1) « *Humilibus per omnes tribus divisis forum* (les comices tributes) *et campum* (les comices centuriates) *corrupit.* » Liv., l. l.

(2) Liv., IX, 46. Val. Max., II, 2, 9. La donnée d'Aurel. Vict., *De vir. ill.*, 32, est erronée. — Lange, II, 85-87.

(3) Les anciens ne parlent point de la position que ces censeurs donnent aux affranchis dans les classes. Après la réforme des comices centuriates, comme les affranchis étaient généralement inscrits dans les quatre tribus urbaines, ils ne pouvaient, supposé qu'on leur eût accordé le *jus censendi*, faire partie que des 40 centuries de ces tribus.

(4) Liv., *Epit.*, XX, XLV, 15. « *In quattuor urbanas tribus descripti erant libertini, praeter eos, quibus filius quinquenni major ex se natus esset : eos, ubi proximo lustro censi essent, censeri jusserunt : et eos, qui praedium praediave rustica pluris sestertium triginta milium haberent* (30000 sesterces = 75000 as, Marquardt, II, 3, 47. nᵉ 145), *censendi jus factum est.* » A cause d'une lacune qui précède ce passage, il est difficile de dire de quels censeurs il y est question. Cf. Becker, II, 1, 195, nᵉ 413. Toujours est-il que ces dispositions sont antérieures à la censure de Gracchus (Walter, § 105, nᵉ 70), à laquelle Marquardt, II, 3, 47, et Lange, II, 276-278, les attribuent. Voyez la note suivante.

(5) « *Eo descensum est, ut ex quattuor urbanis tribubus unam palam in atrio Libertalis sortirentur, in quam* omnes, *qui servitutem servissent, conjicerent. Esquilinae sors exiit : in ea Ti. Gracchus pronunciavit, libertinos* omnes *censeri placere.* » Liv., XLV, 15. L'assertion de Cic., *De or.*, I, 9, et d'après lui, Aurel. Vict., *De vir. ill.*, 57, est erronée.

avant J.-Chr.) (¹) décréta que dorénavant les affranchis seraient inscrits dans les quatre tribus urbaines (²).

Sous l'Empire ils sont membres de la tribu de leur patron (³).

Les *libertini* sont exclus du *jus honorum*, des *sacerdotia* et
du sénat. Cette infériorité n'atteint pas seulement les affranchis, mais encore en règle générale leurs fils (⁴).

II. Rapports entre le *libertus* et son ancien maître (⁵) ou
patronus (⁶).

L'affranchi a reçu de lui le don inestimable de la liberté et
du droit de cité (Liv., XXX, 45, *Dig.*, XXXVIII, 2, 1),
son *nomen gentilicium* (⁷), la participation à certains *jura gentilicia*, surtout au *jus sepulcri* (⁸).

(1) Aurel. Vict., *De vir. ill.*, 72 : «[M. Aemilius Scaurus] *consul legem de
sumtibus et libertinorum suffragiis tulit.* «

(2) Telle fut la règle jusqu'à la fin de la République. Les lois qui furent
encore portées pour améliorer le suffrage des affranchis, telles que la *lex Sulpicia*
(88 av. J.-Chr.), *Cornelia* (87), *Papiria* (84), *Manilia* (67), furent toutes
abolies presque aussitôt. Mommsen, *Les trib. rom.*, 169-172.

(3) Mommsen, *Les trib. rom.*, 174. Marquardt, II, 3, 48, ne 146.

(4) Cf. Liv , IV, 3, *Epit.*, XIX. Cic., *p. Cluent.*, 47, § 132. Hor., *Sat.*, I,
6, 20. C'est un fait extraordinaire, quand des fils d'affranchis deviennent magistrats
ou sénateurs, Liv., IX, 46, Diodor., XX, 36, et encore d'après Suet., *Claud.*,
24, ne s'agirait-il pas dans ces exemples de fils, mais de petits-fils d'affranchis.

(5) Becker, II, 1, 78-85. Marquardt, V, 1, 211-212. Walter, § 494-
500. Rein, *Dr. c.*, 597-604. Troisfontaines, I, 246-250. Schueller, *De ne-
cessitudine cum morali tum civili inter patronos et libertos.* Utrecht, 1838.

(6) La loi des XII Tables se servait déjà de ce terme. Gaj., III, 40. Ulp.,
XXIX, 1. *Fragm. Vatic.*, § 308.

(7) Dans les premiers siècles, l'affranchi n'avait généralement que deux noms :
le *nomen gentilicium* de son patron, et un *praenomen*, qu'il choisissait lui-même,
mais qui ne pouvait pas être celui de son patron. Ce n'est que depuis le premier
siècle avant J.-Chr. que les affranchis commencent à porter le prénom de leurs
patrons, et cela devient bientôt la règle. Dès lors ils prennent aussi un *cognomen*,
qui ordinairement est leur ancien nom d'esclave : Marcus Tullius Tiro,
Cajus Julius Hyginus. Mommsen, *Rech. rom.*, I, 30, 58-60. Marquardt,
V, 1, 22-24. Sous l'Empire ils se permettent encore plus de liberté dans le choix
du *cognomen*. Friedlaender, *Hist. des mœurs rom.*, I, 70, ne 1. — Nous sommes
moins renseignés sur les noms donnés aux *servi publici* affranchis. Cf. Becker,
II, 1, 80, ne 183.

(8) Cf. Marquardt, V, 1, 866, ne 2339.

Souvent il reste dans la maison et au service du maître (¹). D'autres fois le maître lui laisse son *peculium* (²), ou même il lui donne ou prête le capital nécessaire pour s'établir (³).

A cause de tous ces bienfaits, l'affranchi est tenu à certaines obligations envers son patron. Distinguons entre celles que le patron lui impose spécialement à l'occasion de l'affranchissement et celles que tout affranchi doit à son patron en vertu de la loi et du droit prétorien.

Les premières ne sont valables que par une stipulation spéciale du maître (⁴) ou par le serment imposé à l'affranchi de les remplir (⁵).

Elles consistent en des *dona, munera* (⁶) et *operae* (⁷). Les *operae* sont *fabriles* ou *officiales* (⁸). Un *edictum Rullianum* (fin de la République) limite ce droit du patron (⁹).

Les obligations, imposées à l'affranchi envers son patron, par la loi ou le droit prétorien, sont les suivantes :

1° *Praestare obsequium, reverentiam, honorem* (¹⁰).

2° Les *alimenta* «*pro modo facultatum suarum*», dans le cas où le patron est tombé dans l'indigence. PAULL., II, 32.

3° Il faut à l'affranchi l'autorisation du préteur pour intenter un procès civil à son patron, et même aux parents ou enfants du patron (¹¹).

---

(1) PLIN., *Epit.*, II, 17, § 9. *Dig.*, VII, 8, 2, § 1, IX, 3, 5, § 1.

(2) «*Peculium vindicta manumisso vel inter amicos si non adimatur, donari videtur.*» *Fragm. Vat.*, § 261. Cf. *Dig.*, XV, 1, 53. *Cod.*, VII, 23. *Inst.*, II, 20, § 20.

(3) MARQUARDT, V, 1, 171, nᵒ 1013.

(4) *Dig.*, XXXVIII, 1, 3, 5, 37.

(5) CIC., *ad Att.*, VII, 2, 8. *Dig.*, XXXVIII, 1, 7, § 2, XL, 12, 44. Cf. MOMMSEN, *Rech. rom.*, I, 337, nᵒ 17, 370.

(6) «*Inter donum et munus hoc interest, quod inter genus et speciem; nam genus esse donum Labeo a donando dictum, munus speciem; nam munus esse donum cum causa, utputa natalicium, nuptalicium.*» *Dig.*, L, 16, 194. Cf. ib., 214.

(7) *Dig.*, XXXVIII, 1, 7, § 3.

(8) *Dig.*, XII, 6, 26, § 12, XXXVIII, 1, 6, 9, § 1, 23.

(9) *Dig.*, XXXVIII, 1, 2; 2, 1.

(10) *Dig.*, I, 16, 9, § 3, XXXVII, 15, 7, § 4, 9. XLIV, 4, 4, § 16.

(11) «*Praetor ait : parentem, patronum, patronam, liberos, parentes patroni, patronae in jus sine permissu meo ne quis vocet.*» *Dig.*, II, 4, 4, § 1. Cf. ib., 10, § 12, 24, 25. GAJ., IV, 46, 183. DION CASS., LX, 28.

4° Il lui est défendu d'intenter à son patron un procès criminel *(Dig.*, XLVIII, 2, 8) ou même d'y déposer contre lui (¹). Sous l'Empire exception fut seulement faite pour le crime de lèse-majesté (²).

5° Le patron exerce la *tutela legitima* sur les *liberti impuberes* et sur les *libertae* (³).

6° Il a un certain droit de succession (⁴). La loi des XII Tables lui accorde l'hérédité quand l'affranchi meurt *ab intestato* et sans *sui heredes*. Par le droit prétorien il obtient la moitié de la succession si le *libertus* meurt sans laisser d'enfant naturel et légitime. Ce droit du patron est encore élargi par la lex *Papia Poppaea*. Gaj., III, 40-44. Ulp., XXIX.

Sanction pénale du *jus patronatus*. La punition ordinaire du *libertus impius et ingratus* (⁵) était l'exclusion du *jus sepulcri* (⁶). Il semble cependant que durant la République la juridiction du patron sur l'affranchi allait jusqu'au *jus vitae necisque* (⁷).

---

(1) *Dig.*, XXII, 5, 3, § 5, 4. *Coll. leg. Mos.*, IX, 2. Paull., V, 15, § 3.

(2) *Cod. Theod.*, IX, 6, 4. *Cod.*, IX, 1, 20-21.

(3) Ulp., XI, 3. Gaj., I, 165. *Inst.*. I, 17. — Rudorff, *Le droit de tutelle* etc., II, 93.

(4) Walter, § 655-659. Rein, *Dr. c.*, 821-823. Unterholzner, *Du droit de succession du patron* (en all.) dans le *Zeitschr. f. gesch. Rechtsw.* Berlin, 1825. T. V, p. 26. Huschke, *Eclaircissements relatifs au droit de succession sur les biens des affranchis* (en all.) dans ses *Etudes de droit romain.* Heidelberg, 1830, p. 125.

(5) « *Ingratus libertus est, qui patrono obsequium non praestat, vel res ejus filiorumve tutelam administrare detrectat.* » *Dig.*, XXXVII, 15, 19.

(6) Des exemples chez Orelli, *Inscr.*, n° 4434-4436. Cf. Marquardt, V, 1, 366, n° 2343.

(7) Nous suivons ici l'opinion généralement adoptée aujourd'hui (Walter, § 495, Mommsen, *Rech. rom.*, I, 369, Marquardt, V, 1, 211, n° 1324), et qui se base sur les exemples cités par Val. Max., VI, 1, 4. Suet., *Cés.*, 48. Cf. Cic., *ad Quint. fr.*, I, 1, § 4. Elle est cependant combattue par Lange, I, 230, et nous semble très-contestable. Outre qu'elle concède à un simple citoyen le droit de vie sur un autre citoyen *sui juris*, ce qui ne s'accorde pas bien avec la haute signification de la *vox illa et imploratio* «civis Romanus sum» (Cic., *Verr.*, II, 5, 57, § 147), ne nous paraît-elle pas suffisamment prouvée par les deux exemples que les auteurs indiqués rapportent. Car rien ne nous dit qu'il s'agisse là de *justi liberti*.

Ce droit fut adouci au commencement de l'Empire, probablement par la *lex Aelia Sentia* (4 apr. J.-Chr.). Dès lors il n'est plus permis au patron que de reléguer un *libertus ingratus centesimum ultra lapidem* (TAC., *Ann.*, XIII, 26). Mais pour des faits plus graves, il peut l'accuser auprès du préfet de la ville ou du proconsul en province qui, d'après les circonstances, condamnent l'affranchi ingrat à la *fustium castigatio*, ou à un *exilium temporale*, et, pour des causes plus graves, *ad metalla* (¹).

La *revocatio in servitutem*, qui en des cas exceptionnels avait été déjà prononcée par Claude (SUET., *Claud.*, 25) et par Commode (*Dig.*, XXV, 3, 6, § 1), devint depuis Dioclétien et Constantin la punition ordinaire du *libertus ingratus* (*Cod.*, VI, 3, 12 ; 7, 2).

A la mort du patron, les *jura patronatus* passent à ses enfants (²).

Les *jura patronatus* cessent :

Naturellement, par la mort de l'affranchi ;

Civilement :

1° Si le patron perd le droit de cité par *deportatio* (³).

2° S'il manque à ses devoirs envers l'affranchi, en lui refusant les *alimenta*, quand le *libertus* se trouve dans l'indigence, en lui intentant une action capitale, ou en lui arrachant, par un abus d'autorité, l'engagement de ne pas se marier (⁴).

L'affranchi ne peut être adrogé que par son patron (⁵) et encore pour une *justa causa* (*Cod.*, VIII, 48, 3). De *libertus* il devient *filiusfamilias*, mais non *ingenuus* (⁶).

Durant toute l'époque républicaine, le privilége de l'*ingenuitas* fut inaccessible aux *libertini*.

La *lex Visellia* (premier siècle avant ou après J.-Chr.)

---

(1) *Dig.*, I, 12, 1, § 10 ; 16, 9, § 3, XXXVII, 14, 1, 7, §1.

(2) GAJ., III, 58. *Dig.*, XXV, 3, 5, § 20, XXXVII, 14, 1. — Il résulte de là que les *liberti orcini* sont *in patronatu* des enfants de leur ancien maître. *Dig.*, XXVI, 4, 3, § 3, XL, 5, 33.

(3) TAC., *Hist.*, II, 92. *Dig.*, II, 4, 10, § 6.

(4) *Dig.*, XXXVII, 14, 5, § 1, 6, 11, 15.

(5) *Dig.*, I, 7, 15, § 3, XXXVII, 12, 1, § 2. Cf. A. GELL., V, 19, § 11-14.

(6) *Dig.*, I, 5, 27, XXIII, 2, 32. Cf. WALTER, § 544.

menace d'amendes et éventuellement d'*infamia* le *libertinus* qui s'arroge les droits de l'*ingenuitas* (¹).

Cependant sous l'Empire l'ingénuité pouvait être conférée par un bienfait de l'Empereur (²), de deux manières :

1° Par la collation du *jus anulorum aureorum* (³), qui, dans les premiers siècles de l'Empire, correspondait à l'élévation de l'affranchi à l'ordre équestre (⁴). — Ce droit n'exemptait point l'affranchi des *jura patronatus. "Jus anulorum ingenui-tatis imaginem praebet salvo jure patronorum patronique libe-rorum." Fragm. Vatic.*, § 226. Cf. *Dig.*, XL, 10.

2° Par la *natalium restitutio* qui d'ordinaire n'était donnée que *consentiente patrono* et qui effaçait toute trace de naissance servile et déliait par conséquent l'affranchi des obligations envers le patron. *Dig.*, XL, 11 (⁵).

Les fils des *libertini*, étant nés *ingenui*, sont libres de toute obligation de *patronatus* (⁶), et sauf les restrictions,

---

(1) *cod.*, IX, 21, X, 32, 1. — Cette loi est attribuée ordinairement au règne de Tibère, 24 apr. J.-Chr. Cf. REIN, *Dr. c.*, 594, n° 3. MOMMSEN (*Sur la lex Visellia* (en all.) dans BEKKER's *Jahrbuch*, 1858, p. 335-340) la fait remonter jusqu'en 72 ou 71 avant J.-Chr. L'opinion de MOMMSEN est adoptée par RUDORFF, *H. d. dr. r.*, II, § 116, et combattue par WALTER, § 353, n° 25.

(2) Les premiers exemples cités datent d'Auguste. SUET., *Aug.*, 74. APP., *B. c.*, V, 80.

(3) Le *jus anuli aurei* n'appartenait d'abord qu'aux *nobiles*. PLIN., XXXIII, 6 (1) et suiv. LIV., IX, 46. VAL. MAX., IX, 3, 3. Plus tard il fut l'insigne des sénateurs, ensuite aussi des *equites* (LIV., XXVI, 36. PLIN., 1. 1. DION CASS., XLVIII, 45). Les autres citoyens portaient l'*anulus ferreus*. Ce n'est qu'après la décadence de l'ordre équestre que l'anneau d'or devint un droit de tous les *ingenui*. BECKER, II, 1, 273-276, 286, 289. LANGE, II, 8. REIN, *Anulus* (en all.) dans PAULY's *Realencyclopaedie*, I, 493. MARQUARDT, *Historia equitum Romanorum*. Berlin, 1840, p. 86-91. DAEHNE, *De jure aureorum anulo-rum et natalium restitutione*. Halle, 1863.

(4) DION CASS., XLVIII, 45. SUET., *Galb.*, 14. *Vitell.*, 12. TAC., *Hist.*, I, 13, II, 57.

(5) «*Natalibus restituere.*» Le fait est cité pour la première fois par PLIN., *Epit.*, X, 77, 78. La distinction entre le *jus anuli* et la *natalium restitutio* est bien marquée dans les *Dig.*, II, 4, 10, § 3, XXXVIII, 2, 3. Cf. REIN, *Dr. c.*, p. 596-597.

(6) Cependant, dans l'ancien droit, si le fils ou un descendant d'affranchi mourait *ab intestat* et sans laisser ni *sui heredes* ni *agnati*, la *gens* de l'ancien patron avait droit à la succession. CIC., *De or.*, I, 39. — VOIGT, *De causa hereditaria inter Claudios patricios et Marcellos acta*. Leipzig, 1853.

indiquées plus haut, p. 130, jouissent du droit de cité complet. Pour les petits-fils toute tache de naissance servile est effacée.

Justinien accorde à tous les *libertini* l'*ingenuitas*, en laissant subsister cependant les *jura patronatus* (*Novell.*, LXXVIII, *Praef.*, c. 1, 2, 5).

Cn. IV. — DE LA CAPITIS DEMINUTIO ET DE LA PERTE DU DROIT DE CITÉ (¹)

Toute perte, tout changement du *caput* (²) s'appelle *capitis deminutio* (³). Aux trois *status* du *caput* correspondent trois degrés de la *capitis deminutio*.

« *Capitis minutionis species sunt tres, maxima, media, minima.* »

« *Maxima capitis diminutio est per quam et civitas et libertas amittitur...* »

« *Media* (⁴) *capitis diminutio dicitur per quam, sola civitate amissa, libertas retinetur...* »

« *Minima capitis diminutio est, per quam, et civitate et libertate salva, status dumtaxat hominis* (⁵) *mutatur.* » ULP., XI, 10-13 (⁶).

____

(1) BECKER, I, 100-121. LANGE, I, 182-188. WALTER, §§ 457-458, 462, 476, 515-516. REIN, *Dr. c.*, 117-129, 554-560. TROISFONTAINES, I, 184-491. SAVIGNY, *Système du dr. rom.* (en all.), II, 443-515. SCHEURL, *La capitis deminutio* (en all.) dans les *Beitraege zur Bearbeitung des roem. Rechts.* Erlangen, 1853, II, p. 232, suiv.

(2) Voyez p. 8.

(3) Faut-il dire *deminutio* ou *diminutio* ? Il semble que les anciens ont employé les deux formes qui, sous le rapport étymologique, se justifient toutes deux. Cf. REIN, *Dr. c.*, 121, n° 1. — Les juristes modernes sont loin de s'accorder sur le sens juridique des mots, *caput, status,* sur la définition de la *capitis deminutio*, et surtout sur le caractère propre de la *capitis deminutio minima*. Voyez BECKER, II, 1, 404-406. REIN, *Dr. c.*, 118, n° 2, 121, n° 2, 124, n° 1. WALTER, § 515-516. Cette controverse est d'un intérêt plutôt juridique qu'historique.

(4) On l'appelle aussi *minor*. GAJ., I, 159.

(5) Autre définition : « *quum... familia tantum mutatur.* » *Dig.*, IV, 5; 11.

(6) Cf. GAJ., I, 159-162. *Dig.*, l. l. *Inst.*, I, 16; § 1-3.

§ 1. *De la capitis deminutio maxima.*

Elle arrive *ex jure gentium*, en vertu du droit international, et *ex jure civili*.

I. *Ex jure gentium*, elle atteint le citoyen, fait prisonnier de guerre par l'ennemi (1). Cependant, du moment que ce citoyen rentre sur le territoire romain, il recouvre la liberté, il est réintégré dans ses droits de citoyen et d'*ingenuus*, en vertu d'une fiction juridique, qui s'appelle *jus postliminii* (2).

« *Postliminium fingit eum, qui captus est, semper in civitate fuisse.* » Inst., I, 12, § 5.

« *Postliminium receptus dicitur is qui extra limina, hoc est, terminos provinciae captus fuerat, rursus ad propria revertitur.* » PAUL. DIAC., v. *postliminium*, p. 219 (3).

II. En vertu du droit international, cette *capitis deminutio* arrive dans le cas de la *deditio per patrem patratum*, c'est-à-dire en cas d'extradition d'un citoyen à un peuple étranger par une commission de deux à quatre *fetiales*.

La *deditio* a lieu principalement :

1) A l'égard du citoyen qui a violé le *jus legatorum* (4).

2) A l'égard du magistrat qui a conclu de sa propre autorité une *sponsio* avec l'ennemi, si le sénat refuse de la ratifier. La formule de la *deditio* en ce cas est celle-ci :

« *Quandoque hisce homines injussu populi Romani Quiritium*

---

(1) Cf. Liv., XXII, 60. Cés., *B. c.*, II, 32. PAUL. DIAC., v. *deminutus*, p. 70.

(2) REIN, *Dr. c.*, 306 309. HASE, *Le jus postliminii et la fictio legis Corneliae* (en all.). Halle, 1851. DIRKSEN, *Les sources de la théorie du droit romain sur l'extradition des prisonniers de guerre* (en all.) dans les *Abhandl. der Berl. Akad.*, 1858, p. 89.

(3) Des personnes cette fiction fut étendue aux choses qui étaient prises par l'ennemi, et qui retournaient à leur ancien propriétaire, dès qu'elles n'étaient plus au pouvoir de l'ennemi. Cic., *Top.*, 8. AEL. GALL. cité par FEST., v. *postliminium*. GAJ., I, 129. *Dig.*, XLIX, 15, 5, § 1-2.

(4) *Dig.*, L, 7, 17. Des exemples sont mentionnés chez Liv., *Epit.*, XV, XXXVIII, 42. VAL. MAX., VI, 6, 3 et 5 etc. Cf. Liv., V, 36 : « *Postulatumque ut pro jure gentium violato Fabii dederentur.* »

foedus ictum iri spoponderunt, atque ob eam rem noxam nocue-
runt ; ob eam rem, quo populus Romanus scelere inpio sit solu-
tus, hosce homines vobis dedo. " Liv., IX, 10 (¹).

Dans le cas où le peuple étranger n'acceptait point le *dé-*
ditus, celui-ci pouvait-il invoquer le *jus postliminii?* Il semble que non ; cependant ce point était controversé chez les
anciens (²).

III. *Ex jure civili.*

Distinguons entre l'ancien droit, le droit prétorien et le
droit de l'Empire.

1° En vertu de l'ancien droit civil subissaient la *capitis*
deminutio maxima :

a) Les *addicti*, vendus *trans Tiberim*. Voyez p. 99.

b) Les *fures manifesti* (³). "*Lex* (des XII Tables)... *furem*
manifestum ei, cui furtum factum est, in servitutem tradit. "
A. Gell., XX, 1, § 7 (⁴). Le droit prétorien remplace cette
punition par une *actio quadrupli*. Gaj., III, 189. Cf.
A. Gell., XI, 18, § 6-11.

c) Les *incensi*. " Τῷ δὲ μὴ τιμησαμένῳ τιμωρίαν ὥρισε (Servius Tullius) τῆς τε οὐσίας στέρεσθαι καὶ αὐτὸν μαστιγωθέντα πραθῆναι. " Denys,
IV, 15 (⁵).

d) Les citoyens qui se soustraient au service militaire (⁶),

---

(1) Des exemples : A. Gell., XVII, 21, § 36. Liv., *Epit.*, LVI. App., *De*
reb. Hisp., 83. Vell. Paterc., II, 1. Val. Max., VI, 3, 3. Cf. Cic., *De off.*,
III, 29, § 108.

(2) " *Quem hostes si non recepissent, quaesitum est, an civis Romanus maneret,*
quibusdam existimantibus manere, aliis contra, quia quem semel populus jussisset
dedi, ex civitate expulisse videretur, sicut faceret, quum aqua et igni interdiceret;
in qua sententia videtur P. Mucius fuisse. Id autem maxime quaesitum est in Hos-
tilio Mancino, quem Numantini sibi deditum non acceperunt, de quo tamen lex
postea lata est, ut esset civis Romanus ; et praeturam quoque gessisse dicitur. » *Dig.*,
L, 7, 17. Cf. XLIX, 15, 4. Cic., *Top.*, 8, § 37. *De or.*, I, 40, § 181, II, 32,
§ 137, p. *Caec.*, 34.

(3) Walter, § 793. Rudorff, *H. d. dr. r.*, II, § 106.

(4) "*Poena manifesti furti ex lege XII tabularum capitalis erat : nam liber*
verberatus addicebatur ei, cui furtum fecerat ; utrum autem servus efficeretur ex
addictione, an adjudicati loco constitueretur, veteres quaerebant. » Gaj., III, 189.

(5) Cf. ib., V, 75. Liv., I, 44. Cic., p. *Caec.*, 34. Ulp., XI, 11. Gaj., I,
160.

(6) " *Qui miles factus non est.* " Cic., p. *Caec.*, 34.

soit en s'estropiant volontairement, tels que les *pollice trunci* (¹), soit en ne se rendant point au *delectus*, prescrit par le magistrat, *tenebriones* (²), soit en ne rejoignant point l'armée au jour indiqué, *infrequentes* (³), soit enfin en quittant l'armée sans congé, *desertores* (⁴). — Dans tous ces cas, de même que les *incensi*, les délinquants sont vendus comme esclaves *trans Tiberim* (⁵). —

e) Les enfants vendus par leur père à étranger. Voyez p. 71.

Dans les trois derniers cas, le *jus postliminii* n'était pas applicable (Cic., *De or.*, I, 40).

Des cinq causes de *capitis deminutio* de l'ancien droit civil, les deux premières n'existaient plus à la fin de la République, les trois dernières disparurent au commencement de l'Empire.

2° En vertu du droit prétorien : « *Si quis se major viginti annis ad pretium participandum venire passus est* » *(Dig.*, I, 5, 5, § 1), il reste l'esclave de son acheteur (⁶). Avant cette intervention de l'édit prétorien, le citoyen vendu avait le droit de faire revendiquer sa liberté par un *assertor (libera-*

---

(1) Suet., *Aug.*, 24. Cf. Val. Max., VI, 3, 3.

(2) «*Qui ad delectum olim non respondebant... in servitutem redigebantur.* » Dig., XLIX, 16, 4, § 10. « *Man. Curius consul in Capitolio cum delectum haberet, nec citatus in tribu civis respondisset, vendidit tenebrionem.* » Varr. cité par Non. Marc., I, 67. Cf. Val. Max., VI, 3, 4. Liv., *Epit.*, XIV.

(3) «*Miles cum die, qui prodictus est aberat neque excusatus erat, infrequens dabatur.*» Cincius cité par A. Gell., XVI, 4, § 5. Goettling propose de lire : *venum dabatur.* Cf. Paull. Diac., p. 112.

(4) Liv., *Epit.*, LV. — Des *desertores* il faut distinguer les *transfugae.* Ceux-ci n'étaient pas réduits en esclavage, mais condamnés à une mort ignominieuse, par exemple à la croix (Liv., XXX, 43) ou aux bêtes (ib., *Epit.*, LI), et du temps de l'Empire encore « *aut vivi exuruntur aut furca suspenduntur.* » Dig., XLVIII, 19, 38, § 1.

(5) Que c'était *trans Tiberim* qu'ils étaient vendus, cela semble résulter du texte tronqué de Gaj., 1, 160 : «*qui ex patria aut censum* *** », et surtout de l'affirmation répétée de Cicéron *(De or.*, I, 40, p. Caec., 34) que le *postliminium* ne s'appliquait point à eux. Cette opinion est encore corroborée par l'analogie de la vente des *addicti trans Tiberim.*

(6) Cf. *Dig.*, XL, 12, 7, 14 ; 13, 1. *Inst.*, I, 3, § 3 ; 16, § 1.

lis causa) (¹) devant le préteur, et celui-ci lui devait la *pro-clamatio in libertatem* (²), en vertu de ce principe : « *Con-ventio privata neque servum quemquam, neque libertum alicujus facere potest.* » *Dig.*, XL, 12, 37. Cf. CIC., *p. Caec.*, 33.

3° Le droit de l'Empire a introduit les causes de *capitis deminutio maxima* suivantes :

a) La *servitus poenae*, qui atteint tous ceux qui sont con-damnés *ad mortem, ad gladium, ad bestias, in metallum.* Ils deviennent *servi poenae, servi sine domino* (³).

b) La *servitus senatusconsulto Claudiano.* Voyez p. 63.

c) La *revocatio in servitutem.* Voyez p. 133.

§ 2. *De la capitis deminutio media ou minor.*

Elle est volontaire ou forcée.

I. Elle est volontaire dans le cas de *rejectio civitatis* (CIC., *p. Balb.*, 12) (⁴). « *Duarum civitatum civis esse nostro jure civili nemo potest.* » CIC., *p. Balb.*, 11, § 28, *p. Caec.*, 34, § 100.

Le *jus postliminii* est applicable en ce cas. CIC., *p. Balb.*, 12, § 30.

II. Elle est forcée (⁵) :

1) Dans le cas d'*interdictio aqua et igni*, punition prononc-cée surtout pour des crimes politiques ou autres crimes gra-ves, et qui entraînait nécessairement l'*exilium* (⁶).

---

(1) GAJ., IV, 14. FEST., *v. sortorem*, p. 340. LIV., III, 44-48. DENYS, XI, 29-37. WALTER, § 714. RUDORFF, *H. d. dr. r.*, II, § 17; SMIDT, *Le procès pour la liberté de Virginia* (en all.) dans SAVIGNY's *Zeitschr.*, XIV, 71-94.

(2) La comédie de PLAUTE, intitulée *Persa*, repose en grande partie sur une escroquerie de ce genre.

(3) PLIN., *Epit.*, X, 40 et 41. *Dig.*, XXVIII, 1, 8, § 4; 3, 6, § 6, XLVIII, 19, 8, § 12, 99. *Inst.*, I, 12, § 3; 16, § 1. WALTER, § 822. RUDORFF, *H. d. dr. r.*, II, § 123.

(4) Cf. PAUL. DIAC., p. 70. — Ainsi le citoyen romain, qui devient membre d'une colonie latine, cesse d'être citoyen. CIC., *p. Caec.*, 33, § 98, *p. dom.*, 30, § 78. GAJ., I, 131.

(5) WALTER, § 823-824. RUDORFF, *H. d. dr. r.*, II, § 123. ZUMPT, *Dr. cr. de la Rép.*, I, 1, 400-402.

(6) GAJ., I, 90, 128, 161. ULP., XI, 12. PAULL. DIAC., p. 70. Cf. CIC., *p. Caec.*, 34, § 100, *p. dom.*, 31, § 82. DION CASS., XXXVII, 29, XXXVIII, 17, 18.

2) Dans le cas où un citoyen accusé se rend en exil volontaire avant la condamnation (p. 120) et que le peuple décrète ensuite : *id ci justum exilium esse*, ou même le condamne absent à l'*interdictio aqua et igni* (¹).

3) En cas de *deportatio in insulam*, peine qui date de l'Empire (²).

L'*interdictio* et la *deportatio* sont ordinairement accompagnées de la confiscation de la fortune de l'exilé (³).

L'exilé peut être rappelé, sous la République par une *lex* (⁴), sous l'Empire par l'Empereur (⁵), et il est alors réintégré dans tous ses droits. *Restitutio in integrum* (⁶).

III. Une troisième forme de la *capitis deminutio*, dont l'histoire de la République fournit quelques exemples (⁷), est l'*ademtio civitatis* à des municipes par le sénat ou le peuple romain.

De l'*interdictio* et de la *deportatio* il faut distinguer la *relegatio* (⁸), qui fut déjà exceptionnellement appliquée sous la République par le sénat ou par les magistrats à l'égard de pérégrins et de citoyens (⁹), et qui devient sous l'Empire une

---

(1) Liv., XXV, 4, XXVI, 3 etc. Cf. Lange, II, 649-650.

(2) *Dig.*, II, 4, 10, § 6, XXVIII, 1, 8, § 1-2, L, 13, 5, § 3. Cf. Dion Cass., LVI, 27. Tac., *Ann.*, III, 38, IV, 13, 21, etc. — Holtzendorff, *De l'origine et du développement historique et juridique de la peine de la deportatio dans l'antiquité romaine* (en all.). Leipzig, 1859.

(3) Liv., III, 58, XXV, 4. Dion Cass., XXXVIII, 17. Tac., *Ann.*, III, 23, 68, IV, 20, 21 etc.

(4) Célèbre est le rappel de Cicéron. Cic., *p. red. in Sen.*, 11, § 27, *p. dom.*, 33, § 90. App., *B. c.*, II, 16. — D'autres exemples, Lange, II, 568, 651-653, Rein, *Dr. crim.*, 265-268.

(5) Suet., *Calig.*, 15. *Claud.*, 12. Tac., *Ann.*, XII, 8 etc. Cf. Rein, *Dr. crim.*, 270-273.

(6) Cf. Cic., *p. Cluent.*, 36. *Tab. Heracl.*, 118. *Dig.*, II, 4, 10, § 6, XXII, 5, 3, § 5, XLVIII, 5, 24.

(7) Ainsi le sénatusconsulte sur les Campaniens pendant la seconde guerre punique, Liv., XXVI, 34 (Lange, II, 217-218), et une *lex Cornelia de civitate Volaterranis adimenda* (82 av. J.-Chr.). Cic., *p. dom.*, 30, § 79 (Lange, II, 569).

(8) Walter, § 825. Rudorff, *H. d. dr. r.*, II, 123.

(9) *Senatusconsultum factum est ut M. Fulvius* [un tribun militaire] *in Hispaniam relegaretur ultra novam Karthaginem.* » Liv., XL, 41.

forme adoucie du bannissement, prononcé pour des crimes moins graves (¹). La *relegatio* n'entraine la perte ni du droit de cité, ni de la fortune, et ne constitue par conséquent point de *capitis deminutio* (²).

§ 3. *De la capitis deminutio minima.*

Elle arrive, sauf deux exceptions, chaque fois qu'un citoyen subit une *mutatio familiae*, par conséquent :

1° Dans l'*arrogatio*. Gaj., IV, 38.

2° Dans l'*adoptio per aes et libram*. Ulp., XI, 13.

3° Dans la *conventio in manum*. Ulp., XI, 13.

4° Dans la *mancipio datio*. Gaj., 162.

5° Dans l'*emancipatio*. *Dig.*, IV, 5, 3, § 1.

6° Depuis l'Empire, dans la *causae probatio* et la *legitimatio* (³).

Les deux cas exceptés se rapportent :

1° Aux enfants, devenus *sui juris* par la mort du *paterfamilias*.

2° Au *filiusfamilias* qui devient *flamen dialis*, et à la *filiafamilias*, devenue *virgo Vestalis* (⁴).

---

(1) *Dig.*, XLVIII, 22, 7. §§ 1, 2 et 5, 14, § 2, 19.

(2) *Dig.*, XLVIII, 22, 1, 4, 7, § 3, 17, 18, — La différence entre l'*exilium* ou la *deportatio* et la *relegatio* est marquée par Ovid., *Trist.*, II, 137-138 :

> *Quippe relegatus, non exul, dicor in illo,*
> *Privaque fortunae sunt data verba meae.*

et V, 11, 15-22 :

v. 15, *Nec vitam, nec opes, nec jus mihi civis ademit.*
v. 18, *Nil nisi me patriis jussit abesse focis.*
v. 21, *Ipse relegati, non exulis utitur in me*
  Nomine.

Dig., XLVIII. 22, 14, § 1. «πολλὴ διαφορὰ ἐξορίας (*relegatio*) καὶ περιορισμοῦ (*deportatio, exilium*). ὁ μὲν γὰρ περιορισμὸς καὶ τὴν πολιτείαν καὶ τὴν οὐσίαν ἀπολλύει, ἡ δὲ ἐξορία ἑκάτερον φυλάττει, εἰ μὴ ἰδικῶς δημευθῇ.» Cf. eod. lib.1, 2.

(3) Bien que les sources ne citent point ces deux cas, ils ont cependant tous les effets, et doivent être rangés au nombre des *capitis deminutiones minimae*.

(4) « *Si sine capitis diminutione exierit de potestate parentis, veluti morte ejus aut quod ipse flamen Dialis inauguratus est.* » Gaj., III, 114. « *Virgo autem Vestalis simul est capta atque in atrium Ves'ae deducta et pontificibus tradita est, eo statim tempore sine emancipatione ac sine capitis minutione e patris potestate exit et jus testamenti faciundi adipiscitur.* » A. Gell., I, 12, § 9. Cf. Gaj., I, 130, 145. Ulp., X, 5, et plus haut, p. 78, nᵉ 1.

Ch. V. — DES DISTINCTIONS SOCIALES
PARMI LES CITOYENS DANS LA SECONDE MOITIÉ
DE LA RÉPUBLIQUE.

§ 1. *De la nobilitas* (1).

La *nobilitas*, comme classe privilégiée parmi les citoyens, a pris naissance depuis l'admission des plébéiens au consulat. 366 avant J.-Chr. (2).

De tout temps l'exercice des magistratures supérieures avait jeté un grand éclat non-seulement sur ceux qui en étaient investis, mais encore sur leurs descendants (3). Ceux-ci étalaient avec orgeuil les *imagines* de leurs ancêtres qui s'étaient illustrés dans des fonctions publiques (4). Tant que les patriciens furent seuls éligibles au consulat, la gestion des hautes magistratures ne créa cependant point de classe privilégiée parmi eux (5).

L'admission des plébéiens au consulat produisit un lien de communauté d'intérêts entre les familles patriciennes et plébéiennes influentes, qui de fait pouvaient seules arriver aux magistratures supérieures. Dès lors les familles qui comptent parmi leurs membres des magistrats supérieurs, se distinguent des autres, et l'antique coutume des *imagines*

(1) Becker, II, 1, 218-235. Lange, II, 2-12. Troisfontaines, I, 83-97. Rein, *Nobiles* (en all.) dans Pauly's *Realencyclopaedie*. Stuttgardt, 1848, V, 665, suiv. Naudet, *De la noblesse et des récompenses d'honneur chez les Romains*. Paris, 1863.

(2) Les patriciens qui, avant cette époque, étaient la seule noblesse à Rome, sont parfois désignés par les anciens sous le nom de *nobilitas*. Liv., II, 56, VI, 42, IX, 15. Ce n'est pas de cette *nobilitas* qu'il est question ici.

(3) Plaut., *Trin.*, III, 2, 19, suiv.

(4) Cette coutume remonte certainement à la plus haute antiquité. Cf. Liv., I, 34 : « Ancum... nobilem una imagine Numae. » Plin., XXXV, 2 (2), 3 (3). Tac., *Ann.*, IV, 9.

(5) Il y avait cependant aussi parmi les patriciens des familles plus illustres que les autres ; car les *fasti consulares* n'ont conservé le souvenir que d'environ 50 *gentes* patriciennes consulaires. Voyez Mommsen, *Rech. rom.*, I, 107-121.

devient un droit, *jus imaginum*. Les citoyens, en possession de ce droit, sont *nobiles*, les autres, *ignobiles*.

Le *jus imaginum*, partant la *nobilitas*, appartient de droit aux descendants de ceux qui ont géré une magistrature curule (1).

Entre la *nobilitas* et l'*ignobilitas* (2) il y a un degré intermédiaire, la *novitas* (3). En effet celui qui le premier dans sa famille exerce une magistrature curule, n'est pas encore, à parler rigoureusement, *nobilis*; il est *homo novus* (4), *auctor generis* (5), *princeps nobilitatis* (6).

Le premier *homo novus* plébéien fut le premier consul de la plèbe, Lucius Sextius Lateranus (7).

L'*infamia* a pour conséquence la privation du *jus imaginum* (8).

Le *jus imaginum* consiste dans le droit de conserver les *imagines* (9) de ceux des ancêtres qui ont géré une magis-

(1) Voyez le chapitre qui traite de la division des magistratures.

(2) Cic., *p. Mur.*, 8, § 17.

(3) Cic., *ad Div.*, I, 7, § 5. Sall., *Jug.*, 85. Cf. Vell. Pat., II, 34.

(4) Liv., XXII, 34. Plut., *Cat. maj.*, 1 : « καινὸς ἄνθρωπος ». App., *B. c.*, II, 2.

(5) Cic., *De leg. agr.*, II, 36, § 100. *Verr.*, II, 5, 70, § 180. Cf. Val. Max., III, 2, 16 : « *Cato a quo Porciae familiae principia manarunt.* »

(6) Liv., X, 8. Cic.. *Brut.*, 14, § 53. *Ad Div.*, IX, 21, § 2.

(7) « *Annus hic erit insignis novi hominis consulatu.* » Liv., VII, 1. — Cependant rien ne nous autorise à dire, comme on le fait ordinairement, que la qualification de *homo novus* n'ait été appliquée qu'aux plébéiens. La définition que les anciens donnent du *homo novus* n'admet nulle part cette restriction. Et en effet parmi les patriciens il y avait aussi bien des familles *ignobiles* (dans le sens strict du mot) que parmi les plébéiens, et le patricien qui le premier exerçait dans sa famille une magistrature curule, était un *novus homo* tout comme un plébéien. Une remarque assez particulière à faire, c'est que les auteurs anciens, quand ils parlent d'un *homo novus* patricien, l'appellent *princeps nobilitatis* (voyez n° 6), tandis qu'ils se servent de l'expression *auctor generis* (n° 5), quand il s'agit des des plébéiens. — Que si les *homines novi*, qui se sont rendus célèbres dans les derniers siècles de la République, comme Caton, Marius, Cicéron, appartiennent tous à la plèbe, c'est un effet du hasard, qui s'explique facilement par la décadence continue du patriciat. Voyez p. 58.

(8) Cic., *p. Sull.*, 31, § 88, *p. Mur.*, 41, § 88. Tac., *Ann.*, II, 32, III, 76, XVI, 7. Suet., *Ner.*, 37.

(9) « *Imago ad posteritatis memoriam prodita.* » Cic., *p. Rab. Post.*, 7, § 16.

trature curule. Les *imagines* (¹) étaient des masques de cire *(cerae)* peints d'après nature, et adaptés à des bustes de manière à pouvoir en être détachés (²). Ces bustes masqués étaient placés dans des *armaria*, suspendus aux parois des *alae* de l'*atrium* (³). Sous chaque *armarium* une inscription *(titulus, index, elogium)* relatait les hauts faits de la personne représentée. Les inscriptions des différentes châsses, réunies au moyen de lignes *(lineae)*, tracées en couleur, formaient l'arbre généalogique *(stemma)* de la famille (⁴).

D'abord on ne conservait que les *imagines* des *agnati*, plus tard aussi des *cognati* et même des *affines* (⁵).

Les *armaria* n'étaient ouverts qu'aux fêtes de famille (⁶), et surtout aux funérailles solennelles, dans lesquelles les masques accompagnaient le cortége funèbre (⁷).

---

(1) MARQUARDT, V, 1, 246-250. EICHSTAEDT, *De imaginibus Romanorum.* St-Pétersbourg, 1806.

(2) QUATREMÈRE DE QUINCY, *Le Jupiter Olympien.* Paris, 1815, fol.-36, 37.

(3) Voyez la description de l'*atrium* et des *alae* dans MARQUARDT, V, 1, 241.

(4) VITRUV., VI, 3, 6 : «*Imagines item alte cum suis ornamentis ad latitudinem alarum sint constitutae.* » POLYB., VI, 53 : « Τιθέασι τὴν εἰκόνα τοῦ μεταλλάξαντος εἰς τὸν ἐπιφανέστατον τόπον τῆς οἰκίας, ξύλινα ναΐδια περιτιθέντες · ἡ δὲ εἰκών ἐστι πρόσωπον εἰς ὁμοιότητα διαφερόντως ἐξειργασμένον, καὶ κατὰ τὴν πλάσιν, καὶ κατὰ τὴν ὑπογραφήν. » MART., II, 90, 6 :

Atriaque immodicis arctat imaginibus.

Cf. JUVÉN., VIII, 1-5. PLIN., XXXV, 2 (2) : «*Expressi cera voltus singulis disponebantur armariis... Stemmata vero lineis discurrebant ad imagines pictas.* » VAL. MAX., V, 8, 3 : « *Effigies majorum cum titulis suis idcirco in prima aedium parte poni solere, ut eorum virtutes posteri non solum legerent sed etiam imitarentur.* » TIB., IV, 1, 30 :

Nec quaeris, quid quaque index sub imagine dicat.

Sur le mot *elogium* voyez MOMMSEN, *Inscr. lat. ant.*, p. 277, suiv. — Sous l'Empire les bustes masqués furent en général remplacés par des médaillons à portraits en bronze ou en argent, *clipeatae imagines.* PLIN., l. l., et sur ce passage O. JAHN dans le *Hermes*, 1868. T. III, p. 188-189. Cf. MACROB., *Saturn.*, II, 3, § 4.

(5) CIC., *in Vatin.*, 11, § 28. TAC., *Ann.*, III, 5, 76.

(6) «*Aperire imagines.* » CIC., *p. Sull.*, 31, § 88. POLYB., l. l.

(7) POLYB., l. l. TAC., *Ann.*, III, 76, en parlant des funérailles de Junie, sœur de Brutus, dit : «*Viginti clarissimarum familiarum imagines antelatae sunt, Manlii, Quinctii aliaque ejusdem nobilitatis nomina. Sed praefulgebant Cassius atque Brutus, eo ipso quod effigies eorum non visebantur.* » Il dit de même des funérailles de Drusus, fils de Tibère : «*Funus imaginum pompa maxime inlustre fuit*

La *nobilitas* parvint peu à peu à s'emparer du monopole des honneurs ([1]). L'illustration des ancêtres, les richesses, accumulées au moyen du gouvernement des provinces, l'ascendant exercé sur les armées des citoyens-électeurs par des hauts faits militaires, devinrent autant de moyens dont les *nobiles* se servaient pour écarter systématiquement des honneurs tout citoyen, quelque méritant qu'il fût, du moment qu'il n'appartenait pas par sa naissance à une famille *nobilis* ([2]).

Cette politique exclusive de la *nobilitas*, qui se dessine déjà durant le 3ᵉ siècle avant J.-Ch., produisit naturellement une réaction, et la création de deux partis politiques opposés : les *optimates* et les *populares*.

Le noyau des *optimates* se composait de la *nobilitas*; mais ce parti avait aussi des adhérents dans toutes les classes de la société. Son organe, c'était le sénat.

Le parti des *populares* se recrutait surtout dans le bas peuple ; ses chefs ordinaires étaient les tribuns du peuple, qui eux-mêmes n'étaient pas rarement *nobiles* de naissance ([3]).

Le tribun Cajus Gracchus, dans le but de diviser le parti

cum origo Juliae gentis Aeneas omnesque Albanorum reges et conditor urbis Romulus, post Sabina nobilitas, Attus Clausus ceteraeque Claudiorum effigies, longo
ordine spectarentur. » *Ann.*, IV, 9. — Cf. MARQUARDT, V, 1, 359, 362.

(1) L'histoire de la *nobilitas* est traitée par LANGE, II, 1-331.

(2) SALL., *Jug.*, 63. «*Consulatum nobilitas inter se per manus tradebat. Novus
nemo tam clarus neque tam egregiis factis erat, quin is indignus illo honore et quasi
pollutus haberetur.*» Cf. ib., *Cat.*, 23. LIV., XXII, 34, XXXIX, 41. CIC.,
Verr., II, 5, 70-71. *De leg. agr.*, II, 1-2.

(3) Il n'est pas sans intérêt de voir en quels termes ces deux partis sont dé-
finis par un partisan des *optimates*, par CICÉRON : «*Duo genera semper in hac
civitate fuerunt eorum, qui versari in republica, atque in ea se excellentius gerere
studuerunt; quibus ex generibus alteri se populares, alteri optimates et haberi et esse
voluerunt. Qui ea, quae faciebant, quaeque dicebant, multitudini jucunda esse vo-
lebant, populares : qui autem ita se gerebant, ut sua consilia optimo cuique proba-
rent, optimates habebantur. Quis est ergo iste optumus quisque? De numero si
quaeris, innumerabiles. Neque enim aliter stare possemus. Sunt principes consilii
publici : sunt, qui eorum sectam sequuntur. Sunt maximorum ordinum homines,
quibus patet curia : sunt municipales rusticique Romani : sunt negotia gerentes :
sunt etiam libertini optimates.*» p. *Sest.*, 45.

des *optimates* et de miner l'influence du sénat, porta une loi judiciaire qui créa dans l'Etat romain un nouvel ordre, l'*ordo equester*.

§ 2. *De l'ordre équestre* (¹).

La *lex judiciaria C. Gracchi*, 123 avant J.-Chr. (²), décrète que le droit d'être inscrits sur l'*album judicum*, c'est-à-dire sur la liste des membres des *quaestiones perpetuae*, droit qui avait appartenu jusque-là aux seuls sénateurs, appartiendra désormais aux citoyens non-sénateurs, *ingenui*, âgés de 30 ans, et possédant le *census equester*, qui à cette époque s'élevait à 400,000 sesterces (³).

(1) Becker, II, 1, 269-290. Troisfontaines, I, 109-119. C. G. Zumpt, *Des chevaliers romains et de l'ordre équestre à Rome* (en all.). Berlin, 1840. Marquardt, *Historia equitum Romanorum libri IV*. Berlin, 1840. Rein, *Equites* (en all.) dans Pauly's *Realencyclopaedie*. Stuttgardt, 1844. T. III, p. 209. Niemeyer, *De equitibus Romanis*. Greifswald, 1851, p. 67-93. Gomont, *Les chevaliers romains depuis Romulus jusqu'à Galba*. Paris, 1854.

(2) Walter, §§ 254-255. Rudorff, *H. d. dr. r.*, I, § 39. Mommsen, *H. r.*, II, p. 111-115 (3e éd.). A. W. Zumpt, *Dr. crim. de la Rép.*, II, 1, 56-88. Berlin, 1868.

(3) Nous sommes peu renseignés sur le détail de la loi. Cic. (*in Verr.*, I, 13, § 38), Pseudo-Asc. (*in Verr.*, 145, *in Div.*, 103), Liv. (*Ep.*, LXX), Varr. (cité par Non., v. *bicipitem*, p. 454), App. (*B. c.*, I, 22), Vell. Pat. (II, 6, 32), Flor. (III, 13, 17), Tac (*Ann.*, XII, 60), sont d'accord à dire que la loi de Gracchus excluait les sénateurs de l'*album*. Telle est aussi l'opinion de Walter, Rudorff, Mommsen, Lange etc. Plutarque au contraire prétend en trois passages différents (*Caj. Gracch.*, 5, *Tib. Gracch.*, 16, *Comp. Ag. et Cleom. c. Gracch.*) que cette loi judiciaire institua comme juges 300 chevaliers avec les 300 sénateurs. Les uns considèrent les données de Plutarque comme erronées ; d'autres au contraire tâchent de les concilier avec les autres textes. Zumpt (*Droit crim.*, l. l.) croit que d'après cette loi les *equites* étaient les juges des *quaestiones perpetuae* proprement dites, tandis que les sénateurs restaient sur l'*album* comme *judices* pour les procès civils et les procès criminels ordinaires. — L'âge de 30 ans est indiqué par la *lex repet.*, l. 13 (Mommsen, *Inscr. lat. ant.*, p. 58). Quant à l'*ingenuitas*, bien que les fragments de la *lex repet.* n'en parlent point, il semble qu'il ne peut y avoir aucun doute sur cette condition. Zumpt, l. l., p. 119. — Nous ne savons pas à quelle époque le cens équestre fut élevé à 400,000 sesterces, voyez p. 49, n° 3. Il est généralement admis qu'à l'époque de C. Gracchus il en était déjà ainsi, quoique nous ne trouvions des mentions expresses de ce cens que chez les auteurs du premier siècle de l'Empire. Hor., *Epit.*, I, 1, 57. Juv., I, 106. Mart., IV, 67, V, 26, 39. Plin., XXXIII, 8 (2). Plin., *Epit.*, I, 19.

Cette loi était faite surtout en faveur des *publicani*, l'aristocratie financière, qui comme telle était exclue du senat; elle avait pour but de la séparer du parti sénatorial ou de l'aristocratie terrienne (¹).

Dès lors les citoyens non-sénateurs, *ingenui* et possesseurs du cens équestre, forment dans l'Etat une classe privilégiée, qui d'abord s'appela peut-être *ordo judicum*, mais qui bientôt fut désignée par le nom d'*ordo equester* ou *equitum* (²).

Cet ordre se composait de deux éléments bien distincts :

1° Un élément militaire : les anciennes 18 *centuriae equo publico*, composées de *juniores* (³).

2° Un élément financier et judiciaire, comprenant surtout les *publicani*.

En règle générale les *equites equo publico* appartenaient au parti des *optimates;* les autres *equites* à celui des *populares*.

Distinctions honorifiques des membres de l'ordre équestre:

1) Le *jus anuli aurei*, voyez p. 134, nᵉ 3.

2) La *tunica angusticlavia* (⁴).

3) Des siéges réservés au théâtre. *Lex Roscia*, 67 avant J.-Chr. : «*L. Roscius tribunus plebis legem tulit, ut equitibus Romanis in theatro quatuordecim gradus proximi assignarentur.*» Liv., *Epit.*, XCIX (⁵).

A dater de la création de l'ordre équestre, se prépare la transformation du sénat en ordre sénatorial. Ce dernier ordre,

---

(1) «*Equestri ordini judicia tradidit ac bicipitem civitatem fecit discordiarum civilium fontem.*» Varr. chez Non., l. l. Cf. Flor., III, 17. Nous parlerons des *publicani* à propos de l'administration financière.

(2) C'est ainsi que parle Plin., XXXIII, 8 (2). Cicéron se sert partout de l'expression : *ordo equester.* — La loi judiciaire de Gracchus subit, il est vrai, dans la suite, des modifications dont nous parlerons, en traitant des *quaestiones perpetuae;* mais l'ordre équestre, une fois constitué, se maintint.

(3) Sur le service militaire des *equites equo publico* à cette époque voyez Marquardt, III, 2, 291.

(4) Vell. Paterc., II, 88. Cf. Suet., *Oth.*, 10. Ἡ ἱππὰς στολή, Dion Cass., LVI, 31, etc. — Cette tunique est décrite par Marquardt, V, 2, 155-157, et par Rich, *Dictionnaire des antiq. grecq. et rom.* au mot *clavus*, nᵉ 9.

(5) De là les expressions : *in equite spectare*, Suet., *Dom.*, 8, *in equestribus sedere*, Petron., 126.

ne comprenant plus seulement les sénateurs, mais aussi les membres de leurs familles, fut définitivement constitué par Auguste (¹), de sorte qu'au commencement de l'Empire, les citoyens romains étaient divisés légalement en trois classes sociales : l'*ordo senatorius*, l'*ordo equéster* et les citoyens, ayant un cens inférieur à l'ordre équestre, et appelés communément *ordo plebejus*.

Cependant, dès le premier siècle de l'Empire, un concours de diverses causes prépara la décadence rapide de l'ordre équestre :

1° Comme à la faveur des guerres civiles beaucoup de citoyens enrichis, mais de basse naissance, étaient entrés dans l'ordre équestre, et avaient ainsi gravement atteint la considération de l'ordre, Auguste, pour le relever, distingua du reste des *equites* ceux qui étaient de noble extraction et qui possédaient le sens sénatorial : *Equites illustres, insignes, primores equitum* ou *equites senatoria dignitate* (²). En effet à ceux d'entre eux qui se préparaient aux carrières publiques, il permettait de porter la *tunica laticlavia* et leur accordait l'entrée au sénat (³). La mesure d'Auguste devait contribuer à déconsidérer les membres ordinaires de l'ordre équestre. D'ailleurs le mal ne fit que s'aggraver sous les empereurs suivants, alors que l'ordre continua à se recruter parmi des gens enrichis, sans naissance, sans moralité (⁴), et des affranchis qui recevaient le *jus anuli aurei* (⁵).

2° Le privilége judiciaire de l'ordre équestre fut d'abord amoindri, et ensuite enlevé par l'abolition des *quaestiones perpetuae*.

3° L'organisation financière de l'Etat romain, source spé-

---

(1) Voyez le chapitre relatif au sénat.

(2) TAC., *Ann.*, II, 59, IV, 58, XI, 4, 5, XVI, 17. *Hist.*, I, 4.

(3) Il est vrai que DION CASSIUS (LIX, 9) n'attribue cette innovation qu'à Caligula. Mais de fait elle existait dès Auguste, témoins OVID., *Trist.*, IV, 10, 7-8, 29, 35, et les passages cités de TACITE.

(4) Voyez les plaintes de JUVÉNAL à ce sujet, I, 105, III, 153-160, IV, 32, V, 132, XIV, 323 et de MARTIAL, VII, 64.

(5) PLIN., XXXIII, 8 (2). Voyez p. 134.

ciale de la fortune des *publicani*, fut considérablement modifiée sous l'Empire.

4° Avec la disparition des comices centuriates les *centuriae equitum* perdirent leur importance politique.

Cependant les *equites equo publico* (¹), divisés en *turmae*
et commandés par des *seviri*, continuent à former une pépi-
nière pour les hautes charges militaires et politiques, et subsistent jusque dans le troisième siècle de notre ère, alors que
depuis longtemps il n'est plus question de l'ordre équestre
dans l'histoire.

(1) Tac., *Ann.*, II, 83. Plin., XV, 5 (4). Les *VI viri equitum Romanorum*
sont fréquemment cités dans les inscriptions. C'est encore aux *equites equo publico*
qu'il faut rapporter les mentions de Trebell. Poll., *Gall.*, 8, et Vopisc., *Aurel.*, 12.

Ch. I. — DES DIFFÉRENTES CATÉGORIES DE PEREGRINI, ET DE LEUR CONDITION JURIDIQUE AU POINT DE VUE DE LA LOI ROMAINE.

Peregrinus est tout homme libre exclu de la *civitas*. Parmi les pérégrins il faut distinguer deux catégories.

I. Les citoyens d'Etats indépendants de Rome (1), appelés d'abord *hostes*, plus tard *peregrini* (2).

Anciennement, quand ils séjournaient sur le territoire romain, ils étaient sans protection légale ; car le *jus civile*, le seul droit de cette époque, ne concernait que les *cives*.

Cependant l'étranger pouvait se mettre sous la sauvegarde d'un citoyen, soit en contractant avec lui un *hospitium privatum* (3), et en se plaçant ainsi sous la protection religieuse de

(1) WALTER, §§ 73 et 115. MARQUARDT, III, 1, 25. TROISFONTAINES, I, 121-128.

(2) VARR., *De l. l.*, V, 1 : « *Multa verba aliud nunc ostendunt aliud ante significabant, ut* HOSTIS ; *nam tum eo verbo dicebant* PEREGRINUM QUI SUIS LEGIBUS UTERETUR : *nunc dicunt eum, quem tum dicebant* PERDUELLEM. » Cf. CIC., *De off.*, I, 12. FEST., p. 314^{b}, s. v. *status dies*. PAUL. DIAC., p. 82, s. v. *exesto*. Chez PLAUTE encore *hostis* est opposé à *civis*. *Trin.*, I, 2, 65. *Rud.*, II, 4, 21. Il est généralement admis maintenant que *hostis* est de même origine que le mot german. *gasts* et le slave *gosti*, et qu'il a signifié primitivement, comme le grec ξένος, l'étranger protégé par l'hospitalité ou le *hospes*. Voyez MOMMSEN, *Rech. rom.*, I, 326, n° 1, 327, n° 2, 328, n° 3, 349, n° 50.

(3) L'hospitalité est une institution très-ancienne non-seulement chez les Romains, mais chez tous les peuples de l'antiquité (WALTER, § 82, n°s 25-26) : « *publice privatimque hospitia* ». LIV., I, 45. L'*hospitium privatum*, dont il est ici seule question, pouvait à l'origine exister entre des citoyens d'Etats qui n'étaient

Jupiter hospitalis (1), soit en implorant son patronage (*applicatio ad patronum*, voyez p. 41). Dans ces deux cas, le citoyen avait l'obligation morale de protéger en toute cause les intérêts de son *hospes* ou de son client (2).

Si un Etat étranger voulait assurer une protection légale à ses sujets, séjournant ou résidant sur le territoire romain, il devait contracter avec l'Etat romain un traité international, définissant les concessions réciproques, faites par les deux peuples, dans l'intérêt de leurs nationaux qui seraient de passage ou de résidence sur le territoire étranger (3).

Mais, avec le temps, grâce à l'extension des relations internationales, grâce surtout à l'intervention de l'édit prétorien, il s'est établi des règles de justice, des principes de droit commun, applicables à tout homme libre, tant pérégrin que citoyen, lesquels ont fini par fonder à côté du droit civil positif un droit international positif ou *jus gentium* (4). C'est

pas liés par un *hospitium publicum*. Plus tard cela ne semble plus avoir été le cas. L'*hospitium* se contractait par une *sponsio* ou le simple consentement des parties (Liv., XXX, 13, Cic., *p. Dej.*, 3, Verg., *En.*, III, 83, Serv., *ad Aen.*, IX, 360), il était héréditaire (*hospitium paternum*, Liv., XLII, 38, Cés., *B. c.*, II, 25, *vetustum*, Cic., *ad Div.*, XIII, 36), à moins qu'une *renuntiatio* ne l'eût dissout (Liv., XXV, 18. Cic., *Verr.*, II, 2, 36, § 89). Le signe de reconnaissance était la tessère hospitalière (*tessera*, Plaut., *Poen.*, V, 2, 87. *Cist.*, II, 1, 27, ou *symbolum*, Plaut., *Bacch.*, II, 3, 29). Voyez sur ce sujet Walter, § 82, Marquardt, V, 1, 203-208, et surtout Mommsen, *Le droit d'hospitalité à Rome* dans ses *Rech. rom.*, I, 326-354.

(1) Cic., *ad Quint.*, II, 12, *p. Dej.*, 6. Cf. *Verr.*, II, 4, 22. Plaut., *Poen.*, V, 1, 25.

(2) Cf. Cic., *Div. in Caec.*, 20, § 67. — On discutait même dans l'antiquité à qui de l'*hospes* ou du *cliens* le patron devait donner la priorité. Voyez l'avis de Masurius Sabinus chez A. Gell., V, 13, § 5 : « *Primum tutelae, deinde hospiti, deinde clienti, tum cognato, postea adfini.* »

(3) Il sera parlé de ce sujet dans le chapitre qui traitera des relations internationales.

(4) Walter, §§ 115, 428. Rudorff, *H. d. ar. r.*, I, § 1. Rein, *Dr. c.*, 109-111. — M. Voigt, *La doctrine du jus naturale, acquum et bonum et du jus gentium des Romains* (en all.). Leipzig, 1856-1858, 4 vol. — « *Quod quisque populus ipse sibi jus constituit, id ipsius proprium civitatis est, vocaturque jus civile, quasi jus proprium ipsius civitatis; quod vero naturalis ratio inter omnes homines constituit, id apud omnes peraeque custoditur, vocaturque jus gentium quasi quo jure omnes gentes utuntur.* » *Dig.*, I, 1, 9. Cf. XLVIII, 19, 17, § 1. Le *jus gentium* comprend deux parties : le droit international public ou le droit des gens,

ainsi que l'Etat romain a reconnu au pérégrin la jouissance du *matrimonium ex jure gentium*, de la *possessio*, protégée même par le préteur (¹), du droit de contracter des obligations naturelles, le *mutuum*, l'*emptio*, la *locatio*, la succession par fidéi-commis etc. (²).

II. *Peregrini* sont aussi les peuples soumis à Rome, qui n'ont pas obtenu la *civitas*.

La condition civile et politique de ces peuples dépend soit du traité que chaque a conclu avec Rome, soit de l'organisation provinciale que le sénat romain leur a octroyée après leur soumission (³).

Cependant parmi ces *peregrini* il y avait une classe privilégiée, les *Latini*.

Ch. II. — DU JUS LATII (⁴).

La condition juridique, appelée *jus Latii*, existe seulement depuis la soumission du Latium à la domination romaine; mais son origine ne s'explique que par la confédération latine, antérieure à cette époque.

---

jus belli et pacis, et le droit international privé. Isid., V, 6. — Le *jus naturae* ou *naturale*, entendu dans le sens moderne de *droit naturel*, a été introduit dans les spéculations philosophiques des Romains par Cicéron qui l'a emprunté à la philosophie grecque, mais, à vrai dire, il n'a pas eu à Rome d'applications juridiques.

(1) Walter, § 568. Rein, *Dr. c.*, 202-203.

(2) Cf. Gaj., II, 40, III, 93, 119-120, 133, 179, IV, 37. *Dig.*, I, 1, 5.

(3) Voyez les chapitres qui exposent l'organisation de l'Italie sous la domination romaine et le régime provincial.

(4) Savigny, *De l'origine et du développement de la Latinité comme condition spéciale dans l'Etat romain* (en all.) dans ses *Vermischte Schriften*. Berlin, 1850, I, 14-28, et *Le décret du peuple romain de la table d'Héraclée* (en all.). Ib., III, 279-412. Madvig, *De jure et condicione coloniarum populi Romani* {dans ses *Opusc.* Copenhagen, 1834, p. 271-284. Peter, *Les rapports entre Rome et les villes et peuples soumis de l'Italie* (en all.) dans le *Zeitschr. f. d. Alterthumsw.*, 1844, p. 193, suiv., et *La loi organique du développement de la domination romaine* (en all.). Ib., 1846, p. 598, suiv. Rein, *Le Latium dans ses rapports de droit public avec Rome* (en all.). Stuttgardt, 1846. T. IV, p. 815, suiv. Mommsen, *Hist. du syst. monét.* etc., p. 308, suiv. A. W. Zumpt, *De propag. civ. Rom.* dans ses *Studia Romana*, p. 344-365.

§ 1. *De la confédération latine* (¹).

Après la destruction d'Albe-la-Longue, Rome entra dans l'ancienne confédération latine et parvint bientôt à y exercer l'hégémonie. Cette confédération, dissoute après l'expulsion des rois, fut renouvelée ensuite sous le consulat de Sp. Cassius Viscellinus (493 avant J.-Chr.) par un *foedus aequum* entre Rome et les Latins, auxquels s'adjoignent peu après les Herniques (486 avant J.-Chr.) (²).

Clauses du *foedus aequum* : amitié, assistance en cas de guerre défensive, exercice alternatif du commandement en chef; partage égal du butin, stipulations sur les contrats de prêt et de gage, et procédure à suivre dans les procès qui en résultent. Denys, VI, 95. Fest., 166 et 241.

Le *commercium*, que les stipulations du traité présupposent, a existé de tout temps entre Romains et Latins. Quant au *jus conubii*, rien ne nous semble prouver qu'il ait été commun aux confédérés (³).

A cette confédération appartenaient aussi les colonies latines, fondées par elle soit avant soit pendant le *foedus aequum* (⁴).

La confédération, sauf une courte interruption après l'invasion gauloise, 390-358 avant J.-Chr. (Liv., VI, 2, VII,

---

(1) Schwegler, *Hist. rom.*, II, 287-348. Marquardt, III, 1, 27-29. Lange, II, 54-62.

(2) Liv., II, 33, 41. Cic., *p. Balb.*, 23, § 53. Denys, VIII, 69, 72.

(3) Que l'État romain ait pu accorder de tout temps le *conubium* à des pérégrins, ou à des cités étrangères, cela n'est pas douteux (Liv., IV, 3, Cic., *De rep.*, II, 37) ; mais que le *jus conubii* ait appartenu de droit aux confédérés latins, de cela nous ne trouvons aucune preuve. La *Latinitas* de l'Empire, on le sait positivement, ne comprenait pas ce droit. Quant aux *Latini* de la République, pendant le *foedus aequum*, et après la soumission du Latium, aucun auteur ancien n'affirme ni qu'ils aient joui du *conubium* avec les Romains (Plut., *Cam.*, 33, prouve plutôt le contraire) ni qu'ils en aient été privés dans la suite.—Comment d'ailleurs les patriciens auraient-ils concédé ce droit aux Latins, tandis qu'ils l'ont refusé si longtemps et avec tant d'opiniâtreté aux plébéiens ?

(4) C'était une coutume propre à tous les peuples italiques d'affermir leur domination dans une contrée soumise par la fondation de colonies. Tite-Live mentionne des colonies de Samnites (IV, 37), d'Eques (IV, 49), d'Etrusques (V, 33), d'Antiates (VII, 27) etc. Les travaux modernes sur les colonies romaines seront mentionnés dans le chapitre qui traitera de l'organisation de l'Italie sous la domination romaine.

12), subsista jusqu'après la première guerre samnitique.

Les prétentions excessives, formulées à cette époque par les Latins (*consulem alterum senatusque partem*, Liv., VIII, 4), amenèrent la guerre avec les Latins qui finit par la soumission du Latium.

A certaines cités latines Rome accorda la *civitas*. Aux autres elle enleva tout lien fédératif, *«conubia commerciaque et concilia inter se ademerunt* (¹)*»* ; et elle conclut des traités avec chaque Etat séparément. Les cités de cette catégorie, de même que les anciennes colonies latines, quoique désormais plutôt soumises à Rome que confédérées avec elle, conservèrent en général leur condition antérieure. — *Socii nominis latini* (Liv., X, 26, 34).

§ 2. *Du nomen latinum depuis la soumission du Latium* (²).

Le *nomen latinum* qui d'abord se composait des deux catégories de cités indiquées, s'étend ensuite.

Après la soumission des Volsques, des Aeques, des Herniques, Aurunques et Privernates, leur pays est ajouté au Latium (*Latium adjectum*) (³), et ils reçurent, probablement dans le principe, la condition des *socii nominis latini*.

Ensuite Rome continue à fonder des *coloniae latinae*, appelées *coloniae novae* (Fest., p. 241), qui, sans être composées uniquement de Latins (voyez p. 139, n° 4), et sans devoir être établies dans le Latium, sont assimilées au *nomen latinum*, et deviennent bientôt la partie la plus importante des *socii nominis latini* (Liv., XXVII, 9).

La condition juridique du *nomen latinum* s'appelle *latini-*

---

(1) Liv., VIII, 14, où se trouve au moins partiellement le contenu du sénatus-consulte concernant la condition donnée au Latium.

(2) Marquardt, III, 1, 31-44. Lange, II, 60-62. Walter, §§ 224-228. Rudorff, *H. d. dr. r.*, I, § 11. Troisfontaines, I, 129-139.

(3) Plin., III, 9 (5). Strab., V, 3, § 4, p. 231. Cas.

tas (Cic., *ad Att.*, XIV, 12), *jus Latii* ou simplement *Latium* (Tac., *Hist.*, III, 55 etc.).

Les cités du *nomen latinum* sont considérées par le peuple romain comme des villes confédérées : *Latinis, id est, foederatis* (Cic., *p. Balb.*, 24, § 54). Partant elles forment des *civitates* propres (Liv., XXIX, 15), sont indépendantes des magistrats romains (Strab., IV, 1, § 1, p. 187. Cas.), n'adoptent les lois romaines que si elles y consentent [1]. Elles ont le droit de battre monnaie, droit qui fut cependant restreint vers 269 avant J.-Chr. [2].

Le *foedus* ou la *formula* de la colonie [3] détermine les prestations qu'elles doivent fournir en troupes et en argent. Les *Latini* ne servent pas dans la légion, mais parmi les *socii* [4].

Le *jus commercii* est le privilège propre des *Latini* [5].

[1] L'expression propre en ce cas est : *populus fundus factus est.* Cic., *p. Balb.*, 8. Cf. Gell., XVI, 13. *Fundus* est synonyme de *auctor*. Cf. Plaut., *Trin.*, V, 1, 6. Paul. Diac., s. v. p. 89.

[2] Voyez Mommsen, *Hist. du syst. mon.*, 229-237.

[3] Liv., XXVII, 10, XXIX, 15.

[4] Marquardt, III, 2, 297-306.

[5] Après la *lex Julia de civitate*, les *Latini* jouissent du *commercium* (Ulp., XIX, 4, cf. XI, 16), mais ils n'ont pas de droit le *conubium* (Ulp., V, 4). Fut-ce là aussi la condition des *socii nominis latini* avant la *lex Julia ?* Là-dessus les opinions sont très-divisées, parce que nous n'avons guère de renseignements décisifs sur cette question. Le *commercium* leur est généralement reconnu (Walter, Rein, Vangerow, Lange, Puchta, Mommsen, Rudorff etc.). Voyez en effet Liv., XLI, 8. Quant au *conubium* les uns le leur accordent (Niebuhr, Walter), d'autres le leur dénient (Madvig, Puchta, Marquardt, Boecking etc.). D'après ce que nous avons dit plus haut, il ne nous semble point qu'à défaut de tout témoignage le *jus conubii* puisse être attribué aux *Latini* de cette époque. Plusieurs auteurs modernes ont appliqué à l'exercice de ces droits privés la différence que Cic. (*p. Caec.*, 35, § 102), dit exister entre douze colonies et les autres. Aucuns ont prétendu que les colonies les plus favorisées avaient le *conubium*, les autres pas (Lange). D'autres refusent aux colonies moins favorisées même le *jus commercii* (Savigny, Madvig, Marquardt). Ce texte de Cicéron a donné lieu à nombre d'hypothèses différentes qui sont mentionnées par Walter, § 253, n° 84, et qu'il serait trop long de développer ici. Quelques savants ont aussi identifié avec la division de Cicéron la distinction entre le *majus* et le *minus Latium*, qu'en général l'on veut trouver chez Gaj., I, 95. D'après l'opinion la plus récente, motivée surtout par la *lex Salpensana*, c. 21,

Les *Latini*, domiciliés à Rome (*incolae*), votent aux comices tributes dans une tribu tirée au sort ([1]).

En outre, le droit de cité leur est acquis par les moyens suivants :

1° S'ils s'établissent à Rome, mais à condition que *«stirpem ex sese domi relinquerent»*. Liv., XLI, 8 ([2]).

2° Par l'exercice d'une magistrature annuelle dans une ville latine ([3]).

3° Par le fait d'avoir fait condamner un magistrat romain dans un procès *repetundarum* ([4]).

Rome a accordé successivement le droit de cité à plusieurs

---

cette dernière distinction ne daterait que de l'Empire (Vespasien), et se rapporterait aux effets de l'exercice d'une magistrature annuelle dans une cité latine. Voyez Mommsen, *Les droits des municipes latins de Salpensa et de Malaga* (en all.). Leipzig, 1855, p. 405, n° 40. Rudorff, *Disputatio critica de majore et minore Latio.* Berlin, 1860.

(1) Liv., XXV, 3 : *« Tribuni populum submoverunt sitellaque adlata est ut sortirentur ubï Latini suffragium ferrent. »* App., *B. c.*, I, 23, distingue des *Latini* les autres *socii*, en disant : *«οἷς οὐκ ἐξῆν ψῆφον ἐν ταῖς Ῥωμαίων χειροτονίαις φέρειν. »* Cependant ces textes ont donné lieu à de vives controverses. Beaucoup ne croyaient point à l'authenticité du texte de Tite-Live, pour lequel on a proposé diverses corrections, et en dernier lieu (éd. Weissenborn) : *« Ut sortirentur tribus ac statim suffragium ferrent. »* Le passage d'Appien était interprété de différentes manières. Cf. Marquardt, II, 3, 50, n° 154. Maintenant un fragment de la *lex Malacitana* semble trancher la question ; il confirme et complète Tite-Live et Appien dans le sens indiqué plus haut. En effet la *rubrica* LIII dit : *« Quicumque in eo municipio comitia... habebit, ex curiis sorte ducito unam, in qua incolae, qui cives Romani Latinive cives erunt, suffragia ferant. »* Cf. Mommsen, *Les droits des mun.* etc., 407-408. Zumpt, *Studia rom.*, 291-295. 344-352.

(2) L'opinion de Madvig et de Marquardt, d'après laquelle cette disposition n'aurait été qu'une mesure transitoire, n'est guère admise. Cf. Zumpt, *Stud. rom.*, 346-352.

(3) App., *B. c.*, II, 26. Ascon., *In Pison.*, p. 3. Or. Strab., IV, 1, § 12, p. 187. Cas. Gaj., I, 95. *Lex Salp.*, c. 21-23. Cf. Cic., *ad Att.*, V, 11, § 2.

(4) Il semble que d'abord par la *lex Acilia* (123 avant J.-Chr.) ce privilége fut octroyé à tous les pérégrins (*lex repet.*, 76, 83, Mommsen, *Inscr. lat. antiq.*, p. 62-63), et qu'ensuite par la *lex Servilia* (d'après Mommsen, l. l., 55, en 111, d'après d'autres 100 avant J.-Chr.), il fut restreint aux seuls *Latini*. Cic., *p. Balb.*, 24, § 54. Mommsen, l. l., p. 70.

villes latines, et il semble que dès un siècle avant la guerre scciale le Latium proprement dit jouissait de la *civitas* complète [1].

A dater des *leges Julia* et *Plautia Papiria* (90 et 89 avant J.-Chr.), il n'y a plus en Italie de cités de droit latin [2].

§ 3. *Du jus Latii extra-italique ou des Latini coloniarii* [3].

Le *jus Latii* subsiste en province pour les colonies latines qui y avaient été établies (par exemple LIV., XLIII, 3), et s'y étend considérablement parce que par une fiction juridique ce droit fut conféré à des cités provinciales *(oppida, municipia latina)*, ou à des provinces entières.—*Latini coloniarii*(ULP., XIX, 4).

La Gaule transpadane l'obtient en 89 av. J.-Chr. (ASCON., *in Pis.*, p. 3, Or.). Plusieurs cités de la Sicile en jouissent dès le commencement de l'Empire (PLIN., III, 14 (8)). Vespasien confère ce droit à toute l'Espagne (PLIN., III, 4 (3), s. f.), Adrien à une grande partie de la Gaule [4].

Cependant la condition des *Latini coloniarii* était inférieure à celle des *Latini* italiques d'autrefois, en ce que le sol provincial *(extra commercium)* était imposé *(tributum soli)*, tandis que l'*ager privatus* en Italie ne l'avait pas été, et en ce qu'en province les habitants étaient soumis au *tributum capitis*, tandis que le *tributum* en Italie avait été aboli depuis 167 avant J.-Chr. [5].

D'ailleurs cette infériorité atteignait aussi les colonies et les municipes de citoyens en province, à moins qu'ils n'eussent obtenu le *jus italicum*. Voyez p. 82, n° 2.

---

(1) MARQUARDT, III, 1, 12-13.
(2) Voyez p. 60, n° 8.
(3) WALTER, §§ 246, 318. TROISFONTAINES, I, 139-140.
(4) ZUMPT, *comment. epigraph.*, I. Berlin, 1850, p. 411. SPART., *Hadr.*, 21.
(5) PLUT., *Aem. Paull.*, 38. CIC., *de off.*, II, 22, § 76. — AGG. URB., *ad Front.* dans les GROM. VET., ed. Lachm., p. 4. Cf. ib., p. 35, 62. *Dig.*, L, 15, 8, § 5 et 7. — MARQUARDT, III, 1, 259-260.

Les *Latini coloniarii* subsistent en province jusqu'à l'empereur Caracalla. Voyez p. 60.

§ 4. *Des Latini Juniani* (¹).

Jusqu'à l'Empire la *manumissio minus justa* ne produisit point d'effets légaux (Cic., *Top.*, 2). De ceux qui étaient affranchis de la sorte, on disait : «*morantur in libertate*» (Cic., *p. Mil.*, fragm. 12, Peyr. Dosith., *De manum.*, § 4). «*Servos ex jure quiritium,... sed auxilio praetoris in libertatis forma servari solitos.*» Gaj., III, 56.

Sous le règne de Tibère, une loi proposée par les consuls M. Junius Silanus et L. Junius Norbanus, la *lex Junia Norbana* de 19 apr. J.-Chr., accorde une condition analogue à celle des *Latini coloniarii* aux trois catégories suivantes d'affranchis :

1° Aux esclaves qui sont affranchis par *manumissio minus justa*. Dosith., *De manum.*, § 6. Ulp., I, 10.

2° A ceux qui sont affranchis par un propriétaire bonitaire. Ulp., I, 16.

3° Aux esclaves, âgés de moins de trente ans, affranchis sans les conditions imposées par la *lex Aelia Sentia*. Gaj., I, 17. Ulp., I, 12. Voyez p. 118 (²).

La condition, donnée par la *lex Junia* à ces affranchis, s'appelle la *Latinitas Juniana*. — *Latini Juniani* (³).

Les Latins juniens jouissent du *jus commercii* (Ulp., XIX, 4), sauf une restriction : ils ne peuvent «*nec testamentum facere, nec ex testamento alieno capere*» (Gaj., I, 23), d'où

---

(1) Becker, II, 1, 86. Lange, I, 174-175. Walter, §§ 354, 479, 482, 489, 491. Rein, *Dr. c.*, 589-595. Rudorff, *H. d. dr. r.*, I, § 26. Troisfontaines, I, 254-256. Von Vangerow, *Des Latini Juniani* (en all.). Marbourg, 1833.

(2) Schmidt, *Remarques critiques sur...* Ulpien, I, 12 (en all.). Fribourg, 1856, p. 20. — La condition de ces affranchis avant la *lex Junia* est très-controversée. Voyez Walter, § 485, n° 41. Rein, *Dr. c.*, 585, n° 12.

(3) Gaj., III, 56. Ulp., I, 10.

il résulte qu'à leur mort leurs biens retournent à leur ancien propriétaire, *«jure quodammodo peculii»* (GAJ., III, 56). *«Vivant quasi ingenui et moriantur ut servi»* (SALVIAN., *adv.avar.*, III, 93) (¹).

Les enfants des *Latini juniani* ont la condition des *Latini ingenui*. Cf. PAULL., IV, 9, § 8.

De plus, les *Latini juniani* acquièrent la *civitas* par les modes suivants :

1° *Beneficio principali*. ULP., III, 2. Cf. PLIN., *Epit.*, X, 105.

2° *Causae probatione*. Voyez p. 74.

3° *Iteratione*. ULP., III, 4. DOSITH., *De man.*, § 14. PLIN., *Epit.*, VII, 16.

4° *Militia*. *«Si inter vigiles Romae sex annis militaverit, ex lege Visellia... Ex senatusconsulto,... si triennio...* ULP., III, 5.

5° *Nave, aedificio, pistrino*. ULP., III, 1 et 6. Cf. SUET., *Claud.*, 18-19.

6° *Ex senatusconsulto, mulier, quae sit ter enixa*. ULP., III, 1. Cf. PAULL., IV, 9, § 7-8 (¹).

Ces affranchis, qu'ils soient Latins ou qu'ils aient obtenu le droit de cité, sont soumis aux mêmes obligations envers leurs patrons que les *liberti justi*. Voyez p. 130-135.

La *Latinitas juniana*, supprimée momentanément par la constitution de Caracalla, renaît ensuite, et elle n'est abolie définitivement que par Justinien. *Cod.*, VII, 6.

---

(1) Cf. GAJ., III, 55-71. TAC., *Ann.*, XIII, 27. — WALTER, § 661. REIN, *Dr. c.*, 822.

(2) Voyez sur tous ces modes aussi GAJ., I, 28-35. La plupart s'appliquent aussi bien aux *Latini coloniarii* qu'aux *Latini juniani*.

LIVRE II. — DES POUVOIRS CONSTITUTIFS DU GOUVERNEMENT.

Cᴴ. I. — DÉTAILS GÉNÉRAUX RELATIFS AUX ASSEMBLÉES DU PEUPLE.

Les réunions du peuple s'appellent ou *concilium* ou *contio* ou *comitia* (²).

Concilium est un terme générique, employé pour indiquer toute réunion du peuple, et, dans un sens restreint, ces réunions qui ne sont ni *contiones*, ni *comitia* (³). — *Concilia plebis.*

La distinction entre la *contio* et les *comitia* est bien carac-

---

(1) C. F. Sᴄʜᴜʟᴢᴇ, *Des assemblées du peuple romain* (en all.). Gotha, 1815. Gᴏᴇᴛᴛʟɪɴɢ, *Des assemblées du peuple pendant la République* (en all.) dans le *Hermes.* Leipzig, 1826. T. XXVI, p. 84. Rᴜʙɪɴᴏ, *Des assemblées du peuple* dans ses *Recherches* etc., p. 233. Rᴇɪɴ, *Comitia* (en all.) dans Pᴀᴜʟʏ's *Realencyclopaedie.* Stuttgardt, 1842. T. II, p, 529. Tʜ. Mᴏᴍᴍsᴇɴ, *Les droits spéciaux des plébéiens et des patriciens dans les assemblées du peuple et au sénat* (en all.) dans les *Rech. rom.*, I, 129-284.

(2) Bᴇᴄᴋᴇʀ, II, 1, 358, suiv. Lᴀɴɢᴇ, I, 342, II, 418-430.

(3) Lᴀᴇʟɪᴜs Fᴇʟɪx définit le *concilium* comme suit : «*Is qui non universum populum, sed partem aliquam adesse jubet, non comitia, sed concilium edicere jubet.*» A. Gᴇʟʟ., XV, 27. Voyez cependant sur cette définition Lᴀɴɢᴇ, II, 422. Cf. Mᴏᴍᴍsᴇɴ, *Rech. rom.*, I, 170, nᵉ 8.

térisée par la définition suivante : *«Cum populo agere* (expression propre dans le sens de *présider les comices,* cf. Cic., *De leg.,* III, 4) *est rogare quid populum, quod suffragiis suis aut jubeat aut vetet* ([1]); *contionem autem habere est verba facere ad populum sine ulla rogatione.* » A. Gell., XIII, 16 (15), § 3.

I. *Contio* ([2]). — *«Contio significat conventum, non tamen alium, quam eum, qui a magistratu vel a sacerdote publico per praeconem convocatur.»* Paul. Diac., p. 38 ([3]).

Le *jus contionem habendi* appartient à tous les magistrats, mais il est exercé hiérarchiquement : *avocare contionem* ([4]).

L'objet d'une *contio* est soit une communication à faire soit la délibération sur une *rogatio,* qui sera ensuite soumise aux comices.

Le *sollenne precationis carmen* ([5]) est suivi du discours du magistrat-président à l'assemblée. S'il y a délibération, le président accorde la parole *ad suadendum* ou *ad dissuadendum* (Quint., *Inst. or.,* II, 4, § 33), d'abord aux *privati,* ensuite aux magistrats ([6]). — *Dimittere, summovere contionem* (Cic., *ad Att.,* II, 24, § 3, *p. Flacc.,* 7).

II. *Comitia.* — *«Cum ex generibus hominum suffragium feratur, «curiata» comitia esse, cum ex censu et aetate, «cen-*

---

(1) Cf. Fest., p. 282. — Paul. Diac., p. 50, n'est pas très-exact quand il dit : *«Cum populo agere hoc est populum ad concilium aut comitia vocare.»*

(2) Lange, II, 663-670.

(3) Cf. Liv., IV, 32 : *«Civitatem praeconibus per vicos dimissis... ad contionem advocatam.»* Ib., XXXIX, 15.

(4) Messalla cité par A. Gell., XIII, 16 (15), § 1 : *«Consul ab omnibus magistratibus et comitiatum et contionem avocare potest. Praetor et comitiatum et contionem usque quaque avocare potest, nisi a consule. Minores magistratus nusquam nec comitiatum nec contionem avocare possunt. Ea re, qui eorum primus vocat ad comitiatum, is recte agit, quia bifariam cum populo agi non potest. Nec avocare alius alii posset, si contionem habere volunt, uti ne cum populo agant, quamvis multi magistratus simul contionem habere possunt.»* — Il faut cependant faire une exception pour les *tribuni plebis,* à l'égard desquels aucun magistrat n'a le *jus avocandi contionem.* Denys, VII, 17. Liv., XLIII, 16. Aurel. Vict., *D. vir. ill.,* 7 . Cf. Val. Max., IX, 5, 2.

(5) Liv., XXXIX, 15. Cf. A. Gell., XIII, 23 (22), § 1-2.

(6) Dion Cass., XXXIX, 35. Cf. Liv., XLII, 34, XLV, 21, 36 et 40. Denys, V, 11. Cic., *ad Att.,* IV, 2, § 3.

turiata», *cum ex regionibus et locis*, «*tributa*».» LAEL. FEL. cité par A. GELL., XV, 27.

Formalités communes aux différentes espèces de *comitia* et pour la plupart aussi aux *concilia plebis*.

1° Convocation par un édit du magistrat-président (*edicere, indicere comitia*) (¹), un *trinundinum* (17 jours) (²) au moins avant le jour de réunion, et *promulgatio rogationis* (³) pendant cet intervalle. Le droit de présidence (*jus cum populo, cum plebe agendi*) varie selon le genre de comices. Pendant le *trinundinum* les magistrats peuvent convoquer des *contiones*, à l'effet de mettre la *rogatio* en discussion (⁴).

2° Le jour de réunion doit être un *dies comitialis*.

Au point de vue du droit public, les jours se divisent en *dies fasti, dies nefasti* (*religiosi, feriati, feriae publicae populi Romani*) et jours mixtes, tels que les *dies endotercisi* et *nefasti priores* ou *mane nefasti* (⁵).

Les *dies fasti* se subdivisent en jours judiciaires ou *dies fasti* (dans le sens strict) : «*quibus licet fari praetori tria verba solennia* DO DICO ADDICO »(MACROB., *Sat.*, I, 16), et en *dies comitiales*, «*quibus cum populo agi licet*» (ib.) (⁶).

Le calendrier, dont la rédaction appartenait au collége

---

(1) GELL., XIII, 15. LIV., IV, 57, VI, 34, 39, XXXIX, 15, XLIII, 14.

(2) MACROB., I, 16, § 35. PRISCIEN, VII, 3, § 9.—DENYS, VII, 59, IX, 41 : εἰς τρίτην ἀγοράν. CIC., *ad div.*, XIV, 12 etc.

(3) La *lex Caecilia Didia* (98 av. J.Chr.) en fit une prescription légale. *Scol. Bob. p. Sext.*, p. 310. CIC., *Phil.*, V, 3, § 8, *p. Dom.*, 16, § 41. — Cf. MARQUARDT, II, 3, 56-60. MOMMSEN, *Rech. rom.*, I, 180, n° 9.

(4) Exemples : LIV., III, 34-35, XXXIV, 1 etc.

(5) Sources : MACROB., *Saturn.*, I, 15-16., VARR., *D. l. l.*, VI, 4, et les calendriers conservés. Cf. LIV., I, 19. — MARQUARDT, II, 3, 60-65. LANGE, I. 306-316. WALTER, §§ 169-178. RUDORFF, *H. d. dr. r.*, II, § 15. MERKEL, *Préface à l'éd. des Fasti* d'Ov. Berlin, 1841, p. XXXI-L. MOMMSEN, *Chronologie rom.* (en all.). Berlin, 1858, 215-241. HARTMANN, *L'ordo judiciorum* (en all.). Première partie. Goettingue, 1859. HECHT, *Les calendriers rom.* (en all.) dans les *Dissert. juridiq.* d'ASHER. Heidelberg, 1868. HUSCHKE, *L'ancienne année romaine et ses jours* (en all.). Breslau, 1869. HELFFERICH, *L'ancien calendrier romain* (en all.). Franckfort, 1869.

(6) L'auteur ajoute : «*Et fastis quidem lege agi potest, cum populo non potest : comitialibus utrumque potest.*»

des Pontifes, fut rendu public par.Cn. Flavius (304 avant J.-Chr.) (¹).

Vers la fin de la République l'année comptait environ 40 *dies fasti* et 190 *comitiales*.

3º Le lieu de réunion, qui diffère selon le genre de comices, est toujours un endroit inauguré (*templum*) (²).

4º Consultation des *auspicia* (³), par le magistrat-président, assisté d'un Augure(⁴).Elle a lieu,le jour de la réunion, *noctu, post mediam noctem, in templo* (⁵), anciennement *ex avibus*, plus tard *e tripudiis* (⁶), pour les comices centuriates *extra pomoerium*, pour les autres soit *extra* soit *intra pomoerium* (⁷).

Le magistrat a la *spectio*, l'Augure la *nuntiatio* (⁸). Si les auspices sont défavorables, l'Augure *obnuntiat : alio die* (⁹).

5º Convocation nouvelle, qui varie selon le genre des comices.

(1) Liv., IX, 46. Cic., *ad Att.*, VI, 1, §§ 8,18. Cf. Mommsen, *Chron. rom.*, p. 30, nᵉ 35ᴬ. — Quoique par là les *feriae stativae* ou *statuti dies* fussent connus du public, les magistrats et les pontifes pouvaient cependant encore rendre *nefasti* des *dies comitiales*, en ordonnant pour ces jours des *feriae conceptivae* où *imperativae* (Macr., l. l), et ils se sont servis de ce moyen plus d'une fois. Cic., *ad Quint.*, II, 6, § 4. App., *B. c.*, I, 55. Dion Cass., XXXVIII, 6.

(2) Liv., III, 20. Cf. Serv., *ad Aen.*, I, 446. Val. Max., IV, 5, 3.

(3) En effet les comices ont lieu *auspicato*. Liv., V, 14, VI, 41. Denys, VII, 59, IX, 41. Cic., *ad Div.*, VII, 30. — Marquardt, II, 3, 68-80, IV, 355-361. Lange, I, 292-293.

(4) Varr., *D. l. l.*, VI, 9, s. f. — Le magistrat *habet auspicia*, l'augure *in auspicio est* (Gell., XIII, 15, Cic., *De rep.*, II, 9) ou *in auspicium adhibetur* (Cic., *De div.*, II, 34).

(5) Varr., *D. l. l.*, VI, 9. Gell., III, 2. Censor., *D. die nat.*, 23.

(6) Liv., I, 36, VI, 41. Cic., *De div.*, I, 16, § 28, II, 33-36. Serv., *ad Aen.*, VI, 198. — Les autres *genera signorum* sont : *ex coelo, ex quadrupedibus, ex diris.* Fest., s. v. *quinque*, p. 261. Paul. Diac., p. 260.

(7) Plutarq., *Marcell.*, 5. Cic., *d. Nat. d.*, II, 4, § 11. — »*Pomoerium est locus intra agrum effatum per totius urbis circuitum pone muros regionibus certis determinatus qui facit finem urbani auspicii.*» Gell., XIII, 14.

(8) Cf. Cic., *Phil.*, II, 32, § 81. — Grosser, *De spectione et nuntiatione.* Breslau, 1852.

(9) Cic., *De leg.*, II, 12, III, 4. Donat., *ad* Ter. *Ad.*, IV, 2, 8.

6º La réunion commence *prima luce* et ne peut se prolonger au-delà du coucher du soleil (¹).

7º Elle s'ouvre par des cérémonies religieuses *(carmen sollenne precari)* (²), suivies, à moins que le président ne tienne encore une *concio* préparatoire (³), directement de la lecture de la *rogatio* (»*quod bonum faustum, felix fortunatumque sit populo romano,...velitis, jubeatis, quirites...*») (⁴) et du vote.

8º Le peuple vote par curie, centurie ou tribu, et dans chacune de ces divisions *viritim* (Cic., *p. Flacc.*, 7).

Le vote fut d'abord public et marqué sur des tablettes par les *rogatores centuriae, tribus* (⁵) etc., jusqu'à ce que les *leges tabellariae* introduisirent le scrutin secret, la *lex Gabinia*, 139 avant J.-Chr., pour la *creatio magistratuum*, la *lex Cassia*, 137, pour les *judicia*, à l'exception de la *perduellio*, la *lex Papiria*, 131, pour les *rogationes* législatives, et enfin la *lex Caelia*, 107, pour le *judicium perduellionis* (⁶). Dès lors aux comices électoraux le votant reçoit une *tabella*, sur laquelle il inscrit les noms de ses candidats (Cic., *Phil.*, XI, 8, § 19), aux comices législatifs et judiciaires deux *tabellae*, l'une portant V(*ti*) R(*ogas*) pour approuver la *rogatio*, l'autre A(*ntiquo*) pour la rejeter (⁷). Le votant dépose les *tabellae* dans des *cistae* (⁸), placées *ad hoc* et gardées par les *rogatores* officiels et des *custodes* privés. Le dépouillement est fait

---

(1) Varr., *D. l. l.*, VI, 9. Liv., XXXVIII, 51. Denys, IX, 41. Plutarq., *Aem. Paul.*, 30.

(2) Liv., XXXIX, 15. Cic., *p. Mur.*, 1 etc.

(3) Cf. Liv., XXXI, 7. Cic., *p. Flacc.*, 7 etc.

(4) Cic., *de div.*, I, 45, *p. dom.*, 17, § 44. Cf. Gell., V, 19.

(5) Cic., *De div.*, II, 35, § 75. Cf. *d. Or.*, II, 64, § 260. De là l'expression *ferre punctum*. Cic., *p. Planc*, 22, § 53, et au figuré Hor., *ars poet.*, 343 etc.

(6) Cic., *De leg.*, III, 15-16. *Scol. Bob.*, p. 300. Pseud. Asc., p. 141. Or. — Marquardt, II, 3, 97-112.

(7) Cic., *ad Att.*, I, 14, § 5, *d. leg.*, II, 10, § 24, III, 17, § 38, *d. off.*, II, 21, § 73. — Mommsen, *Hist. du syst. mon.*, p. 636.

(8) Non., s. v. II, p. 91, Plin., XVI, 77 (40). — Wunder, *De discrimine verborum cistae et sitellae* dans les *Var. lect. libr. aliq. Cic. ex cod. Erfurt. enotatae*. Leipzig, 1827, p. 158.

par les *diribitores* *(diribitio)* (¹). — La *custodia cistarum* fut confiée par Auguste à 900 *equites* (²).

9°. Proclamation du résultat définitif par le président, *renuntiatio* (³), suivie de la dissolution des comices.

La réunion des comices est empêchée ou dissoute *(dirimire* (⁴) :

1° Avant le commencement du vote (⁵),

a) Par l'*obnuntiatio* de l'Augure assistant. Voyez p. 163.

b) Par l'intercession soit d'un magistrat supérieur (voyez p. 161, n° 4), soit d'un *tribunus plebis* (⁶).

2° Avant ou pendant le vote, par certains *omina dira*, tels qu'un cas d'épilepsie *(morbus comitialis)* (⁷), un orage (⁸) et surtout un coup de tonnerre ou de foudre. *«Jove tonante, fulgurante, comitia-populi habere nefas.»* Cic., *De div.*, II, 18, § 42 (⁹).

Cette dernière règle a eu plus tard pour conséquence que la seule déclaration d'un magistrat, *se servasse* ou *se servaturum de coelo*, à condition d'être faite avant le commencement des comices, avait pour effet d'empêcher la réunion, *obnuntiatio* (¹⁰). De là l'édit de convocation des consuls portait la formule : *ne quis magistratus minor de coelo servasse*

(1) Cic., *in Pis.*, 15, § 36, *p. red. in sen.*, 11, § 28, *p. Planc.*, 6, § 14, Varr., *D. r. r.*, III, 5, § 18. Wunder, *De verbo diribere ejusque derivatis* dans les *Var. lect.*, p. 126.

(2). Plin., XXXIII, 7 (2).

(3) Cet acte était nécessaire pour que le vote du peuple eût son effet, Cic., *p. Mur.*, 1, *p. Planc.*, 6, § 14, 20, § 49. Liv., III, 21, VII, 26 etc.

(4) Marquardt, II, 3, 113-115.

(5) Liv., XXV, 3, XLV, 21. Cic. cité par Ascon., p. 70. Cic., *Phil.*, II, 32, § 81.

(6) Liv., IV, 25, VI, 35, VII, 21. Cic., *D. leg. agr.*, II, 12, § 30 etc.

(7) Fest., p. 234ᴰ. Seren. Sammon., *De med.*, v. 1015, suiv.

(8) Liv., XXX, 39, XL, 59. Tac., *Hist.*, I, 18.

(9) Cic., *Phil.*, V, 3, § 7, *in Vatin.*, 7, § 17, 8, § 20, *p. dom.*, 15, § 39, Liv., XL, 42.

(10). Dion. Cass., XXXVIII, 13. Cic., *Phil.*, II, 32, § 81 ; *«Si quis servavit, non habitis comitiis, sed priusquam habeantur, debet nuntiare.»* Ib. 33, § 83, *p. Sest.*, 36, § 78, 37, § 79, 38, § 83, *in Vat.*, 7, § 16-18.

velit (GELL., XIII, 15). Le *jus servandi de coelo* fut réglé par les *leges Aelia* et *Fufia* vers 153 avant J.-Chr. (¹).

En cas de vices de formes, les décisions du peuple pouvaient être cassées par le sénat avec le concours éventuel des Augures. Voyez la compétence des comices.

Ch II. — DÉTAILS SPÉCIAUX.

§ 1. *Des comices curiates* (²).

Les formalités propres aux comices curiates ont été exposées plus haut (p. 31-32).

Les patriciens seuls y ont droit de vote (³). Ils se réunis-

(1) Nous sommes réduits à des conjectures sur le détail de ces lois dont parlent CIC. (*in Pis.*, 5, § 10, *in Vat.*, 9, § 23, *p. Sest.*, 15, § 33, 26, § 56, où il les appelle *leges de jure et de tempore legum rogandarum, De prov. cons.*, 19, § 46, *p. red. in sen.*, 5, § 11), ASCON., 9, et le *Scol. Bob.*, p. 319. Or. Il semble qu'elles ont réglé l'*obnuntiatio* réciproque des magistratures patriciennes et plébéiennes. — MARQUARDT, II, 3, 80-88. MOMMSEN, *Rech. rom.*, I, 197-199. LANGE, II, 446-449, et *De legibus Aelia et Fufia*. Giessen, 1861.

(2) MARQUARDT, II, 3, 189-196. LANGE, I, 249-250, 352-353. WALTER, §§ 50, 68. MOMMSEN, *Rech. rom.*, I, 140-150, 167-176.

(3) Le droit de vote des plébéiens aux comices curiates du temps de la République est rejeté par NIEBUHR, BECKER (II, 1, 300, n°611), MARQUARDT, LANGE. Nous avons cité, p. 30, n° 3, les auteurs modernes qui, suivant DENYS, admettent les plébéiens dès l'origine comme membres actifs dans les curies. MOMMSEN a réuni une série de preuves pour démontrer que pendant la République la plèbe n'était pas exclue des comices curiates. Il s'appuie spécialement sur le silence des anciens qui ne mentionnent pas cette exclusion, sur la participation des plébéiens (attestée par OVID. *Fast.*, II, 511. suiv.) aux *Fornacalia*, qui étaient des *sacra curionia*, et sur leur admission à la dignité de *curio* et de *curio maximus* en 209 avant J.-Chr. (LIV., XXVII, 8). La valeur de ces preuves a été combattue par HERZOG dans le *Philologus*, XXIV, 306-310. Les anciens, il est vrai, n'affirment pas positivement l'exclusion de la plèbe des comices curiates, à moins qu'on n'interprète en ce cens CIC., *De leg. agr.*, II, 11, §. 24, « [eam potestatem] *curiatis comitiis, quae vos non initis, confirmavit, tributa quae vestra sunt, sustulit* », et GELL., XV, 27 (voyez p. 161). Cependant l'histoire romaine n'admet pas la supposition que, dès le principe, la plèbe ait eu le droit de vote aux comices curiates ; car par sa majorité numérique elle eût immédiatement réduit le patriciat à l'impuissance. D'autre part l'histoire ne mentionne ni que les plébéiens aient lutté pour obtenir ce droit, ni qu'ils l'aient acquis. Quand donc ce changement politique a-t-il eu lieu ? C'est une question capitale que MOMMSEN n'a pu résoudre. — L'admission des plébéiens aux *sacra* et aux fonctions sacer-

sent, sous la présidence d'une magistrature patricienne (¹), soit pour décider sur les affaires qui concernaient spécialement les *gentes patriciae*, principalement l'*adrogatio* (²), soit pour conférer l'*imperium* à certains magistrats élus (³).

La *lex de imperio* étant devenue avec le temps une pure formalité, les membres des curies se sont fait remplacer pour cet acte, l'on ne sait depuis quand, par trente *lictores* assistés de trois Augures (⁴).

dotales des *curiae* aux derniers siècles de la République et au commencement de l'Empire ne peut être contestée. Est-il toutefois nécessaire pour cela de faire des plébéiens dès l'origine des membres passifs de la curie, comme le veut HERZOG? Nous ne le croyons pas. Nous préférons admettre avec AMBROSCH (*De locis nonnullis qui ad curias Romanas pertinent*, Breslau, 1846) et MARQUARDT, IV, 398-400, qu'après 241 avant J.-Chr., vers l'époque où les centuries furent mises étroitement en rapport avec les tribus, les curies comme *corporations religieuses* subirent une modification analogue, et de 30 furent portées au nombre de 35, de manière à correspondre aux 35 tribus, et à comprendre dès lors tous les citoyens. Le fait est attesté par St AUGUST., *Comment. ad Psalm.* 121, § 7, et PAUL. DIAC., p. 49 : « *Curiae... in quas Romulus populum distribuit, numero triginta, quibus postea additae sunt quinque; ita ut in sua quisque curia sacra publica faceret.* » Cf. ib., p. 54 : « *Quum essent Romae triginta et quinque tribus, quae et curiae sunt dictae.* »— PSEUD. ASC., p. 159, Or., parle également de 35 curies. Le fait est confirmé par PLUTARQ., *Quaest. rom.*, 89, qui dit que les *Fornacalia* étaient célébrés κατὰ φυλάς, c'est-à-dire *tributim.* L'hypothèse d'AMBROSCH explique la création d'un *curio maximus* plébéien en 209, et surtout que déjà vers 212 le *pontifex maximus* et depuis la *lex Domitia* (104) d'autres prêtres de même que probablement le *curio maximus* précité (cf. MOMMSEN, *Rech. rom.*, I, 158, nᵒ 47.) furent nommés aux comices tributes (CIC., *De leg. agr.*, II, 7). — Que si malgré l'exclusion de la plèbe des comices curiates, les réunions des seuls patriciens s'appellent *comitia,* et même *comitia populi,* et non pas *concilium,* ce fait a sa raison naturelle en ce que ces réunions, qui furent autrefois les seuls *comitia* du peuple romain, continuent au point de vue du droit public à représenter tout le peuple.

(1) Voyez dans le chapitre des magistratures la division en magistratures patriciennes et plébéiennes.

(2) La *lex curiata* concernant une *adrogatio* exige la *promulgatio trinundini* (CIC., *p. dom.*, 16, § 41, DION CASS., XXXIX, 11, XLV, 5), elle est soumise à l'*obnuntiatio* qui résulte du *jus servandi de coelo* (CIC., *De prov. cons.*, 19, § 45, *p. dom.*, 15, § 39, etc.

(3) Pour la *lex de imperio* la *promulgatio trinundini* n'était point requise.

(4) CIC., *De leg. agr.*, II, 12, § 31 : « *Illis* [comitiis curiatis] *ad speciem atque ad usurpationem vetustatis, per XXX lictores, auspiciorum causa adumbratis.* » Cf. ib., 11, § 27, *ad Att.*, IV, 18, § 2. GELL., XV, 27. Des *lictores curiatii* sont

A côté des comices curiates subsistent aussi les comices calates. Voyez p. 32-33.

§ 2 *Des comices centuriates* (¹).

L'importance de ces comices est indiquée par les définitions : *comitiatus maximus, comitia justa, verus populus in campo Martio* (²).

Les formalités propres aux comices centuriates sont empreintes du caractère essentiellement militaire de cette institution à son origine.

Les citoyens réunis constituent l'*exercitus urbanus* (VARR., *D. l. l.*, VI, 9, p. 272, Sp.) ou simplement *exercitus*.

La convocation et la présidence (³) n'appartient de droit qu'aux magistrats, investis de l'*imperium* militaire : les consuls et les magistrats *cum imperio* qui les remplacent extraordinairement. Le préteur jouit de ce droit pour les comices judiciaires, l'interroi pour les comices électoraux (⁴).

Lieu de réunion : *«Centuriata comitia intra pomerium fieri nefas esse, quia exercitum extra urbem imperari oporteat, intra urbem imperari jus non sit. Propterea centuriata in campo Martio haberi... solitum.»* GELL., XV, 27.

---

mentionnés dans les inscriptions. Cf. MOMMSEN, *De apparitoribus magistr. Rom.* dans le *Rhein. Mus.* 1848, p. 23. La *decuria lictorum curiatia, quae sacris publicis apparet.* ORELLI, 3217. Cf. MARQUARDT, IV. 175. Voyez cependant MOMMSEN, *Rech. rom.*, I, 273, n° 11.

(1) MARQUARDT, II, 3, 52-56, 88-115. LANGE, I, 478-491, II, 483-495.

(2) CIC., *De leg.*, III, 19, § 44, *p. red. in sen.*, 11, § 27, *p. Sest.*, 50, § 108.

(3) *Exercitum vocare* (LIV., I, 36), *educere* (XXXIX, 15), *imperare, viros vocare* (VARR., *D. l. l.*, VI, 9).

(4) VARR., *D. l. l.*, VI, 9. Le censeur a, il est vrai, le droit de convoquer l'*exercitus urbanus* pour les affaires du cens ou le *lustrum* : mais ces réunions ne constituent point des *comitia*. Dans le dernier siècle de la République le cas s'est présenté qu'un préteur a présidé les comices électoraux (GELL., XIII, 15. CIC.; *ad Att.*, IX. 9, § 3, 15, § 2) ou un interroi les comices législatifs (CIC., *De leg. agr.*, III, 2, § 5, *De leg.*. I, 15, § 42) ; mais c'étaient là des illégalités, mentionnées comme telles dans les passages cités.

Le champ de Mars était inauguré, *auspicato in loco*. Cic., *p. Rab. perd.*, 4, § 11 ([1]).

Convocation précédant les comices. — Après la consultation des auspices, *in templo*, le président s'adresse à son *accensus*, plus tard à l'Augure qui l'assiste : «Calpurni, voca inlicium ([2]) omnes quirites huc ad me. *Accensus dicit sic* : omnes quirites, inlicium visite huc ad judices» (Varr., *D. l. l.*, VI, 9).

Ensuite le signal militaire est donné *in arce circumque moeros* par le *classicus* ou *cornicen* ([3]).

Le peuple doit se réunir *prima luce*, anciennement sous les armes ([4]).

Quand le moment est arrivé, le président dit à l'*accensus* : «C. Calpurni, voca ad conventionem ([5]) omnes quirites huc ad me. — *Accensus dicit sic* : omnes quirites, ite ad conventionem huc ad judices» (Varr., l. l.).

Le président, assisté de Pontifes, d'Augures et de deux sacrificateurs, fait le sacrifice et dit les prières solennelles ([6]).

«*Dein consul eloquitur ad exercitum* : Impero qua convenit ad comitia centuriata» (Varr., l. l.). Sur cet ordre, les citoyens se rangent par classes et par centuries, anciennement «ὑπό τε λοχαγοῖς ([7]) καὶ σημείοις τεταγμένον ὥσπερ ἐν πολέμῳ» (Denys, VII, 69), et, si la *contio* a eu lieu à un autre endroit, ils se rendent au champ de Mars. — Là la lecture de la

(1) De là *campus* pour désigner les comices centuriates. Liv., IX, 46. La distance jusqu'où les comices pouvaient être tenus, était probablement limitée, mais la limite n'est pas connue. Cf. Liv., III, 20, VII, 16. Mommsen, *Rech. rom.*, I, 191, n° 24.

(2) «*Inlicium dicitur quum populus ad concionem elicitur, id est, vocatur.*» Paul. Diac., p. 114. Cf. Varr., l. l.

(3) Varr., l. l., et V, 16. Gell., XV, 27. Prop., V (IV), 1, 13 :

«*Buccina cogebat priscos ad verba quirites.*»

(4) Denys, IV, 84, VII, 59. Cf. Liv., I, 44. Varr., l. l.

(5) «*In conventione, in contione.*» Paul. Diac., p. 113.

(6) Denys, X, 32, 57. Liv., XXXI, 7.

(7) Il semble en effet qu'anciennement le centurion militaire était en même temps aux comices le *rogator centuriae*, Fest., p. 177.

rogatio est suivie du vote ; et, après la *renuntiatio* du résultat, les comices sont dissouts : *remittere exercitum* (1).

Pour faciliter le vote simultané des centuries de chaque classe (2), il y avait au champ de Mars un emplacement séparé (*ovile, saepta*) (3), ayant un nombre d'entrées (*pontes*) (4), égal au moins à celui des centuries qui votaient en même temps. C'est à l'entrée que le vote était émis. Une *lex Maria* (120 avant J.-Chr.), pour protéger la liberté des votants, ordonna de rendre les entrées plus étroites (5).

Pendant la durée des comices, un *vexillum russeum* était hissé, d'après LIV., (XXXIX, 15) *in arce*, d'après DION CASS. (XXXVII, 28) sur le Janicule. Du moment que le drapeau était retiré, le vote devait cesser. Cette coutume antique, qui remonte à l'époque où Rome était entourée de toutes parts de cités ennemies, fut observée jusqu'aux derniers temps, malgré l'abus auquel elle pouvait donner lieu (6).

(1) PLAUT., *Capt.* I, 2, 43. FEST., s. v. *remisso exercitu*, p. 289.

(2) URLICHS, *De l'emploi des saepta pour le vote* (en all.) dans le *Rhein. Mus.*, 1842, I, 402-412. LANGE, II, 457-458.

(3) LIV., XXVI, 22 : «*Secreto in ovili.*» SERV., *ad Buc.*, I, 34. CIC., *p. Mil.*, 15, § 41. OVID., *Fast.*, I, 53. JUV., VI, 529. — César commença la construction de *saepta marmorea* (CIC., *ad Att.*, IV, 16), entourés de portiques (PLIN., XVI, 76 (40)). Ils furent achevés par Agrippa en 27 av. J.-Chr. (DION CASS., LIII, 23). Près des *saepta* fut ensuite bâtie et achevée en 8 av. J.-Chr. une grande salle pour le dépouillement du scrutin, *diribitorium* (DION CASS., LV, 8. PLIN., l. l. SUET., *Claud.*, 18). Voyez BECKER, I, 623-638.

(4) FEST., p. 334. CIC., *ad Att.*, I, 14, § 5. *Auct. ad Herenn.*, I, 12, § 21 etc. — Rien n'autorise à faire de ces *pontes* des ponts véritables, qui auraient été jetés sur la *Petronia amnis* (FEST., p. 250). — L'expression *sexagenarii de ponte, depontani* (FEST., p. 334. PAUL. DIAC., 75. VARR. cité par NON., p. 523, M.), d'où l'on a voulu conclure que les citoyens âgés de plus de 60 ans étaient exclus des comices, n'a aucun rapport avec ces *pontes*. BECKER, II, 216, n° 443. MARQUARDT, IV, 200-205. LANGE, I, 412. WAGNER, *Quaeritur quid sit sexagenarium de ponte*. Luenebourg, 1831. ROEPER, *Lucubrationum pontificalium primitiae*. Danzig, 1845, p. 16. D'ailleurs CICÉRON (*p. red. in sen.*, 11, § 23) atteste formellement la présence des vieillards aux comices.

(5) PLUTARQ., *Mar.*, 4. CIC., *De leg.*, III, 17, § 38.

(6) DION CASS., l. l. Du passage de MACROB., *Saturn.*, I, 16 : «*Justi* [dies] *sunt continui triginta dies, quibus exercitui imperato vexillum russi coloris in arce*

I. Ordre de vote dans la forme servienne des comices centuriates.

La division des citoyens en classes et centuries d'après les institutions de Servius Tullius a été exposée plus haut, p. 48-55.

Le vote a lieu *centuriatim*, dans chaque centurie *viritim*, dans l'ordre suivant (¹). :

« *Equites vocabantur primi* (²), *octoginta inde* (après le vote et le dépouillement du vote des 18 centuries d'*equites*) *primae classis centuriae primum peditum vocabantur* (³); *ibi si variaret, quod raro incidebat, ut secundae classis vocarentur, nec fere umquam infra ita descenderent, ut ad infimos pervenirent.* » LIV., I, 43. En effet dès qu'il y a majorité, c'est-à-dire accord de 97 ou 98 centuries (p. 50), le vote cesse.

L'existence d'une *centuria ni quis scivit* est très-problématique (⁴).

II. Réforme des comices centuriates (⁵).

---

positum est», et de PAUL. DIAC., p. 103, qui relate la même chose, on a conclu qu'anciennement l'édit de convocation précédait de 30 jours la réunion des comices centuriates, bien que ces textes puissent fort bien ne se rapporter qu'au délai de 30 jours, entre la *clarigatio* et l'*indictio belli*. Cf. LIV., I, 32. SCHUETZ, *De die tricesimo*. Leipzig, 1847. L'intervalle ordinaire entre l'édit et la réunion était, sans aucun doute, un *trinundinum* (LIV., III, 35). Que si l'on mentionne parfois des dérogations à cette règle (LIV.. IV, 24, XXIV, 7, XXV, 2, XLI, 14), cela prouve que l'observation du *trinundinum* était simplement une contume, qui ne devint obligatoire que par la *lex Caecilia Didia*. Voyez p. 162, n° 3.

(1) DENYS, IV, 20-21, VII, 59, X, 17. Cf. LIV., X, 9, 13 etc.

(2) Ces centuries s'appellent en conséquence *praerogativae*. LIV., X, 22.

(3) Elles sont *primo vocatae*. LIV., X, 22. Cf. ib. 15.

(4) FEST., p. 177 : « *Ni quis scivit centuria est, quae dicitur a Servio Tullio rege constituta, in qua liceret ei suffragium ferre, qui non tulisset in sua, nequis civis suffragii jure privaretur ; nam sciscito significat sententiam dicito ac suffragium ferto, unde scita plebis. Sed in ea centuria neque censetur quicquam, neque centurio praeficitur, neque centurialis potest esse, quia nemo certus est ejus centuriae : est autem niquis scivit, nisi quis scivit*- » Cf. BECKER, II, 1, 217. MARQUARDT, II, 3, 107. LANGE, I, 422.

(5) MARQUARDT, II, 3, 8-37, 48-49. LANGE, 463-482. Des nombreux travaux modernes sur ce sujet si controversé (voyez MARQUARDT, l. l., p. 9, n° 30), nous ne citerons que HUSCHKE, *La constit. de Serv.*, etc., et sa *Critique*

Sur l'âge, la nature et la tendance de cette réforme nous sommes réduits à des conjectures (¹).

Système de MOMMSEN :

1º La réforme a eu lieu, en 241 avant J.-Chr., après que le nombre des tribus eut été porté à 35. Cf. LIV., l. l.

2º Elle avait une tendance démocratique mitigée (²).

3º Elle a modifié l'ancienne forme des comices centuriates en deux points importants :

a) La répartition des centuries parmi les classes. En effet la tribu locale devient maintenant la base de la division en centuries(³). Chacune des 35 tribus comprendra dix centuries, deux par classe. En d'autres mots, l'ensemble des citoyens, possédant le cens d'une même classe (les classes, au nombre de cinq, restent basées sur le principe timocratique) (⁴) et faisant partie d'une même tribu, formeront deux centuries,

des *trib. rom. de* MOMMSEN (en all.) dans RICHTERS *Jahrb.* 1845, p. 581-644, PETER, *Les époques de l'hist. de la const. rom.* etc., GERLACH, *Études historiques* (en all.), I, p. 344, Hambourg, 1841, II, Bâle, 1847, et surtout MOMMSEN, *Les trib. rom.*, Altona, 1844. Le système de MOMMSEN, dans ses parties essentielles, a été suivi par MARQUARDT et par LANGE. Voyez dans ces derniers ouvrages la réfutation des systèmes qui diffèrent de celui de MOMMSEN, soit quant à l'âge de la réforme (PETER, WALTER, NIEBUHR, PUCHTA, GERLACH etc.), soit sur la réforme elle-même (GERLACH, NIEBUHR etc.).

(1) En effet TITE-LIVE et DENYS seuls la mentionnent expressément, et encore, passagèrement, à l'occasion de la description des institutions serviennes. LIV., I, 43 : *« Nec mirari oportet hunc ordinem, qui nunc est post expletas quinque et triginta tribus duplicato earum numero centuriis juniorum seniorumque, ad institutam ab Servio Tullio summam non convenire »* DENYS, IV, 21, après avoir décrit la forme primitive des comices centuriates, continue : «ἐν δὲ τοῖς καθ' ἡμᾶς κεκίνηται χρόνοις, καὶ μεταβέβληκεν εἰς τὸ δημοτικώτερον, ἀνάγκαις τισι βιασθεὶς ἰσχυραῖς, οὐ τῶν λόχων καταλυθέντων, ἀλλὰ τῆς κλήσεως αὐτῶν οὐκέτι τὴν ἀρχαίαν ἀκρίβειαν φυλαττούσης, ὡς ἔγνων ταῖς ἀρχαιρεσίαις αὐτῶν πολλάκις παρών.»

(2) Cf. DENYS, l. l. Cette opinion, généralement admise, a été combattue par PUCHTA, *Instit.* etc., T. I, p. 223, et recemment par HERZOG, qui adopte cependant le reste du système de MOMMSEN, dans le *Philologus*, XXIV, p. 312-329.

(3) LIV., l. l. CIC., *p. Planc.*, 20, § 49, appelle la centurie une *tribus pars*, et les centuries sont désormais désignées par des noms de tribu.

(4) CIC., *Acad. pr.*, II, 23, § 73. SERV., *ad Aen.*, VII, 716. Cf. CIC., *De leg.*, III, 19, § 44, *p. Flacc.*, 7, § 15. GELL., XV, 27.

une de *seniores*, une de *juniores* ([1]). Il y aura par conséquent 70 centuries par classe ([2]). A côté d'elles subsistent les 18 *centuriae equitum* ([3]), les 4 *centuriae fabrum et tubicinum* ([4]) et la *centuria capite censorum* ([5]). Le total des centuries étant donc de 350 (5 × 90) $+ 18 + 4 + 1 = 373$ et la majorité absolue de 187, il fallait en toute circonstance continuer jusqu'au vote de la 3ᵉ classe inclusivement.

b) Le droit de voter en premier lieu, droit auquel les Romains attachaient une grande importance ([6]), n'appartiendra plus aux *centuriae equitum*, mais à une centurie, tirée au sort parmi celles de la première classe, *centuria praerogativa* ([7]). Après la *renuntiatio* du vote, viendront les autres, *jure vocatae* (LIV., XXVII, 6), c'est-à-dire d'abord les *centuriae equitum* avec les 69 de la première classe ; après la *renuntiatio* de leur vote, les centuries de la seconde classe, et ainsi de suite jusqu'à ce qu'il y ait majorité ([8]).

(1) SCOL. CRUQ., *ad* HOR. *art.* p. 341 : *singulae tribus habebant suas centurias juniorum et seniorum.* Cf. CIC., *Verr.*, II, 5, 15, § 38. LIV., l. l.

(2) La partie conjecturale dans ce système est le mode dont les classes sont mises en rapport avec les tribus ; mais l'hypothèse adoptée ici, dont l'idée fondamentale remonte à PANTAGATHUS, savant du XVIᵉ siècle (URSIN., *ad* LIV., I, 43), présente le plus de probabilité parmi les théories qui ont été émises à ce sujet.

(3) CIC., *p. Mur.*, 26, § 54, 35, § 73, *ad Div.*, XI, 16. Q. CIC., *De petit. cons.*, 8.

(4) Cela résulte de ce que les *tignarii, cornicines* etc. existent encore comme corporations sous l'Empire. ORELL., *Inscr.*, 3690, 4105.

(5) Il semble qu'il n'y a aucune raison pour mettre en doute la conservation de cette centurie. — La composition des comices centuriates, telle que nous l'avons-exposée, est justifiée par l'assertion de CICÉRON que le vote y a lieu *censu, ordinibus, aetatibus* (*De leg.*, III, 19, § 44) ou encore *discriptis ordinibus, classibus, aetatibus* (*p. Flacc.*, 7, § 15).

(6) CIC., *De div.*, I, 45, § 83, II, 40 : *« Praerogativam omen comitiorum.* Cf. *p. Planc*, 20, § 49. LIV., XXVI, 22 : *«Auctoritatem praerogativae omnes centuriae secutae sunt.»* FEST., p. 249ᴬ.

(7) *«Sortitio praerogativae.»* CIC., *Phil.*, II, 33, § 82. De ce que TITE-LIVE (XXIV, 7, XXVI, 22, XXVII, 6) désigne la *praerogativa* simplement par *Aniensis juniorum, Veturia juniorum* etc., on a conclu, avec raison, que les centuries d'une seule classe, et dans ce cas naturellement de la première classe, étaient tirées au sort. MOMMSEN en exclut même sans raison suffisante, ce semble, les centuries de la première classe des tribus urbaines.

(8) CIC., *Phil.*, II, 33, § 82. Cf. LIV., XLIII, 16. La proposition de C. Gracchus : *«Ut ex confusis quinque classibus sorte centuriae vocarentur*

§ 3. *Des comices tributes et des concilia plebis* (¹).

Depuis la création du tribunat de la plèbe et de l'édilité (494 av. J.-Ch.), les plébéiens étaient organisés en corporation, qui comme telle (²) élisait ses chefs et votait des décrets, obligeant les membres de la corporation : *plebiscita.* « *Scita ꝑ lebei appellantur ea quae plebs suo suffragio sine patribus jussit, plebeio magistratu rogante.* » FEST., p. 293. De ces réunions *(concilia plebis)* (³) étaient naturellement exclus tous ceux qui ne faisaient pas partie de la corporation, à savoir les clients et les patriciens (⁴). La plèbe se réunissait et votait par tribu locale (⁵).

Après la législation décemvirale, probablement à la suite des *leges Valeriae et Horatiae consulum* (449 avant J.-Ch.), les *concilia plebis* se transforment en comices tributes.

Cependant ces nouveaux comices sont de deux espèces :

Quand ils sont présidés par des magistratures patriciennes (*jus cum populo in comitiis tributis agendi*, cf. PAUL. DIAC., p. 50 : consuls et magistrats extraordinaires qui les remplacent, préteurs (⁶), édiles curules (⁷)), ils se compo-

---

(PSEUD. SALL., *De rep. ord.*, II, 8), ne fut pas adoptée.— La réforme attribuée par LIV., XL, 51, aux censeurs de l'an 179 avant J.-Chr. : « *Mutarunt suffragia ; regionatimque generibus hominum causisque et quaestibus tribus discripserunt,* » ou bien n'a pas modifié essentiellement la nouvelle composition des comices centuriates, ou bien elle n'a pas été de longue durée.

(I) MARQUARDT, II, 3, 116-145. LANGE, II, 430-463. MOMMSEN, *Les comices tributes patricio-plébéiens de la République* dans les *Rech. rom.*, I, 151-166, et *Les assemblées spéciales de la plèbe.* Ib., 177-217.

(2) *Dig.*, XLVII, 22, 4 (GAJ., *Ad leg. XII Tab.*). « *Iis* (sodalibus) *potestatem facit lex, pactionem, quam velint, sibi ferre, dum ne quid ex publica lege corrumpant.* »

(3) LIV., II, 57, 60, III, 14, 16 etc. Cependant il les appelle aussi déjà alors, quoique improprement, *comitia tributa.* II, 56, 58, 60 etc.

(4) Cela résulte de LIV., II, 56, 60, III, 11, 14, DENYS, IX, 41, X, 40-41.

(5) Ce mode de réunion est attesté depuis 471 avant J.-Chr. Quant à l'époque antérieure, voyez le chapitre qui traitera du tribunat de la plèbe.

(6) Voyez la compétence des comices.

(7) Pour des comices judiciaires seulement : LIV., X, 23, XXXV, 41. Cf. CIC., *in Verr.*, I, 12. GELL., XIII, 1⁵.

sent en droit de tous les membres des tribus, *populus*, et s'appellent officiellement *comitia tributa* (¹).

Lorsqu'au contraire ils sont présidés par des magistratures plébéiennes *(jus cum plebe agendi* (²) : tribuns et édiles de la plèbe (³)), ils comprennent *en droit* la plèbe seule, *en fait* tout le *populus* comme les comices précédents. Le nom officiel de ces réunions reste *concilium plebis*, celui de leurs décrets d'abord *plebiscitum* (⁴), plus tard *lex plebive scitum* ou simplement *lex* (⁵).

Les formalités générales, exposées au ch. Iᵉʳ, s'appliquent aux *concilia plebis* comme aux *comitia tributa*, avec une différence importante cependant en ce qui concerne les *concilia plebis*, c'est qu'ils se réunissent *inauspicato* (⁶). Toutefois la *serva-*

---

(1) Dans ce cas ces réunions ne s'appellent jamais *concilia plebis*. Cicéron, *p. Planc.*, 3, § 7, les appelle des *comitia leviora*.

(2) Fest., p. 293. Cic., *De leg.*, II, 12, § 31.

(3) Les édiles seulement pour les comices judiciaires. Cf. Liv., X, 23, XXXIII, 43 etc. Cf. Gell., X, 6.

(4) L'accès aux *concilia plebis* n'a été donné aux patriciens ni aux clients par aucune mesure législative ; donc, en droit, la plèbe seule y était admise. L'application constante et officielle du mot *concilium plebis* à ces réunions (*lex Bant.*, c. 5, dans les *Inscr. l. ant.*, p. 45, Cic., *p. red. in Sen.*, 5, § 11, *De leg.*, II, 12, § 31, Liv., VI, 38, XXXIX, 15), et la définition du *plebiscitum*, même par les juristes de l'Empire (Gaj., I, 3, cf. Gell., XV, 27, Fest., p. 233, 293, 330, Cic., *p. Flacc.*, 7, § 15, *p. Balb.*, 18, § 42, *ad Div.*, VIII, 8, § 3), semblent enlever tout doute à ce sujet. Ce qui est plus, les tribuns n'avaient pas même le droit de convoquer les patriciens (Gell., XV, 27). Cependant, de fait, tous les citoyens assistent à ces réunions, depuis qu'une *lex Valeria* et *Horatia* a assimilé jusqu'à un certain point les plébiscites aux lois. D'abord les clients se confondent bientôt complètement avec la plèbe (voyez p. 41). Ensuite depuis cette époque, nous voyons même les patriciens exercer parfois une grande influence sur ces réunions (Liv., III, 63, V, 30, 32, XXVII, 21), sans que les magistrats plébéiens les forcent de quitter l'assemblée, comme auparavant (Liv., II, 56, III, 11 etc.). Aussi aucun historien ancien ne mentionne-t-il expressément cette distinction purement théorique entre ces deux réunions tributes. — Cependant pour plus de clarté, nous les distinguerons dans la suite par les termes techniques de *comitia tributa* et de *concilia plebis*.

(5) *Lex Bant.*, 1. 7, dans les *Inscr. lat. ant.*, p. 45, *lex rep.*, 1. 74, ib., p. 62, *lex agr.*, 1. 22, ib., p. 80.

(6) Les *comitia tributa* avaient lieu *auspicato*. Varr., *D. r. r.*, III, 2, § 2. Cic., *ad Div.*, VII, 30. — Quant aux *concilia plebis*, il est témoigné positive-

tio de coelo, qui acquiert une portée capitale depuis les *leges Aelia et Fufia* (voyez p. 166), est applicable à ces réunions (¹).

Le lieu ordinaire de réunion est le *forum romanum* parfois le Capitole (²); cependant ces assemblées pouvaient se tenir aussi *extra pomoerium* (cf. Liv., XXVII, 21), et dans le dernier siècle de la République, pour les élections, elles se tenaient régulièrement au champ de Mars (³).

Les jours, réservés spécialement pour les *concilia plebis*, étaient les *nundinae* (⁴), jusqu'à ce que la *lex Hortensia* (287) déclara ces jours *fasti*, non *comitiales* (Macrob., *Saturn.*, I, 16, § 29-34).

Au jour de réunion le peuple est convoqué probablement par des *praecones;* après les prières d'usage et, s'il y a lieu, la *contio*, le président lit la *rogatio*, ou si un *tribunus plebis* préside, il la fait lire par un *praeco* ou un *scriba* (⁵); ensuite les

---

ment que jusqu'à l'Empire les magistrats plébéiens étaient élus *inauspicato*, δίχα οἰωνῶν τε καὶ τῆς ἄλλης ὀττείας. Denys, IX, 49. Cf. ib., 41, X, 4. Liv., VI. 41, X, 8. Comment dès lors ces magistrats auraient-ils pu avoir le *jus auspiciorum*, qui d'ailleurs n'appartenait qu'aux magistratures patriciennes? Gell., XIII, 15. Cf. Liv., VII, 6. Cependant ce droit leur est attribué par Zonar., VII, 19, et même en vertu de la *lex Valeria et Horatia consulum*. L'erreur est évidente. D'après le contexte, il nous semble que Zonaras ou l'auteur qu'il a copié, a mal compris les *leges Aelia et Fufia*, et confondu celles-ci avec la *lex Valeria*.

(1) Cic., *in Vat.*, 7, § 17 : «*Nam quem post urbem conditam scias tribunum plebis egisse cum plebe, cum constaret servatum esse de coelo?*» Cf. Cic., *p. red. in sen.*, 5, § 11. *in Vat.*, 8. § 18. *Phil.*, V, 3, § 7. — L'application de l'*obnuntiatio* suffit pour expliquer tous les textes (Liv., X, 47, XXX, 39, Cic., *De leg.*, II, 12, § 31, *p. dom.*, 16, § 41, *p. Corn.*, Ascon., p. 68), d'où l'on a voulu conclure au *jus auspiciorum* des magistrats plébéiens.

(2) Denys, VII, 17, 59. Liv., IX, 46 (*forum* = comices tributes). App., *B. c.*, I, 15 etc.

(3) Cic., *ad Att.*, I, 1, IV, 16, § 14, *ad Div.*, VII, 30, *p. Planc.*, 6, § 16 etc.

(4) Denys, VII, 58. Ces jours n'étaient point comme tels, *nefasti*. Cf. Macrob., 1. 1. Mommsen, *Chron. Rom.*, 232, nᵉ 39, qui du reste a émis une théorie toute nouvelle sur les *nundinae*. Ib., p. 226-241. Hartmann, *Ordo jud.* etc., p. 82-112,

(5) App., *B. c.*, I, 11-12. Plutarq., *Cat. min.*, 22. C'était une conséquence du *plebiscitum Icilium*, 492 avant J.-Chr., qui défendait d'interrompre un tribun, pendant qu'il parlait au peuple. Denys, VII, 17. Cf. Cic., *p. Sest.*, 37, § 79. — Lange, I, 518-519, II, 528-529

citoyens sont appelés au vote. *Vocare tribus ad suffragium* (Liv., III, 71, VI, 37, X, 9 etc.).

Le vote a lieu *tributim*, dans chaque tribu *viritim*.—La *tribus principium* est tirée au sort, et le *princeps*, c'est-à-dire le citoyen de cette tribu qui votera en premier lieu, est désigné par le président (¹). Après la proclamation du résultat (Liv., IX, 46, Gell., VII (VI), 9), les 34 autres tribus votent simultanément (²); le résultat est proclamé dans un ordre déterminé par le sort (Varr., *D. r. r.*, III, 17). La majorité des 35 tribus (18) fait loi (Denys, VII, 59, 64).

Un genre spécial de ces comices, ce sont les *comitia sacerdotum* (Cic., *ad Brut.*, 1, 5, § 3). La présidence en ce cas appartient à un membre du collége des pontifes (Liv.,XXV, 5), et l'élection a lieu par la minorité des tribus : 17 tirées au sort parmi les 35 (³).

Ch. III. — DE LA COMPÉTENCE DES COMICES.

Les comices centuriates, qui selon toute probabilité n'ont pas été convoqués avant le commencement de la République, héritèrent des principales attributions politiques des comices curiates (⁴), et ils les exercèrent sans partage pendant les premiers siècles de la République. Mais lorsqu'après la législation décemvirale les comices tributes se furent constitués, ceux-ci, soit en vertu de lois centuriates, soit par leur propre initiative, étendirent graduellement le cercle de leur compétence, d'abord aux dépens du pouvoir administratif

---

(1) Frontin., *De aquaed.*, 129. *Lex de XX quaest.* dans les *Inscr. lat. ant.*, p. 108. *Lex agr.*, c. 1. Ib., p. 79. Cf. Cic., *p. Planc.*, 14, § 35. *p. dom.*, 30, § 79-80.

(2) Μιᾷ κλήσει. Denys, VII, 59, 64.— Cf. Lange, II, 455-456.

(3) Cic., *De leg. agr.*, II, 7, § 18, donne la raison suivante de cette particularité : «*Quod populus per religionem sacerdotia mandare non poterat, ut minor pars populi vocaretur.*» Cf. ib., § 16. Lange, II, 501-502.

(4) Denys, V, 20. Liv., I, 60. Cic., *De rep.*, II, 31. Lange, I, 350, 396-399.

du sénat et des magistrats, ensuite aux dépens du pouvoir législatif des comices centuriates.

Les attributions des comices se réduisent à trois chefs : *creatio magistratuum, judicia, populi jussa.* Cic., *de leg.,* III, 3, § 10 (¹).

§ 1. *Des comices électoraux* (²).

Des *magistratus patricii* les *majores* sont élus aux comices centuriates, les *minores* aux comices tributes (Gell., XIII, 15) ; les magistratures plébéiennes, aux *concilia plebis*.

La présidence des comices électoraux est réglée par ce principe : "*a minore imperio majus aut major conlega rogari jure non potest*". Gell., l. l.

I. Aux *comitia centuriata*, présidés par un consul ou un magistrat extraordinaire qui le remplace (voyez p. 168), sont nommés :

a) Tous les magistrats majeurs ordinaires, à savoir, les consuls, les préteurs, les censeurs (Gell., l. l.).

b) Parmi les magistrats majeurs extraordinaires, les *decemviri legibus scribundis* (Denys, X, 3, cf. Liv., III, 35) et les *tribuni militum consulari potestate* (Liv., V, 13, 52 etc.).

II. Aux *comitia tributa*, présidés par un consul ou un magistrat extraordinaire qui le remplace (³), ou aussi par un préteur (⁴) :

a) Les questeurs depuis 447 avant J.-Chr. Tac., *Ann.,* XI, 22.

b) Les édiles curules depuis leur institution, 367 (⁵).

---

(1) Cf. ib., 15, § 33. *de div.,* II, 35, § 74. Polyb., VI, 14.

(2) Marquardt, II, 3, 147, 159, 164-167. Lange, II, 495-503.

(3) Cf. Cic., *in Vat.,* 5, § 11. Liv., IV, 44, VI, 42, VIII, 16 etc.

(4) Cf. Liv., X, 21, XXII, 33, XXXIV, 35 etc. Sur le texte de Gell., VII (VI), 9, où la présidence de *comitia aedilicia* est attribuée à un édile, voyez Mommsen, *Rech. rom.,* I, 159, n° 42, Lange, II, 432, n° 7.

(5) Liv., VI, 42, IX, 46. Gell., VII (VI), 9.

c) Les autres *magistratus minores* (GELL., l. l.).

d) Les magistrats extraordinaires mineurs (¹).

e) Depuis 362, six *tribuni militum* (LIV., VII, 5), depuis 311, seize (ib., IX, 30), depuis 169, vingt-quatre (ib., XLIII, 12). Ils sont désignés par le nom de *tribuni comitiati*, par opposition aux tribuns militaires, nommés par les consuls, *tribuni Rufuli* (²).

Ces comices électoraux ont lieu à une époque déterminée de l'année (*comitiorum tempus*), qui cependant peut être différée par le sénat (³) et même par le collége des augures (APP., *B. c.*, I, 78), et ils se tiennent successivement dans un ordre correspondant au rang des magistrats, *comitia consularia, praetoria, aedilicia, quaestoria* (⁴).

Les élections des comices centuriates et tributes, pour être valides, devaient être ratifiées par le sénat patricien, *patrum auctoritas* (⁵). Celle-ci suivait l'élection, jusqu'à ce qu'une *lex Maenia* (3ᵉ siècle avant J.-Chr.) ordonna de faire précéder la *patrum auctoritas «in incertum comitiorum eventum»*. LIV., I, 17 (⁶).

En outre les magistrats auxquels compète l'*imperium*, reçoivent ce pouvoir après leur élection, *nominatim* (PAUL. DIAC., p. 50), par une *lex curiata* ; les censeurs sont investis de la *potestas censoria* par une *lex centuriata* spéciale (⁷).

(1) CIC., *De leg. agr.*, II, 7, § 17. Cf. CIC., *De leg.*, III, 4.

(2) ASCON., p. 142, Or. FEST., p. 261. Cf. MARQUARDT, III, 2, 276-277.

(3) CIC., *ad Att.*, IV, 16, § 0, *p. Mur.*, 25, § 51. PLUT., *Cat. Min.*, 30.

(4) CIC., *Verr.*, I, 7-9. PSEUD. ASC., p. 136. Or. DION CASS., XXXIX, 7, 32.

(5) CIC., *De rep.*, II, 32, *p. dom.*, 14, § 38. LIV., VI, 41. Il est vrai que dans ces deux derniers passages, il n'est pas question des *comitia tributa* ; mais les faits (LIV., VI, 42) et l'expression générale, dont se sert LIV., I, 17, prouvent que les élections des *comitia tributa* devaient être également validées par les *patres*. — Les *patres* dont il s'agit ici, sont les sénateurs patriciens, et, partant, la *patrum auctoritas* est distincte de la *lex curiata de imperio*. Sur les systèmes opposés voyez la compétence du sénat patricien.

(6) La date de la *lex Maenia* (CIC., *Brut.*, 14, § 55) n'est pas exactement connue. La loi est en tout cas postérieure à 292 av. J.-Chr. MOMMSEN, *Rech. rom.*, I, 242, nᵒ 39. LANGE, II, 108-109.

(7) CIC., *De leg. agr.*, II, 11, § 26. C'est cependant une idée purement subjective de CICÉRON, quand il considère cette *lex curiata* ou *centuriata* comme une

III. Aux *comitia tributa*, présidés par un membre du collége des pontifes (¹), *(comitia sacerdotum)*, sont nommés :

a) Le *Pontifex Maximus* parmi les pontifes, au moins depuis 212 avant J.-Chr. (²).

b) Le *Curio Maximus*, au moins dès 209 avant J.-Chr. (Liv., XXVII, 8), probablement parmi les *curiones*.

c) Depuis la *lex Domitia de sacerdotiis* (104 avant J.-Chr.) (³), les pontifes, les augures et les *X (XV) viri sacris faciundis*. Ces prêtres étaient élus par le peuple parmi un certain nombre de candidats, désignés par le collége respectif, et ensuite *cooptati* par celui-ci (⁴).

IV. Aux *concilia plebis tributa*, présidés par un tribun, sont élus les tribuns de la plèbe et les édiles plébéiens depuis le *plebiscitum Publilium Voleronis*, 471 avant J.-Ch. (⁵).

V. Toute élection, le magistrat élu fût-il déjà entré en fonctions, peut être cassée pour vice de forme (*vitio creati*) par

reprehendendi potestas, donnée au peuple (cf. BECKER, II, 1, 325, nᵒ 635). La *reprehendendi potestas* appartenait plutôt, comme il le dit ailleurs, *p. Planc.*, 3, § 8, à la *patrum auctoritas* avant la *lex Maenia*. La *lex curiata* n'était autre chose que la délégation des pouvoirs au citoyen élu, la reconnaissance officielle du magistrat. Aussi cet acte n'exigeait-il ni la *promulgatio trinundini*, ni la *patrum auctoritas* (MOMMSEN, p. 239). Pour d'autres détails sur la *lex curiata de imperio*, voyez le chapitre qui traitera du pouvoir des magistrats.

(1) Cela n'est témoigné positivement que pour l'élection du *Pontifex Maximus* (LIV., XXV, 5); mais il semble probable qu'un pontife a présidé également les autres *comitia sacerdotum*. MARQUARDT, II, 3, 139-145.

(2) LIV., XXV, 5, XXXIX, 46, XL, 42. SUET., *Cés.*, 13.—MERCKLIN, *La cooptatio des Romains*, p. 87-94.

(3) CIC., *De leg. agr.*, II, 7, § 18. SUET., *Ner.*, 2. VELL., II, 12. Cf. DION CASS., XXXVII, 37. Quoique ces textes ne déterminent point les colléges de prêtres, désignés par la *lex Domitia*, celle-ci n'a pu se rapporter qu'aux trois grands colléges cités. Cf. MARQUARDT, II, 3, 143.

(4) CIC., *De leg. agr.*, II, 7, § 18. *Phil.*, II, 2, § 4. *Brut.*, 1; § 1.

(5) LIV., II, 56, 58. DENYS, IX, 49. —PTASCHNIK, *La rogatio Publilia de l'an* 283 *de Rome* dans le *Zeitschr. f. d. Oesterr. Gymnas.* Vienne, 1866. T. XVII, p. 161-200. —Sur le mode de nomination, antérieure à ce *plebiscitum*, voyez le chapitre du tribunat.

le sénat, ordinairement sur un *decretum* du collége des augures (¹).

La *petitio* des candidats sera exposée dans la section des magistratures.

§ 2. *Des comices judiciaires* (²).

La juridiction criminelle sur les citoyens compète au peuple *(judicia populi, publica)*. La cause est introduite devant les *comitia centuriata*, lorsque la punition requise par le magistrat-accusateur atteint le *caput (capite anquirere)*; dans le cas où la peine requise est une amende *(pecunia anquirere)*, la cause est du ressort des *comitia tributa* ou *concilia plebis* (cf. LIV., XXVI, 3).

I. Juridiction criminelle des comices centuriates. Elle a son point de départ dans la *lex Valeria de provocatione* de 509 avant J.-Ch. (³) : « *Ne quis magistratus civem Romanum adversus provocationem necaret neve verberaret.*» CIC., *de rep.*, II, 31 (⁴).

La *provocatio* est faite auprès des comices centuriates (⁵).

(1) CIC., *de div.*, II, 35, § 74. *de leg.*, II, 8, § 21, 12, § 31. Cf. *De nat. d.*, II, 4, § 11. LIV., IV, 7, 8, V, 17, VIII, 17, X, 47, XXIII, 31, XXX, 39 etc. — MARQUARDT, IV, 349-350.

(2) MARQUARDT, II, 3, 148-158, 177-182. LANGE, II, 504-555. WALTER, §§ 120, 829, 847-848. RUDORFF, *H. d. dr. r.*, I, § 10, II, §§ 100, 127-128, 132, 135-136. INVERNIZI, *De publicis et criminalibus judiciis Romanorum libri tres.* Romae 1787, réédité à Leipzig en 1846. PLATNER, *Quaestiones de jure criminum Romano, praesertim de criminibus extraordinariis.* Marbourg, 1842. GEIB, *Histoire de la procédure criminelle romaine* (en all.). Leipzig, 1842. REIN, *Le droit criminel des Romains* (en all.).Leipzig,1844. REIN, *Judicia* (en all.) dans PAULY's *Realencycl.* T. IV, p. 372. A. W. ZUMPT, *Le droit criminel de la République romaine.* T. I. *La juridiction des magistrats et du peuple* (en all.). 2 parties. Berlin, 1865.

(3) CONRADUS, *Jus provocationum ex antiquitate Romana erutum* dans ses *Scripta min.*, ed. Pernice. Halle, 1823. RUBINO, *Recherches* etc., p. 430-498. WOENIGER, *Le droit sacré et la procédure de la provocatio* (en all.). Leipzig, 1843, p. 225. C. G. ZUMPT, *De la liberté personnelle du citoyen romain* (en all.). Darmstadt, 1846. REIN, *Provocatio* (en all.) dans PAULY's *Realenc.*, VI,156. EISENLOHR, *La provocatio ad populum à l'époque de la Rép.* (en all.). Schwerin,1858.

(4) LIV., II, 8. DENYS, V, 70. *Dig.*, 1, 2, 2, § 16.

(5) Voyez p. 20, n° 3, et p. 120. LANGE, I, 502-503. D'après WALTER, § 40, cette juridiction a appartenu aux comices curiates jusqu'à la législation décemvirale.

L'instance d'appel est transformée en juridiction de première instance par la loi des XII Tables (450 avant J.-Ch.): *«De capite civis nisi per maximum comitiatum ne ferunto.»* Cic., *De leg.*, III, 4, § 11 [1].

Une série de lois confirma et étendit ensuite le *jus provocationis :*

1° *Lex Valeria et Horatia consulum* (449 avant J.-Chr.) : *«Ne quis ullum magistratum sine provocatione crearet; qui creasset, cum jus fasque esset occidi.»* Liv., III, 55.[2].

2° *Lex Valeria* de 300 avant J.-Ch. : *«M. Valerius consul de provocatione legem tulit diligentius sanctam.»* Liv., X, 9 [3].

3° Trois *leges Porciae* (Cic., *De rep.*, II, 31, § 54 : *quae tres sunt trium Porciorum*), dont la date et le contenu ne sont pas exactement connus. Elles semblent avoir permis la *provocatio*, de toute l'étendue de l'Etat romain, tandis que jusque-là elle ne pouvait être invoquée *longius ab urbe mille passuum* (Liv., III, 20). En outre elles ont comminé une *gravis poena, si quis verberasset necassetve civem Romanum (lex pro tergo civium lata*, Liv., X, 9), et elles tendaient par conséquent à abolir pour les citoyens la peine de mort, qui fut dès lors remplacée en règle générale par l'*interdictio aqua et igni* [4].

4° *«C. Gracchus* (123 avant J.-Chr.) *legem tulit ne de ca-*

---

(1) Cf. ib. 19, § 44. *De rep.*, II, 36, *p. Sest.*, 30, § 65. Cette loi était encore en vigueur du temps de Cicéron, *p. Sest.*, 34, § 73, *De leg.*, III, 19, § 45.

(2) Cic., *De rep.*, II, 31. Cette loi défendit la création d'une nouvelle magistrature *sine provocatione*, mais elle ne porta point de restriction à la dictature. Lange, I, 547-548.

(3) L'auteur y ajoute : *« Tertia ea tum post reges exactos lata est, semper a familia eadem. Causam renovandae saepius haud aliam fuisse reor quam quod plus paucorum opes quam libertas plebis poterat.»* — Lange, II, 92-93.

(4) Lange, II, 192, 198-199, 234, et *De legibus Porciis, libertatis civium vindicibus*, 2 part. Giessen, 1862-1863. — D'après Lange, la première *lex Porcia* serait celle *pro tergo civium lata* (Sall., *Catil.*, 51, §§ 22, 40, Cic., *p. Rab. perd*, 3, § 8 Fest., v. *pro scapulis*, p. 234) et daterait de 198 avant J.-Chr. La seconde, de 195, aurait permis le *jus provocationis* hors de Rome (Cic., *Verr.*, II, 5, 63, § 163. *p. Rab. perd.*, 4, § 12). La troisième, de 184, aurait amoindri l'*imperium* militaire, en défendant aux officiers la *fustium verberatio* à l'égard des citoyens-soldats (Liv., *ep.* LVII. Plutarq., *C. Gracch.*, 9. Exception, Liv., *ep.* LV). —Voyez aussi Zumpt, *Dr. crim.*, I, 2, 48-69.

pite civium Romanorum injussu vestro [populi] *judicaretur.*"
Cic., *p. Rab. perd.*, 4, § 12. Elle semble avoir été dirigée
contre l'institution de *quaestiones extraordinariae* et contre le
pouvoir conféré aux consuls par le *senatusconsultum ultimum.*

Le *jus provocationis* s'exerce envers tous les magistrats,
à l'exception du *dictator optima lege creatus* (¹), des magistrats (consuls, préteurs), quand ils sont dans l'exercice de
leur *imperium* militaire (²), et plus tard, des consuls, quand
ils sont investis d'un pouvoir quasi-dictatorial par le *senatusconsultum ultimum* : "*Videant Consules ne quid respublica
detrimenti capiat*" (³).

II. Juridiction criminelle des *comitia tributa* et des *concilia plebis.*

Avant la législation décemvirale, les plébéiens, se fondant
sur les *leges sacratae* de 494 avant J.-Chr., s'arrogèrent à
différentes reprises le droit de juger des causes capitales dans
les *concilia plebis.* Le premier procès de ce genre fut celui de
Coriolan, 491 avant J.-Chr. (⁴). Cette attribution leur fut
enlevée par la loi des XII Tables (450 avant J.-Chr.).

Dès lors les réunions tributes n'exercent plus que la juridiction criminelle qui aboutit à des amendes.

Cette juridiction a son point de départ dans la *lex Aternia
Tarpeia de multae sacramento* (454 avant J.-Chr.).

Cette loi conféra à tous les magistrats le *jus multae dictionis,* qui jusqu'alors n'avait appartenu qu'aux consuls (⁵);
mais elle détermina en même temps la *multa suprema,* qui

---

(1) Liv., II, 18, 29, III, 20, IV, 13-15, VIII, 33, 35. Denys, V, 70, 73.
Zonar., VII, 13. Les témoignages historiques contredisent l'assertion de
Fest., p. 198, d'après laquelle la dictature aurait été soumise plus tard à la
provocatio: Cf. Becker, II, 1, 388. Lange, II, 638.

(2) Cic., *De rep.*, I, 40, § 63. *De leg.*, III, 3, § 6.

(3) Cic., *Catil.*, I, 2. Sall., *Cat.*, 29.

(4) Denys, VII, 59, 65. — Schlieckmann, *De causa Cn. Marcii Coriolan.*
Breslau, 1857. Mommsen, *la tradition concernant Coriolon* (en all.) dans le
Hermes, 1869. T. IV. p. 1-27. Becker, II, 2, 282-284. Marquardt, II, 3,
154-155. Lange, II, 526-537. Zumpt, *Droit crim.*, I, 1, 240-279.

(5) Denys, X, 50. Cf. Cic., *De rep.*, II, 35.

fut portée à deux brebis et 30 bœufs (¹). La *lex Julia Papiria de multarum aestimatione*, 430 avant J.-Chr., (Liv., IV, 30, Cic., *De rep.*, II, 35) évalua la brebis à dix as, le bœuf à cent as, de sorte que la *suprema multa* était de 3020 as.

De la *lex Aternia Tarpeia* découlait naturellement le *jus provocationis* du citoyen, pour le cas où le magistrat excédait son droit. En tout cas *«ab omni judicio poenaque provocari licere, indicant XII Tabulae, compluribus legibus.»* Cic., *De rep.*, II, 31.

De là aussi la conséquence qu'en règle générale les magistrats, quand ils voulaient dépasser la *suprema multa*, introduisaient la cause directement devant le peuple (*inrogare multam*).

Or, dans les deux cas, le juge compétent était l'assemblée tribute, c'est-à-dire les *comitia tributa* ou les *concilia plebis*, d'après que celui qui accusait gérait une magistrature patricienne (²) ou plébéienne. Les présidents ordinaires étaient les tribuns pour des procès politiques (³), les édiles pour des procès de police (⁴).

III. Les *judicia populi* étaient sans appel (cf. Liv., IV, 7). Cependant ils pouvaient être annulés pour vice de forme par le sénat sur un *decretum* du collége des augures (⁵).

IV. Procédure.

L'accusation est introduite par un magistrat, aux *comitia centuriata*, anciennement en règle générale par les II *viri perduellionis* ou les *quaestores parricidi* (⁶), plus tard par les

---

(1) Denys, l. l. Gell., XI, 1. Fest., p. 202, 237. Festus seul parle dans le dernier passage d'une *lex Menenia Sextia* (452), sur laquelle nous n'avons pas d'autres données. Fest. et Gell. attribuent erronément la *multarum aestimatio* à la *lex Aternia Tarpeia*. Lange, I, 532-535.

(2) La *multae dictio* appartenait aussi au *Pontifex Maximus*. De lui également il y avait *provocatio* aux *comitia tributa*. Exemples : Liv., XXXVII, 51, XL, 42. Cic., *Phil.*, XI, 8, § 18. Fest., p. 343.

(3) Liv., IV, 40, 42, V, 11-12, XXV, 3, XXVI, 2-3 etc. Cf. Polyb., VI, 14.

(4) Cf. p. 174, nᵒ 7, 175, nᵒ 3.

(5) Cic., *De leg.*, II, 8, § 21, 12, § 31. *De div.*, II, 35, § 74.

(6) Liv., II, 41, III, 24-25, VI, 20. Denys, VIII, 77-78. Cic., *De rep.*, II, 35, *Or.*, 46, § 156. *Dig.*, I, 2, 2, § 23. — Dans le dernier siècle de la Répu-

tribuni plebis ([1]), peut-être par les édiles ([2]); mais tous ces magistrats, n'ayant pas le *jus vocandi exercitum*, sont tenus de demander à cet effet et les *auspicia* nécessaires et un jour déterminé (*auspicia, diem comitiis petere*), au consul ou au préteur ([3]). Aux réunions tributes, ce sont ordinairement les tribuns ou édiles qui accusent.

Le magistrat-accusateur notifie à l'accusé le fait dont il est poursuivi, et le somme de comparaître devant le peuple au jour fixé (*diem dicere*). L'accusé doit fournir caution (*vades*), sinon il est incarcéré ([4]).

Au jour déterminé, le magistrat-accusateur ouvre la *concio* par l'acte d'accusation (*anquisitio*), suivie aux comices centuriates du *judicium* du magistrat, et de l'*inrogatio multae* aux réunions tributes. Ensuite ont lieu les débats de la défense et de l'attaque, l'audition des témoins etc. ([5]).

Cette procédure est réitérée dans quatre *conciones*, qui se suivent à certain intervalle ([6]). Immédiatement après la dernière (*quarta accusatio*), le magistrat ouvre les comices judiciaires (*trinundinum ante prodicta die*, Cic., *p. dom.*, l. l.); et le peuple condamne à la peine requise par le magistrat ou acquitte ([7]). Aussi longtemps que le vote n'est pas terminé, l'accusé a le *jus exulandi* (voyez pp. 120 et 140).

V. Il arrivait assez fréquemment que le peuple déléguait le jugement d'un procès déterminé soit à des magistrats (Liv., IV, 51), soit au sénat (Liv., XXVI, 33-34): *quaestio extraordinaria*. Le jugement en ce cas était sans appel ([8]).

—blique, il y a encore un exemple de l'institution de *II viri perduellionis*. Dion Cass., XXXVII, 27. Cic., *p. Rab. perd.*, 4-5. Suet., *Cés.*, 12. — Marquardt, II, 3, 165. Lange, I, 331, 334. Voyez plus haut, p. 36.

(1) Liv., XXV, 4, XXVI, 3, XLIII, 16. Gell., VII (VI), 9.

(2) Cf. Liv., VIII, 22, XXV, 2.

(3) Varr., *De l. l.*, VI, 9. Liv., XXVI, 3, XLIII, 16. Gell., VII (VI), 9.

(4) Liv., III, 13, XXV, 4, XXVI, 3. Cf. App., *B. c.*, I, 74.

(5) Liv., II, 52, III, 58, XXV, 3, XXVI, 2-3. Cf. Cic., *p. dom.*, 17, §45.

(6) Cic., *p. dom.*, l. l. App., *B. c.*, I, 74.

(7) Cic., *De leg.*, III, 3. « *Quum magistratus judicassit, inrogassitve, per populum multae, poenae certatio esto.* » Cf. Liv., XXV, 3.

(8) Geib, *Procéd. crim.*, 387-391. Walter, § 859, n° 200.

Parfois même, pour des crimes exceptionnels, le sénat prenait l'initiative de la poursuite, en chargeant des magistrats d'une *quaestio* (¹) ; et bien que légalement la peine capitale ne put être exécutée *sine jussu populi* (²), le sénat, en des circonstances critiques, surtout à la faveur du *senatus-consultum ultimum*, s'est parfois soustrait à cette obligation (³).

L'introduction successive des *quaestiones perpetuae*, dans les derniers temps de la République, a enlevé aux comices leurs attributions judiciaires. Voyez l'organisation de la justice.

§ 3. *Des comices législatifs* (⁴).

La répartion du pouvoir législatif entre les différents comices ne fut pas marquée aussi nettement que celle des attributions électorales et judiciaires. En cette sphère, l'on doit se contenter de constater les faits historiques.

I. Aux *comitia centuriata*, présidés par un consul ou un magistrat extraordinaire qui le remplace, ont été soumises et votées, dès le commencement de la République jusqu'à la *lex Hortensia* (287), les *rogationes* législatives essentiellement politiques, constitutionnelles, telles que la *lex Valeria de provocatione*, la *lex Aternia Tarpeia*, la législation décemvirale (⁵), les *leges Valeriae et Horatiae*, les *leges Publiliae Philonis*, la *lex Valeria* de 300, et enfin la *lex Hortensia* elle-même.

Depuis la *lex Hortensia* (287), l'action législative des *comitia centuriata* s'efface de plus en plus, excepté pour la *lex*

______

(1) Liv., VIII, 18, IX, 26, XXXIX, 14, XL, 19, 37, 44.

(2) Polyb., VI, 16. Liv., XXVI, 33.

(3) Sall., *Cat.*, 55. App., *B. c.*, II, 6. Voyez p. 183.

(4) Marquardt, II, 3, 147, 158-164, 167-177. Lange, II, 555-663. Baiter, *Index legum Romanorum* etc. dans l'édit. de Cic. par Orelli. Zurich, 1838. T. VIII, 3e part., p. 117. Rein, *Lex et leges* (en all.) dans Pauly's *Realencycl.* T. IV, 952.

(5) Une loi des XII Tables confirmait le pouvoir législatif du peuple : « *Ut quodcumque postremum populus jussisset, id jus ratumque esset.* » Liv., VII, 17.

de bello indicendo ([1]) et la *lex de censoria potestate* (Cic., *De leg. agr.*, II, 11), lois qui leur furent réservées de tout temps.

La *rogatio* étant votée, pour être obligatoire, doit être ratifiée par le sénat patricien, *patrum auctoritas* ([2]), jusqu'à ce qu'une *lex Publilia Philonis* (339 avant J.-Chr.) décréta : « *Ut legum, quae comitiis centuriatis ferrentur, ante initum suffragium patres auctores fierent.* » Liv., VIII, 12. Cf. ib., I, 17.

II. Dans le principe (494-449 avant J.-Ch.), les *plebiscita*, votés par les *concilia plebis*, sous la présidence des tribuns, n'étaient obligatoires que pour la plèbe ([3]). Tels furent le *plebiscitum Icilium, Publilium Voleronis* etc.

Les *rogationes* d'un intérêt général (*actiones tribuniciae*), comme le *plebiscitum Terentilium*, étaient simplement des pétitions, qui ne pouvaient acquérir de force obligatoire que par le consentement du *populus* ([4]).

En 449 avant J.-Chr., une *lex Valeria Horatia* décréta : « *Ut quod tributim plebis jussisset, populum teneret.* » Liv., III, 55 (cf. 67. Denys, XI, 45). Il semble, quoique les données incomplètes que nous possédons sur le contenu de cette loi ne le disent pas, que même dès lors le plébiscite, quand il était d'intérêt général, n'avait force légale que si le sénat l'avait approuvé d'avance : *senatus auctoritas*, non pas *patrum auctoritas* ([5]).

---

(1) Encore en 167 avant J.-Chr. les tribuns intercèdent contre un préteur qui veut porter aux *comitia tributa* une *rogatio de bello indicendo*.Liv.,XLV,21.

(2) Cic., *de rep.*, II, 32. *p. dom.*, 14, § 38. Liv., VI, 41. — Lange, I, 501, restreint la *patrum auctoritas* aux lois qui proposaient des modifications à la *lex curiata de imperio*.

(3) Liv., III, 55. Gell., XV, 27. Gaj., I, 3.

(4) Cf. Liv., III, 9, 19, 24, 31. Cf. ib. 55.

(5) Cette opinion invoque à son appui d'abord que jusqu'à la *lex Hortensia* la tradition ne mentionne aucun plébiscite d'intérêt général, qui ait obtenu force de loi contre la volonté du sénat, tandis que ce cas se présente après la *lex Hortensia*; et ensuite que Sulla (88 avant J.-Chr.), voulant réduire le tribunat à son pouvoir antérieur, rétablit pour les plébiscites la *senatus auctoritas* (App., *B. c.*, I, 59), qui fut abolie de nouveau par la *lex Pompeia* (70 av. J.-Chr.), Mommsen, *Rech. rom.*, I, 205-217.

La *lex Publilia Philonis* (339 avant J.-Chr.) : *"Ut plebiscita omnes quirites tenerent"* (LIV., VIII,- 12), ne fut peut-être qu'une répétition de la loi précédente.

Les plébiscites les plus importants, votés de 449 à 287 avant J.-Chr., eurent surtout pour objets l'égalité politique de la plèbe (*plebiscitum Canuleium, lex Licinia de consulatu, plebiscitum Ogulnium*), ou ses intérêts matériels (comme des *plebiscita de acre alieno, de modo agrorum*). D'autres cependant portèrent atteinte au pouvoir des magistrats, en décrétant l'élection par les *comitia tributa* de magistrats mineurs ou extraordinaires qui jusque-là avaient été nommés par les magistrats. D'autres encore tendaient à amoindrir l'indépendance administrative du sénat.

En 287 avant J.-Chr., la *lex Hortensia* ([1]) assimila le *plebiscitum* à la *lex*, et abolit par conséquent l'obligation de la *senatus auctoritas* ([2]).

----

(1) PLIN., XVI, 15 (10). GELL., XV, 27. GAJ., I, 3.

(2) TOPHOFF, *De lege Valeria Horatia, Publilia, Hortensia.* Paderborn, 1852. — Il est impossible de préciser le contenu de ces trois lois. A en juger d'après les renseignements incomplets des auteurs anciens, elles auraient eu toutes trois pour but : *ut plebiscita omnes quirites tenerent.* Il est cependant difficile d'admettre qu'elles aient été complètement identiques. Les principales hypothèses, émises à ce sujet, sont celles-ci : d'après NIEBUHR, *H. r.*, II, 410-415, III, 171, 491, les plébiscites obtinrent force légale par la *lex Valeria*, à condition d'avoir été précédées de la *senatus auctoritas* et suivies de la ratification des comices curiates (*patrum auctoritas*). La *lex Publilia* aurait aboli la *patrum auctoritas*, la *lex Hortensia*, la *senatus auctoritas*. PETER, *Epoq.*, 94, suiv., et MARQUARDT, II, 4, 117-120, 161-163, suivent NIEBUHR, sauf que d'après eux la *lex Hortensia* ne fut qu'une répétition de la *lex Publilia*, et que la *senatus auctoritas* n'aurait été abolie que par la *lex Apuleia* (100 avant J.-Chr.). Sur la prétendue *lex Apuleia*, voyez MOMMSEN, *Rech. rom.*, I, 207. — D'après WALTER, §§. 65, 67, la *patrum auctoritas* (comices curiates) et la *senatus auctoritas* furent nécessaires avant la *lex Valeria*, pour rendre les plébiscites obligatoires ; la *lex Valeria* aurait aboli la première ; la *lex Publilia* la seconde, et la *lex Hortensia* n'aurait fait que confirmer la valeur des plébiscites, en admettant les patriciens aux *concilia plebis*. — LANGE (I, 548-551, II, 48-53, 100-108), est d'avis que les lois en question ne se rapportent ni à la *patrum* ni à la *senatus auctoritas*, qui d'après lui n'étaient pas obligatoires pour les plébiscites, mais qu'elles ont élargi successivement la compétence législative des *concilia plebis*. — D'après MOMMSEN (*Rech. rom.*, I, 163-166, 200-201, 215-217), les auteurs anciens ont mal compris le contenu de la *lex Valeria* et de la *lex Publilia* ; celles-ci n'auraient

Dès lors les *concilia plebis* deviennent l'organe législatif principal du peuple romain. En effet, durant les trois derniers siècles de la République, les *concilia plebis* ont eu la plus grande part à la législation, non pas seulement dans la sphère politique et constitutionnelle, mais encore dans le domaine du droit civil et criminel, et même dans celui des affaires religieuses, financières, étrangères et provinciales qui, jusque-là, avaient été de la compétence presque exclusive du sénat (¹).

III. Aux *comitia tributa* furent votées toutes les *leges praetoriae*, dont la première en date semble être la *lex Papiria* de 332 avant J.-Chr. (LIV., VIII, 17).

Les consuls portaient d'abord de préférence leurs lois aux comices centuriates : la première loi consulaire des *comitia tributa* fut la *lex Manlia* de 357 (LIV., VII, 16). Plus tard, au contraire, et surtout au dernier siècle de la République, la généralité des lois consulaires furent votées par les comices tributes. La plupart des *leges dictatoriae* de Sulla semblent avoir été, non des lois centuriates, mais des lois tributes (²).

De même que les lois centuriates, les lois votées aux *comitia tributa*, étaient soumises à la *patrum auctoritas*, qui d'abord suivait, plus tard précédait le vote (³).

IV. En règle générale les *rogationes* législatives, avant d'être présentées soit aux *comitia centuriata* ou *tributa*, soit

pas eu trait aux *concilia plebis*, mais aux *comitia tributa*. La première aurait autorisé les réunions tributes du *populus* ; la seconde aurait accordé au préteur le droit de faire à ces comices des *rogationes* législatives. La *lex Hortensia* aurait-la-première donné force obligatoire aux plébiscites, en abolissant l'obligation de la *senatus auctoritas*, qui jusque-là, probablement en vertu d'une *lex centuriata*, antérieure au *plebiscitum Terentilium*, pouvait seule donner force légale aux plébiscites d'intérêt général.

(1) Voyez la compétence du sénat. En fait d'affaires étrangères, POLYB. (VI, 14) disait déjà : « καὶ μὴν περὶ συμμαχίας καὶ διαλύσεως καὶ συνθηκῶν, οὗτός (ὁ δῆμος) ἐστιν ὁ βεβαιῶν ἕκαστα τούτων καὶ κύρια ποιῶν ἢ τοὐναντίον. »

(2) LANGE, II, 564, 610-611. Cf. *Inscr. l. ant.*, p. 108.

(3) Il est vrai que CIC., *p. dom.*, 14, § 38, LIV., VI, 41, passent sous silence les *comitia tributa*, en parlant de la *patrum auctoritas*. Mais on peut y opposer LIV., I, 17, et surtout ce fait significatif que la *patrum auctoritas* est expressément mentionnée à propos de la première loi consulaire tribute, la *lex Manlia* (LIV., VII, 16).

depuis la *lex Hortensia* aux *concilia plebis*, étaient soumises à la *senatus auctoritas*. Ce n'était cependant qu'une coutume, nullement une obligation légale (¹).

Mais, après le vote, toute décision, *lex* ou *plebiscitum*, peut être cassée (*rescindi, refigi*) pour vice de forme par le sénat avec le concours éventuel du collége des augures (²).

V. La *lex* et le *plebiscitum* (³).

« *Lex est quod populus jubet atque constituit* (⁴). *Plebiscitum est quod plebs jubet atque constituit.* » GAJ., I, 3. Dans un sens plus restreint, tout *jussus populi*, qui ne peut s'appeler ni *creatio*, ni *judicium*, est une *lex*.

La *rogatio* est rédigée en termes très-précis par le magistrat qui la soumet au peuple. Il peut pour la rédaction le faire assister de jurisconsultes (⁵). Elle est *promulgata* pendant un *trinundinum (promulgare rogationem, legem)* (⁶). Le magistrat qui la propose s'appelle *auctor* (LIV., II, 56 etc.) ou *lator legis* (LIV., VI, 36 etc.). *Ferre legem, ferre ad populum* (⁷).

Jusqu'au moment du vote, le *lator legis* peut modifier la *rogatio* (CIC., *ad Att.*, I, 19, § 4); mais du moment que le

---

(1) MOMMSEN, *Rech. rom.*, I, 202-208. LANGE, I, 408. — Le contraire est soutenu par PETER, *Epoq.*, etc., p. 95, MARQUARDT, II, 3, 6, SCHWEGLER, *H. r.*, III, 77.

(2) CIC., *De leg.*, II, 8, § 21, 12, § 31. *de div.*, II, 35, § 74. — Exemples : CIC., *p. Corn.* ASCON., 67, suiv. *de leg.*, II, 6, § 14. *p. dom.*, 15, § 40, 16, § 41. *Phil.*, V, 4, § 11, XI, 6, § 13, XII, 5, § 12 etc.

(3) RUDORFF, *H. d. dr. r.*, I, §§ 7, 8. REIN. *Dr. civ.*, 66-69.

(4) Le mot *lex* a en lui même une signification bien plus étendue, *Dig.*, I, 3, 1 ; il ne s'agit ici que de la *lex publica* ou *populi*. Cf. *Dig.*, XLVII, 22, 4. GAJ., II, 104. — ATEJUS CAPITO (GELL., X. 20) définit : « *Lex est generale jussum populi aut plebis, rogante magistratu,* » et oppose la *lex* aux *privilegia (jussa de singulis concepta)*. Cf. FEST., p. 266.

(5) PLUTARQ., T. *Gracch.*, 9. CIC., *ad Att.*, III, 23, § 4.

(6) CIC., *p. dom.*, 16, § 41. *De leg. agr.*, II, 5, § 13. Cf. LIV., III, 9, 34, VI, 1, etc.

(7) CIC., *Phil.*, I, 9, § 21, II, 43, § 110 etc. La loi peut être proposée par les deux consuls, par plusieurs tribuns etc. En outre, d'autres magistrats peuvent l'appuyer, en signant la *rogatio* : « *adscriptores legis* ». CIC., *De lege agr.*, II, 9, § 22. *in Pis.*, 15, § 35 etc.

vote est commencé (*legem rogare*, Cic., *Phil.*, II, 29, § 72), elle doit être adoptée ou rejetée en bloc. — La *lex Caecilia Didia* (98 avant J.-Chr.) défendit de porter une *lex per saturam* (1).

La *rogatio* étant acceptée et *renuntiata*, a obtenu force légale (*perferre legem, lex perlata, perrogata*).

La loi prend le nom gentilice du *lator* (des *latores*) : *lex Valeria, lex Valeria Horatia*. — *Leges consulares, dictatoriae, decemvirales, praetoriae.*

Une loi complète *(lex perfecta)* renferme trois parties :

1° *Praescriptio legis* (Cic., *De leg. agr.*, II, 9, § 22). — Exemple : *T. Quinctius Crispinus consul... [... tribunus plebis] populum* [plebem] *jure rogavit populusque* [plebesque] *jure scivit in foro pro rostris aedis divi Julii pr. (k.) Julias. Tribus Sergia principium fuit ; pro tribu Sex... L. f. Varro (primus scivit).* « Frontin., *De aquaed.*, c. 129 (2).

2° Le texte de la loi.

3° La sanction (cf. *Dig.*, XLVIII, 19, 41).

Une loi, sans sanction *(in qua nulla deviantibus poena sancitur)*, s'appelle *lex imperfecta*. Macrob., *Somn. Sc.*, II, 17.

Quand la sanction est incomplète, la *lex* est *minus quam perfecta*, «*quae vetat aliquid fieri, et si factum sit, non rescindit, sed poenam injungit ei, qui contra legem fecit.*» Ulp. 2.

« *Lex aut* rogatur, *id est fertur ; aut* abrogatur, *id est, prior lex tollitur ; aut* derogatur, *id est pars primae (legis) tollitur ; aut* subrogatur, *id est adicitur aliquid primae legi ; aut* obrogatur, *id est mutatur aliquid ex prima lege.*» Ulp., 3.

(1) Cic., *p. dom.*, 20, § 53. Voyez p. 162, n° 3. — Cf. Fest., p. 314. *Lex rep.*, l. 72. *Inscr. lat. ant.*, p. 62, et p. 69.

(2) Cf. *lex Corn.* dans les *Inscr. l. ant.*, p. 108. *Lex agr.*, ib., p. 79. *Lex Ant.*, p. 114. Cic., *Phil.*, I, 10, § 26.

Les documents authentiques (¹) sont déposés dans l'*aera-rium*, et confiés à la garde des questeurs (²). Dans les premiers siècles cependant les plébiscites furent gardés par les édiles plébéiens (³).

L'exposition publique des lois, gravées sur des tables d'airain *(legem, tabulam figere)* (⁴), en des bâtiments publics ou en des temples, était ordinaire, mais non obligatoire.

(1) Goettling, 15 *documents romains* (en all.). Halle, 1845. Mommsen, *Sur la manière dont les Romains gardaient et publiaient les lois et les sénatus-consultes* (en ital.) dans les *Annali dell' Istit. di corresp. arch.* Rome, 1858, p. 181-212. Ritschl, *In leges Visclliam Antoniam Corneliam observationes epigraphicae*. Berlin, 1860.

(2) Serv., *ad Aen.*, VIII, 322. — Il semble cependant que la garde des archives était très-défectueuse (Cic., *De leg.*, III, 20, § 46) et donnait même lieu à des fraudes (Liv., XXXIX, 4. Suet., *Aug.*, 94). Aussi une *lex Licinia Junia* 62 avant J.-Chr.) défendait : "*ne clam aerario legem inferri liceret*". *Scol. Bob.*, p. 310.

(3) Zonar., VII, 15. *Dig.*, I, 2, 2, § 21.

(4) Liv., III, 57. Cic., *Phil.*, I, 9, § 23, III, 12, § 30, V, 4, § 12 etc Mommsen, Mémoire cité.

Ch. I. — LA LECTIO SENATUS ET LA COMPOSITION DU SÉNAT (²).

La *lectio senatus* (p. 35, n° 6) passa au commencement de la République aux consuls, et aux magistrats extraordinaires qui les remplacent (dictateur, *tribuni militum consulari potestate*). Fest., p. 246. Liv., II, 1.

La liberté du magistrat dans la *lectio* était d'abord presque illimitée (Fest., l. l.); cependant de tout temps le *mos majorum* prescrivait certaines conditions à l'admissibilité.

1° Dès l'origine de la République les plébéiens reçurent l'entrée au sénat. Par opposition aux *patres* (sénateurs pa-

(1) Molitor, *Historia senatus Romani* dans les *Annales Academiae Lovaniensis*, 1822-23. v. VI. Louvain, 1826. Hoffa, *De senatu Romano, qualis liberae reipublicae temporibus fuerit*. Marbourg, 1827. Roulez, *Observations sur divers points obscurs*. Bruxelles, 1836, p. 1, suiv. Rubino, *Du sénat et du patriciat* (en all.) dans ses *Recherches*, p. 144, suiv. Maggiolo, *Romani senatus vices ac variae componuntur aetates*. Strasbourg, 1844. Czarnecki, *Le sénat romain* (en all.). Posen, 1849. Albrecht, *Le sénat romain* (en all.). Vienne, 1852. Rein, *Senatus* (en all.) dans Pauly's *Realencycl*. Stuttgardt, 1852. T. VI. 1e p., p. 996, suiv. Bludau, *De senatu Romano*. Berlin, 1853. F. Cramer, *De senatus Romani prudentia*. Muenstereifel, 1862.

(2) Becker, II, 2, 387-402. Lange, II, 332-361. Mommsen, *Rech. rom.*, I, 250-268. F. Hofmann, *Le sénat romain de la République* (en all.). Berlin, 1847. Lattes, *De la composition du sénat romain royal, et de quelques points controversés sur sa composition du temps de la République* (en ital.) dans les comptes-rendus *dell' istituto reale Lomb. di scienze e lettere*. Milan, 1868. 2e série. T. I.

triciens), les sénateurs plébéiens s'appelaient *conscripti* : d'où la formule *patres (et) conscripti* (¹).

2° Etaient exclus du sénat les *libertini* et fils de *libertini* (p. 130, n° 4) et les *infames* (p. 126, n° 3) (²).

3° « *Quaestus omnis patribus indecorus.* » Liv., XXI, 63 (³). Aussi une *lex Claudia* (219 avant J.-Chr.) portait-elle : « *Ne quis senator, cuive senator pater fuisset, mariti-mam navem quae plus quam trecentarum amphorarum esset, haberet.* » Liv., ib. Du temps de Cicéron cette loi était tom-bée en désuétude (*Verr.*, II, 5, 18, § 45).

4° L'*aetas senatoria* (⁴) n'est pas exactement connue ; elle semble avoir été de 27 à 30 ans (⁵).

5° Bien que, du temps de la République, il n'y eût point de *census senatorius* (cf. Val. Max., IV, 4, 11), cependant, en règle générale, les sénateurs possédaient le cens équestre (cf. Liv , XXIV, 11).

Le nombre normal des sénateurs, sous la République, fut de 300 (⁶). A la faveur des guerres civiles du dernier siècle, sous Sulla et César, ce nombre s'accrut hors mesure (sous César il y en eut jusqu'à 900), et des citoyens des dernières classes, des vétérans, des affranchis, des provin-ciaux mêmes reçurent l'entrée au sénat (⁷). Sur la réforme d'Auguste, voyez l'Empire.

---

(1) Fest., p. 254. Liv., II, 1. Paul. Diac., p. 41. L'origine de cette for-mule n'était plus généralement connue vers la fin de la République (cf. Denys, II, 12. Plutarq., *Quaest. rom.*, 58. Serv., *ad Aen.*, I, 426), à tel point que *pater conscriptus* était devenu synonyme de sénateur (Cic., *Phil.*, XIII, 13). Il a été soutenu récemment que les plébéiens ne furent admis au sénat que de-puis l'époque du tribunat militaire *cons. pot.* W. Ihne, *Des patres conscripti* (en all.). Leipzig, 1865, p. 19.

(2) Une *lex Cassia* (104 avant J.-Chr.) portait : « *Ut, quem populus damnasset cuive imperium abrogasset in senatu non esset.* » Ascon., p. 78.

(3) Cf. Ascon., p. 94. Comparez Cic., *Verr.*, II, 2, 49, § 122.

(4) Cic., *p. leg. Man.*, 21, § 61. Gell., XIV, 8.

(5) En effet telle était l'*aetas quaestoria*. Or la questure était le *primus gradus honorum*, et le moyen ordinaire de l'entrée au sénat. Comparez Cic., *Verr.*, II, 2, 49, § 122. *Lex Jul. mun.*, l. 89, suiv. dans les *Inscr. l. ant.*, p. 121.

(6) Denys, V, 13, Fest., p. 254, Liv., II, 1, cf. XXIII, 23.

(7) Sall., *Cat.*, 37. Suet., *Cés.*, 76, 80. Gell., XV, 4, § 3, Dion Cass., XLIII, 20, 47 etc.

La *lectio senatus* passa des consuls aux censeurs, et fut à la fois réglementée davantage par la *lex Ovinia tribunicia* (¹) *(plebiscitum Ovinium*, peu après les lois Liciniennes) : *« Qua sanctum est, ut censores ex omni ordine optimum quemque jurati* (²) *in senatum legerent. »* Fest., p. 246.

Cette loi eut pour conséquence que les magistrats curules, à savoir les consuls, les préteurs, les édiles curules (c'est dans ce sens qu'il faut interpréter *ex omni ordine*) (³), obtinrent, par la gestion même de leur magistrature, un certain droit à être admis au sénat à la *lectio* suivante. De plus, *jusqu'à ce terme*, sans être sénateurs, ils jouissent de l'exercice des droits sénatoriaux. *« Jus sententiae dicendae. »* Gell., XIII, 18, § 5.

Ce droit des magistratures curules fut étendu aux tribuns et édiles plébéiens, depuis le *plebiscitum Atinium* (⁴), aux questeurs, depuis Sulla (⁵).

A dater de la *lex Ovinia*, la *lectio senatus* se renouvelle à chaque recensement. Les deux censeurs rejettent de la liste

(1) La première explication satisfaisante de l'âge et du contenu de cette loi a été donnée par Hofmann, l. l., 3-18. Cf. Lange, II, 336. Bergk, *La lex Ovinia* (en all.) dans le *Zeitschr. f. d. Altherthumsw.* 1848.

(2) Le texte donne *curiati*, et a été interprété de différentes manières. Mommsen, l. l., reprend l'ancienne correction de Ursinus en *curiatim*, et il déduit de ce texte un rapport intime entre la composition du sénat et les trente curies. La conjecture *jurati*, qui semble être la plus satisfaisante (cf. Zonar., VII, 19, Cic., *p. Cluent.*, 43, § 121), a été émise par Meier, *Index scholarum in univ. Hal. habendarum.* Halle, 1844.

(3) Cf. Liv., XXII, 49, XXIII, 23. Gell., XIV, 7, § 9. Que la *lex Ovinia* n'accorda pas ce droit aux magistrats non curules, cela résulte de Gell., III, 18, § 6, Val. Max., II, 2, 1.

(4) Gell., XIV, 8. — Rubino, *De senatorio tribunorum jure* dans la diss. *De tribunicia potestate.* Cassel, 1825, p. 43, suiv. Mercklin, *Le plebiscitum Atinium* (en all.) dans le *Zeitschr. f. d. Altherthumsw.* 1846, p. 875, suiv. On n'est pas d'accord sur la date de ce plébiscite. Tandis que les deux auteurs cités lui assignent l'époque des Gracques, Rudorff (*Ad legem Aciliam de pecuniis repetundis*, Berlin, 1862, p. 444) et Mommsen le placent à une époque postérieure (peu avant Sulla), Lange (II, 161-162) le fait remonter jusqu'au temps de la deuxième guerre punique. Une opinion toute différente au sujet de ce plébiscite a été soutenue par Hofmann, l. l.

(5) Cf. Lange, II, 342.

de leurs prédécesseurs ceux qu'ils jugent indignes d'être sénateurs (*movere, ejicere senatu*) (¹); et aux places qui sont devenues vacantes soit par les exclusions qu'ils ont faites, soit par les décès depuis la dernière *lectio*, ils choisissent de préférence les non-sénateurs, ayant déjà le *jus sententiae dicendae*, qui leur paraissent dignes de siéger au sénat. Si quelqu'un de cette dernière catégorie est passé (*praeteritus*), il subit une flétrissure, et perd le droit d'assister encore au sénat (FEST., p. 246). Les censeurs publient les motifs de l'exclusion ou de la *praeteritio : subscriptio censoria* (²).

Un exemple mémorable d'une *lectio senatus* fut celle qui après la bataille de Cannes (216 avant J.-Chr.) fut faite par un *dictator senatui legendo : « Recitato vetere senatu, inde primos in demortuorum locum legit, qui post L. Aemilium C. Flaminium censores curulem magistratum cepissent, necdum in senatum lecti essent* (c'est-à-dire tous ceux qui n'avaient encore que le *jus sententiae dicendae), ut quisque eorum primus creatus erat; tum legit qui aediles, tribuni plebis quaestoresve fuerant : tum ex iis, qui magistratus non* (³) *cepissent, qui spolia ex hoste fixa domi haberent aut civicam coronam accepissent. »* LIV., XXIII, 23.

La liste sénatoriale (*album senatorum*) est rédigée dans un ordre conforme à la dignité des sénateurs : 1º les *consulares*, 2º les *praetorii*, 3º les *aedilicii*, 4º les *tribunicii*, 5º les *quaestorii*, 6º les *pedarii* (⁴).

Parmi les *consulares* la place d'honneur est occupée par les *dictatorii* et les *censorii* (ZONAR., VII, 19). Le premier de la liste est *princeps senatus*. Cette distinction pure-

---

(1) LIV., XXXIX, 42, XL, 51, XLI, 27 etc. Cf. XXXII, 7.

(2) LIV., XXXIX, 42. GELL., XVII, 21, § 39. ASCON., p. 84. CIC., *p. Cluent.*, 43, § 121. Une lex *Clodia*, 58 avant J.-Chr. alla plus loin ; elle portait : « *Ne quem censores in senatu legendo praeterirent neve qua ignominia afficerent, nisi qui apud eos accusatus et utriusque censoris sententia damnatus esset.* »ASCON., p. 9. Elle ne resta que 6 ans en vigueur. DION CASS., XL, 57.

(3) Le texte : *qui magistratus cepissent*, présente nécessairement une lacune. On supplée soit *non*, soit *minores*.

(4) GELL., XIV, 7, § 9. LIV., XXIII, 23. CIC., *Phil.*, XIII, 14, § 30. Sur les *pedarii* voyez plus loin.

ment honorifique (ZONAR., 1. 1.) fut de tout temps réservée aux patriciens, et même, semble-t-il, aux *patres majorum gentium* (¹).

La liste, composée par les deux censeurs d'un commun accord (²), est proclamée *ex rostris* (LIV., XXIII, 23) : *recitare senatum* (LIV., XXIX, 37), et rendue ainsi définitive jusqu'à la *lectio* suivante (³).

L'édit de convocation du sénat est adressé aux *«senatores quibusque in senatu sententiam dicere licet.»* GELL., III, 18, § 8 (⁴).

I. *Senatores* sont ceux qui se trouvent inscrits par les censeurs sur la liste sénatoriale.

Le droit du sénateur consiste dans le *jus sententiae dicendae et ferendae* (⁵), le droit de dire son avis, sur l'interrogation du président, et le droit de voter.

Cependant l'exercice de ces droits est suspendu de fait pour ceux d'entre les sénateurs qui gèrent des magistratures. Ceux qui ont le droit de présider le sénat (les consuls, préteurs, tribuns) prennent la parole (*verba facere*), quand bon leur semble, avant ou pendant les débats (⁶) ; les édiles, les questeurs et les autres magistrats mineurs, en leur qualité d'agents du sénat, donnent, le cas échéant, les renseignements qui leur sont demandés dans la sphère de leurs attributions (⁷); mais aucun magistrat-sénateur n'est interrogé *ordine* par le président, ni ne prend part au vote (⁸).

---

(1) MOMMSEN, *Rech. rom.*, I, 92-94, 258-259, et *du Princeps senatus* (en all.) dans le *Rhein. Museum*, 1864. T. XIX, p. 455-457. — Le principe, mentionné par LIV., XXVII, 11 : *« Ut, qui primus censor ex iis qui viverent, fuisset, eum principem legerent, »* ne put par conséquent pas être appliqué toujours, et ne le fut point.

(2) CIC., *p. Cluent.*, 43, § 122. LIV., XL, 51. APP., *B. c.*, I, 28.

(3) Ce fut un procédé tout à fait exceptionnel quand Sulla fit jusqu'à deux reprises (88 et 82-80 avant J.-Chr.) choisir par les comices tributes 300 sénateurs dans l'ordre équestre. APP., *B. c.*, I, 59, 100.

(4) Cf. LIV., XXIII, 32, XXXVI, 3. FEST., p. 339.

(5) Cf. *Tab. Heracl.*, l. 36; *Lex agr.*, l. 10.

(6) Cf. LIV., VIII, 21. CIC., *Phil.*, III, 15, § 37, VIII, 4, § 14, IX, 4, § 9. *Cat.*, IV, 3, § 6. *Ad div.*, VIII, 8, § 5-6. *Ad Quint.*, II, 1, § 2. CÉS., *B. c.*, I, 3.

(7) Cf. LIV., XXV, 1. *Auct. ad Herenn.*, I, 12, § 21. PLUTARQ., *Cat. min.*, 18.

(8) Tel est le résultat des recherches de HOFMANN, l. l., p. 78-104.

Les *senatores pedarii* ([1]), c'est-à-dire les sénateurs, *non honore functi*, occupent le dernier rang dans la liste sénatoriale; ils ont reçu le nom de *pedarii*, parce que, non pas de droit, mais en règle générale, *"sententiam in senatu non verbis dicerent, sed in alienam sententiam pedibus irent."* GELL., III, 18, § 1 ([2]).

II. *Quibusque in senatu sententiam dicere licet*. Ce sont :

1° Les magistrats en fonction, non-sénateurs, jusqu'aux questeurs inclusivement. Leur position au sénat est la même que celle des magistrats-sénateurs ([3]).

2° Les magistrats, non-sénateurs (cités p. 195), depuis leur sortie de charge jusqu'à la première *lectio*, *"qui, nondum a censoribus in senatum lecti, senatores quidem non erant, sed, quia honoribus populi usi erant, in senatum veniebant et sententiae jus habebant."* GELL., XIII, 18, § 5-6 ([4]).

[1] GELL., III, 18. FEST., p. 210. Cf. CIC., *ad Att.*, I, 19, § 9, 20, § 4. TAC., *Ann.*, III, 65.

[2] J. BECKER, *Remarques sur la composition du sénat et principalement sur les pedarii* (en all.) dans les *Hessischen Gymnasialblaetter*, Mayence, 1845, I, p. 39, suiv., et, *Encore un mot sur les pedarii* (en all.) dans le *Zeitschr. f. d. Altherth.* 1850, p. 20, suiv. — Quelle est la catégorie de sénateurs, appelés *pedarii*, et en quoi se distingue-t-elle des autres ? Ce sont deux points controversés. Ni CICÉRON, ni TACITE, ni FESTUS ne résolvent ces questions, et AULU-GELLE se contredit si bien qu'il est impossible d'en tirer une conclusion. — Quant au premier point, nous croyons que strictement le nom de *pedarii* ne convient qu'aux *senatores, magistratu non functi* (voyez l'*Album senatorium* de *Canusium* dans ORELLI, *Inscr.*, n° 3721), mais que dans le langage ordinaire ce terme a été appliqué en général aux sénateurs qui n'occupaient pas un des premiers rangs, tels que le *gradus consularis* ou *praetorius* (cf. TAC. et CIC., l. l.). — Quant au second point, nous ne pouvons admettre avec HOFMANN et MOMMSEN que les *pedarii* aient été privés du *jus sententiae dicendae*. Etant interrogés parmi les derniers, il est évident qu'en règle générale ils n'avaient pas l'occasion d'émettre et de motiver un avis personnel; car la question était ordinairement épuisée avant que leur tour de parole ne vint. Mais pour leur dénier le droit de parler, il semble qu'il faudrait une preuve positive. Or nous ne l'avons pas. Le contraire résulte plutôt de TAC., l. l., de l'expression fréquemment usitée, *perrogare sententias* (p. 203, n° 3) et des passages de DENYS, où il est dit que le président demandait l'avis de *tous* les sénateurs (XI, 28. Cf. 58, VI, 69, VII, 47). Voyez ZUMPT, *Comment. epigraphicae*, Berlin, 1850, I, p. 131, et LANGE, II, 352-354.

[3] Voyez HOFMANN, 78-104. LANGE, II, 347-348. Comparez MOMMSEN, *Les droits des munic. S. et M.*, p. 444-445.

[4] Ce droit, de même que la *sella curulis*, appartenait aussi au *flamen dialis*. Voyez LIV., XXVII, 8.

Insignes des sénateurs : l'*anulus aureus* (p. 134, n° 3), la *tunica laticlavia* (¹) et le *calceus senatorius, mulleus* (Hor., *Sat.*, I, 6, 28. Acr., ad h. l.). De là *calceos mutare* signifie *devenir sénateur* (Cic., *Phil.*, XIII, 13, § 28). Cependant jusqu'aux derniers siècles de l'Empire (²), la chaussure des sénateurs patriciens (*calceus patricius*) a différé du *calceus* des autres sénateurs (³).

Priviléges : des siéges réservés au théâtre (l'*orchestra*) depuis 194 (⁴), le *jus epulandi publice* (⁵), et le *jus legationis liberae* pour le sénateur qui se rendait en province, même sans mission officielle (⁶).

Durant la République, la dignité de sénateur était toute personnelle. Bien que de fait le sénat, dans les derniers temps de la République, ait formé un véritable ordre dans l'Etat (⁷), l'existence légale d'un *ordo senatorius* ne date que d'Auguste.

Droits spéciaux des sénateurs patriciens : 1) le *calceus patricius*, 2) la dignité de *princeps senatus*, 3) la dignité d'Interroi et la *patrum auctoritas*.

---

(1) Liv., IX, 7. Hor., *Sat.*, I, 6, 28. Plin., XXXIII, 7 (1). Cf. IX, 63 (39). Cf. Marquardt, V, 2, 154-157. — Mommsen, l. l., conjecture que dans les premiers siècles le *latus clavus* aurait appartenu aux sénateurs patriciens, l'*augustus clavus* aux plébéiens.

(2) L'*edict. Diocl.*, IX, 6-8, mentionne encore les *calcei patricii*, les *calcei senatorum* et les *calcei equestres*. Cf. Zonar., VII, 9, Isid., *Orig.*, XIX, 34, § 4. Scol. ad Juv., VII, 192.

(3) Voyez sur ce sujet Mommsen, p. 255, n° 7, et Marquardt, V, 2, 191-192.

(4) Liv., XXXIV, 44, 54. Ascon., p. 69. Val. Max., II, 4, 3. Suet., *Aug.*, 35. Ritschl, *Parerga Plautina Terentianaque*. Leipzig, 1845, p. 230, suiv.

(5) Suet., *Aug.*, 35. Dion Cass., LIV, 14. Marquardt, IV, 293.

(6) Cic., *ad div.*, XI, 1, § 2, XII, 21, *ad Att.*, II, 18, § 3. Ce droit donna lieu à des abus (Cic., *De leg. agr.*, I, 3, § 8, II, 17, § 45) et fut restreint (Cic., *ad Att.*, XV, 11, § 4).

(7) Liv., XLIII, 2. Cf. Cés., *B. c.*, I, 23, III, 83, 97 etc.

Cʜ. II. — DES SÉANCES DU SÉNAT. —

SENATUS CONSULTUM, DECRETUM, AUCTORITAS ([1]).

Le *jus cum patribus agendi* (Cic., *de leg.*, III, 4, § 10), c'est-à-dire, le droit de convoquer le sénat (*vocare*, Lɪᴠ., III, 38, *cogere*, Cɪᴄ., *Phil.*, I, 5), de le présider (*habere*, Gᴇʟʟ., XIV, 7, § 2), de lui soumettre une proposition. (*referre*, Gᴇʟʟ., ib., § 9, *relationem facere*, Lɪᴠ., XLII, 3), de demander l'avis des sénateurs (*consulere*, Gᴇʟʟ., ib., § 2), et de les faire voter (*senatus consultum facere*, Gᴇʟʟ., ib., § 4), appartient aux consuls et aux magistrats extraordinaires qui les remplacent (*X viri legis scribundis*, *tribuni militum cons. pot.*, *Dictator*, *Interrex*, *Praefectus urbi*), ensuite aux préteurs comme collègues des consuls ([2]), et enfin, aux tribuns de la plèbe ([3]). Gᴇʟʟ., ib., § 4-5.

Le sénat est convoqué par un magistrat compétent, soit au moyen de *praecones* ([4]), soit par un édit, déterminant le jour et le local de réunion, parfois aussi sommairement l'ordre du jour ([5]).

---

(1) Bᴇᴄᴋᴇʀ, II, 2, 402-447. Lᴀɴɢᴇ, II, 361-395. Kᴏʟsᴛᴇʀ, *Des formes parlementaires au sénat romain* (en all.) dans le *Zeitsch. f. d. Altherthumsw.* 1842, p. 409, suiv. Bɪᴇʟɪɴɢ, *De differentia inter senatus auctoritatem, consultum et decretum.* Minden, 1846. Rᴇɪɴ, *Senatus consultum* (en all.) dans Pᴀᴜʟʏ's *Real-encycl.* T. VI, p. 1031. Hᴜᴇʙɴᴇʀ, *De senatus populique Romani actis.* Leipzig, 1859.

(2) C'est surtout en l'absence ou sur l'ordre des consuls que les préteurs président le sénat. Cf. Lɪᴠ., XXII, 55, XXIII, 24, XXX, 21 etc. Cɪᴄ., *ad div.*, X, 12, § 3.

(3) Quand les *tribuni* ont-ils obtenu le *jus referendi ?* Les sources ne le disent pas. En 409 avant J.-Chr. ils ne l'avaient pas encore (Lɪᴠ., IV, 55). Le premier exemple mentionné de l'exercice de ce droit date seulement de 216 avant J.-Chr. (Lɪᴠ., XXII, 61. D'autres exemples se trouvent. Lɪᴠ., XXVII, 5, XLII, 21. Cɪᴄ., *De or.*, III, 1-2. L'époque la plus probable où ils l'aient acquis est celle qui suit les lois Liciniennes (voyez Hᴏғᴍᴀɴɴ, 127-143). Ils le possédaient en tout cas avant le *plebiscitum Atinium.* Gᴇʟʟ., XIV, 8.

(4) Lɪᴠ., III, 38. Dᴇɴʏs, IX, 63, XI, 4. Cf. Cɪᴄ., *Cato*, 16, § 56. Aᴘᴘ., *B. c.*, I, 25.

(5) Lɪᴠ., XXVIII, 9. Cɪᴄ., *ad div.*, XI, 6. *Phil.*, III, 9, § 24. Sᴜᴇᴛ., *Cés.*, 28 etc.

Il y avait des jours auxquels les séances du sénat étaient interdites (GELL., 1. 1., § 9). Une *lex Pupia* défendit de réunir le sénat aux *dies comitiales* (¹).

Le local de la réunion devait être inauguré (*templum*). GELL., 1. 1., § 7. Le local ordinaire était la *curia Hostilia*, et depuis César, la *curia Julia* (²). Dans certaines circonstances, par exemple, pour la délibération sur la concession du triomphe, le sénat se réunissait *extra pomoerium*, ordinairement dans le temple de *Bellona* (³).

La présence des sénateurs aux séances était obligatoire, sauf excuse légitime. Le président exerçait à l'occasion la *multae dictio* à l'égard de ceux qui étaient absents sans motifs, parfois il ordonnait d'avance une *pignoris capio* (⁴). Il arrivait même, quand des affaires importantes étaient à l'ordre du jour, que les sénateurs absents étaient rappelés et que défense était faite aux autres de s'éloigner de Rome au-delà d'une certaine distance (⁵).

Les séances n'étaient point publiques ; mais les portes de la salle restaient ouvertes (⁶). Dans certaines circonstances exceptionnelles, les *lictores, viatores, scribae* etc. étaient exclus de la salle, et la séance était tenue à huis-clos (⁷). *Senatus consultum tacitum*. JUL. CAP., *Gord.* 12.

La séance est présidée par le magistrat qui a convoqué. Avant de se rendre à la réunion, il doit »*immolare hostiam auspicarique* (⁸).«

(1) Cette loi est du dernier siècle de la République ; mais l'année est incertaine. Cf. CIC., *ad Quint.*, II, 2 et 13. *ad div.*, I, 4. CÆS., *B. c.*, I, 5 etc.

(2) Cf. GELL., 1. 1., § 7. LIV., I, 30. REBER, *La situation de la curia Hostiliã et de la curia Julia* (en all.). Munich, 1858. — »*Est frequens in prodigiis priscorum, bovem locutum, quo nuntiato, sub dio haberi solitum.*« PLIN., VIII, 70 (45).

(3) LIV., XXVI, 21, XXVIII, 9, 38 etc. Cf. III, 63.

(4) GELL., 1. 1., § 10. CIC., *de leg.*, III, 4, § 11. Cf. *Phil.*, I, 5. LIV., III, 38.

(5) LIV., XXXVI, 3, XLIII, 11.

(6) PLIN., *Ep.*, VIII, 14, § 5. VAL. MAX., II, 1, 9. Cf. LIV., XXVII, 51, SUET., *Tib.*, 23. GELL., I, 23.

(7) VAL. MAX., II, 2, 1. LIV., XLII, 14. Cf. HERODIEN, VII, 10.

(8) GELL., XIV, 7, § 9. Cf. CIC., *ad div.*, X, 12, § 8. PLIN., *Paneg.*, 76.

La séance s'ouvre par la *relatio* du magistrat-président, c'est-à-dire par le simple énoncé de l'ordre du jour, des questions qui seront soumises à la délibération du sénat.

La *relatio* peut être faite au nom des-deux consuls (¹), des deux préteurs (Liv., XXII 55), ou de plusieurs tribuns (²).

Elle est conçue comme suit : *« Quod bonum, felix, faustum, fortunatumque sit populo Romano Quiritium* (³)*, referimus ad vos, patres conscripti ,* — suit l'énoncé des questions à l'ordre du jour, — *de ea re quid fieri placet. »*

Si la *relatio* est complexe, le principe suivi est : *« De rebus divinis prius quam humanis. »* Gell., XIV, 7, § 9. Cf. Liv., XXII, 9, 11.

La *relatio* traite : *« aut infinite de republica* (⁴)*, aut de singulis rebus finite* (⁵)*. »* Gell., ib.

Après la *relatio*, le président peut prendre la parole soit pour donner au sénat de plus amples renseignements sur les questions à l'ordre du jour (cf. Liv., XXXIX, 14), soit pour exposer et recommander sa propre opinion sur ce qu'il convient de faire (⁶). Parfois même présente-t-il un projet de sénatusconsulte, rédigé d'avance (Cic., *Phil.*, I, 1, § 3).

Le sénatusconsulte peut se faire : *« duobus modis : aut per discessionem, si consentiretur, aut, si res dubia esset, per singulorum sententias exquisitas. »* Gell., XIV, 7, § 9 (⁷).

I. *Senatusconsultum factum per discessionem.* Dans ce cas, après l'exposé de la *relatio* et de la solution proposée par le

---

(1) Liv., XXVI, 27. Cic., *Phil.*, VIII, 11, § 33.

(2) Cic., *p. Sest.*, 32, § 70. *ad div.*, X, 16.

(3) Cf. Liv., XLII, 30. Suet., *Cal.*, 15.

(4) Cic., *Cat.*, III, 6. *« Senatum consului, de summa republica quid fieri placeret. » Phil.*, III, 9, § 23 : *« Quum de republica relaturus fuisset. »*

(5) Liv., VIII, 20 : *« Senatus de Vitruvio Privernatibusque consultus. »* XLIV, 21 : *« De bello referre. »* Sall., *Cat.*, 50 : *« Consul... convocato senatu refert, quid de iis fieri placeat, qui in custodiam traditi erant. »* Cf. Vopisc., *Tac.*, 3 : *« Referimus ad vos, P. C., quod saepe retulimus : imperator est deligendus. » Aurel.*, 19 : *« Referimus ad vos, P. C., pontificum suggestionem et Aureliani principis litteras. »*

(6) Cf. Liv., VIII, 20, XXXIX, 39. Cic., *Phil.*, X, 8, § 17 etc.

(7) Cf. *Lex de imperio Vespasiani* dans les *Monum. leg.* de Haubold, p. 222.

président, le sénat, sans discussion, vote sur cette solution [1]. Cependant tout sénateur est en droit de réclamer la discussion, en disant au président : *Consule* [2].

II. *Senatusconsultum factum per singulorum sententias exquisitas* ou *per relationem* (GELL., l. l., § 13.

Dans ce cas, le président demande l'avis de chaque sénateur (*rogare*, CIC., *Cat.*, I, 4, § 9, *perrogare sententias*) [3], en suivant l'ordre de dignité, observé dans l'*album senatorum*. «*Singulos autem debere consuli gradatim incipique à consulari gradu.*» GELL., ib. *Consulere ordine senatum* [4]. Dans chaque *gradus* (*consularis, praetorius* etc. CIC., *Phil.*, XIII, 14, § 30), l'ordre à suivre dépendait du président ; cependant c'était une «*consuetudo ut quem ordinem interrogandi sententias consul kal. januariis instituisset, eum toto anno conservaret.*» SUET., *Cés.*, 21.

Le *princeps senatus* était d'habitude *primum rogatus* [5]. Dans les derniers siècles de la République, quand il y avait des *consules designati*, ils étaient interrogés les premiers [6].

Le président demande l'avis, en s'adressant au sénateur *nominatim* [7], par exemple : *Dic, Sp. Postumi* [8].

Le sénateur, interpellé, se lève [9], et dit son avis (*sententiam dicere*, LIV., XXVIII, 45, *de scripto sententiam dicere*, CIC.,

---

(1) CIC., *Phil.*, I, 1, § 3, III, 9, § 24. LIV., XLII, 3.

(2) FEST., p. 170. Cf. CIC., *ad Att.*, V, 4, § 2.

(3) LIV., XXIX, 19. SUET., *Aug.*, 35. TAC., *Hist.*, IV, 9. Cf. DENYS, XI, 4, 6, 21. CIC., *Phil.*, VI, 1, § 3,

(4) LIV., II, 26, 28, 29 etc. — Chaque sénateur parle *suo quisque loco.* LIV., XXVIII, 45. CIC., *de leg.*, III, 4, § 11, 18, § 40. — «*Praetoria sententia.*» p. Balb., 25, § 57. — Le *quaestorius* qui devient *aedilicius* obtient «*antiquiorem in senatu sententiae dicendae locum.*» Verr., II, 5, 14, § 36.

(5) GELL., XIV, 7, § 9. VARRON y rapporte que c'était une innovation de son temps que le président interrogeait par faveur en premier lieu (*extra ordinem*) celui qu'il voulait honorer spécialement. Cf. ib., IV, 10. C'était encore un grand honneur d'être interrogé *secundum, tertium* etc. CIC., *ad Att.*, I, 13, § 2, *in Pis.*, 5, § 11 etc.

(6) GELL., IV, 10, § 1. CIC., *Phil.*, V, 13, § 35. SALL., *Cat.*, 50.

(7) ἐξ ὀνόματος. DENYS, VI, 57. CIC., *Verr.*, II, 5, 64, § 142.

(8) LIV., IX, 8. CIC., *ad Att.*, VII, 1, § 4, 3, § 5, 7, § 7 etc.

(9) LIV., IX, 8, XXVII, 34. CIC., *p. Marc.*, II, § 33 etc.

p. Sest., 61, § 129, *censeo, mihi placet, decerno*) (¹), ou bien, restant assis, il déclare suivre l'avis de tel préopinant qu'il nomme (*verbo adsentiri : Cn. Pompeio adsentior*) (²), ou sans dire mot, il se place près de celui dont il partage l'opinion (*pedibus ire in sententiam alienam*) (³). L'avis exprimé n'engage pas le vote définitif (⁴).

Celui qui parlait, avait le droit de dire *»quicquid vellet aliae rei et quoad vellet»*, GELL., IV, 10, § 3. Il peut donc *egredi relationem* (TAC., *Ann.*, II, 38), et par là soit *diem dicendo consumere, eximere, tollere* (⁵), soit, en appelant l'attention sur une question qui n'a pas été soumise par le président (*verba, mentionem facere*) (⁶), il peut *postulare, flagitare ut referatur* (⁷).

Les magistrats qui ont le *jus referendi* interviennent dans la discussion, quand bon leur semble (p. 197). Cette intervention peut interrompre la marche régulière de la délibération par un échange de paroles (*altercatio*), aussi bien entre les magistrats, qui assistent au sénat, qu'entre magistrats et sénateurs (⁸).

La *rogatio sententiarum* est suivie de la *pronuntiatio sententiarum*. Le président résume les différentes solutions proposées, et détermine l'ordre dans lequel il les soumettra au vote (⁹).

Si une proposition est complexe (*per saturam*), tout sénateur peut demander la division : *divide sententiam* (¹⁰).

(1) CIC., *Phil.*, IX, 6, § 13, X, 11, § 25, XIV, 11, § 29, 12, § 31 etc.

(2) LIV., XXVII, 34. SALL., *Cat.*, 52. CIC., *ad div.*, V, 2, § 9. *ad Att.*, VII, 3, § 5, 7, § 7 etc.

(3) GELL., III, 18. LIV., XXVII, 34. VOPISC., *Aurel.*, 20.

(4) Cf. CIC., *ad div.*, I, 2, § 2. *Phil.*, VI, 1, § 3, XI, 6, § 15 etc.

(5) CIC., *Verr.*, II, 2, 39, § 96. *ad Quint.*, II, 1, § 3. *de leg.*, III, 18, § 40 etc.

(6) LIV., XXX, 21. CIC., *ad Att.*, I, 13, § 3. GELL., V, 17 etc.

(7) LIV., XXX, 21, XLII, 3. CIC., *p. Sest.*, 11, § 25. TAC., *Ann.*. XIII, 49.

(8) Cf. LIV., XXVIII, 40-45. CIC., *ad Att.*, I, 16, § 8-10. *ad div.*, I, 2, § 1.

(9) CIC., *ad div.*, I, 2, § 1, VIII, 13, § 2, X, 12, § 3 etc.

(10) ASCON., p. 44. *Scol. Bob.*, p. 282. Cf. CIC., *ad div.*, I, 2, § 1.

Le vote a lieu par *discessio* (¹). *Discedere, pedibus ire in sententiam*(²).« *Qui hoc censetis, illuc transite, qui alia omnia, in hanc partem* (³). » Exceptionnellement le sénat votait sous la foi du serment : *senatus juratus* (⁴).

Dès qu'une *sententia* est adoptée; les suivantes ne sont plus soumises au vote (⁵).

Proclamation du résultat par le président. *Sine ulla varietate* (⁶), ou bien *haec pars major videtur* (⁷).

Quand la *relatio* du président est terminée, les autres magistrats, qui jouissent du *jus cum patribus agendi*, peuvent à leur tour *referre ad senatum* (⁸).

L'ordre du jour étant épuisé, la séance est levée par le président : « *Nihil vos moramur, Patres Conscripti* » (JUL. CAPIT., *M. Aur.*, 10).

Une décision du sénat, qui réunit toutes les conditions nécessaires à sa validité, s'appelle *senatus consultum;* sinon, elle porte le nom de *senatus auctoritas* (⁹).

Les conditions requises pour la validité du sénatusconsulte (DION CASS., LV, 3) sont :

1° Que le sénat ait été régulièrement convoqué.

2° Que la réunion ait eu lieu à un jour où le sénat peut s'assembler.

3° « *Senatusconsultum ante exortum aut post occasum solem factum ratum non fuisse.* » GELL., XIV, 7, § 8 (¹⁰).

(1) GELL., XIV, 7, § 13. CÉS., *B. g.*, VIII, 53. Cf. DENYS, XI, 21.

(2) LIV., III, 41, IX, 8. GELL., III, 18 etc.

(3) FEST., p. 261. Il continue : « *His verbis praeit, ominis videlicet causa, ne dicat, qui non censetis.* » Cf. PLIN., *Epit.*, VIII, 14, § 19. CIC., *ad div.*, I, 2. CÉS., *B. g.*, VIII, 53 etc.

(4) LIV., XXVI, 33, XXX, 40, XLII, 21 etc.

(5) PLIN., *Epit.*, VIII, 14, § 22. Cf. CIC., *ad div.*, I, 2, § 1, VIII, 13, § 2 etc.

(6) CIC., *p. Sest.*, 34, § 74. *Cat.*, III, 6, 13.

(7) SENÈQ., *De vit. beat.*, 2. Cf. LIV., XXVI, 33.

(8) CIC., *Phil.*, VII, 1, § 1. *ad Quint.*, II, 1, § 2. *ad div.*, I, 2, § 2 etc.

(9) DION CASS., LV, 3. Cf. LIV., IV, 57. CIC., *ad div.*, I, 7, § 4 etc.

(10) Les séances de nuit n'ont lieu qu'en des circonstances exceptionnelles. DENYS, IX, 63, XI, 20. MACROB., *Saturn.*, I, 4.

4° *«Nisi in loco per augurem constituto; quod «templum» appellaretur, senatusconsultum factum esset, justum id non fuisse.»* Ib., § 7.

5° La présence d'un nombre déterminé de sénateurs (*senatus frequens*), 100, 150, 200 etc., selon l'importance du décret [1]. Si le sénat est *infrequens* [2], tout sénateur peut empêcher le sénatusconsulte, en disant au président : *numera senatum* [3].

6° Il faut qu'il n'y ait point eu d'intercession ni d'un tribun de la plèbe [4], ni de ceux *«qui eadem potestate, qua ii, qui senatusconsultum facerent, majoreve essent.»* GELL., l. l., § 6 [5].

Le sénatusconsulte est rédigé après le vote (cf. CIC., *Cat.*, III, 6, § 13) par le président assisté d'un certain nombre de sénateurs (CIC., *ad div.*, XV, 6). *Perscribere, facere senatusconsultum* [6].

Exemple de rédaction : *S. C. de Asclepiade Polystrato* (78 avant J.-Chr.).

«Cos. (suivent les noms des deux consuls et d'un préteur), *mense Maio.*

Q. Lutatius Q. f. Catulus cos. senatum consuluit a. d. XI k. jun. in comitio.

Scribundo adfuerunt (suivent les noms de trois sénateurs). *Quod. Q. Lutatius Q. f. Catulus cos. verba fecit* (suit le résumé du discours prononcé par le consul après sa *relatio*) : *de ea re ita censuerunt.* Suit alors le texte du décret. En bas

______

(1) *Sc. de Bacch.*, 6, 9, 8 dans les *Inscr. lat. ant.*, p. 43. LIV., XXXIX, 18, XLII, 28. ASCON., p. 57-58.

(2) Cf. LIV., II, 23, XXXVIII, 44. CIC., *ad div.*, VIII, 5, § 3.

(3) FEST., p. 170. CIC., *ad Att.*, V, 4, § 2.

(4) Depuis quand les tribuns ont-ils le *jus intercessionis* contre les sénatus-consultes ? Cette question, comme toutes celles qui concernent le développement de la *potestas tribunicia*, ne peut être résolue que par la constatation des faits historiques. Or l'exercice de ce *jus intercessionis* se trouve positivement mentionné depuis l'époque qui suit la législation décemvirale. LIV., IV, 6, 43, 50. DENYS, XI, 54. Voyez HOFMANN, p. 121-125.

(5) Cf. APP., *B. c.*, II, 11. LIV., XXX, 43, XXXVIII, 42 etc.

(6) GELL., XIV, 7, §§ 4, 6. CIC., *Cat.*, III, 6, § 13.

du texte se trouve la lettre C (*censuere*), pour marquer qu'il n'y a pas eu d'opposition de la part des tribuns (1).

«*Senatus decretum a consulto Aelius Gallus sic distinguit, ut id dicat particulam quandam esse senatusconsulti, ut cum provincia alicui decernitur, quod tamen ipsum senatusconsulti est.*» Fest., p. 339.

La *senatus auctoritas* était sans force obligatoire (Dion Cass., LV, 3); en règle générale cependant elle était rédigée (2), éventuellement avec la souscription du nom du tribun qui avait intercédé (3).

La garde des sénatusconsultes, qui primitivement avait appartenu aux consuls, fut confiée en 449 avant J.-Ch. aux édiles plébéiens (Liv., III, 55); elle passa aux questeurs depuis que les archives furent déposées à l'*aerarium* (4).

Ch. III. — DE LA COMPÉTENCE DU SÉNAT.

Des deux attributions essentielles du sénat royal, l'*auctoritas* (la ratification des élections et des lois), et le *consilium* (la délibération sur les intérêts administratifs de l'Etat), la première resta au pouvoir exclusif des sénateurs patriciens (*patres*), tandis que la seconde devint le pouvoir essentiel des *Patres Conscripti* ou du sénat patricio-plébéien.

Dans le cours de la République, l'importance de l'*auctoritas* s'effaça peu à peu, tandis que celle du *consilium* augmentait sans cesse (5), si bien que pendant les grands siècles le *senatus (Patres Conscripti)* a occupé la place prépondérante dans le gouvernement romain. Aussi les formules solennelles portaient-elles ordinairement : *senatus populusque Romanus* (6).

---

(1) *Inscr. lat. ant.*, p. 110-111. Cf. *Sc. de Bacch.*, ib., p. 43, et *Sc. de Tib.*, ib., p. 107. Frontin., *De aquaed.*, c. 100, 104, 106 etc. Gell., XV, 11. — Cf. Val. Max., II, 2, 7.

(2) Dion Cass., l. l. et XLII, 23. Cic., *ad div.*, I, 2, § 4.

(3) Des exemples de *senatus auctoritates* : Cic., *ad div.*, VIII, 8.

(4) Cf. Liv., XXXIX, 4. Suet., *Aug.*, 94 etc.

(5) Mommsen, *Rech. rom.*, I, 250-251.

(6) Cf. Liv., X, 7, 44, XXI, 40, 41. Cic., *Phil.*, V, 13, § 36 etc.

§ 1. *Des attributions du sénat patricien.*
La patrum auctoritas et l'interregnum (¹).

1º La *patrum auctoritas* (²). Les élections faites aux *comitia centuriata* et *tributa*, les lois votées aux *comitia cu-*

(1) MOMMSEN, *Rech. rom.*, I, 218-249.

(2) Les différentes hypothèses émises au sujet de la *patrum auctoritas* reposent sur l'interprétation du mot *patres.*

I. D'après NIEBUHR, I, 374, BECKER, II, 1, 316-331, MARQUARDT, II, 3, 6, 184, suiv., LANGE, I, 266-268, 350-352, II, 45-48, les *patres*, ce sont tous les patriciens, c'est-à-dire les *comitia curiata.* En fait d'élection, la *patrum auctoritas* s'identifie avec la *lex curiata de imperio.* Cette opinion est adoptée par PETER, *Epoq.* etc., p. 14-17, avec cette différence qu'il admet une double *patrum auctoritas*, celle du sénat qui précède, celle des comices curiates qui suit le vote. WALTER, § 23, nº 55-56, § 41, nº 16, § 66, suit PETER, mais en faisant de la *lex curiata de imperio* un troisième acte, indépendant de la double *patrum auctoritas.* Voyez aussi SCHWEGLER, *H. r.*, II, 155-173.

II. D'après d'autres (c'était l'opinion qui prévalait avant NIEBUHR), les *patres*, c'était le sénat.

III. HUSCHKE, *Constit. de Serv. T.*, p. 403-414, et MOMMSEN, l. l., soutiennent que les *patres*, dont il s'agit ici, sont les seuls *senatores patricii.* Cf. RUBINO, *Rech.*, I, 86, suiv.

Le mot *patres* est usité par les auteurs anciens dans la triple acception, par laquelle il a été interprété dans les trois systèmes (voyez p. 18-19). Quelle interprétation est la vraie dans l'expression *patres auctores?*

I. Les *patres*, est-ce le peuple patricien, réuni en comices? Remarquons d'abord que l'identité de la *patrum auctoritas* et de la *lex curiata de imperio* est purement conjecturale. Elle n'est affirmée par aucun auteur ancien ; elle ne résulte pas davantage, comme on l'a prétendu, de la comparaison de deux textes de CICÉRON (*De leg., agr.*, II, 11, § 26, et *p. Planc.*, 3, § 8); car CICÉRON mentionne ailleurs expressément les deux actes comme distincts : *»Regem alienigenam* [Numam] PATRIBUS AUCTORIBUS *sibi ipse populus ascivit... Qui...quamquam populus curiatis eum comitiis regem esse jusserat, tamen ipse de suo imperio curiatam legem tulit.* « *De Rep.*, II, 13. Ensuite, la *patrum auctoritas* était encore une formalité officielle du temps de CICÉRON (*p. dom.*, 14, § 38) et de TITE-LIVE (I, 17). Or, d'après l'un comme d'après l'autre, les lois curiates sont soumises à la *patrum auctoritas*: *»Ita populus Romanus neque... habebit... neque auctores centuriatorum et curiatorum comitiorum.* « CIC., l. l. *» Nec centuriatis nec curiatis comitiis patres auctores fiant.* « LIV., VI, 41. Par conséquent la *patrum auctoritas* relève d'un autre pouvoir que de ces comices. Quant à DENYS, ses assertions concernant cette question sont tellement contradictoires qu'elles ne sauraient témoigner ni pour l'une ni pour l'autre hypothèse. Cf. MOMMSEN, 235, nº 26. LANGE, I, 266. Enfin, le

riata, centuriata et tributa, ne sont valables *(rata) nisi patres auctores facti sint* (¹), c'est-à-dire à moins que le sénat patricien n'ait examiné et validé la constitutionnalité de ces décisions (²). *L'auctoritas* suivait d'abord le vote du peuple jusqu'à ce que la *lex Publilia Philonis* (p. 187) et la *lex Maenia* (p. 179) eurent décrété qu'elle devait le précéder. Ainsi modifiée, elle subsista jusqu'à la fin de la République. Liv., I, 17.

2° *L'interregnum* (³). "*Quando consul magisterve populi, nec reliqui magistratus nec erunt.* (par exemple : si les deux consuls ou tous les tribuns consulaires abdiquent pour motif

terme même d'*auctoritas* semble exclure l'intervention du *populus* : *populus jubet, vetat ;* on ne dit pas de lui, *auctor est ;* sa décision s'appelle *lex*, mais non *auctoritas.* Cicéron dit formellement : "*Potestas in populo, auctoritas in senatu.*" *De leg.*, III, 12, § 28.

II. Que si les *patres auctores* ne sont pas les patriciens réunis en comices, est-ce alors le sénat qui exerce *l'auctoritas patrum?* Cela est démenti par des passages formels comme ceux de Liv., VI, 41, 42, et Cic., *p. dom.*, 14, § 38. D'ailleurs, fréquemment au lieu de *patres auctores*, l'on trouve *patricii auctores.*

III. Il résulte de ce qui précède, que la seule hypothèse admissible est celle qui soutient que les *patres* sont les sénateurs patriciens. Et c'est là en effet leur nom officiel, quand on les oppose aux *conscripti* ou sénateurs plébéiens (p. 193). Cette hypothèse se concilie aussi bien avec le terme *auctoritas* qu'avec les textes cités de Cicéron et Tite-Live.

La seule objection sérieuse que l'on puisse élever contre cette hypothèse, c'est que les anciens, au lieu de *patres auctores*, ne disent pas rarement *patricii auctores*, par exemple : Liv., VI, 42, Sall., *Fragm. hist.*, l. III, p. 234 Gerl., Gaj., I, 3. Il y a là une inexactitude d'expression ; mais elle servait peut-être à mieux distinguer les sénateurs patriciens de l'ensemble des *patres conscripti*, qui eux s'appelaient aussi, dans le langage ordinaire, *patres* tout court. Ce qui prouve d'ailleurs que *patricius* était usité en ce sens, c'est que Plutarque regarde le mot *patricius* comme le synonyme primitif de *senator* (*Rom.*, 13. Cf. *Num.*, 2. *Quaest. rom.*, 58). — Sur les séances du sénat patricien, nous n'avons pas de détails spéciaux ; tout porte à croire que les formalités étaient en tout point conformes à celles du sénat patricio-plébéien. Mommsen, 244.

(1) Cic., *De rep.*, II, 32 : "*Populi comitia ne essent rata, nisi ea patrum approbavisset auctoritas.*"

(2) En effet tous les cas où la *patrum auctoritas* a souffert des difficultés (Liv., III, 59, VI, 42, VII, 16, Cic., *Brut.*, 14, § 55), démontrent que ce n'est que pour inconstitutionnalité que les décisions du peuple pouvaient être cassées par les *patres.* Mommsen, 239-244.

(3) Voyez p. 33, n° 6. Ajoutez-y Schwegler, *H. r.*, I, 656, Walter, § 57.

religieux, *ut auspicia de integro repeterentur)* (¹), AUSPICIA
PATRUM SUNTO (²) : *ollique ex se* PRODUNTO, *qui comitiatu
creare consules rite possit.*» CIC., *de leg.*, III, 3, § 9. —
La fonction d'interroi était gérée, jusqu'après l'élection des
consuls (³), par les sénateurs patriciens, qui se succédaient
tous les cinq jours dans un ordre déterminé par le sort. Le
dernier exemple de l'interrègne est de 52 avant J.-Chr. (⁴).

§ 2. *Des attributions du sénat patricio-plébéien* (⁵).

I. *Participation du sénat au pouvoir législatif, électoral
et judiciaire.*

Rappelons d'abord que *toute* décision des comices ou *concilia plebis*, élection, loi ou jugement, peut être cassée pour
vice de forme, par le sénat, le cas échéant, sur un décret
des augures (⁶).

Rappelons aussi que généralement, mais non obligatoire-
ment, les *rogationes* législatives, avant d'être proposées au
vote du peuple, sont soumises à la délibération du sénat (⁷).

---

(1) LIV., V, 17. Cf. 31, VI, 5, VIII, 3; 17 etc.

(2) D'après BECKER, SCHWEGLER, LANGE, WALTER, les *patres* sont les comices
curiates ; d'après RUBINO et MOMMSEN, le sénat patricien. Ici encore, bien que
souvent le mot *patricii* remplace celui de *patres* (LIV., III, 40, IV, 7, 43, cf.
VI, 41), nous préférons suivre l'opinion de MOMMSEN. D'abord le terme *prodere*,
qui est ici l'expression consacrée, semble exclure l'idée d'élection. Ensuite les
auteurs anciens sont d'accord à attribuer au sénat royal l'exercice de l'interrègne après la mort de Romulus (p. 33, nᵉ 7); or cette tradition ne s'expliquerait pas, si elle était en contradiction absolue avec la pratique républicaine.
Enfin d'après les auteurs grecs (DENYS, VIII, 90, IX, 14, XI, 20, 62, APP., *B. c.*, I,
98) le sénat est chargé de l'interrègne, même du temps de la République. C'est
une erreur ; car CICÉRON dit de l'Interroi : «*Et ipsum patricium esse, et a
patricio prodi necesse est.*» *p. dom.*, 14, § 38. Mais cette erreur s'explique facilement, si l'on adopte le système de MOMMSEN, mais non dans l'autre hypothèse.

(3) Voyez p. 34, nᵉˢ 1, 2. — Il y a des exemples où l'élection n'est faite que
par le 11ᵉ Interroi. LIV., VII, 21.

(4) ASCON., *in Mil.*, p. 2. DION CASS., XL, 49.

(5) BECKER, II, 2, 447-455. LANGE, II, 395-417.

(6) Voyez p. 180, 184, 190.

(7) Voyez p. 189-190, Cf. 187, nᵉ 5.

En outre, 1° *en foit de législation*, le sénat accorde à des particuliers la dispense des lois, *legibus solvere* (¹).

2° *En fait d'élection :*

a) Il charge, quand les circonstances l'exigent, un des consuls de nommer un dictateur (²), ou, dans les derniers siècles de la République, il accorde aux consuls un pouvoir quasi-dictatorial par le *senatusconsultum ultimum* (p. 183).

b) Depuis 444 jusqu'à 366 avant J.-Chr., le Sénat a décidé annuellement si les comices centuriates devaient élire pour l'année suivante des consuls ou des tribuns consulaires (³).

3° *En fait de juridiction* (⁴), en dehors de l'intervention extraordinaire du sénat dans la justice criminelle, relative aux citoyens (p. 185-186),

a) Jusqu'à la loi judiciaire de C. Gracchus (123 avant J.-Chr.) les sénateurs seuls ont le droit d'être inscrits sur l'*album judicum* (POLYB., VI, 17). Voyez plus haut, p. 146.

b) Le sénat est le juge compétent des sujets ou alliés italiques, en cas de trahison ou de défection, ou encore en cas de crimes d'une gravité exceptionnelle (POLYB., VI, 13). Cependant, en règle générale, il délègue le jugement à une *quaestio extraordinaria*, soit aux consuls (LIV., X, 1), soit à d'autres magistrats *cum imperio* (LIV., IX, 26 etc.).

II. *Pouvoir administratif du sénat.* Ce pouvoir se résume en trois chefs : 1) culte, 2) finances, 3) affaires étrangères, colonies et provinces.

Dans cette triple sphère, les sénatus-consultes ont une

___

(1) WURM, *De jure legibus solvendi*, Hambourg, 1837. — CIC., *p. leg. Man.*, 21, § 62. *ad Att.*, I, 16, § 13. ASCON., *in Corn.*, p. 57-58. D'après celui-ci la dispense des lois, faite par le sénat, devait être ratifiée anciennement par le peuple (cf. LIV., X, 13, XXV, 5 etc.), mais dans la suite le sénat s'était affranchi de cette restriction.

(2) CIC., *De leg.*, III, 3, § 9. Cf. LIV., IV, 57, IX, 7 etc.

(3) DENYS, XI, 60, LIV., IV, 7, 12, 36, 42, 55 etc.

(4) WALTER, § 830. RUDORFF, *H. d. dr. r.*, II, § 101. ZUMPT, *Dr. crim.*, I, 2, 209-217, 366-374, II, 1, 19-24. DIRKSEN, *De la juridiction criminelle du sénat* (en all.) dans ses *Civilist. Abhandl.*, Berlin, 1820. T. I, 93.

force obligatoire analogue à celle des lois. Strictement, le pouvoir du sénat n'est pas supérieur à celui des magistrats, et les ordres, que le sénat leur donne, sont toujours exprimés par la formule : *si ei,* ou *eis videbitur* (¹); cependant il y a peu d'exemples que les magistrats et même les consuls ne se soient pas conformés à la volonté du sénat (²).

1° *Culte.* Le sénat veille à ce que le culte public et privé du peuple romain soit observé conformément aux prescriptions antiques (³). Le *Sc. de Bacchanalibus* est célèbre (⁴).

Après la consultation préalable des colléges de prêtres compétents, tels que les pontifes, les augures, les $X (XV)$ *viri sacris faciundis* etc., il adopte des cultes étrangers *(ritus graecus)* dans la religion nationale (⁵); il décrète des *supplicationes* et des sacrifices aux dieux pour la réussite des entreprises du peuple (Liv., XXXI, 5, 8 etc.), ou pour expier des sacriléges commis ou pour apaiser le courroux divin, annoncé par des prodiges (⁶); le cas échéant, il ordonne aux X *viri* de consulter à cet effet les *libri Sibyllini* (⁷); il ordonne la célébration d'actions de grâce et de jeux publics pour des événements heureux (⁸); il accorde l'honneur de l'*ovatio* ou du *triumphus* aux généraux vainqueurs etc. (⁹).

(1) Cf. Cic., *Phil.*, III, 15, § 39, VIII, 11, § 33. Liv., XXXI, 4 etc.

(2) Voyez Liv., XXVI, 16. Cf. IV, 26, V, 9 etc.

(3) Cf. Liv., IV, 30, XXV, 1, XXXIX, 16 etc.

(4) Liv., XXXIX, 18, et *Inscr. lat. ant.*, p. 43. Cf. Val. Max., I, 3.

(5) Exemples : Liv., XXV, 12, XXIX, 14. Marquardt, IV, 49-61, 303-323.

(6) Cf. Liv., XXVIII, 11. De ce genre est le *Sc. de hastis Martiis.* Gell., IV, 6, § 2.

(7) Cf. Dion Cass., XXXIX, 15 — Alexandre, *De Sibyllinis Romanorum libris* dans les *Oracula Sibyllina.* T. II, p. 148. Paris, 1856. Zeyss, *Les livres sibyllins* (en all.) dans le *Zeitschr. f. d. Alterthumsw.*, 1856. Voyez plus haut, p. 57, nᵉ 1.

(8) Cic., *Cat.*, III, 6, § 15. Denys, V, 57 etc.

(9) Polyb., VI, 15. — Sur les conditions requises pour obtenir l'honneur du triomphe, cf. Liv., XXXIX, 29. Val. Max., II, 8. — Becker, II, 2, 79-82. Marquardt, III, 2, 446-454. Goell, *De triumphi Romani origine, permissu, apparatu, via.* Schleiz, 1854.

2⁰ *Finances*. Le sénat administre les propriétés et le trésor de l'Etat romain ([1]).

Il veille à l'entretien des bâtiments publics, routes, aqueducs etc. ([2]).

Le trésor public *(aerarium)*, confié à la garde des questeurs, est sous sa haute administration (*aerarii dispensatio*, Cic., *in Vat.*, 15, § 36). Il ordonne aux questeurs la rentrée des sommes dues à l'*aerarium*, (Polyb.,1. 1.) et décrète, le cas échéant, la perception du *tributum*. (Liv., XXIII, 31).

Les consuls, quand ils sont à Rome, peuvent puiser dans l'*aerarium*, sans l'autorisation du sénat ; hormis ce cas, aucun argent du Trésor ne peut être livré par les questeurs sans mandat du sénat (Polyb., VI, 13).

Le sénat fixe et donne les fonds nécessaires pour les expéditions militaires (Polyb., VI, 15), les sacrifices religieux, (Liv., XXV, 12 etc.), les jeux publics etc.

Il alloue aux magistrats, et surtout aux censeurs, des sommes déterminées pour l'entreprise de travaux publics ou autres services ([3]).

Il modifie, et casse au besoin, les contrats d'adjudication, soit des revenus, soit des travaux publics, conclus par le ministère des censeurs ([4]).

3⁰ *Affaires étrangères, provinces et colonies.*

Le sénat est le représentant du peuple romain dans tous les rapports internationaux ; il reçoit les délégués étrangers, et négocie avec eux la conclusion de traités ou de conventions ([5]).

En cas de guerre, il détermine le nombre des légions qui devront être levées par les consuls, et le contingent à fournir par les alliés. (Liv., XXI, 17, XXXVI, 1 etc.).

---

(1) Polyb., VI, 13-15, 17. — Hottenrott, *A qui appartenait dans l'Etat romain le droit d'imposition et de disposition du trésor public ?* (en all.). Emmerich, 1862.

(2) *Lex agr.*, 11-13, dans les *Inscr. l. ant.*, p. 79-80. Cf. p. 90. Frontin., *De aquaed.*, 100, 104, 106, 108, 125, 127.

(3) Polyb., VI, 13. Liv., XL, 46, XLIV, 16 etc.

(4) Polyb., VI, 17. Cf. Liv., XXXIX, 44. Cic., *ad Att.*, I, 17, § 9 etc.

(5) Polyb., VI, 13. Cic., *in Vat.*, 15, § 35-36.

Il divise les *provinciae* (¹) en *consulares* et *praetoriae* (*provincias nominare, decernere*) (²); il les accorde parfois *extra sortem* ou *extra ordinem* (³), et décrète, le cas échéant, la *prorogatio* ou *propagatio imperii* (⁴) *(pro consule, pro praetore)*, ou confère l'*imperium* à un *privatus* (⁵). Sans sénatus-consulte le général ne peut licencier son armée (CIC., *in Pis.*, 20, § 47).

La guerre étant finie, le sénat ou ses *legati*, ordinairement au nombre de dix, traitent avec les délégués étrangers sur les conditions du *fœdus* (⁶), ou bien, si la guerre a été suivie de la soumission complète de l'ennemi, les *legati senatus*

---

(1) Le mot *provincia* est employé ici dans son sens primitif, à savoir : un commandement militaire à exercer sur un théâtre déterminé de la guerre (par exemple *Hernici provincia*, LIV., VII, 11, *provincia Etruria*, ib., X, 11 etc.). De là ce mot a reçu la signification plus générale d'une attribution publique déterminée *(provincia urbana*, juridiction du préteur urbain, LIV., XXIV, 9), et, plus tard, le sens géographique de *province*. Cf. CIC., *Verr.*, II, 2, 1, § 2. On ne s'accorde pas sur l'étymologie du mot. PAUL. DIAC., p. 226, dit : *«Provinciae appellantur, quod populus Romanus eas provicit, id est ante vicit.»* Mais cette étymologie ne convient pas au sens primitif du mot. Cf. BECKER, II, 2, 115, nº 252. TH. MOMMSEN, *Provincia* dans *La question de droit dans le conflit entre César et le sénat* (en all.). Breslau, 1857.

(2) LIV., XXI, 17, XXV, 1, XXVI, 1, 28, XXVII, 8 etc. CIC., *in Vat.*, 15, § 36.

(3) LIV., III, 2, VIII, 16, XXXVII, 1 etc.

(4) POLYB., VI, 15. Le premier exemple date de 326 avant J.-Chr. LIV., VIII, 23, 26. Cf. ib., IX, 42, X, 16, XXV, 1, XXVI, 1, 28, XXVII, 8 etc.

(5) LIV., III, 4, XXVI, 1, 2, XXX, 27 etc. — A parler strictement, l'*imperium* en ce cas, de même que dans la *prorogatio imperii*, devait être conféré par une *lex curiata*. Cf. CIC., *ad Att.*, IV, 16, § 12, 18, § 2. *ad div.*, XV, 9 et 14. Il semble cependant que dans certaines circonstances la *prorogatio imperii* a eu lieu, sans être suivie de la *lex curiata de imperio*. Cf. CIC-, *ad div.*, I, 9, § 25. LANGE, II, 163-164. MOMMSEN, *La lex curiata de imperio* (en all.) dans le *Rhein. Mus.*, 1858, p, 565. — Le proconsul, le propréteur et le *privatus cum imperio* ne peuvent exercer l'*imperium* que dans la *provincia* qui leur est attribuée (*Dig.*, I, 16, 1). Par le fait même qu'ils rentrent à Rome, leur *imperium* cesse. *«Proconsul portam Romae ingressus deponit imperium.»* *Dig.*, I, 16, 16. Cf. LIV., XXVI, 9, 21, XLV, 35. De plus, l'*imperium* peut leur être enlevé par le peuple ou par le sénat avant le terme fixé. LIV., XXVII, 20, 21, XXIX, 19 etc.

(6) LIV., II, 25, XXX, 37, 43, XXXIII, 13, 30 etc.

donnent au pays conquis une organisation provinciale d'après les bases, fixées par un sénatus-consulte (*in provinciae formam redigere*) (¹).

Le sénat est le pouvoir suprême pour tout ce qui concerne le gouvernement des colonies, municipes et provinces (²).

Dans la seconde moitié de la République le pouvoir administratif du sénat subit certaines restrictions ; en effet les *concilia plebis* obtinrent ou s'arrogèrent le droit de ratifier ou d'annuler par un plébiscite les sénatus-consultes relatifs au culte (³), aux finances (⁴), et, surtout aux affaires internationales (p. 189, n° 1) et à la conduite de la guerre, *prorogatio imperii* (⁵), collation de l'*imperium* à un particulier (⁶) etc.

(1) Liv., XLV, 17-18. App., *Pun.*, 135. *Hisp.*, 99. Polyb., XXII, 7, XL, 9, 10 etc.

(2) Liv., VIII, 14, IX, 20, XXVII, 9-10, XL, 42. *Epist. ad Tib.* dans les *Inscr. lat. ant.*, p. 107. Cic., *Verr.*, II, 2, 49, § 121-122.

(3) Cf. Liv., XXII, 10. Cic., *p. dom.*, 49-50 etc.

(4) Cf. Liv., XXVII, 11, XLII, 19. Cic., *Verr.*, II, 3, 6, § 12 etc.

(5) Liv., VIII, 23, X, 22, XXVI, 2 etc.

(6) Il n'y a même guère d'exemple que cette collation se soit faite, sans que le sénatus-consulte ait été soumis au vote du peuple.

Ch. I. — PARTIE GÉNÉRALE.

§ 1. *De la division et du pouvoir des magistratures* (¹).

La division la plus générale des magistratures (²) républicaines est celle en ordinaires et extraordinaires.

Ordinarii sont, d'après l'ordre de leur institution, les consuls et les questeurs, les tribuns et les édiles plébéiens, les censeurs, les préteurs et les édiles curules, et le *XXVI viratus.*

Extraordinarii (extra ordinem creati), d'abord trois genres de magistratures qui remontent à la royauté, l'*interrex,* le *custos urbis* et les *II viri perduellionis;* en second lieu le *dictator* et le *magister equitum;* ensuite les *X viri legibus scribundis* et les *tribuni militum consulari potestate;* enfin certaines commissions extraordinaires.

Les magistratures sont *patriciennes* ou *plébéiennes* (³), — d'après qu'elles sont nommées *auspicato* ou *inauspicato* (⁴). Sont élus *inauspicato,* les tribuns et les édiles plébéiens.

(1) Becker, II, 2, 1-11, 57-87. Lange, I, 583-594.

(2) Le mot *magistratus* désigne et la fonction et le fonctionnaire. Il dérive de *magister :* «*magistri...dicuntur,quia omnes hi magis ceteris possunt ; unde et magistratus, qui per imperia potentiores sunt, quam privati.*» Paul. Diac., p. 126. Cf. ib., p. 152. *Dig.*, L, 16, 57. Comparez Varr. *De l. l.*, V, 14.

(3) Liv., II, 34, 56, III, 39, 59, VI, 11, 38, 41, IX, 33 etc.

(4) Liv., VI, 41. Voyez p. 175, n° 6, 178 suiv.

Les *magistratures patriciennes* se subdivisent en *majores* et *minores*, selon qu'elles ont le *jus auspiciorum majorum* ou *minorum* (1).

Les magistratures patriciennes majeures (dictature, censure, consulat, préture) et l'édilité curule, en raison de certains priviléges honorifiques, s'appellent *curules*. Toutes les autres sont *non-curules* (2).

Le consulat et la préture parmi les ordinaires, la dictature, le décemvirat législatif et le tribunat consulaire parmi les extraordinaires, sont des *magistratus cum imperio ;* les autres magistratures sont *sine imperio*.

Les proconsuls, les propréteurs et les *privati cum imperio* ne sont pas au nombre des *magistratus* (p. 214, n° 5).

Caractères distinctifs des magistratures républicaines.

1° Elles sont électives (p. 170-180), sauf l'*interrex*, le *custos urbis*, le *dictator* et le *magister equitum*.

2° Elles ne sont point rétribuées, *honores* (Liv., XXVI, 36). *Honorem, magistratum gerere.*

3° Elles sont temporaires. Les magistratures ordinaires, hormis la censure, sont annuelles (3).

4° Elles sont organisées en *colléges*, et par là soumises à intercession : *par potestas plus valeto* (Cic., *De leg.*, III, 4).— Il n'y a d'exception que pour certaines magistratures extraordinaires, dont la dictature est la plus importante.

5° Elles sont responsables (4) devant le peuple (Polyb., VI, 14), les magistratures majeures après leur gestion, les autres même pendant leurs fonctions (5). Le privilége de

(1) Gell., XIII, 15. Voyez p. 178, et p. 221.

(2) Voyez Becker, II, 2, 77. Lange, I, 593.

(3) Liv., II, 1. Cic., *Brut.*, 14, § 53.

(4) Laboulaye, *Essai sur les lois criminelles des Romains, concernant la responsabilité des magistrats.* Paris, 1845. Menn, *De accusatione magistratuum Romanorum comment. hist.* Bonn, 1845. Cf. Zumpt, *Dr. crim.*, I, 2, 148-150, 220-225.

(5) Cf. Polyb., VI, 15. Gell., XIII, 12, 13. Liv., IV, 44, XLI, 6. L'histoire fournit, il est vrai, plusieurs exemples que non-seulement les consuls et les préteurs dans l'exercice de leurs fonctions (Denys, X, 34, Liv., XLII, 21,

l'irresponsabilité a appartenu à la dictature (¹), à la censure en ce qui concernait la *potestas censoria* (²), et au tribunat du peuple (³).

Les magistrats, en leur qualité d'élus du peuple, participent à la *majestas* du peuple (⁴). Celui qui ne respecte pas cette *majestas* commet un *crimen minutae majestatis* (⁵). *« Majestatem minuere est de* DIGNITATE *aut* AMPLITUDINE *aut potestate populi aut* EORUM QUIBUS POPULUS POTESTATEM DEDIT, *aliquid derogare* (⁶). »

En raison de cette *majestas*, les citoyens doivent aux magistrats certaines marques de respect : *assurgere, decedere de semita, adaperire caput, descendere ex equo* (⁷). De même les magistrats inférieurs doivent de la déférence aux magistrats supérieurs (⁸).

Les pouvoirs des magistrats se résument en deux termes : *potestas* et *imperium*.

I. *Potestas*. Il faut distinguer entre la *potestas* propre, spécifique de chaque magistrat, et les droits de la *potestas*, communs à tous les magistrats (⁹).

Ep., XLVII, PLUTARQ., *Tib. Gr.*, 10 etc.); mais aussi des dictateurs (LIV., VI, 38) et des censeurs (LIV., XXIV, 43, etc.), voire des tribuns du peuple (VAL. MAX., VI, I, 7; 5, 4, PLUT., *Marc.*, 2, *Tib. Gr.*, 12, APP., *B. c.*, I, 12) ont été poursuivis devant les *concilia plebis* par les tribuns du peuple : mais c'étaient là plutôt des abus du pouvoir tribunicien que des procédés légaux.

(1) *« Ἀρχήν... ἀνυπεύθυνον ὧν ἄν βουλεύσηται καὶ πράξῃ.* » DENYS, V, 70. Cf. VII, 56. APP., *B. c.*, II, 23. ZONAR., VII, 13.

(2) DENYS, XVIII, 19. LIV., IV, 24, XXIV, 43, XXIX, 37. VAL. MAX., VII, 2, 6.

(3) DENYS, IX, 44. Cf. LIV., V, 29. L'irresponsabilité des tribuns était une conséquence naturelle de leur inviolabilité. Voyez le tribunat.

(4) *« Populi quam consulis majestatem vimque majorem esse.* » LIV., II, 7. Cf. GELL., XIII, 13, § 3. — MUENSCHER, *De populi Romani majestate*. Hanau, 1838.

(5) WALTER, § 803. RUDORFF, *H. d. dr. r.*, I, § 33, II, § 111. REIN, *Dr. crim.*, 504-528.

(6) CIC., *De inv.*, II, 17, § 53. Cf. *De or.*, II, 39, § 164.

(7) SENÈQ., *Epit.*, LXIV. GELL., II, 2, § 13. LIV., IX, 46, XXIV, 44 etc.

(8) DENYS, VIII, 44. Cf. DION CASS., XXXVI, 24..

(9) REIN, *Magistratus* (en all.) dans PAULY's *Realencycl.* T. IV, 1846, p. 1431.

Ces droits communs sont :

1° Le *jus edicendi*. En vertu de ce droit le magistat publie, dans la sphère de ses attributions, des *edicta*, ayant force obligatoire pendant la durée de sa *potestas*. GAJ., I, 6.

2° Le *jus multae dictionis* (*judicium*, CIC., *De leg.*, III, 3, § 10), qui sert de sanction au *jus edicendi* (CIC., ib., § 6). Voyez p. 183-184.

3° Le *jus vocandi contionem*, limité par le *jus avocandi contionem* des magistrats supérieurs. Voyez p. 161.

4° Le *jus servandi de coelo*. Voyez p. 165-166.

II. *Imperium* ([1]). Ce pouvoir comprend le haut commandement militaire *suis auspiciis (imperium, sine quo res militaris administrari, teneri exercitus, bellum geri non potest)* ([2]), et le pouvoir judiciaire, surtout en matière criminelle (Cf. DION CASS., XXXIX, 19).

Il confère en droit le *jus vitae et necis*, et si l'exercice de ce droit n'est pas restreint par le *jus provocationis* (p. 181), l'*imperium* s'appelle *merum*. « *Merum est imperium, habere gladii potestatem ad animadvertendum in facinorosos homines* » ([3]).

Cependant même quand il n'est pas *merum*, il permet au magistrat de punir de la prison ou de certains châtiments corporels ([4]).

Comme *insignia imperii* ([5]), les magistrats *cum imperio* sont accompagnés de *lictores*, portant les *fasces*, et, en cas d'*imperium merum*, les *fasces cum securi* ([6]).

En dehors de la juridiction criminelle, l'on distingue entre :

---

(1) RUBINO, *Recherches* etc., I, 365-375. WALTER, §§ 689-691. RUDORFF, *H. d. dr. r.*, II, § 4. REIN, *Dr. civ.*, 854-857.

(2) CIC., *Phil.*, V, 16, § 45. Cf. *De leg. agr.*, II, 12, § 30, LIV., V, 52 etc. — L'*imperium* militaire est exercé dans toute sa plénitude seulement *extra pomoerium*. GELL., XV, 27.

(3) *Dig.*, II, 1, 3. Cf. I, 21, 1, § 1.

(4) *Dig.*, I, 2, 2, § 16, II, 4, 2. CIC., *De leg.*, III, 3, § 6.

(5) CIC., *De rep.*, II, 31, § 55. Cf. LIV., I, 8.

(6) CIC., l. l. LIV., II, 18, XXIV, 9. DENYS, V, 19 etc.

1° La *jurisdictio voluntaria* (¹), qui intervient par exemple dans la *manumissio vindicta, emancipatio, adoptio per aes et libram, in jure cessio* etc.

2° La juridiction, qui comprend les actes « *quae magis imperii sunt quam jurisdictionis* », tels que la *restitutio in integrum, bonorum possessio* etc. *(Mixtum imperium)* (²).

5° La *jurisdictio contentiosa (Dig.*, I, 16, 2).

De ces trois sortes de juridictions, les deux premières découlent de l'*imperium*; la troisième compète aussi à des magistrats sans *imperium*, par exemple aux édiles curules.

« *Imperium minus praetor, majus habet consul.* » GELL., XIII, 15, § 4. De même que les magistrats *cum imperio* peuvent contraindre les magistrats sans *imperium*, à l'exception des tribuns, ainsi le *majus imperium* l'emporte sur le *minus* (³).

III. Il y a en outre certains droits, qui découlent soit de l'*imperium*, soit aussi de la *potestas*, mais qui n'appartiennent qu'à certains magistrats. Ce sont :

1° Le *jus agendi cum populo* (pp. 162, 167, 168, 174, cf. p. 161, n° 4) ou *cum plebe* (p. 175).

2° Le *jus agendi cum patribus* (p. 200).

3° Le *jus vocationis populi viritim* (GELL., XIII, 13, § 4) ou *vocandi absentem* (ib., 12, § 4), et

4° Le *jus prensionis* ou *prendendi praesentem* (GELL. ib.).

« *In magistratu habent alii vocationem, alii prensionem, alii neutrum; vocationem, ut consules et ceteri, qui habent imperium; prensionem, ut tribuni plebis et alii, qui habent viatorem; neque vocationem neque prensionem, ut quaestores et ceteri, qui neque lictorem habent neque viatorem. Qui vocationem habent, idem prendere, tenere, abducere possunt,*

---

(1) *Dig.*, I, 16, 2. GAJ., I, 98, «*Adoptio... fit... imperio magistratus.* — Quoiqu'à Rome elle fût spécialement l'attribution du préteur (GAJ., 1, 20, II, 24 etc.), cependant les consuls l'exerçaient encore après la création de la préture (ULP., I, 7. LIV., XLI, 9 etc.).

(2) *Dig.*, II, 1, §§ 1-4, L, 1, 26.

(3) POLYB., VI, 12. VAL. MAX., II, 8, 2. LIV., III, 55, VIII, 36, XXVII, 5, XXX, 24.

et haec omnia, sive adsunt quos vocant sive acciri jusserunt. "
VARR., cité par GELL., ib., § 6.

Le *jus prensionis* est cependant limité par l'inviolabilité
du domicile (1).

IV. Droit spécial des *magistratures patriciennes : jus auspiciorum* (2). Parmi les magistratures ordinaires les *auspicia
majora* ou *maxima* appartiennent aux consuls, préteurs,
censeurs, bien que les *auspicia censorum* soient spécifique-
ment différents de ceux des consuls et des préteurs (3); les
auspicia minora, aux autres. "*Majora auspicia magis rata
sunt quam aliorum.* " GELL., XIII, 15, § 7 (4).

V. Insignes et priviléges des *magistratures curules :* la
sella curulis (5), la *toga praetexta* (6), et l'entrée dans la *nobilitas* (p. 145).

Comme les magistrats ont reçu leur pouvoir par une délégation directe du peuple, ils sont indépendants, chacun dans
la sphère de ses attributions. La République romaine n'a pas
connu l'unité centralisatrice de l'administration moderne.
Cependant le droit public romain avait créé des garanties
nombreuses contre les abus, qui auraient pu résulter de cette
indépendance des magistrats. Ce sont :

1o Le *jus majoris imperii* (LIV., XXX, 24).

2o Le principe : *par majorve potestas plus valeto* (CIC., *de
leg.*, III, 4).

3o Le principe de la supériorité des *auspicia majora* sur
les *minora.*

---

(1) "*Domus.... hoc perfugium est ita sanctum omnibus, ut inde abripi nemine
fas sit.* " CIC., *p. dom.*, 41, § 109. Cf. *in Vat.*, 9, § 22.

(2) Voyez p. 163 et 175, n° 6. MARQUARDT, II, 3, 84-86, IV, 348-349.

(3) "*Ideo neque consules aut praetores censoribus neque censores consulibus au
praetoribus turbant aut retinent auspicia; at censores inter se, rursus praetores
consulesque inter se et vitiant et optinent.*" MESSALLA cité par GELL., XIII, 15,
§ 4.

(4) Cf. VAL. MAX., II, 8, 2. SERV., *ad Aen.*, III, 374, IV, 102.

(5) GELL., III, 18. CIC., *p. Rab. Post.*, 7, § 16. OVID., *Pontiq.*, IV, 9, 27.
RICH, *Dictionn. des ant. rom. et grecq.*, au mot *sella*, n° 2.

(6) CIC., *p. Cluent.*, 56, § 155. *Verr.*, II, 5, 14, § 36. LIV., VII, 1 etc.
RICH, au mot *toga*, n° 2.

4° L'*auxilium* et l'*intercessio* de la *potestas tribunicia.*

5° La responsabilité des magistrats.

6° La *potestas censoria*, exercée même contre les actes administratifs des magistrats.

7° Le pouvoir modérateur du sénat, et

8° Comme moyen suprême, la dictature.

§ 2. *Du jus honorum et de la petitio. L'entrée en charge et l'abdication des magistrats* (¹).

Depuis l'admission des plébéiens aux magistratures patriciennes (p. 56-57), l'exercice du *jus honorum* n'exige plus que les conditions suivantes : *civitas, ingenuitas* et *ingenuitas parentum* (p. 130), et un service militaire de *decem stipendia* (²).

Sont en outre privés du *jus honorum,* les *municipes sine suffragio* et les *infames* (p. 126, n° 3).

De plus, les plébéiens sont exclus des fonctions d'interroi (p. 210, n° 2), les patriciens n'ont pas accès aux magistratures plébéiennes, et depuis la *lex Licinia de consulatu* (367) (³) et une *lex Publilia Philonis* (339) (⁴), ils ne peuvent plus prétendre qu'à une seule place de consul et de censeur (« *in unum locum petere* » Liv., XXXV, 10, 24), restriction qui n'existait pas pour les plébéiens ; en effet un plébiscite de 342 portait : « *Uti liceret consules ambos plebeios creari.* » Liv., VII, 42 (⁵).

<hr>

(1) Becker, II, 2, 11-57. Lange, I, 595-611. Rubino, *De la transmission des magistratures,* (en all.) dans ses *Recherches* etc. p., 13-106.

(2) « Πολιτικὴν δὲ λαβεῖν ἀρχὴν οὐκ ἔξεστιν οὐδενὶ πρότερον, ἐὰν μὴ δέκα στρατείας ἐναυσίους ἢ τετελεκώς. » Polyb., VI, 19. Voyez p. 121, 3°, et 123, 3°.

(3) « *Consulumque utique alter ex plebe crearetur* » Liv., VI, 34, 42. « *Quia duos patricios* [*consules*] *creari non liceret.* » Ib., XXVII, 34, XXXIX, 32. Cependant dans le principe la *lex Licinia* ne fut point toujours observée. Liv., VII, 17, 18, 19, 22 etc.

(4) « *Ut alter utique ex plebe... censor crearetur.* Liv. VIII, 12. — Lange, II, 44-45.

(5) Ce ne fut cependant qu'en 172 av. J.-Ch. qu'il y eut pour la première fois deux consuls plébéiens. (Liv., XLII, 9. *Fast. Capit.* dans les *Inscr. lat. ant.,* p. 437). La première censure exclusivement plébéienne est encore plus récente. Liv., *Epit.,* LIX.

En 460 avant J.-Chr. un décret du sénat portait : *« Magistratus continuari... contra rempublicam esse. »* Liv., III, 21.

En 342 : *« Plebiscitis cautum, ne quis eundem magistratum intra decem annos caperet, neu duos magistratus uno anno gereret. »* Liv., VII, 42. Cette loi ne s'appliquait qu'aux magistratures ordinaires (1).

En 265 une *lex Marcia* défendit de gérer la censure plus d'une fois (2), et, vers l'époque de la troisième guerre punique, une loi analogue fut faite pour la gestion du consulat (3).

La *lex Villia annalis* ou *annaria* (4) (180 av. J.-Chr.) détermine : *« quot annos nati quemque magistratum peterent caperentque* (5). *Aetas legitima* (Liv., XXV, 2).

Le contenu positif de cette loi nous est complétement inconnu ; d'après les belles recherches de Nipperdey, basées sur les données historiques des derniers siècles de la République, elle aurait stipulé les conditions suivantes :

1° Le citoyen peut briguer les magistratures après avoir fait *decem stipendia* (p. 222), c'est-à-dire, à l'âge de 26 ou 27 ans, ou dès l'âge de 30 ans, à condition d'avoir fait 3 *stipendia equestria* ou 6 *pedestria*. Depuis Sulla ce dernier âge devient le minimum.

2° Il faut l'intervalle d'un *biennium* (Cic., *ad div.*, X, 25) entre l'exercice de deux magistratures différentes, sauf pour la censure.

3° Pour être admis à la préture, le minimum d'âge est la 35e, pour le consulat la 38e année (6).

---

(1) Lange, II, 41-43. Cf. Liv., X, 13, XXXIX, 39.

(2) Plutarq., *Coriol.*, 1. Cf. Val. Max., IV, 1, 3. Liv., XXIII, 23.

(3) Liv., *Epit.*, LVI. Fest., p. 242. Cat., *or.*, 36, p. 55, Jord.

(4) Wex, *Des leges annales des Romains* (en all.) dans le *Rhein. Mus.* 1845, p. 276-288. Nipperdey, les *Leges annales de la Rép. rom.* (en all.). Leipzig, 1865.

(5) Liv., XL, 44. — *« Annaria lex dicebatur ab antiquis ea, qua finiuntur anni magistratus capiendi. »* Paul. Diac., p. 27. Cf. Cic., *Phil.*, V, 17, § 47. Tac., *nn.*, XI, 22. Cic., *De or.*, II, 65, § 261 parle d'une *lex Pinaria annalis*, sur laquelle nous n'avons aucune donnée.

(6) Depuis Sulla le citoyen qui voulait parcourir tout le cercle des magistratures, et qui les obtenait toutes *suo anno*, parvenait à la questure dans sa 31e année, au tribunat dans la 34e, à l'édilité dans la 37e, à la préture dans la 40e et au consulat dans la 43e année. (Cf. Cic., *Phil.*, V, 17, § 48).

Le citoyen qui parvient à une magistrature à son *aetas legitima*, et surtout celui qui l'exerce, un *biennium* après la magistrature précédente, gère la magistrature *suo anno* (¹).

La *lex Cornelia de magistratibus* (80 avant J.-Chr.) interdit la préture à celui qui n'est pas *quaestorius*, le consulat à celui qui n'est pas *praetorius* (App., *B. c.*, I, 100. Cf. 101). «*Certus ordo magistratuum*» (Cic., *De leg. agr.*, II, 9, § 24).

En vertu d'une *lex Valeria* (première année de la Rép.) (²), tout citoyen qui jouit du *jus honorum*, et qui remplit les conditions, introduites successivement par les lois susmentionnées (³), peut se porter candidat aux magistratures (*petitio, petere magistratum, petitor*).

A cet effet il est tenu de poser deux actes officiels :

1° La *professio nominis* (παραγγελία, App., *B. c.*, II, 8), ou la déclaration publique, que l'on se porte candidat à une magistrature déterminée, *profiteri se petere*. Elle est faite au *forum* par le candidat ou son mandataire, ordinairement après l'édit de convocation, par conséquent un *trinundinum* avant le jour de l'élection (⁴).

2° La *petitio* proprement dite (Ascon., p. 89, Or.) est faite par le candidat ou son mandataire, auprès du magistrat, présidant les comices, dans la *contio* qui précède immédiatement l'élection.

Ce n'est que depuis 62 avant J.-Chr. que la présence du candidat à Rome, à la *professio nominis* et à la *petitio*, devint obligatoire (⁵).

(I) Cic., *de off.*, II, 17, § 59, *de leg. agr.*, II, 2, *Brut.*, 94, § 323, *ad div.*, X, 25, *p. Mil.*, 9, § 24.

(2) Plutarq., *Poplic.*, 11. Tac., *Ann.*, XI, 22. Cf. Liv., IV, 3.

(3) Des dispenses de ces conditions peuvent être accordées pour des motifs spéciaux (*solvere legibus*). Cic., *Acad. pr.*, II, 1, *p. leg. Man.*, 21 § 62. Liv., XXXIX, 39. Voyez p. 211, n° 1. Un autre principe généralement observé, c'est que le président des comices ne pouvait pas être à la fois candidat. Liv., III, 35, VII, 25, XXVII, 6 etc.

(4) «*Profiteri intra legitimos dies.*» Sall., *Catil.*, 18. Cf. Macrob., *Saturn.*, I, 16. Liv., VII, 22, XXVI, 18.

(5) Cf. *Scol. Bob.*, p. 302. Or. App., *B. c.*, II, 8. Suet., *Cés.*, 18. Cf. Cic. *De leg. agr.*, II, 9, § 24. L'on ne sait quelle loi a introduit cette disposition.

Il est permis au magistrat-président de refuser la *petitio* d'un candidat et de déclarer *se rationem non habere* (¹), *nomen non accipere* (²), et que pour le cas où ce candidat aurait néanmoins la majorité des suffrages : *se eum non renuntiaturum* (³). Or, la *renuntiatio* était une condition nécessaire à la validité de l'élection.

L'intervalle entre la *professio nominis* et la *petitio* est consacré par les candidats à la brigue électorale (⁴), *ambitus, ambitio* (⁵). Revêtu d'une *toga candida* (⁶) (*candidatus*), accompagné d'une *assidua assectatorum copia* (*deductores, salutatores*) (⁷), le candidat se promène au *forum*, et tâche de s'attirer la bienveillance des électeurs (*prensare, volitare, concursare, appellare. Nomenclator*) (⁸). A côté de ces démarches licites, il y avait d'autres moyens, qui tendaient à la corruption, telles que les *coitiones* de deux candidats pour combattre la candidature d'un troisième (*ad dejiciendum honore*) (⁹), des bons pour le théâtre, ou pour des festins, distribués par des *suffragatores* (¹⁰), les tournées électorales dans les *fora et conciliabula*, plus tard dans toute l'Italie (¹¹). On alla plus loin. Les voix des électeurs furent achetées par

(1) Liv., III, 64, VII, 22, VIII, 15.

(2) Cic., *Brut.*, 14, § 55. Liv., XXVII, 6, XXXIX, 39. *«Nomen recipere.»* Ib., X, 15.

(3) Vell. Pat., II, 92. Cf. Liv., III, 21. Val. Max., III, 8, 3.

(4) Troplong, *Les élections consulaires à Rome* dans la *Revue contemp.* Paris, 1856, p. 257-482. Roulez, *Sur les mœurs électorales de Rome*. Gand, 1858. Rein, *Ambitus* dans Pauly's *Realencycl.* T. I.

(5) *Ambitus circumitus* (Varr., *de l. l.*, V, 4). *Ambitio est ipsa actio ambientis.* Paul. Diac., p. 16. De là *ambitus* a reçu dans la suite le sens de *corruption électorale.*

(6) Un plébiscite de 432 avant J.-Chr. avait ordonné : *«ne cui album in vestimentum addere petitionis liceret causa»* (Liv., IV, 25); mais il n'eut point d'effet.

(7) Q. Cic., *De pet. cons.*, 9. Cic., *p. Mur.*, 34, § 71. Dans le dernier passage l'auteur parle d'une *lex Fabia de numero sectatorum.*

(8) Liv., III, 35, IV, 6 etc. Sur le *nomenclator* voyez Cic., *p. Mur.*, 36, § 77, *ad Att.*, IV, 1.

(9) Liv., III, 35, VII, 32, IX, 26, XXXIX, 41. Ascon., p. 83.

(10) *«Tribus, centurias conficere.»* Cic., *p. Planc.*, 18, § 45. *p. Mur.*, 34, § 72, 36, § 77. Q. Cic., *De pet. cons.*, 5 et 11.

(11) Cic., *ad Att.*, I, 1, § 2. *Phil.*, II, 30, § 76. Hirtius, *B. g.*, VIII, 50.

l'intermédiaire des *sequestres*, entre les mains desquels le candidat déposait l'argent nécessaire à cet effet, et des *divisores*, qui le distribuaient (¹). *Sodalitates, sodalicia*, clubs politiques électoraux (²).

Leges de ambitu (³). La première fut la *lex Poetelia* (358), dirigée contre les démarches électorales dans les *fora et conciliabula* (LIV., VII, 15). Parmi les lois suivantes on cite surtout une *lex Cornelia* d'un âge incertain et la *lex Calpurnia* (67 av. J.-Chr.), contre la *largitio* et les *sodalitates*. La première privait les *damnati ambitus* du *jus honorum* pendant ans (⁴), la seconde « *et pecunia multavit et in perpetuum honoribus jussit carere damnatos* » (⁵).

Le candidat proclamé s'appelle *designatus*. En vertu de son élection, il est déjà investi de la *potestas*, à l'exception de la *potestas censoria* des censeurs, qui est conférée par une *lex centuriata* spéciale (p. 179, n° 7).

De même l'*imperium* est conféré *nominatim* par une *lex curiata* (⁶).

---

(1) CIC., *p. Planc.*, 18-19. Q. CIC., *De pet. cons.*, 5 et 14. *Scol. Bob.*, 253. WEISMANN, *De divisoribus et sequestribus ambitus ap. Rom. instrumentis*. Heidelberg, 1831.

(2) TH. MOMMSEN, *De collegiis et sodalidatibus Romanorum*. Kiel, 1843.

(3) WALTER, § 815. RUDORFF, *H. d. dr. r.*, I, § 32. REIN, *Dr. crim.*, 701-733. ZUMPT, *Dr. crim.*, II, 2, Berlin, 1869, p. 217, suiv., 245, suiv., 367, suiv. RINKES, *De crimine ambitus et de sodaliciis apud Romanos tempore liberae reipublicae*. Leiden, 1854.

(4) *Scol. Bob.*, p. 361. RUDORFF la met en 181 avant J.-Chr. (LIV., XL, 19), WALTER en 159 (LIV., *Epit.*, XLVII), RINKES l'attribue à Sulla.

(5) *Scol. Bob.*, p. 361. Cf. DION CASS., XXXVI, 21. CIC., *p. Mur.*, 23, § 46.

(6) Voyez pp. 167, 179 et 219. — L'*imperium* était-il accordé en règle générale, après l'élection, mais avant l'entrée en charge, sur la *rogatio* du magistrat en fonctions, comme le veulent LANGE et BECKER, ou bien ne fut-il jamais accordé qu'après l'entrée en charge, sur la *rogatio* même du magistrat qui devait en être investi, comme le soutient RUBINO (*Recherches* etc., p. 351, suiv.) ? La question n'est point résolue. La seconde hypothèse est seule possible, quand le *designatus* entre en charge *extemplo*, aussitôt après son élection. Cf. LIV., IX, 38-39. — Il semble que les consuls et les préteurs recevaient l'*imperium* par des lois distinctes (FEST., p. 50) ; mais la *lex de imperio consulari* faisait aussi mention des *magistratus minores*, et légitimait en quelque sorte leur pouvoir : « *Minoribus creatis magistratibus tributis comitiis magistratus, sed justus curiata datur lege.* » GELL., XIII, 15, § 4. Cf. CIC., *De leg. agr.*, II, 11, § 27. — Dans

Cependant jusqu'à l'entrée en charge du *designatus*, sa *potestas* et son *imperium* sont sans effet. Seulement il peut déjà publier des *edicta*, qui ne seront obligatoires qu'après son entrée en charge ([1]), et en public il parle *de loco superiore* (CIC., *Verr.*, II, 1, 5, § 14).

En principe, le magistrat désigné ne peut être destitué, ni avant ni pendant sa magistrature ([2]). Son pouvoir ne cesse que par une abdication formelle (LIV., XXXIX, 39). Cependant, s'il est *vitio creatus* (p. 180), ou si après l'élection il est condamné pour *ambitus* ([3]), ou pour d'autres motifs exceptionnels, il peut, au besoin, être contraint d'abdiquer, *vi majoris imperii* ([4]), fût-il déjà entré en fonctions ; dans ce dernier cas les actes qu'il a posés comme magistrat, sont néanmoins valides. (Cf. VARR., *de l. l.*, VI, 4).

'*Inire magistratum*. La plupart des magistrats entrent en charge avec les consuls. C'est ce jour là (*dies solennis*) ([5]) que commence l'année administrative, qui est désignée par les noms des consuls. Ce fut toujours aux *kalendae* ou aux *idus*, mais le mois a varié aux différentes époques ([6]), jusqu'à ce que en 154 av. J. Chr., le *dies solennis* fut définitivement fixé au 1 janvier ([7]), avec cette clause toutefois que l'exercice de l'*imperium* des consuls et des préteurs ne commencerait qu'au 1 mars, et ne finirait qu'au 1 mars de l'année suivante ([8]).

---

les derniers temps de la République, les tribuns intercédèrent fréquemment contre la *lex de imperio* (CIC., ib., 12, § 30). L'importance qui était attachée, encore à cette époque, à la formalité de cette *lex curiata*, est démontrée par des passages comme ceux de DION CASS.; XLI, 43, et CIC., *ad Att.*, IV, 18, § 2.

(1) DION CASS., XL, 66, CIC., *Verr.*, II, 1, 41, § 105. LIV., XXI, 63.

(2) BECKER, *Sur la destitution chez les Romains* dans le *Rhein. Mus.*, 1846, p. 293.

(3) CIC., *ad div.*, VIII, 4. Voyez p. 226.

(4) LIV., III, 29, V, 9. SALL., *Cat.*, 47. PAUL. DIAC., p. 23.

(5) LIV., V, 9. Les solennités de ce jour sont décrites par OVID., *Pont.*, IV, 4, 27-42, et 9, 17, suiv. *Fast.*, I, 79, suiv. Cf. LIV., VI, 1, IX, 8 etc.

(6) TH. MOMMSEN, *L'année administrative* dans sa *Chronologie rom.*, 75-105. Cf. A. MOMMSEN, *Dates romaines* (en all.). Parchim, 1856, p. 21, et *Pour servir à l'ancienne chronologie rom.* (en all.) dans le *Rhein. Mus.*, 1858, p. 49.

(7) *Fast. Praen.* dans les *Inscr. lat. ant.*, p. 312. CASSIOD., *Chron.*, ad a. 601.

(8) TH. MOMMSEN, *La question de droit* etc. p. 12.

Dès lors, le 1 janvier est le jour d'entrée en charge des magistrats ordinaires, à l'exception des questeurs dont la charge commençait le 5 décembre (*Non. Dec.*) (¹), et des tribuns de la plèbe, qui entraient en fonctions, peut-être dès l'origine, *a. d. IV Id. dec.* (10 déc.) (²).

Depuis lors aussi les comices électoraux se tiennent ordinairement déjà avant le mois d'août (³).

Le magistrat, après son entrée en fonctions, doit *jurare in leges* près des questeurs en déans les cinq jours (⁴).

Ejurare magistratum. Le dernier jour de sa charge, le magistrat préside une *contio* solennelle, et abdique, en jurant qu'il a observé les lois (⁵).

Ch. II. — PARTIE SPÉCIALE.

§ 1. *Du consulat* (⁶).

Le consulat succéda à la Royauté (p. 11-12). Les consuls, au nombre de deux, sont élus aux comices centuriates (p. 178). Lorsque l'un des deux meurt ou abdique dans l'exercice de ses fonctions, son collègue convoque aussitôt les comices, à l'effet de faire élire un *consul subrogatus, suffectus*, dont le pouvoir expirera à la fin de l'année courante (⁷). Les cas contraires (*consul sine collega*) sont extrêmement rares (⁸).

---

(1) Cic., *Verr.*, I, 10, § 30. *Scol. Gronov.*, p. 395. Or. *Lex de XX quaest.* dans les *Inscr. lat. ant.*, p. 108.

(2) Denys, VI, 89. Liv., XXXIX, 52.

(3) Cf. Cic., *ad div.*, VIII, 4, *ad Att.*, I, 16, § 13.

(4) Liv., XXXI, 50. Cf. *Lex tab. Bant.*, 14, dans les *Inscr. lat. ant.*, p. 45, et *Lex munic.*, 24, ib., p. 120. — L'interroi n'était point astreint à cette formalité; car son pouvoir ne durait que cinq jours.

(5) «*Abire, abdicare se magistratu*» Cf. Cic., *ad div.*, V, 2, *in Pis.*, 3 etc.

(6) Becker, II, 2, 87-126. Lange, I, 612-625. Klee, *de magistratu consulari.* Leipzig, 1832. de Breuk, *quid annuum consulatus Romani tempus profuerit et nocuerit reipublicae.* Leiden, 1839. Roemer, *de consulum Romanorum auctoritate.* Utrecht, 1841. Rein, *Consul* (en all.) dans Pauly's *Realencycl.*, II, p. 621.

(7) Les exemples sont très-nombreux.

(8) L'on cite un exemple de 500 av. J.-Chr. (Denys, V, 57), et trois exemples des derniers temps de la République, en 84 (App., *B. c.*, I, 78), en 68 (Dion Cass., XXXV, 4) et en 52 (Ascon., p. 37).

Cette magistrature fut accessible aux patriciens seuls, jusqu'à ce que la *lex Licinia de consulatu*, 367, décréta : *« Ut consulum alter ex plebe crearetur »* (voyez p. 222).

La dénomination première fut celle de *praetores* ou *judices* [1]. Ce n'est que depuis le décemvirat législatif que le le titre de *consules* a prévalu [2].

Le consulat fut supprimé pendant le décemvirat ; depuis 444 jusqu'à 367 le consulat pouvait être remplacé sur la décision du sénat par le tribunat consulaire (p. 211). Pendant les dictatures le pouvoir consulaire était suspendu. A part ces exceptions, le consulat fut pendant toute la durée de la République la magistrature ordinaire suprême [3].

Des pouvoirs consulaires.

Au moment de son institution, le consulat hérita de tous les pouvoirs royaux, de l'*imperium regium* comme de la *potestas regia* [4], à l'exception des fonctions religieuses du roi. La dignité de grand-prêtre passa au *Pontifex Maximus*, tandis que le soin de certains actes religieux, qui avaient été dans les attributions du roi, fut conféré à un dignitaire religieux nouveau : le *rex sacrorum (sacrificiorum, sacrificus, sacrificulus)* [5]. Mais ce qui distingue essentiellement le pouvoir

---

(1) Liv., III, 55. Cic., *de leg.*, III, 3, § 8. Varr., *de l. l.*, VI, 9. Plin., XVIII, 3, (3).

(2) Liv., III, 55. Zonar., VII, 19. — Les anciens dérivent le mot *a consulendo*, soit dans le sens de *consulere patriae* (Cic., *de or.*, II, 39, § 165), soit dans celui de *consulere populum et senatum*. (Varr., *de l. l.*, V, 14). Comparez aussi Denys, IV, 76, et Quintil., *Inst. or.*, I, 6, § 32. D'après Niebuhr, (*H. r.*, I, p. 546), *consul* est synonyme de *collega* : la terminaison *sul (praesul, exul)* signifiant *étant* ou *qui est*.

(3) D'après les auteurs anciens il y eut, à l'époque des *rogationes Liciniae* vers 375 av. J.-Chr., une *solitudo magistratuum* (absence de magistrats curules), par suite de l'intercession des tribuns contre les comices consulaires. Mais les sources ne s'accordent point sur la durée de cette anarchie. Il est difficile de croire à la vérité historique de cette tradition. Voyez Mommsen, *Chronol. rom.*, p. 198, n° 393 et suiv.

(4) Liv., II, 1. Cic., *de Rep.*, II, 32, § 56. Denys, IV, 84.

(5) Cette fonction était viagère. Le *rex sacrorum* était exclu de toute magistrature, et dans ses fonctions religieuses, il était subordonné au *Pontifex Maximus*. Liv., II, 2. Denys, IV, 74, V, 1. — Marquardt, IV, 261-268.

consulaire du pouvoir royal, c'est que l'*imperium* des consuls est *duplex et annuum*, et qu'ils sont responsables (¹).

Des restrictions ultérieures sont portées aux pouvoirs consulaires :

1° Par la *lex Valeria de provocatione*, 509 avant J.-Chr. (p. 181).

2° Par l'institution du tribunat de la plèbe, 294 avant J.-Chr. (Cic., *de leg.*, III, 7, § 16).

3° Par la législation décemvirale, 450 (Denys, X, 1).

4° Par l'institution de la censure, 443, et par la *lex Ovinia* (p. 195).

5° Par la création de la préture, 367.

6° Par l'influence toujours croissante du sénat (p. 212) et des *concilia plebis* (p. 188).

Même après ces restrictions le consulat constitue parmi les magistratures ordinaires la *suprema potestas* et le *majus imperium* (²); il est considéré comme *honorum populi finis* (Cic., *p. Planc.*, 25, § 60); les consuls sont les *tutores rei-publicae* (³).

I. A Rome, ils ont le droit d'intercession et même de coercition à l'égard des autres magistrats, à l'exception des tribuns (⁴).

Ils sont les chefs administratifs de l'Etat, et partant les présidents ordinaires des *comitia* (*curiata*, p. 167, *centuriata*, p. 168, et *tributa*, p. 174), du sénat (p. 200) et des *ludi publici* (⁵).

Ils soumettent aux comices des *rogationes* et au sénat des *relationes*. Ils veillent à l'exécution des lois et des sénatus-consultes (Polyb., VI, 12). Sur l'ordre du sénat, ils nomment un dictateur.

(1) Sall., *Cat.*, 6 : *Annua imperia binosque imperatores.* Cf. Liv., II, 1. Denys, IV, 84. Cic., *de rep.*, II, 32.

(2) Le passage classique concernant les pouvoirs consulaires est celui de Polyb., VI, 11-12.

(3) « *Legitimus tutor.* » Cic., *ad Quir. p. red.*, 5, § 11. « *Quasi bonus parens aut tutor fidelis.* » *De or.*, III, 1, § 3. Cf. *p. Sest.*, 19, § 42.

(4) Polyb., VI, 12. Cic., *de leg.*, III, 7, § 16.

(5) Liv., XLV, I, Ennius, *Annal.*, 37, ed. Vahlen, p. 15.

Ils disposent du trésor public (*aerarium Saturni*, p. 213) et ils ont la garde des clefs de l'*aerarium sanctius* (¹).

La juridiction contentieuse (p. 220) leur a été enlevée par l'institution de la préture ; mais ils peuvent encore être chargés d'une *quaestio extraordinaria* criminelle par le peuple (p. 185) ou par le sénat (p. 211).

II. Hors de Rome, ils commandent en chef les armées romaines et les contingents des alliés, et ils sont chargés de la conduite de la guerre ; les fonds nécessaires leur sont envoyés sur l'ordre du sénat (p. 213). Ils concluent avec les ennemis des *sponsiones* (p. 136), sauf ratification du sénat (p. 214) et éventuellement du peuple (p. 189, n° 1).

Ils font le *delectus* des légions, et nomment (plus tard partiellement, p. 179) les *tribuni militum* (POLYB., VI, 12).

Ils exercent l'*imperium sine provocatione* (*jus vitae et necis*) sur les citoyens-soldats, et, en toute circonstance, sur les non-citoyens (p. 183).

En signe de leur *imperium*, ils sont escortés de 12 licteurs qui les précèdent un à un (cf. LIV., XXIV, 44), portant les *fasces*, et hors de Rome *cum securi* (p. 219, n° 6).

Exercice des pouvoirs consulaires.

Si les deux consuls sont à Rome, ils exercent alternativement pendant un mois le pouvoir administratif, l'expédition des affaires courantes (²). Celui qui en est investi (c'était, pour le premier mois, le *major natu*), a les douze licteurs (*cujus* ou *penes quem fasces sunt*) (³) ; l'autre exerce pendant ce temps, le cas échéant, l'*intercessio collegae* (⁴) (*appellare collegam*, LIV., II, 27, etc.). Il est précédé d'un *accensus* (⁵).

---

(1) Cés., *B. c.*, I, 14. DION CASS., XLI, 17. Cf. LIV., XXVII, 10.

(2) «Ἡ τοῦ μηνὸς ἡγεμονία.» DENYS, IX, 43.

(3) CIC., *de rep.*, II, 31, § 55. LIV., II, 1, VIII, 12, IX, 8. VAL. MAX., IV, 1, 1. Cf. GELL., II, 15, § 4-8.

(4) Cf. LIV., II, 18. DENYS, IV, 73, V, 9, IX, 43 etc.

(5) Plus tard toutefois, on ne sait depuis quand, l'autre consul avait aussi 12 licteurs, qui ne le précédaient pas, mais le suivaient. Cf. SUET., *Cés.*, 20. Cependant si les deux consuls exerçaient le pouvoir dans des *provinciae* diverses, cette différence d'insignes naturellement n'existait pas.

S'ils sont tous deux absents de Rome, chargés du commandement de la même armée, le commandement en chef alterne d'ordinaire de jour en jour (¹).

Si l'un doit rester à Rome (*consul-togatus*, LIV., IV, 10) et que l'autre doive exercer le commandement militaire *(consul armatus*, LIV., ib.) (²), ou s'il est nécessaire que les deux commandent sur des théâtres de guerre différents, dans ce cas, à leur entrée en charge, *comparant inter se* ou *sortiuntur provincias* (³). Exceptionnellement le sénat accorde une *provincia extra ordinem* ou *sortem* (p. 214).

Depuis que le nombre des *provinciae* excédait celui des consuls, le sénat désignait annuellement les *provinciae consulares* (p. 214), que les consuls se partagaient ensuite ou tiraient au sort (⁴). Une *lex Sempronia de provinciis* (de C. Gracchus, 123 av. J.-Chr.) ordonne au sénat de faire cette désignation pour l'année suivante, avant l'élection des consuls de cette année (⁵).

Depuis l'époque qui suit Sulla, les deux consuls sont tenus de rester à Rome pendant leur année de charge, et ils sont ensuite, *prorogato imperio*, envoyés comme proconsuls en province (⁶).

En dehors des *provinciae*, les consuls déterminaient aussi par *sortitio* ou *comparatio* lequel serait chargé de certains actes administratifs honorifiques, comme la présidence des comices électoraux (⁷) ou la *dedicatio* d'un temple (LIV., II, 8. Cf. IV, 29) etc.

---

(1) POLYB., III, 110. LIV., XXII, 41 : *Alternis imperitabant*. Cf. ib., III, 70, IV, 46, XXII, 27.

(2) Cf. DENYS, VII, 24, 91. LIV., VII, 38.

(3) LIV., VIII, 20, 22, IX, 31, 41 etc.

(4) LIV., XXX, 1, XXXII, 8, XXXVII, 1 etc. Le partage des *provinciae* avait parfois lieu entre les magistrats *designati* avant leur entrée en charge. LIV., XXVII, 36, XLIV, 17.

(5) SALL., *Jug.*, 27. CIC., *de prov. cons.*, 2, § 3. *p. dom.*, 9, § 24.

(6) Cf. DION CASS., XLV, 20. CIC., *de nat. d.*, II, 3, § 9, *de div.*, II, 36, § 77. — D'après WALTER, § 135, n° 8, ce changement eut lieu après le consulat de Cotta et de Lucullus (74 av. J.-Chr.).

(7) LIV., XXIV, 10, XXXV, 6, 20, XXXVII, 50 etc.

Senatusconsultum ultimum : Videant ou *dent operam consules nequid respublica detrimenti capiat* (p. 183). En vertu de ce décret, qui vint en usage aux derniers siècles de la République, alors qu'on n'avait plus recours à la dictature, les consuls peuvent « *exercitum parare, bellum gerere, coercere omnibus modis socios atque civis, domi militiaeque imperium atque judicium summum habere : aliter sine populi jussu nullius earum rerum consuli jus est* » (1).

§ 2. *Des magistratures extraordinaires supérieures.*

I. *De la dictature et du magisterium equitum* (2).

La dictature fut instituée en 501 av. J.-Chr. par la *lex de dictatore creando* (Liv , II, 18). La cause première de l'institution de cette magistrature extraordinaire fut déjà controversée parmi les anciens (3).

Le nom officiel du *dictator* était celui de *magister populi* (4). *Praetor maximus* (Liv., VII, 3).

Le dictateur est nommé par un des deux consuls (5) ou un tribun consulaire (Liv., IV, 31), sur l'ordre du sénat (p. 211).

---

(1) Sall., *Cat.*, 29. Cic.,*p. Mil.*, 26, § 70,*Cat.*,I,2, *p. Rab. perd.*, 7. Cés., *B. c.*, I, 5 etc.

(2) Becker, II, 2, I50-181. Lange, I, 505-507, 632-651. Rein, *Dictator* dans Pauly's *Realencycl.*, T. II, p. 1002.

(3) Voici comment Liv., II, 18, en parle : « *Eo anno Romae cum per ludos ab Sabinorum juventute per lasciviam scorta raperentur, concursu hominum rixa ac prope proelium fuit, parvaque ex re ad rebellionem spectare res videbatur supra belli Latini metum. Id quoque accesserat, quod triginta jam conjurasse populos concitante Octavio Mamilio satis constabat. In hac tantarum expectatione rerum sollicita civitate dictatoris primum creandi mentio orta. Sed nec quo anno nec quibus consulibus, quia ex factione Tarquiniana essent — id quoque enim traditur —, parum creditum sit, nec quis primum dictator creatus sit, satis constat.* » Denys, V, 63-70, attribue déjà l'institution de la dictature aux agitations de la plèbe concernant la question des dettes.

(4) Cic., *de rep.*, I, 40, § 63. Varr., *de l. l.*, V, 14.

(5) Parfois le consul, chargé de la nomination, est désigné par le sénat (Liv., VIII, 23, IX, 38), ou bien c'est celui *penes quem fasces sunt* (Liv., VIII, 12), ou bien encore les consuls s'entendent à ce sujet (Liv., IV, 21), ou enfin ils tirent au sort (ib., 26).

Consul oriens (¹) *nocte* (²) *silentio* (³) (c'est-à-dire après la consultation des auspices ou *auspicato*) (⁴) DICIT (⁵) *dictatorem*.
La nomination devait se faire *in agro romano* (⁶). Le dictateur
devait être *consularis* (⁷) ; pour le reste le choix du consul
était libre (⁸). Après sa nomination, le dictateur se fait
conférer la *lex curiata de imperio* (LIV., IX, 38-39). La
durée de son pouvoir n'excède jamais six mois ; après ce laps
de temps il doit abdiquer (⁹).

Le premier dictateur plébéien fut nommé en 356 av.
J.-Ch. (LIV., VII, 17).

(1) LIV., VIII, 23. VEL. LONG., *de orthogr.*, p. 2234. P. : « *Oriri apud
antiquos surgere frequenter significabat, ut apparet in eo, quod dicitur : consul
oriens magistrum populi dicat.* » Cf. LIV., X, 40.

(2) LIV., VIII, 23, IX, 38, XXIII, 22.

(3) LIV., VIII, 23, IX, 38, X, 40.— FEST., p. 348 : « *Hoc est proprie silen-
tium, omnis vitii in auspiciis vacuitas.* »

(4) Il s'ensuit que le dictateur peut être aussi *vitio creatus :* dans ce cas il
doit abdiquer. LIV., VIII, 15, 23, IX, 7 etc

(5) C'est de là que la plupart des anciens dérivent le nom de *dictator :*
« *dictator quidem ab eo appellatur, quia dicitur* » CIC., *de rep.*, I, 40 « *Quod is
a consule debet dici* » VARR., *de l. l.*, VI, 7, p. 239. Sp.—Une autre étymologie,
donnée par les anciens (DENYS, V, 73, PLUTARQ., *Marc.*, 24) et qui semble
plus fondée, dérive le nom de *dictare* ou *edicere :* en effet « *dictatoris edictum pro
numine semper observatum.* » LIV., VIII, 34. Cf. VARR., *de l. l.*, V, 14 : « *Dictator quod a consule dicebatur, quoi dicto omnes audientes essent.* — Sur l'opinion
de NIEBUHR, que primitivement le dictateur fut élu par les comices curiates,
voyez BECKER, II, 2, 155, ne 345.

(6) L'*ager romanus* dans le principe ne comprenait que Rome et un territoire peu étendu autour de la ville. Aussi à cette époque la nomination avait-elle
lieu ordinairement *intra promoerium ;* mais à mesure que Rome a soumis l'Italie,
le territoire italique a été assimilé à l'*ager romanus*. « *Consul in Sicilia se
M. Valerium Messallam, qui tum classi praeesset, dictatorem dicturum esse
aiebat ; patres extra agrum romanum* (EUM AUTEM ITALIA TERMINARI) *negabant
dictatorem dici posse.* » LIV., XXVII, 5. Cf. ib. 29.

(7) LIV., II, 18. Il y a eu cependant des dérogations à cette règle, et déjà
en 494 av. J.-Chr. *Inscr. lat. ant.* p. 284. Voyez à ce sujet, ib., p. 556 suiv.

(8) En règle générale le consul nomme la personne, recommandée par le
sénat (LIV., IV, 21, VII, 12, IX, 38 etc.), mais il n'y est pas obligé. Cf.
LIV., VIII, 12 et surtout *Ep.* XIX, SUET., *Tib.*, 2.

(9) « *Hunc magistratum... non erat fas ultra sextum mensem retinere.* » *Dig.*,
1, 2, 2, § 18. CIC., *de leg.*, III, 3, § 9. DENYS, V, 70. LIV., III, 29 etc. Souvent le dictateur, s'étant acquitté de ses fonctions, abdique après peu de jours.
LIV., III, 29, IV, 47, VI, 29, IX, 18 etc.

L'on distingue entre les *dictatores optima lege creati* et ceux *imminuto jure* [1].

1° *Dictator optima lege* est celui qui est nommé soit *rei gerundae* soit *seditionis sedandae causa* [2]. *Ultimum auxilium* [3].

Les pouvoirs d'un tel dictateur sont presque aussi étendus que le furent ceux du roi, sauf qu'ils sont temporaires.

A. La *potestas dictatoria* est identique à la *potestas consularis*, excepté qu'il n'y a point d'*intercessio collegae* (LIV., II, 18), et que de fait le dictateur est plus indépendant du sénat (POLYB., III, 87).

B. L'*imperium dictatorium* est supérieur (*majus*) à l'*imperium consulare* (LIV., VII, 3). « *Neque provocatio erat, neque ullum usquam nisi in cura parendi auxilium.* » LIV., II, 18 (Cf. p. 183, n° 1). *Summum imperium* (LIV., VI, 38).

Le dictateur est irresponsable (p. 218).

En signe de son *summum imperium*, le dictateur est accompagné de 24 licteurs (primitivement seulement douze, LYD., *de mag.*, I, 37), portant les *fasces cum securibus* [4].

Pendant la dictature, les magistrats ordinaires n'abdiquent pas [5]; mais leurs pouvoirs sont suspendus; eux-mêmes sont subordonnés au dictateur et n'agissent que *sub auspiciis dictatoris* et de son contentement ou sur son ordre [6].

Les *tribuni plebis* restent dans l'exercice de leur pou-

---

(1) FEST., p. 198. La distinction telle que FESTUS la présente, n'est cependant pas exacte.(Voyez p. 183, n° 1). Cf. LIV., IX, 34.

(2) *Fast. Cap.* ad ann. 386 dans les *Inscr. l. a.*, p. 430. CIC., *de leg.*, III, 3, § 9 indique aussi ces deux motifs : « *duellum gravius discordiaeve civium* » et l'*Orat. Claudii* (TAC., ed. NIPPERDEY, II, p. 223), *in asperioribus bellis aut in civili motu.* »

(3) LIV., VI, 38. De même (IV, 56) : *in rebus trepidis ultimum consilium.*

(4) LIV., II, 18. DENYS, V, 75, X, 24. POLYB., III, 87 etc.

(5) La preuve qu'ils n'abdiquent pas, c'est qu'aussitôt après l'abdication du dictateur ils rentrent dans la plénitude de leur pouvoir : DENYS, V, 70, LIV., IV, 29 etc.

(6) POLYB., III, 87. DENYS, V, 70. LIV., IV, 41, VIII, 32, XXX, 24.

voir (¹). Leur personne est *sacrosancta* même vis-à-vis du dictateur (Liv., VIII, 34), mais ils n'ont pas contre lui le *jus auxilii* ni le *jus intercessionis* (²).

Restrictions au pouvoir dictatorial :

1) La durée de ce pouvoir est limitée.

2) Il faut au dictateur l'assentiment du sénat pour disposer du trésor public (³). —

Ajoutez-y qu'il n'y a qu'un seul exemple que le dictateur ait exercé un *imperium extra Italiam* (⁴).

Le fait particulier, dont parle Liv., XXVIII, 14 : *latoque, ut solet, ad populum, ut equum escendere liceret*, a déjà dans l'antiquité donné lieu à des interprétations diverses (⁵).

2° *Dictatores imminuto jure.*

Ils sont nommés quand les circonstances l'exigent, pour certains actes administratifs, judiciaires ou religieux spéciaux; ils n'ont d'*imperium* que pour la fonction qui leur est déléguée (⁶), et aussitôt que celle-ci est remplie, ils doivent abdiquer (⁷). Tels sont les *dictatores* :

a) *Clavi figendi causa* (⁸).

_____

(1) Polyb., III, 87. Plutarq., *Fab.*, 9. — Ils peuvent intercéder contre les sénatus-consultes, contre les actes des magistrats autres que le dictateur, faire des *rogationes* aux *concilia plebis*, et intercéder l'un contre l'autre etc. Cf. Liv., VI, 38.

(2) C'était une conséquence de ce qu'il n'y avait point de *provocatio* de la part du dictateur. Cf. Liv., III, 29, VI, 16, 38, VIII, 34-35. Zonar.,VII, 13. Il semble toutefois que les tribuns avaient le *jus intercessionis*, quand le dictateur, qui en effet n'était pas *legibus solutus*, dérogeait à des lois fondamentales comme la *lex Licinia de consulatu* (Liv., VII, 21), ou quand un dictateur *imminuto jure* excédait la compétence de son *imperium*. Liv.,VII, 3, 4, IX, 26. Comparez Cic., *de off.*, III, 31, § 112, Val. Max., V, 4, 3 avec Liv.,VII, 4. Cependant dans la plupart de ces cas l'intercession n'eut que la valeur morale d'une démonstration.

(3) Zonar., VII, 13. Cf. Liv., XXII, 23.

(4) Liv., *Epit.*, XIX. Dion Cass., XXXVI, 17. Cf. XLII, 21.

(5) Cf. Plutarq., *Fab.*, 4, Zonar.,VII, 13. — Becker, II, 2,418, n° 1058, Lange, 1, 643.

(6) Cf. Liv., VII, 3, IX, 34, XXIII, 23.

(7) Cf. Liv., VIII, 18, 40, XXIII, 23.

(8) Le premier exemple d'un tel *dictator*, qui est aussi le premier exemple des *dictatores imminuto jure* en général, daté de 363 av. J.-Ch. Liv., VII, 3, VIII,

b) Comitiorum habendorum causa (¹).

c) Ludorum faciendorum causa (²).

d) Feriarum constituendarum causa (³).

e) Quaestionibus exercendis (LIV., IX, 26).

f) Legendo senatui (LIV., XXIII, 22-23).

Tout dictateur, après sa nomination, choisit lui-même (LIV., IX, 38 etc.) un fonctionnaire subalterne, *magister equitum* (⁴). Celui-ci a la *potestas consularis* (LIV., XXIII, 11), mais pas d'*imperium*. En dehors du commandement de la cavalerie (⁵), il exerce les fonctions que le dictateur lui délègue (⁶).

La dernière dictature légale *rei gerundae causa* date de 216 avant J.-Chr. (LIV., XXII, 57).

Les dictatures de Sulla, nommé en vertu d'une *lex Valeria* et par un interroi (*reipublicae constituendae causa*) (⁷), et de César, choisi par un préteur (⁸), n'avaient de commun

18, IX, 28 etc. Cf. PAUL. DIAC., p. 56. — Sur la coutume dite *clavum figere*, voyez O. JAHN, *Sur la superstition de la fascination chez les anciens* (en all.) dans les *Berichten der Saechs. Gesellsch. der Wiss. (Phil. hist. cl.)*. 1855, p. 106 et 110, et MOMMSEN, *Chronol. rom.*, p. 171, suiv.

(1) LIV., VII, 24, 26, IX, 7 etc.

(2) LIV., VIII, 40, IX, 34, XXVII, 33 etc.

(3) LIV., VII, 28. — *"Dictator latinarum feriarum causa."* *Fast. Cap.*, ad a. 479 dans les *Inscr. lat. ant.*, p. 434.

(4) *"Ἱππάρχης."* DENYS, V, 75. D'après LIV., II, 18, la *lex de dictatore creando* avait prescrit que le *magister equitum* fût *consularis*. Mais cette prescription fut encore moins observée que celle qui concernait le dictateur. En effet les *magistri equitum, non-consulares*, sont beaucoup plus nombreux que les *magistri equitum consulares*. — L'on ne cite que deux exemples de dictatures sans *magisterium equitum* : ce fut la dictature de Claudius Glicia de 249, qui dut d'ailleurs abdiquer aussitôt (*Fast. Capit.*, ad a. 505 dans les *Inscr. lat. ant.*, p. 434) et la dictature *senatui legendo* de 216, qui présenta encore d'autres illégalités (LIV., XXIII, 22-23).

(5) VARR., *De l. l.*, V, 14. Cf. LIV., III, 27, VI, 12, 29 etc.

(6) POLYB., III, 87. PLUTARQ., *Anton.*, 8.

(7) CIC., *ad Att.*, IX, 15, § 2, *de leg.*, I, 15, § 42, *de leg. agr.*, III, 2. APP., *B. c.*, I, 98, suiv. PLUTARQ., *Sulla*, 33.

(8) CÉS., *B. c.*, II, 21. DION CASS., XLI, 36. Cf. XLII, 21. — A. W. ZUMPT, *De dictatoris aesaris honoribus* dans les *Studia romana*, p. 197-266. TH. MOMMSEN, *De C. Caesaris dictaturis* dans les *Inscr. lat. ant.*, p. 451-453. STOBBE, *De la troisième dictature de César* (en all.) dans le *Philologus*, 1868, p. 109.

avec l'ancienne dictature que le nom. Ce furent plutôt des magistratures nouvelles, qui préparèrent la transition de la République à l'Empire.

La dictature fut abolie *in perpetuum* par la *lex Antonia* (44 avant J.-Chr.) (¹).

II. *De l'interregnum.* Voyez p. 209-210.

III. *De la praefectura ūrbis* (²).

Dans les premiers siècles de la République, quand les deux consuls étaient absents de Rome, ils chargeaient un *vir consularis* de la *custodia urbis* et de la présidence du sénat pendant leur absence. *«Relinquere praefectum* ou *custodem urbis »* (³). *«In tempus deligebatur qui jus redderet, ac subitis mederetur.»* TAC., *Ann.*, VI, 11.

Depuis l'institution de la préture, la *praefectura urbis* ne subsiste plus que *feriarum latinarum causa*; celle-ci se maintint jusqu'aux derniers siècles de l'Empire (⁴).

Sur la *praefectura urbis* impériale, qui date d'Auguste, voyez l'Empire.

IV. *Du décemvirat législatif.* 451-449 av. J.-Chr. (⁵).

A la suite de la *rogatio Terentilia de legibus scribundis,* *«placet creari decemviros sine provocatione, et ne quis eo anno alius magistratus esset.»* LIV., III, 32.

---

(1) CIC., *Phil.*, I, 1, § 3, V, 4, § 10. DION CASS., XLIV, 51. LIV., *Epit.*, CXVI.

(2) BECKER, II, 2, 146-150. LANGE, I, 326-328. FRANKE, *De praefectura urbis capita duo.* Berlin, 1851.

(3) LIV., III, 3, 9, 29. GELL., XIV, 7, § 4. — Sur l'opinion de NIEBUHR, qu'en 487 avant J.-Chr. la préfecture serait devenue une magistrature permanente et élective (LYD., *De mag.*, I, 38), voyez BECKER, II, 2, 146, n° 324.

(4) TAC., *Ann.*, VI, 11 : *«Duratque simulacrum, quotiens ob ferias Latinas praeficitur qui consulare munus usurpet.»* Cf. ib., IV, 36. GELL., XIV, 8 : *«Cum ex ea aetate fit, quae non sit senatoria.»* Dig., 1, 2, 2, § 33. SUET., *Nér.*, 7. DION CASS., XLI, 14, XLIX, 42, LIII, 33. CAPIT., *M. Aur.*, 4. — LINKER, *De l'élection du praefectus urbis fer. lat.* (en all.). Vienne, 1853.

(5) BECKER, II, 2, 126-136. LANGE, I, 535-546. ZUMPT, *Dr. crim.*, I, 1, 332-345.

Le but de leur institution était : « *Uti leges et corrigerent, si opus esset, et interpretarentur.* » *Dig.*, I, 2, 2, § 4.

Ils sont investis de la *maxima potestas* et du *summum imperium* (Cic., *de rep.*, II, 36), limité seulement par l'*intercessio collegae* (Liv., III, 34).

« *Decimo die jus populo singuli reddebant. Eo die penes praefectum juris fasces duodecim erant : collegis novem singuli accensi apparebant.* » (¹).

Le décemvirat, institué d'abord pour une année, fut continué une seconde année (²), mais les décemvirs de cette année restèrent illégalement en fonctions au delà du terme prescrit (Liv., III, 38). Ils furent destitués et le consulat fut rétabli (Liv., III, 54) (³).

Les décemvirs de la 1ʳᵉ année furent tous patriciens ; parmi ceux de la seconde, il y eut aussi des plébéiens (⁴).

L'œuvre de cette magistrature fut la législation décemvirale (⁵).

V. *Du tribunatus militum consulari potestate.* 444-366 av. J.-Chr. (⁶).

Quand les collégues du tribun Canuleius demandèrent l'admission de la plèbe au consulat, le patriciat finit par faire une transaction avec la plèbe. Chaque année le sénat décide-

---

(1) Liv., III, 33. Denys, X, 57 diffère en plusieurs points de Tite-Live.

(2) Liv., III, 34. Dans cette seconde année chaque décemvir était accompagné de douze licteurs, portant les *fasces cum securi.* Ib. 36.

(3) L'opinion de Niebuhr, que l'institution du décemvirat avait aussi pour but de modifier essentiellement la constitution politique de Rome, est réfutée par Becker, II, 2, 128-133. — Schrammen, *Legibus a decemviris datis utrum nova reipublicae Romanae forma constituta sit necne ?* » Bonn, 1862.

(4) Denys, X, 56, 58. Cf. Mommsen, *Rech. rom.*, I, p. 95 et p. 295-298.

(5) Haeckermann, *De legislatione decemvirali.* Greifswald, 1843. Cf. plus haut, p. 1, nᵒ 3, et Zumpt, *Dr. crim.*, I, 1, 345-402.

(6) Becker, II, 2, 136-145. Lange, I, 553-565. Rein, *Tribuni militum cons.* (en all.) dans Pauly's *Realencycl.* T. VI, p. 2098. Lorenz, *Du tribunat consulaire* (en all.). Vienne, 1855. Lange, *Du nombre et des pouvoirs des tribuns consulaires* (en all.). Vienne, 1856. Witkowski, *De numero tribunorum militum cons. pot.* Berlin, 1857. Heinze, *De tribunis militum cons. pot.* Stettin, 1861. Zumpt, *Dr. crim.*, I, 2, 81-92.

rait (p. 211) si les comices centuriates devaient élire pour l'année suivante soit des consuls, qui seraient toujours pris exclusivement dans le patriciat, soit des *tribuni militum consulari potestate*, qui seraient élus *promiscue ex patribus ac plebe* (LIV., IV, 6).

Ce ne fut cependant qu'en 400 av. J.-Chr. que les plébéiens parvinrent de fait à cette magistrature [1].

Le nombre légal, dont se-composait le collége des *tribuni militum cons. pot.*, n'est pas exactement connu ; il semble avoir été de six [2].

Les tribuns consulaires avaient la *potestas consularis* et l'*imperium consulare* [3]. Cependant la dignité de leur magistrature était réputée inférieure à celle du consulat (*proconsularis imago*, LIV., V, 2). Aucun tribun consulaire n'a eu les honneurs du triomphe (ZONAR. VII, 19). Ils semblent en effet ne pas avoir eu les mêmes *auspicia* que les consuls (Cf. LIV., IV, 31).

En règle générale, l'un des tribuns était désigné pour exercer à Rome la *custodia urbis* et la juridiction (*praefectus urbis*). *Ce fut toujours*, pense-t-on, *un patricien* [4]. Les autres exerçaient hors de Rome les commandements militaires [5].

L'admission des plébéiens au consulat mit un terme au tribunat consulaire.

---

(1) LIV., V, 12. Comparez-y MOMMSEN, *Rech. rom.*, I, 95. — Il n'y a aucun exemple qu'un collége de tribuns consulaires se soit composé exclusivement de plébéiens.

(2) Cf. DENYS, XI, 60. *Or. claud.* (TAC,, ed. NIPPERDEY, II, p. 223). TITE-LIVE en mentionne tantôt 3 (IV, 7, 45, V, 2 etc.), tantôt 4 (IV, 31,59 etc.), tantôt 6 (VI, 1, 6, 30 etc.), tantôt 8 (V, 1, VI, 27 etc.). Il est probable que le nombre 8 comprend 6 tribuns consulaires et 2 censeurs. Comparez LIV., V, 1, aux *Fast. cap.*, ad a. 351 dans les *Inscr. lat. ant.*, p. 428.

(3) LIV., IV, 6, 7. DENYS, XI, 60. GELL., XIV, 7, § 5, XXII, 21, § 19. *Orat. Claud.*, l. l.

(4) Faut-il en conclure avec LANGE que la juridiction ne pouvait appartenir qu'à un patricien, et même que l'*imperium* des tribuns consulaires plébéiens différait essentiellement de celui de leurs collègues patriciens? Cette opinion est réfutée par MOMMSEN, *H. r.*, I, p. 279, note (3e éd.). Cf. ZUMPT, *Dr. crim.*, I, 2, p. 449-450.

(5) Cf. LIV., IV, 31, 36, 45-46, 59, V, 2, VI, 6, 30 etc.

§ 3. *De la préture* [1].

Quand la plèbe fut admise au consulat (367 av. J.-Chr.), la juridiction civile fut détachée du pouvoir consulaire et conférée à une magistrature patricienne nouvelle. « *Concessum... a plebe... de praetore uno, qui jus in urbe diceret, ex patribus creando* » Liv., VI, 42 [2]. La plèbe parvint à la préture dès 337 av. J.-Chr. (Liv., VIII, 15).

Le préteur (car d'abord il n'y en eut qu'un) était *collega consulum* [3], et comme tel, il était élu aux comices centuriates (p. 178), *isdem auspiciis quibus consules*, primitivement le même jour [4], plus tard peu de jours après [5]. Cependant il n'était pas l'égal des consuls, mais un *collega minor (minus imperium)*. Voyez p. 220.

Pouvoirs du préteur.

En sa qualité de collègue, il est chargé de la *custodia urbis* pendant l'absence des consuls : « *consulare munus sustinet* » Cic., *ad div.*, X, 12, § 3.

En vertu de sa *potestas*, il a le *jus agendi cum populo in comitiis tributis* (p. 174) et le *jus cum patribus agendi* (p. 200, n° 2).

Il est chargé de l'organisation des *ludi Apollinares*, institués depuis 212 av. J.-Chr. [6], et il remplace le consul absent dans la présidence des *ludi publici* [7].

Il est investi de l'*imperium*; mais le côté militaire de son *imperium* est suspendu à Rome. En conséquence il ne peut

---

(1) Becker, II, 2, 181-190. Lange, I, 651-665. Rein, *Praetor* (en all.) dans Pauly's *Realencycl.* T. VI, p. 23. E. Labatut, *Histoire de la préture.* Paris, 1868.

(2) Sur les motifs de l'institution de cette magistrature nouvelle et d'abord exclusivement patricienne, voyez Niebuhr, *H. r.*, III, p. 37, suiv.

(3) Gell., XIII, 15, § 4. Cic., *ad Att.*, IX, 9, § 3.

(4) Liv., VII, 1, VIII, 32, X, 22.

(5) Liv., XXVII, 35, XXXV, 10, XLIII, 11. Cf. XL, 59.

(6) Liv., XXV, 12, XXVI, 23, XXVII, 11, 23. Fest., p. 238, lui attribue aussi l'organisation de *ludi piscatorii.*

(7) Liv., VIII, 40. Voyez p. 230, n° 5.

convoquer et présider les comices centuriates que pour affaires judiciaires (¹).

Il peut être chargé d'une *quaestio extraordinaria* par le peuple ou par le sénat (²).

Le préteur a comme *insignia imperii* six licteurs, portant les *fasces* et hors de Rome les *secures* (³).

Sa compétence spéciale, c'est la triple juridiction civile, que nous avons distinguée p. 220. « *Juris disceptator, qui privata judicet judicarive jubeat, praestor esto. Is juris civilis custos esto* » Cic., *de leg.*, III, 3, § 8.

En droit donc, il peut présider à tous les actes du procès civil ou de la juridiction contentieuse *(judicia privata)* ; mais, en règle générale, il ne se réserve que l'admission des parties au procès, et, le cas échéant, l'exécution de la sentence (instance *in jure*) ; l'instruction du procès et le jugement sont confiés à un délégué (instance *in judicio*) (⁴).

L'intervention du préteur dans la juridiction se résume en ces 3 termes solennels : *do, dico, addico*, qu'il ne pouvait prononcer qu'à un *dies fastus* (⁵). Do *(judicem, vindicias)*, DICO *(jus)*, ADDICO *(litem, rem, judicium)*.

Edictum praetorium (⁶). Le préteur, entrant en fonctions,

______

(1) Voyez p. 168, n° 4, et p. 185, n° 3. Cf. ZUMPT, *Dr. crim.*, I, 2, 101-114. D'après LANGE, la suspension de l'*imperium* militaire du préteur à Rome était cause que le préteur urbain ne pouvait s'absenter de la ville pendant plus de dix jours. Cf. Cic., *Phil.*, II, 13, § 31.

(2) Voyez p. 185 et p. 211. Cf. Liv., XXXVIII, 55, XLII, 21 etc.

(3) Polyb., XXXIII, 1 : στρατηγὸς ἐξαπελέκυς. Val. Max., I, 1, 9. App., *Syr.*, 15. Plutarq., *Aem. P.*, 4. Cic., *Verr.*, I, 5, 54, § 142. — De Censor., *De die nat.*, 24, Cic., *De leg. agr.*, II, 34, § 93, et Plaut., *Epid.*, I, 1, 26, il suit, ce semble, que le préteur dans les actes de juridiction était ordinairement accompagné de deux licteurs, mais non que le préteur à Rome n'en ait eu que deux.

(4) Voyez le chapitre relatif aux *judicia privata*.

(5) Voyez p. 162. Cf. Varr., *de l. l.*, VI, 4. Ovid., *Fast.*, I, 47-52.

(6) Walter, § 427, Rudorff, *H. d. dr. r.*, I, § 60-61, Rein, *Dr. civ.*, p. 59-65, et *Edictum* dans Pauly's *Realencycl.* T. III, p. 24. Holtius, *De jure praetorum* dans les *Ann. Gron.*, 1820-21. Weyhe, *Libri tres edicti*. Celle, 1823. Heffter, *L'économie de l'édit* (en all.) dans le *Rhein. Mus.* 1827, I, p. 51. Francke, *De edicto praetoris urbani praesertim perpetuo.* Kiel, 1830.

publie un édit, dans lequel il détermine, en vertu de son *imperium*, les règles qu'il suivra, pendant l'année de sa charge, dans la juridiction, « *ut scirent cives, quod jus de quaque re quisque dicturus esset, seque praemuniret.* » *Dig.*, I, 2, 2, § 10 (¹). L'édit se composait en majeure partie de dispositions d'édits précédents, maintenues par le préteur, « *quae praetores edicere consuerunt* » (CIC., *de inv.*, II, 22, § 67) : *edictum tralaticium* (²), et éventuellement de règles nouvelles, introduites par lui : *edicta nova, novae clausulae* (³).

L'édit prétorien s'appelle aussi *album*, parce qu'il était affiché au *forum* sur une table de bois blanchie (⁴) ; *lex annua*, parce qu'il avait force obligatoire pendant l'année de la magistrature de celui qui le publiait (CIC., *Verr.*, II, 1, 42, § 109) ; *edictum perpetuum* (⁵), par opposition aux édits, donnés pour un fait spécial, dans le courant de l'année, ou *peculiare edictum repentinum* (⁶).

Une *lex Cornelia* (67 avant J.-Chr.) défendit au préteur de déroger à son édit pendant l'année de sa charge (ASCON., p. 58. DION CASS., XXXVI, 23).

Les édits prétoriens étaient publiés : *adjuvandi vel supplendi vel corrigendi juris civilis gratia (Dig.*, I, 1, 7). Ils furent la source du *jus praetorium* ou *honorarium* (⁷), qui était considéré comme la *viva vox juris civilis (Dig.*, I, 1, 8).

Sur l'ordre de l'empereur Adrien, le jurisconsulte Salvius Julianus (⁸) réunit en un seul édit et codifia toutes les dispo-

---

(1) CIC., *De fin.*, II, 22, § 74 : « *Est enim tibi edicendum, quae sis observaturus in jure dicendo.* »

(2) CIC., *Verr.*, II, 1, 44, § 114, 45, § 117, *ad div.*, III, 8 etc.

(3) Cf. *Dig.*, XXXVII, 8, 3 ; 9, 1, § 13 etc.

(4) *Lex Rubr.* dans les *Inscr. lat. ant.*, p. 116. QUINT., *Inst. or.*, XII, 3, § 11. *Dig.*, II, 1, 7, XIV, 3, 11, § 3. Cf. LIV., I, 32, IX, 46.

(5) ASCON., p. 58. PROBUS, *Litt. sing.*, 5.

(6) CIC., *Verr.*, II, 3, 14, § 36. Cf. LIV., XXIX, 21. L'opposition entre *l'edictum perpetuum* et *repentinum* est bien marquée par les *Dig.*, II, 1, 7 : « *Id, quod jurisdictionis perpetuae causa, non quod, prout res incidit, in albo... propositum erit.* »

(7) « *Honorarium dicitur quod ab honore praetoris venerat.* » *Dig.*, I, 2, 2, § 10.

(8) WALTER, § 440. RUDORFF, *H. d. dr. r.*, I, § 97. REIN, *Dr. civ.*, 83-85. BIENER, *De Salvii Juliani meritis in edictum praetorium recte existimandis.* Leipzig, 1809.

sitions des édits antérieurs, soit des préteurs, soit des édiles curules, qui étaient restées en vigueur. *Edictum perpetuum, Adrianum* ([1]).

Augmentation du nombre des préteurs.

Le nombre des préteurs est porté à 2 entre 247 et 242 av. J.-Chr. ([2]). La juridiction civile à Rome est divisée en 2 *provinciae : provincia, sors* ou *jurisdictio urbana* et *peregrina* ([3]), qui sont réparties par *comparatio* ou *sortitio* entre les deux préteurs.

La *jurisdictio urbana* comprend celle *inter cives* (Liv., XXXIII, 21) : *praetor urbanus* (*Dig.*, I, 2, 2, § 28); la *jurisdictio peregrina* celle *inter cives et peregrinos* (Liv., XXII, 35) et *inter peregrinos* (Liv., XLI, 21) : *praetor peregrinus* (*Dig.*, l. l.).

Les deux préteurs ont la même *potestas* et le même *imperium*; cependant le *praetor urbanus* porte le nom de *praetor major* (Fest., p. 161), et exerce, pendant l'absence des consuls, la *custodia urbis* ([4]).

Les édits du préteur pérégrin ont contribué essentiellement à la formation du *jus gentium* ([5]).

Praetores provinciales. Après la soumission de la Sicile et de la Sardaigne, le nombre des préteurs est porté à 6 (227 av. J.-Ch.) ([6]); après la conquête des deux Espagnes, à 8 (197 av. J.-Chr., Liv., XXXII, 27-28). Dès lors, d'après le résultat de la *sortitio*, deux restent à Rome pour administrer la *provincia urbana* et *peregrina*; les quatre autres sont chargés du gouvernement des 4 provinces mentionnées ([7]).

---

(1) *Cod.*, I, 17, 2, § 18. « *Julianus, legum et edicti perpetui subtilissimus conditor.* » Cf. Eutrop., 8, 17.

(2) Liv., *Ep.*, XIX. Lyd., *De mag.*, I, 38, 45.

(3) Liv., XXII, 35, XXIII, 30, XXIV, 9, XXXII, 28. Cf. *Dig.*, I, 2, 2, § 28.

(4) Cic., *ad div.*, X, 12, § 3. Liv., XXIV, 9 etc.

(5) Voyez p. 151. Cf. *leg. Rubr.*, I, 30, sqq. dans les *Inscr. l. ant.*, p. 116. Gaj., I, 6.

(6) Liv., *Epit.*, XX. Cf. XXIII, 31. *Dig.*, I, 2, 2, § 32.

(7) Liv., XXXII, 28, XXXV, 20 etc. — Une *provincia* pouvait aussi être donnée *extra ordinem*. Liv., XXIV, 9. — De plus, selon les circonstances le

Praetores quaesitores. Quand Sulla augmenta considérablement le nombre des *quaestiones perpetuae*, il porta le nombre des Préteurs à 8 [1]. Dès lors [2] les préteurs restent tous à Rome pendant l'année de leur charge, et répartissent entre eux par *sortitio* la *jurisdictio urbana, peregrina* et la présidence des *quaestiones perpetuae* [3]; et après l'expiration de leur mandat, leur *imperium* est prorogé, et ils sont envoyés en province *pro praetore* (CIC., *ad div.*, VIII, 8, § 8).

César porta successivement le nombre des préteurs à 10, 14 et jusqu'à 16 [4].

§ 4. *De la censure* [5].

Après l'institution du tribunat consulaire, les fonctions du recensement furent détachées du pouvoir consulaire, et conférées à une magistrature nouvelle, aux *censores*, 443 av. J.-Chr. [6].

La censure fut d'abord exclusivement patricienne (LIV., IV, 8). La plèbe y est admise dès 351 (LIV., VII, 22), et

sénat introduisait certaines modifications dans les *provinciae praetoriae* ; ainsi il réunissait parfois les deux Espagnes (LIV., XLIII, 11) ou les *provinciae urbana et peregrina* (LIV., XXIV, 44), pour donner un autre mandat au préteur qui était resté disponible : par exemple, le commandement de la flotte, ou bien : *«ut uni sors integra esset, quo senatus censuisset.»* LIV., XLII, 28. Cf. ZUMPT, *Stud. rom.*, p. 5-16. — Quant aux préteurs provinciaux, voyez l'organisation provinciale.

(1) DION CASS., XLII, 51. Le chiffre des *Dig.*, I, 2, 2, § 32 est inexact.

(2) ZUMPT, *Dr. crim.*, II, 1, 324-346.

(3) *Coll. leg. Mos.*, I, 3. CIC., *Verr.*, I, 8, § 21, *p. Mur.*, 20.

(4) DION CASS., XLII, 51, XLIII, 47, 49, 51.

(5) BECKER, II, 2, 191-247. LANGE, I, 667-689. VANDER BOON MESCH, *Commentatio, in qua exponuntur, quaecunque ad censum et censuram Romanorum pertinuerunt* etc. Gand 1824. ROVERS, *De censorum apud Romanos auctoritate et existimatione ex veterum rerum publicarum conditione explicanda.* Utrecht, 1825. KESEBERG, *De censoribus Romanorum*, Quedlinburg, 1829. GERLACH, *La position des censeurs dans la constitution* (en all.). Bale 1842. K. W. NITZSCH, *Sur la censure* (en all.), dans les *Neue Jahrb. f. Phil.* etc., Leipzig, 1856, T. LXXIII, p. 730, et dans SYBELS *Hist. Zeitschr.* Munich, 1862. T. VII, p. 151.

(6) LIV., IV, 8. DENYS, XI, 63. — D'après MOMMSEN, *Chronol.*, 90-92, la censure n'aurait été instituée qu'en 435 av. J.-Chr.

la *lex Publilia Philonis*, 339, ordonne qu'un des deux censeurs soit nécessairement plébéien (¹).

En régle générale, les censeurs furent élus de tout temps parmi les *consulares* (²).

Les censeurs, toujours au nombre de 2 (³), sont élus aux comices centuriates (p. 178), dans le principe pour cinq ans ; mais dès 433 la *lex Aemilia* décréta « *ne plus quam annua ac semenstris censura esset* (Liv., IV, 24), de sorte que depuis lors il y avait entre deux censures un intervalle de 3 ¹/₂ années (⁴). Au dernier siècle de la République, il y eut de fréquentes interruptions dans l'exercice de la censure (⁵).

Les deux censeurs doivent être *renuntiati* le même jour (⁶).

Depuis la prise de Rome par les Gaulois (390), la coutume s'est établie, que si l'un des censeurs meurt dans l'exercice de ses fonctions, son collègue abdique, et que l'on crée deux censeurs nouveaux (⁷).

Des pouvoirs censoriaux.

Distinguons entre les droits communs de la *potestas*

---

(1) Voyez p. 222, nᵉˢ 4 et 5, et p. 223, nᵉ 2.

(2) Les exceptions sont rares, par ex. Liv., XXVII, 6 et 11, Cic., *Cato*, 6, § 16.

(3) Cic., *De leg.*, III, 3, 7 « *bini sunto.* » Cf. Liv., XXIII, 23.

(4) Liv., IV, 24, IX, 33-34. Il semble que depuis Sulla l'ancienne durée du pouvoir censorial fut rétablie. Cf. Zonar., VII, 19. Cic., *De leg.*, III, 3, § 7. Nipperdey, *Sur la durée quinquennale de la censure* (en all.). Appendice à son ouvrage sur les *Leges annales.* — Mommsen (*Chronol.*, p. 158-167, suivi par Lange, I, 400, 668) est d'avis que jusqu'à la seconde guerre punique le recensement se faisait non pas après un terme de 5 ans, mais après quatre ans.

(5) Cf. Suet., *Aug.*, 37. — Borghesi, *Sur la dernière partie de la série des censeurs romains* (en ital.) dans les *Diss. della pontif. acad. rom. di archaeol.*, Rome, 1836. T. VII, p. 121. Clemente Cardinali, *Mémoires sur les censeurs et les lustres de l'antique Rome* (en ital.). Ib., 1841. T. IX, p. 273. Goell, *De la censure romaine à l'époque de sa décadence* (en all.). Schleiz, 1859.

(6) Liv., IX, 34 : « *Cum ita conparatum a majoribus sit, ut comitiis censoriis, nisi duo confecerint legitima suffragia, non renuntiato altero, comitia differantur* ».

(7) Liv., V, 31 : « *C. Julius censor decessit : in ejus locum M. Cornelius suffectus, quae res postea religioni fuit, quia eo lustro Roma est capta ; nec deinde umquam in demortui locum censor sufficitur.* » Cf. ib., VI, 27, IX, 34. Plutarq., *Quest. rom.*, 50.

(p. 219), que les censeurs obtiennent par leur élection, et la *potestas censoria* qui leur est déléguée après leur élection par une *lex centuriata* spéciale (p. 179, n° 7).

Cette *potestas censoria* fut d'abord peu importante (*censura, res a parva origine orta*, Liv., IV, 8). Elle ne comprenait que le fait matériel du recensement, suivi de la répartition des citoyens entre les tribus, les classes et les centuries, et de la *recognitio equitum*; mais de là se développa rapidement un droit de surveillance générale sur les mœurs des citoyens *(regimen morum)*, droit qui devint encore plus important, quand la *lex Ovinia* (p. 195) eut conféré aux censeurs la *lectio senatus*, qui ne faisait pas partie intégrante du *census*.

De plus, les censeurs reçurent, par délégation du sénat, certaines attributions financières.

Pour ce qui regarde la *potestas censoria* spécifique (*census*, avec les fonctions qui en découlent, et le *regimen morum*) et la *lectio senatus*, les censeurs sont irresponsables, indépendants de l'*intercessio* d'une *major potestas* et des tribuns, mais soumis à l'*intercessio collegae* (¹).

En somme, les censeurs devinrent les gardiens des bases matérielles et morales sur lesquelles était fondée la grandeur de la République romaine (²). Aussi leur dignité était-elle appelée *sanctissimus magistratus* (³), et portaient-ils comme insigne extérieur, au moins d'après Polyb., VI, 53, une toge toute de pourpre : ἐσθῆτας πορφυρᾶς.

I. La *lectio senatus*, que nous avons décrite plus haut, p. 195-197, avait lieu ordinairement au commencement de la censure (Liv., XLIII, 14-15).

II. Le recensement (*censum agere*) (⁴).

---

(1) Voyez les passages cités pp. 197, n° 2, 217, n° 5, et 218, n° 2, et Liv., XL, 45-46, XLII, 10, XLV, 15.

(2) L'ensemble des fonctions censoriales est décrit par Liv., IV, 8, Cic., *de leg.*, III, 3, § 7. Cf. Zonar., VII, 19.

(3) Cic., *p. Sest.*, 25, § 55. Plut., *Cam.*, 14 : ἱερὰ ἀρχή.

(4) Liv., III, 3, 22 etc. — Rein, *Census* (en all.) dans Pauly's *Realencycl.*, T. II, p. 247.

Dès leur entrée en charge, les censeurs publient un édit, *formula censendi* (Liv., IV, 8) ou *lex censui censendo* (Ib., XLIII, 14), dans lequel ils déterminent, selon leur volonté *(arbitrium)* (¹), d'après quelle base ils évalueront, non pas les *agri censui censendo* dont le principe d'estimation était plutôt fixe (²), mais les autres propriétés et surtout les objets de luxe (Liv., XXXIX, 44). Cet édit contient parfois aussi d'autres prescriptions spéciales (Liv., XLIII, 14).

Le recensement a lieu au champ de Mars dans la *villa publica* (³).

Dans la nuit qui précède le commencement des opérations, les censeurs prennent les auspices et déterminent par le sort « *uter lustrum faciat* ».

Ils ouvrent le recensement par une *contio* solennelle (⁴). Le recensement se fait par tribu locale (⁵). Les censeurs, assistés des *curatores tribuum*, de *scribae* et de *servi publici* (⁶), appellent successivement *tous* les *patresfamilias* majeurs de chaque tribu (⁷). Le *paterfamilias* déclare « *ex animi sententia* » (⁸) d'abord son état civil, son *praenomen* et *nomen*, *patrem* ou *patronum*, sa *tribus*, son *cognomen* (⁹), son âge, le nom de sa femme, les noms et l'âge de ses enfants (¹⁰); ensuite son état de fortune, c'est-à-dire les choses

---

(1) Varr., *de l. l.*, V, 14; Liv., IV, 8.

(2) Voyez p. 51, n° 1. Cf. Cic., *p. Flacc.*, 32, § 80. Paul Diac., p. 58.

(3) Liv., IV, 22. — Sur la *villa publica* voyez Becker, I, 625 suiv.

(4) Le texte des *tabulae censoriae*, qui contiennent les formalités prescrites, est conservé en partie par Varr., *De l. l.*, VI, 9.

(5) Denys, V, 75. Cic., *p. Flacc.*, 32, § 80 etc.

(6) Varr., *De l. l.*, VI, 9. Liv., IV, 8, XLIII, 16.

(7) Cf. Varr., l. l. Liv., XLIII, 14-16. Paul. Diac., p. 66.

(8) Gell., IV, 20, § 3. Cic., *de or.*, II, 64, § 260. *de off.*, III, 29, § 108. Cf. Denys, IV, 15. Liv., XLIII, 14.

(9) C'est cet ordre, qui est suivi dans la désignation officielle et complète d'un citoyen, par exemple : *Servius Sulpicius Quinti filius Lemonia Rufus.* Cic., *Phil.*, IX, 7).

(10) La déclaration officielle des naissances ne fut introduite que sous l'Empire. Marquardt, V, 1, 86-88.

qu'il a *in dominio (rationem pecuniae ex formula census)* (¹).
Pour l'évaluation de la fortune les censeurs sont assistés de
juratores (experts assermentés) (²).

Les citoyens, qui sont sous les armes, sont recensés par
des délégués des censeurs (Lɪᴠ., XXIX, 37); ceux des municipes et des colonies par leurs magistrats, qui envoient
leurs listes aux censeurs à Rome (³). Les autres citoyens,
absents au recensement, doivent se faire représenter par un
fondé de pouvoirs (⁴).

Cette opération étant terminée, les censeurs revisent les
listes des citoyens qui ne se trouvent pas dans les tribus,
d'abord la liste des *orbi (pupilli), orbae et viduae* (⁵), représentés par leurs *tutores*, et ensuite celle des *aerarii* ou les
tabulae Caeritum (p. 124, nᵒ 1).

Le recensement général de tous les citoyens est suivi de
la *recognitio equitum* (⁶). Celle-ci se fait au *forum* (Dɪᴏɴ
Cᴀss., LV, 31). Un *praeco* cite *tributim* (⁷) les *equites* des
18 centuries. Chaque *eques*, à l'appel de son nom, conduit
son cheval devant les censeurs (⁸). S'il est maintenu dans le
corps, les censeurs lui disent : *traduc equum* (⁹). Si les censeurs l'excluent, soit pour motif d'âge (¹⁰), soit *inpolitiae*

(1) Dᴇɴʏs, IV, 15, V, 75. Pᴀᴜʟ. Dɪᴀᴄ., p. 58 et p. 66 s. v. *duicensus*;
Cɪᴄ., *p. Flacc.*, 32, § 79-80. Cf. *Lex Jul. munic.*, l. 146 dans les *Inscr. lat.
ant.*, p. 123. Mᴀʀǫᴜᴀʀᴅᴛ, III, 2, 127-129.

(2) Lɪᴠ., XXXIX, 44. Sur la correction *juratores* pour *viatores* voyez Mᴏᴍᴍsᴇɴ, *Les trib. rom.*, p. 21.

(3) Lɪᴠ., XXIX, 15, 17. *Lex Jul. mun.* l. l.

(4) Vᴀʀʀ., *de l. l.*, VI, 9 : *si quis pro se sive pro altero rationem dari volet.*
Cf. Gᴇʟʟ., V, 19, § 16.

(5) Cf. Lɪᴠ., III, 3. *Epit.*, LIX. Pʟᴜᴛᴀʀǫ., *Popl.*, 12.

(6) «*Recognoscere equitatum.*» Lɪᴠ., XXXIX, 44. «*Recensere.*» Ib. XXXVIII,
28. Cf. XXIX, 37. Dɪᴏɴ Cᴀss., LV, 31 : «ἐξέτασις.»

(7) Lɪᴠ., XXIX, 37. Vᴀʟ. Mᴀx., II, 9, 6, IV, 1, 10.

(8) Pʟᴜᴛᴀʀǫ., *Pomp.*, 22. Nᴏɴɪᴜs, p. 61. G.

(9) Vᴀʟ. Mᴀx., IV, 1, 10. Cɪᴄ., *p. Cluent.*, 48, § 134.

(10) L'*eques* devait un service militaire de *decem stipendia* (p. 121). Cependant
jusqu'aux derniers siècles de la République, les censeurs ont permis ordinairement
aux *equites* qui avaient terminé leur service militaire, de garder leur monture, et de
rester membres des 18 centuries, de manière que parmi les *equites* il y avait aussi
des *seniores* (cf. Lɪᴠ., XXIX, 37, XXXIX, 44), et qu'à une certaine époque

causa ([1]), ou pour une autre cause quelconque ([2]), ils se
servent de la formule : *vende equum* ([3]) *(adimere equum)* ([4]).
Après cela, ils complètent les centuries *(equum publicum
assignare)* ([5]); et donnent lecture publique de la nouvelle
liste des *equites : recitare* ([6]).

Après que ces opérations préparatoires sont finies, les
censeurs dressent définitivement les listes nouvelles : 1) des
tribus, 2) des *orbi, orbae* et *viduae*, 3) des *aerarii*, 4) de la
discriptio classium centuriarumque.

Ces listes *(tabulae censoriae)* sont gardées aux archives
des censeurs ([7]); une copie est déposée à *l'aerarium*
(LIV., XXIX, 37).

III. *Regimen morum disciplinaeque romanae. Censuram
agere* ([8]).

En vertu du *jus censurae*, les censeurs exercent une surveillance sévère sur les mœurs privées et publiques, et punis-
sent tous les actes, qui leur semblent être condamnés par le

tous les sénateurs en faisaient partie (CIC., *de rep.*, IV, 2). Ensuite un plébiscite, dont nous ne connaissons pas l'époque, mais qui est certainement antérieur à Cicéron (CIC., 1. 1., Q. CIC., *De pet. cons.*, 8), exclut les *seniores* des
centuriae equitum. Sous l'Empire les *seniores* y sont de nouveau admis (SUET.,
Aug., 38). Voyez sur cette question les ouvrages de ZUMPT et de MARQUARDT,
cités p. 146, n° 1.

(1) «*Id verbum significat, quasi tu dicas incuriae.*» GELL., IV, 12, § 3. —
«*Ob equum male curatum.*» PAUL. DIAC., p. 108.

(2) Par exemple, pour cause de corpulence. GELL., VI (VII), 22 : «*Non...
poena id fuit,* ajoute l'auteur, *ut quidam existimant, sed munus sine ignominia
remittebatur.*»

(3) LIV., XXIX, 37, XLV, 15. VAL. MAX., II, 9, 6.

(4) CIC., *De or.*, II, 71, § 287. LIV., XXIV, 18 etc.

(5) LIV., V, 7, XXXIX, 19 etc.

(6) SUET., *Cal.*, 16. — Celui dont le nom se trouvait le premier sur la liste,
s'appelait *princeps juventutis.* CIC., *ad div.*, III, 10. *in Vat.*, 10, § 24. — De
la *recognitio equitum* il faut distinguer la *transvectio*, une solennité militaire qui
se faisait annuellement (LIV., IX, 46, DENYS, VI, 13), et qui fut réunie depuis
Auguste avec la *recognitio* (SUET., *Aug.*, 38). Cf. BECKER, II, 1, 258-260,
LANGE, II, 87-88.

(7) Le local fut d'abord l'*atrium Libertatis* (LIV., XLIII, 16, XLV, 15), plus
tard l'*aedes Nympharum* (CIC., *p. Mil.*, 26, § 73).

(8) LIV., IV, 8. *Ep.*, XCVIII. OVID., *Fast.*, VI, 647. — JAROKE, *Essai
sur le droit de punition des censeurs romains* (en all.). Bonn, 1824.

mos maiorum, et nuire directement ou indirectement à la prospérité morale ou matérielle de la République (*opus censorium*, GELL., IV, 12), que ces actes aient été posés par des particuliers ou par des magistrats : par ex. la lâcheté, le parjure, le luxe, le célibat sans motif, l'indécence, la mauvaise administration de ses biens, la mauvaise éducation de ses enfants, les traitements durs des esclaves, la conduite indigne des magistrats etc. ([1]).

Les censeurs disposent à cet effet d'un moyen préventif et d'un moyen coercitif.

1° Le moyen préventif, ce sont les *edicta censoria* (appelés aussi *leges censoriae)*. Tels sont les édits *de coercendis rhetoribus latinis* (GELL., XV, 11), ceux contre le luxe de la table ou des vêtements ([2]) etc.

2° Moyen coercitif. La punition censoriale s'appelle *nota, notio, notatio, animadversio censoria* ([3]); elle est ordinairement motivée *(subscriptio censoria)* ([4]). Elle inflige à celui qui en est puni une *ignominia* (CIC., *de rep.*, IV, 6) ou *minutio existimationis* (p. 125). Elle a différents degrés :

1° *Senatu movere* ou *praeterire* (p. 196).

2° *Equum publicum adimere* (p. 250).

3° *Tribu movere* ou *tribum mutare jubere* ([5]).

4° *Tribubus omnibus movere, aerarium facere, in Caeritum tabulas referre* (p. 124 suiv). Cela s'appelle aussi *tribu movere*.

La première ou la seconde de ces punitions peut être cumulée avec la troisième ou quatrième ([6]).

---

(1) PLUTARQ., *Cat. maj.*, 16. DENYS, XX, 3. LIV., XXIV, 18, XXXIX, 42. CIC., *de off.*, III, 31. GELL., IV, 12, et 20, § 6, XVII, 21, § 39. VAL. MAX., II, 9, 1 et 5. ASCON., p. 84, Or. PLIN., XVIII, 3 (3) etc.

(2) PLIN., VIII, 77 (51), 82 (57), XIII, 4 (3), XIV, 16 (14), XXXVI, 2 (1).

(3) CIC., *p. Sest.*, 25. *p. Cluent.*, 46. *de rep.*, IV, 10. *de off.*, III, 31, §111, 32, § 115.

(4) CIC., *p. Cluent.*, 42-48. GELL., IV, 20, § 6.

(5) LIV., XLV, 15. CIC., *p. Cluent.*, 43, § 122. Voyez p. 47, n° 4.

(6) VAL. MAX., II, 9, 7. GELL., IV, 20, § 11. LIV., XXIV, 18 etc.

Le pouvoir coercitif des censeurs est essentiellement différent de la juridiction du préteur. (Cf. CIC., *p. Cluent.*,
42-47).

Il ne s'exerce que sur les citoyens, non sur les femmes [1].

Les effets de la *nota censoria* peuvent être annulés par les
censeurs suivants [2].

IV. Les opérations du recensement sont closes par une
grande cérémonie religieuse de purification qui est célébrée
au champ de Mars, en présence du peuple réorganisé par le
recensement, et dans laquelle un des censeurs fait un grand
sacrifice (*suovetaurilia, lustrum*) [3], et récite des prières pour
la *salus publica* [4] *Lustrum condere.*

V. Attributions financières.

Les censeurs mettent en adjudication :

a) Infimis pretiis : la livraison des fournitures publiques
(LIV., XXIV, 18), l'entreprise des travaux publics (*opera,
ultro-tributa locare*) [5], l'entretien et la réparation des édifices
publics etc. (*sarta tecta exigere, reficienda locare*) [6].

Le sénat met à cet effet à la disposition des censeurs une
somme déterminée, *vectigal annuum, dimidium ex vectigali-
bus anni*, et laisse aux censeurs le choix des travaux publics
qu'il importe d'exécuter (p. 213, n° 3).

b) Summis pretiis : la perception des impôts indirects,
l'exploitation des mines de l'Etat etc. (*vectigalia fruenda
locare* ou *vendere*) [7].

(1) CIC., *de rep.*, IV, 6. GELL., X, 23, § 4.

(2) PSEUD. ASC., p. 103. Or. CIC., *p. Cluent.*, 43, § 122.

(3) LIV., I, 44. DENYS, IV, 22. — C'est de là que le mot *lustrum* a désigné
un intervalle de cinq ans, dans le principe peut-être de quatre ans (p. 246, n° 4).

(4) Dans les premiers siècles, le vœu exprimé dans cette prière était : «*Ut*
(dii immortales) *populi Romani res meliores amplioresque facerent.* » Scipio Aemilianus remplaça ces mots par une formule nouvelle : «*Ut eas perpetuo incolumes
servent.*» VAL. MAX., IV, 1, 10.

(5) LIV., XXXIX, 44, XLIII, 16. VARR., *de l. l.*, VI, 2.

(6) LIV., XXVII, 11, XXIX, 37, XLII, 3.

(7) FEST., p. 376. PAUL. DIAC., p. 121. LIV., XXVII, 11, XXXIX, 44.—
Pascua était, dans les *tabulae censoriae*, le terme générique de tous ces *vectigalia.* PLIN., XVIII, 3 (3).

L'adjudication se fait au *forum*, *in conspectu populi Romani*, pour un terme de 5 ans ([1]), d'après les cahiers de charge (*tabulae censoriae*) dans lesquelles les censeurs publient les conditions de l'adjudication (*leges censoriae*) ([2]).

Le droit de modifier ou de casser ces contrats compète au sénat (p. 213, n° 4. Cf. 215, n° 4).

Le pouvoir des censeurs peut être prorogé, probablement *ex senatus consulto*, mais seulement *ad sarta tecta exigenda et ad opera quae locassent probanda* (Cf. Liv., XLV, 15).

En l'absence de censeurs, leurs fonctions financières peuvent être exercées par les consuls, ou les préteurs (Cf. Liv., XXIII, 48), ou encore et surtout par les édiles ([3]), dont les fonctions avaient plusieurs points de contact avec celles des censeurs.

§ 5. *Du tribunat de la plèbe* ([4]).

La première *secessio plebis* (494 avant J.-Cur.) eut pour effet la création d'une double magistrature plébéienne, le tribunat et l'édilité de la plèbe, chargée de défendre la plèbe contre les magistrats patriciens ([5]).

Le caractère qui distingua de tout temps les magistratures plébéiennes p. 216), c'est qu'elles restèrent réservées aux

(1) Cic., *De leg. agr.*, I, 3, II, 21. *ad Att.*, V, 2, 5. Varr., *de l. l.*, VI, 2. Polyb., VI, 13 et 17.

(2) Plin., XVIII, 3 (3), XXXIII, 21 (4). Gell., II, 10. Cic., *de leg. agr.*, I, 2.

(3) Frontin., *De aquaed.*, 95-96. Pseud. Ascon., p. 194. Or.

(4) Becker, II, 2, 247-291. Lange, I, 510-516, 690-713. Soldan, *De origine, causis et primo tribunorum plebis numero*. Hanovre, 1825. Schirmer, *De tribuniciae potestatis origine ejusque ad XII tabulas progressu*. Thorn, 1826. Bender, *De intercessione tribunicia*. Kœnigsberg, 1842. Newman, *Sur l'accroissement du pouvoir des tribuns avant le décemvirat* (en angl.) dans le *Classical Mus*. Londres, 1849. T. VI, p. 205. Schoenbeck, *De potestate tribunicia particula*. Bromberg, 1852. Wolfram, *De tribunis plebis usque ad decemviralem potestatem*. Berlin, 1856. Dockhorn, *De tribuniciae potestatis origine*. Berlin, 1858. Grafstroem, *De tribunis plebis apud Romanos quaestiones*. Upsal, 1860. W. Ihne, *De l'origine et du pouvoir primitif du tribunat de la plèbe* (en all.) dans la *Rhein. Mus.* 1866. T. XXI, p. 161-179. Zumpt, *Dr. crim.*, I, 1, 196-286, 2, 20-30.

(5) Liv., II, 33 suiv. Denys, VI, 45-90. Cic., *de rep.*, II, 33 etc.

plébéiens seuls (¹). Il y a plus. A l'époque de la puissance de la *nobilitas*, celui dont le père avait géré une magistrature curule, ne pouvait, du vivant de son père, exercer une magistrature plébéienne (²).

En outre, elles furent toujours élues *inauspicato*, et n'acquirent jamais le *jus auspiciorum* (p. 175, n° 6).

Le mode primitif de la nomination des *tribuni plebis* est controversé (³). Depuis le *plebiscitum Publilium Voleronis* (471 avant J.-Chr.), ils sont élus aux *concilia plebis (tributa)* (p. 180).

Ils furent d'abord au nombre de cinq (⁴) ; depuis 457 av. J.-Chr.), ce nombre fut porté à dix (⁵).

Dans les premiers temps, les tribuns élus complétaient le collége par *cooptatio*, pour le cas où l'élection n'avait pas donné la majorité au nombre nécessaire de candidats (⁶) ; mais la *lex Trebonia* de 448 ordonna : « *Ut qui plebem Romanam*

---

(1) Liv., II, 33. Paul. Diac., p. 231. *«Plebeium magistratum neminem capere licet, nisi qui ex plebe est.»*

(2) Cf. Liv., XXVII, 21, XXX, 19.

(3) Ptaschnik, *L'élection des tribuns de la plèbe avant la rogatio de Publilius Volero* (en all.) dans le *Zeitschr. f. d. Oesterr. Gymnas.* Vienne, 1863, T. XIV, p. 627. — D'après les témoignages des anciens (Denys, VI, 89, IX, 41, Cic., *p. Corn.*, fr. 23, p. 451 Or.), l'élection primitive des tribuns aurait eu lieu aux comices curiates, ce qui semble inadmissible. Mommsen (*Rech. rom.*, I, 181-185) adopte cette tradition avec cette modification essentielle toutefois que ces réunions auraient été des *concilia plebis curiata*. (Cf. p. 166, n° 3). D'après Niebuhr (*H. r.*, I, 647 suiv.) les cinq tribuns furent nommés, chacun par une des cinq classes, et leur élection devait être ratifiée par les curies. D'après Goettling (*Hist. de la Constit.*, p. 289), les tribuns désignaient leurs successeurs. Becker attribue leur élection aux *comitia centuriata*, présidés par le *Pontifex Maximus* ou *comitia calata;* Lange, aux comices centuriates ordinaires, tandis que Schwegler (II, 552 suiv.) soutient qu'ils furent élus dès l'origine par les *concilia plebis tributa* et que le *plebiscitum Publilium* ne se rapportait pas à ce sujet.

(4) Ascon., p. 76. Or. *«Quinque singulos ex singulis classibus.»* Denys, VI, 89. — Liv., II, 33, cite, à côté de cette opinion, une autre d'après laquelle le nombre des tribuns n'aurait été porté de 2 à 5 que quelques années plus tard. Cf. ib. 58.

(5) Liv., III, 30. *«Bini ex singulis classibus.»* Denys, X, 30.

(6) Cf. Liv., III, 64. — Mercklin, *La cooptatio chez les Rom.*, p. 198.

*tribunos plebi rogaret, is usque eo rogaret, dum decem tri-
bunos plebei faceret* (¹). "

Des pouvoirs tribuniciens.

Le but primitif de l'institution des tribuns fut *l'auxilii
latio* dans l'intérêt des plébéiens, *adversus consulare imperium* (²). *Intercessio tribunicia.* " *Veto* " (³). C'était-là, à
l'origine, leur principale, et on peut dire leur unique fonction. Aussi n'étaient-ils point *populi*, mais *plebei magistratus* (⁴). Mais ils ont successivement, de fait, étendu le cercle
de leur compétence, et ils sont parvenus bientôt à se créer
un rang tout-à-fait supérieur parmi les magistratures romaines.

Le moyen, à l'aide duquel cette évolution progressive du
pouvoir tribunicien s'est opérée, ce fut *l'inviolabilité de la
personne des tribuns*, garantie par la *lex sacrata*, qui fut
renouvelée par une *lex Valeria Horatia*, après l'expulsion
des décemvirs (⁵). *Sacrosanctus magistratus* (⁶) : " *Ut qui
tribunis plebis... nocuisset, ejus caput Jovi sacrum esset, familia ad aedem Cereris, Liberi Liberaeque venum iret* (⁷)."

L'irresponsabilité du tribunat fut une conséquence de son
inviolabilité (p. 218, n° 3).

Du jus intercessionis tribuniciae.

1° *Auxilium.* Le tribun a le droit et le devoir de protéger
le plébéien *(viritim, ad singulorum auxilium,* Liv., III, 9),

---

(1) Liv., III, 65. Cf. V, 10. — Une grave punition, celle d'être brûlés vifs,
était comminée contre les tribuns qui sortiraient de fonctions, sans que leurs
successeurs ne fussent élus. " Diodor., XII 25. Dion Cass., fr. Vat. 22.
Zonar., VII, 17. Val., VI, 3, 2. Cf. Liv., III, 55.

(2) Liv., II, 33, 35. Cic., *de rep.*, II, 33. Denys, VI, 87, etc.

(3) Liv., V, 29, VI, 35. Gell., XIII, 12, § 9.

(4) Liv., II, 56. Cf. Plutarq., *Quest. rom.*, 81. Zon., VII, 15.

(5) Liv., II, 33, III, 55. — Lange, I, 547.

(6) Liv., II, 33. Denys, VII, 22 : ἱερὰ καὶ ἄσυλος ἀρχή. Fest., p. 318 :
"*Sacrosanctum dicitur, quod jurejurando interposito est institutum, si quis id
violasset, ut morte poenas penderet*" Cf. Cic., *p. Balb.*, 14.

(7) Liv., III, 55. Cf. Denys, VI, 89. Cic., *p. Tull.*, 47.—Marquardt, IV,
228-233. Lange, *De consecratione capitis et bonorum disputatio.* Giessen, 1867.
.— Sur les dérogations à la *lex sacrata* voyez p. 217, n° 5, et Becker, II, 2,
271-272.

qui implore son secours *(appellare, provocare ad tribunum)*.
A cet effet, la porte de sa maison doit toujours être ouverte,
et il ne peut, sauf pour les *feriae latinae*, s'absenter de Rome
plus d'un jour [1].

L'*auxilium* fut accordé bientôt par les tribuns à tout citoyen, patricien comme plébéien [2].

L'*auxilium* était invoqué par le citoyen contre le *dilectus*,
la perception du *tributum*, l'exécution des punitions et sentences judiciaires des magistrats, et en général contre toute
contrainte des magistrats [3].

Le *veto* d'un seul tribun empêche l'acte du magistrat. Le
tribun se sert au besoin, pour faire valoir son *veto*, de la *prensio* à l'égard du magistrat : *«In vincla duci jubere»* [4]. Mais
en règle générale, les tribuns examinent ensuite l'affaire en
collége *(cognitio causae)*, et portent un *decretum* pour ou
contre l'*auxilii latio* [5] : *«pro collegio, ex collegii sententia
pronuntiare»* (Liv., IV, 26, 53). Pour qu'un tel décret empêche le *veto*, il faut l'unanimité : *de omnium sententia* (Cic.,
Verr., II, 2, 41) ; car il était établi en principe : *«unum vel
adversus omnes satis esse»* [6]. Il est vrai qu'un autre tribun
pouvait neutraliser le *veto* de son collègue, en empêchant par
son *auxilium* la *prensio* du magistrat menacé [7].

2° Le *jus intercessionis* s'est développé encore davantage,
et est devenu un droit d'opposition contre les mesures générales d'administration, prises par les magistrats, contre les
actes qu'ils posent aux comices, au sénat, et contre les décrets

---

(1) Plutarq., *Quest. rom.*, 81. Denys, VIII, 87. Gell., III, 2, § 11.
XIII, 12, § 9.

(2) Liv., III, 13, 56, VIII, 33 etc.

(3) Liv., III, 11, 25, 59, IV, 1, 12, 30, 60, VI, 27, XXVIII, 45, XLIII,
16. Cic., *p. Cluent.*, 27, § 74. Cf. *Acad. pr.*, II, 30, § 97.

(4) Liv., IV, 26, IX, 34, *Ep.*, XLVIII, LV. Cic., *in Vat.*, 9. Val. Max.,
IX, 5, 2. Dion. Cass., XXXVII, 50.

(5) Gell., IV, 14, VI (VII), 19. Liv., III, 13, XLII, 32. *Ep.*, LV.

(6) Liv., II, 44. Cf. IX, 34. XXXVIII, 52 et 60. Gell., VI (VII)
19. Val. Max., VI, 1, 7. Cic., *de lég.*, III, 10, § 24. — Rein, *La majorité
au collége des tribuns de la plèbe* (en all.), dans le *Philologus*, V, p. 137.

(7) Liv., II, 43, 44, IV, 53, X, 37.

du sénat même (¹). Ici encore le *veto* d'un seul suffit (²).

En dehors du *jus intercessionis*, les tribuns possèdent les droits communs de la *potestas* (p. 219), parmi lesquels le *jus concionis* est protégé d'une manière spéciale par le *plebiscitum Icilium*, 492 avant J.-Chr. (³).

Ils jouissent en outre du *jus prensionis* (p. 220) et du *jus agendi cum plebe*, qui fut un de leurs droits les plus importants (p. 175).

Dans le principe les tribuns n'avaient aucun pouvoir vis-à-vis du sénat : ils se tenaient, comme les simples citoyens, *ante valvas positis subselliis* (⁴). Ils obtinrent d'abord l'entrée du sénat et le droit d'y parler (⁵) ; ensuite le *jus intercessionis* contre les décrets du sénat (p. 206, nᵉ 4), bientôt après le *jus agendi cum patribus* (p. 200, nᵉ 3), et enfin le *plebiscitum Atinium* accorda aux *tribunicii* le *jus sententiae dicendae* (p. 195, nᵉ 4).

Restrictions au pouvoir tribunicien :

1º Son action cesse au delà d'un rayon de *mille passus* autour de la ville (⁶).

2º L'*intercessio collegarum* (⁷).

3º Le *veto* des tribuns n'est de droit ni contre le dictateur (p. 236), ni contre la *potestas censoria* des censeurs (p. 247).

---

(1) Liv., III, 24-25, IV, 48, V, 25, VI, 35 etc. Denys, VIII, 90. Cic., *de leg. agr.*, II, 12. Cf. Ascon., p. 58, 70, Or.

(2) Liv., V, 25, 29, VI, 35, 38.

(3) Voyez p. 161, nᵉ 4, et p. 176, nᵉ 5. — Des exemples d'*edicta tribunicia* se trouvent chez Liv., IV, 60. Cic., *Verr.*, II, 2, 41, § 100. Plutarq., *Tib. Gr.*, 10 etc.

(4) Val. Max., II, 2, 7. Cf. Zonar., VII, 15. — Hofmann, *Les tribuns au sénat* dans le *sénat romain* etc., p. 106 suiv.

(5) Liv., III, 9, IV, 1, 36, 44. Denys, VII, 25, 39, 49, IX, 49, X, 9, 13, 30, IX, 56 etc.

(6) Denys, VIII, 87. App., *B. c.*, II, 31. Cf. Dion Cass., LI, 19. — Il est vrai que d'après ces auteurs le pouvoir des tribuns finissait au *pomoerium* de la ville. Cependant il faut admettre que leur action s'étendait aussi loin que primitivement le *jus provocationis* (Cf. Liv., III, 20). Sinon, comment les tribuns auraient-ils pu intercéder aux comices qui se réunissaient au champ de Mars ?

(7) Denys, IX, 1, X, 30, 31. Liv., II, 44, IV, 48, V, 2. App., *B. c.*, I, 12, 23, III, 50 etc.

Sulla (82-80 avant J.-Ch.) réduisit l'*intercessio tribunicia* à l'*auxilii latio* primitive ([1]), et obligea les tribuns de faire approuver d'avance par le sénat les *rogationes* législatives, qu'ils voulaient soumettre aux *concilia plebis* (p. 187, n° 5).

De plus, il exclut les *tribunicii* des magistratures curules ([2]).

Cette dernière restriction fut abolie déjà en 75 par la *lex Aurelia* ([3]), et en 70 une *lex Pompeia* rendit aux tribuns tous leurs pouvoirs antérieurs ([4]).

§ 6. *De l'édilité* ([5]).

Les *aediles plebei*, au nombre de deux, furent institués en même temps que les tribuns de la plèbe, 494 av. J.-Ch. ([6]), Dans le principe, ils étaient nommés par les tribuns; ils exerçaient les fonctions que ceux-ci leur déléguaient, telles que la garde des plébiscites, la *cognitio causae* en cas d'*auxilium*, la *prensio* au nom des tribuns ([7]) etc., et dans leur qualité de fonctionnaires subalternes des tribuns (ὑπηρέται τῶν δημάρχων), ils participaient à l'inviolabilité tribunicienne ([8]). Leur local était *ad aedem Cereris* ([9]).

Depuis le *plebiscitum Publilium Voleronis*, 471 av. J.-Ch.,

---

(1) Cic., *de leg.*, III, 9, § 22. *Verr.*, II, 1, 60, § 155. Vell. Paterc., II, 30 "*imago sine re.*" Cf. Cés., *B. c.*, I, 5, 7. — Rubino, *de tribunicia potestate qualis fuerit inde a Sullae dictatura usque ad primum consulatum Pompei.* Cassel, 1825. Zumpt, *dr. crim.*, II, 1, 307-323.

(2) Ascon., p. 78. App., *B. c.*, I, 100.

(3) Ascon., l. l. Cic., *p. Corn.*, fr. 26.

(4) Liv., *Epit.*, XCVII. Cic., *de leg.*, III, 9-11. Vell. Paterc., II, 30.

(5) Becker, II, 2, 291-327. Lange, I, 516, 579, 715-734. Schubert, *de Romanorum aedilibus*. Koenigsberg, 1828. Hofmann, *de aedilibus Romanorum.* Berlin, 1842. Rein, *Aedilis* (en all.) dans Pauly's *Realencycl.*, T. I.

(6) Denys, VI, 90. Paul. Diac., p. 231.

(7) Denys, VI, 90, VII, 26, 35, X, 34. *Dig.*, I, 2, 2, § 21. Cf. Liv., XXIX, 20

(8) Denys, VII, 35. Liv., III, 55, Fest., p. 318.

(9) Liv., III, 55. C'est de là que vient sans aucun doute le nom d'*aedilis*. Les anciens expliquent en général ce mot autrement : cf. Varr., *de l. l.*, V, 14, Denys, VI, 90, Paul. Diac., p. 13.

les édiles plébéiens sont élus aux *concilia plebis* (p. 180).
Dès lors ils obtiennent peu à peu des attributions qui leur
sont propres ; ils se dégagent des liens de subordination qui
les rattachaient au tribunat, et entrent dans des rapports
plus étroits avec le sénat et le consulat ; mais ils perdent, en
conséquence, le caractère d'inviolabilité [1].

Cette transformation fut amenée, en partie, par la délégation faite par le sénat aux édiles, de certaines attributions,
comme la garde des sénatus-consultes (449 av. J.-Chr. Liv.,
III, 55), comme l'ordre : *« ut animadverterent ne qui nisi
Romani dii, neu quo alio more quam patrio colerentur »* Liv.,
IV, 30 ; mais elle le fut surtout par la création de l'*édilité
curule*, 366 av. J.-Chr.

Cette nouvelle magistrature, comprenant également deux
titulaires, fut créée à la suite de l'admission de la plèbe au
consulat [2].

Elle fut d'abord accessible aux seuls patriciens ; mais
presqu'aussitôt après son institution, il fut décidé *« ut alternis annis ex plebe fierent. — Postea promiscum fuit* [3]. *»*

Les édiles curules étaient des *magistratus patricii* (pp. 216,
221) et *curules* [4], élus aux *comitia tributa* (p. 178). Les
édiles plébéiens restèrent toujours des *magistratus plebei*
(pp. 216, 253-254), *non curules*, nommés aux *concilia plebis*
(p. 180). Malgré cette différence importante, les quatre édiles
formaient un seul college, et avaient, à peu d'exceptions
près, les mêmes attributions.

---

(1) Celle-ci leur était encore reconnue par la *lex Valeria Horatia* (449), qui
renouvelait la *lex sacrata*, Liv., III, 55 ; mais elle disparaît ensuite Liv., l. l.
Cf. Gell., XIII, 13, § 4. — La différence entre la condition primitive des
édiles et leur condition postérieure est nettement déterminée par Zonar., VII,
15, et Denys, VI, 90.

(2) Voici comment Liv., VI, 42, explique ce fait : *« Ita ab diutina ira tan-
dem in concordiam redactis ordinibus cum dignam eam rem senatus censeret esse, ...
ut ludi maximi fierent et dies unus ad triduum adiceretur, recusantibus id munus
aedilibus plebis conclamatum a patriciis est juvenibus se id honoris deum immorta-
lium causa libenter facturos, ut aediles fierent. Quibus cum ab universis gratiae
actae essent, factum senatus consultum, ut duoviros aediles ex* PATRIBUS *dictator
populum rogaret. »* Liv., VI, 42. Cf. *Dig.*, I, 2, 2, § 26.

(3) Liv., VII, 1. Cic., *p. Planc.*, 24. Cf. Mommsen, *Rech. rom.*, I, 97-102.

(4) Cic., *Verr.*, II, 5, 14, § 36. Liv., VII, 1, voyez pp. 217, 221.

Des pouvoirs édiliciens.

La garde des archives passa des édiles aux questeurs (pp. 192, 207).

CICÉRON (*de leg.* III, 3, § 7) définit les édiles : CURATO-RES URBIS, ANNONAE LUDORUMQUE SOLENNIUM.

I. *Cura urbis :* l'administration de la police à Rome et dans un rayon de 1000 pas autour de la ville : à savoir l'inspection des *aedes sacrae et privatae* (¹), des bâtisses, des rues et places publiques *(verrere, purgare, sternere et reficere vias)* (²), des *balneae*, des *popinae*, le secours en cas d'incendie (³), la construction d'édifices publics (⁴), etc.—A cette inspection se rattachait aussi une certaine surveillance sur les mœurs publiques, les pratiques de cultes étrangers, le luxe, la licence (⁵) etc. Cette attribution des édiles avait beaucoup de points de contact avec les fonctions censoriales; et même quelques-unes de celles-ci étaient exercées par les édiles, en l'absence de censeurs (p. 253).

Les édiles se partageaient la *cura urbis* par *sortitio* ou *comparatio* (⁶), probablement de telle sorte que chacun exerçait cette attribution séparément dans une des 4 anciennes *regiones* de la ville.

II. *Cura annonae* (⁷). Cette attribution, exercée simultanément par les quatre édiles, ne comprenait pas seulement le soin des approvisionnements de la ville et les distributions de blé à prix réduit (⁸), mais encore la police générale des

---

(1) VARR., *de l. l.*, V, 14. CIC., *Verr.*, II, 5, 14, § 36.

(2) *Lex Jul. mun.*, 1., 20, 26, 50, 56, 68 etc., dans les *Inscr. l. ant.*, p. 120-121. Cf. PLAUT., *Stich.*, II, 3, 23, suiv. *Dig.*, XXI, 1, 40-42. — DIRKSEN, *Remarques sur la* 1re *moitié de la table d'Héraclée* (en all.), dans les *civil. Abhandl.* Berlin, 1820. T. II, p. 144, 223, suiv.

(3) SENÈQ., *Epit.*, LXXXVI, SUET., *Claud.*, 38. LYD., *de mag.*, I, 50.

(4) LIV., X, 23, 31, 47, XXX, 39, XXXIII, 42 etc.

(5) Cf. LIV., VIII, 18, 22, XXV, 1, XXXIX, 14. CIC., *Phil.*, IX, 7, § 17. *de har. resp.*, 13, § 27. GELL., X, 6. PLIN., XVIII, 8 (6).— E. LABATUT, *Etudes sur la société romaine. Les édiles et les mœurs.* Paris, 1867.

(6) *Lex Jul. mun.*, l. 24, dans les *Inscr. lat. ant.*, p. 120.

(7) Ἀγορανόμοι. DENYS, VI, 90.—NASSE, *Meletemata de publica cura annonae apud Romanos.* Bonn, 1852.

(8) LIV., X, 11, XXIII, 41, XXX, 26. PLIN., XVIII, 4 (3).

marchés : le prix du blé, la qualité des marchandises, du bétail, des esclaves (¹), les poids et mesures (²), l'usure etc.

III. *Cura ludorum :* l'organisation (non la présidence) et la police des jeux publics (³). Parmi ceux-ci les *ludi romani* et les *ludi megalenses* étaient donnés par les édiles curules (⁴), les *ludi plebei* par les édiles plébéiens (⁵).

Les édiles plébéiens, comme les édiles curules, siégeaient sur leur *tribunal* au *forum* (⁶), et exerçaient le *jus multae dictionis* à l'égard de ceux qui contrevenaient à leurs ordres de police, ou, le cas échéant, ils intentaient aux *feneratores*, (Liv., X, 23), aux *pecuarii*, (Liv., ib), aux *frumentarii*, (Liv., XXXVIII, 35) etc., un procès devant le peuple, les édiles curules aux *comitia tributa*, les édiles plébéiens aux *concilia plebis* (p. 184). Ils avaient des trésors séparés, alimentés par les amendes qu'ils infligeaient *(pecunia multaticia)* (⁷), et dont ils disposaient pour les jeux publics (Liv., X, 23) et surtout pour les travaux publics. Pour les jeux publics, ils recevaient aussi certaines sommes du trésor de l'Etat (⁸), et ordinairement ils y contribuaient largement de leur fortune privée (⁹).

Les *procès de commerce* compétaient aux édiles curules seuls; seuls ils avaient la *jurisdictio* en matière commerciale (¹⁰). Aussi publiaient-ils à leur entrée en charge un édit

---

(1) Liv., XXXVIII, 35. Plaut., *Rud.*, II, 3, 42. *Dig.*, XXI, 1, 1, et 38, Gell., IV, 2.

(2) *Dig.*, XIX, 2, 13, § 8. Juvén., X, 100. Pers., I, 129.

(3) Liv., IX, 40, XXXIV, 44, 54. *Lex Jul. mun.*, l. 77. Macrob., *Sat.*, II, 6. Voyez p. 230, nᵉ 5. Marquardt, IV, 473-490.

(4) Liv., X, 47, XXIII, 30, XXIV, 43, XXXIV, 54 etc.—Th. Mommsen, les *ludi magni et romani* (en all.) dans le *Rhein. Mus.* 1859. T. XIV, p. 79.

(5) Liv., XXIII, 30, XXVII, 36, XXVIII, 10, XXIX, 38 etc.

(6) *Lex Jul. munic.*, l. 34, dans les *Inscr. l. ant.*, p. 120.

(7) Liv., X, 23, XXXIII, 42, XXXVIII, 35 etc.

(8) Cf. Denys, VII, 71. Liv., XXII, 10, XXXI, 9.

(9) Cf. Liv., IX, 40, XXV, 2.

(10) *Dig.*, XXI, 1, 1, 38 et 63. Dion Cass., LII, 2. Juv., X, 100. Plaut., *Men.*, IV, 2, 23 suiv. Aur. Vict., *de v. ill.*, 72. Voyez p. 220.

analogue, dans la sphère de leur juridiction, à celui des préteurs. *Edictum aedilicium* ([1].

César (44 av. J.-Chr.) porta le nombre des édiles à 6, en ajoutant aux 4 qui existaient, deux édiles *«Ceriales»:«qui frumento praeessent»* et qui seraient chargés des *ludi ceriales* ([2]).

§ 7. *De la questure* ([3]).

Le collége ordinaire des deux *quaestores parricidi*, dont l'origine remonte à la Royauté (p. 36, n° 8), fut maintenu à l'avènement de la République, et obtint même, à côté de ses fonctions judiciaires (p. 184, n° 6), une attribution financière, la garde du trésor de l'Etat *(quaestores parricidi et aerarii)*. Dans la suite, l'instruction judiciaire des questeurs passa aux *III viri capitales* (289 avant J.-Chr.), de sorte que dès lors l'administration financière fut leur principale attribution ([4]).

Les questeurs, nommés d'abord par les consuls ([5]) parmi les patriciens, furent élus depuis 447 aux *comitia tributa* (p. 178).

(1) *Dig.*, XXI, 1. GAJ, I, 6. CIC., *de off.*, III, 17, § 71. GELL., IV, 2. Voyez p. 244. WALTER, § 429, REIN, *dr. civ.*, p. 66. RUDORFF, *H. d. dr. r.*, II, § 61. MOMMSEN, *les munic. Salp. et Mal.*, p. 430, ne 118. Cf. ZUMPT, *Dr. crim.* I, 2, 119-122.

(2) *Dig.*, I, 2, 2, § 32. DION CASS., XLIII, 51.

(3) BECKER, II, 2, 327-358. LANGE, I, 735-747. PETRY, *De quaestoribus Romanis, quales fuerint antiquissimis reipublicae temporibus.* Bonn, 1847. DOEL-LEN, *De quaestoribus Romanis.* Berlin, 1847. WAGNER, *De quaestoribus populi Romani usque ad legem Liciniam Sextiam.* Marbourg, 1848. REIN, *Quaestor* (en all.) dans PAULY's *Realencycl.* T. VI, p. 351. NIEMEYER, *Pour servir à l'histoire de la questure* (en all.) dans le *Zeitschr. f. d. Alterthumsw.*, 1854.

(4) C'est là, ce nous semble, la solution la plus probable du problème assez compliqué des rapports entre les *quaestores parricidi* et les *quaestores aerarii*. ZONAR., VII, 13. VARR., *De l. l.*, V, 14. TAC., *Ann.*, XI, 22. Cf. *Dig.*, I, 2, 2, § 22. PLUTARQ., *Poplic.*, 12. LIV., IV, 4. — Les *III viri capitales* furent institués par une *lex Papiria* (FEST., p. 344), vers 289 avant J.-Chr. (LIV., *Ep.*, XI). — Le nom de *quaestor* ne dérive pas de leurs fonctions financières *(Dig.*, l. l. VARR., l. l.), mais de leur droit d'inquisition judiciaire (ZONAR., l. l. PAUL. DIAC., p. 221. FEST., p. 258).—BECKER, II, 2, 328-337. LANGE, I, 333-352. ZUMPT, *Dr. crim.*, I, 1, 58-67.

(5) TAC., l. l. Il est cependant contredit par PLUTARQ., l. l.

En 421, leur nombre est porté à quatre, et il est établi qu'ils pourront être nommés *promisce de plebe ac patribus libero suffragio populi* (Liv., IV, 43). Les premiers questeurs plébéiens furent élus en 409 (Liv., IV, 54).

Depuis 267, il y a 8 questeurs (Liv., *Epit.*, XV), depuis Sulla, 20 (Tac., *Ann.*, XI, 22), depuis César, 40 (Dion Cass., XLIII, 47).

« *Quaestura primus gradus honoris* » (1).

Des fonctions questoriales.

Les questeurs se partagent par *sortitio* leurs départements d'attributions *(provinciae)* (2).

Deux restent à Rome, et ont la garde de l'*aerarium* qui se trouve au temple de Saturne (3). « *Domi pecuniam publicam custodiunto* » (Cic., *De leg.*, III, 3, § 6). *Quaestores urbani* (4). Ils surveillent l'encaissement dans le trésor des fonds dus à l'Etat *(tributum, stipendia,* argent provenant de la *sectio bonorum,* vente de l'*ager publicus* ou *ager quaestorius* etc.) (5), et la sortie du trésor des fonds alloués par le sénat pour les services publics (*pecuniam dare, attribuere, solvere*) (6).

En outre 1° ils gardent à l'*aerarium* les *signa militaria* (7).

2° Ils ont la garde des lois et des sénatus-consultes (p.192, 207), et partant, c'est près d'eux que les magistrats *jurant in leges* (p. 228).

3° Ils reçoivent les princes et députés étrangers, qui sont de séjour à Rome, et leur accordent, aux frais de l'Etat, *locum et lautia* (8).

Des autres questeurs deux ont des stations fixes en Italie,

---

(1) Cic., *Verr.*, I, 1, 4, § 11. Cf. *Dig.*, I, 13, 1, § 3.

(2) *Scol. Bob.*, p. 332. Or. Cic., *ad Quint.*, I, 1, § 3. *Verr.*, II, 1, 13, § 34. *Phil.*, II, 20, § 50. Liv., XXX, 33.

(3) Plutarq., *Poplic.*, 12. Macrob., *Sat.*, I, 8. Serv., *ad Aen.*, VIII, 319 etc.

(4) Liv., IV, 43. — Revillout, *Les questeurs urbains.* Versailles, 1865.

(5) Liv., IV, 15, XXXIII, 42, XLII, 6. Denys, XI, 46. Voyez p. 89, 90, n° 1, 94 et 213.

(6) Polyb., VI, 13. Cic., *Phil.*, IX, 7, § 16, XIV, 14, § 38. Liv., XLIV, 16.

(7) Liv., III, 69, IV, 22, VII, 23 etc.

(8) Val. Max., V, 1, 1. Liv., XLV, 44. Cf. XXVIII, 39, XXX, 17 etc.

où ils exercent des attributions financières, l'un à *Ostia*, le centre des importations des blés (*quaestor Ostiensis*) (1), l'autre dans la Gaule cispadane (*quaestor Gallicus*) (2).

Tous les autres questeurs accompagnent comme caissiers et payeurs les généraux d'armées (3), et plus tard les gouverneurs de provinces (*Dig.*, I, 13, 1, § 2). Les questeurs provinciaux seront mentionnés, quand nous traiterons du gouvernement des provinces.

§ 8. *Du XXVI viratus et des magistratures extraordinaires mineures* (4).

Le *XXVI viratus* ne constituait pas un seul collége, mais il était formé de cinq commissions différentes, de l'ordre administratif ou judiciaire, et inférieures à la questure (5). Nommées d'abord par les magistrats supérieurs, elles le furent plus tard aux *comitia tributa* (6).

1º Les *III viri nocturni*. Ils sont chargés de la police de nuit et du secours en cas d'incendie (7), et, à ce titre, ils sont subordonnés aux édiles. En 289, par la *lex Papiria* (p. 262, nº 4), ils obtiennent l'instruction judiciaire en matière criminelle qui avait appartenu jusque là aux *quaestores parricidi*, une certaine juridiction sur

----

(1) Cic., *p. Sest.*, 17. *p. Mur.*, 8, § 18. Suet., *Claud.*, 24.

(2) Suet., *Claud.*, 24. Plutarq.; *Sert.*, 4. — L'opinion qu'un questeur aurait eu une station fixe à Cales en Campanie ne repose que sur un texte douteux de Tac., *Ann.*, IV, 27.

(3) Ce fut la cause première de l'augmentation du nombre des questeurs : *« Ut... duo consulibus ad ministeria belli praesto essent. »* Liv., IV, 43. — Cf. Polyb., VI, 12, 39.

(4) Becker, II, 2, 358-369. Lange, I, 749-768.

(5) Dion Cass., LIV, 26. Fest., p. 233. Cf. Mommsen, *Inscr. l. ant.*, p. 186.

(6) Voyez p. 179. Ce changement ne se fit pas en même temps pour toutes ces commissions, et, pour plusieurs d'entre elles, l'époque est incertaine. De même nous ne savons pas si certains de ces *magistratus minores* n'étaient point élus aux *concilia plebis*. Cf. Mommsen, *Inscr. l. ant.*, p. 47, et *Hist. rom.*, I, p. 412, note (3e éd.).

(7) Liv., IX, 46, XXXII, 26, XXXIX, 14, 17. *Dig.*, I, 15, 1. Val. Max., VIII, 1, *damn.*, 5 et 6.

les esclaves, l'inspection des prisons et des exécutions capitales. Dès lors ils s'appellent *III viri capitales* ([1]).

2° Les *judices X viri* ou *X viri stlitibus judicandis* ([2]).

3° Les *IV viri* ou *praefecti juri dicundo Capuam Cumas* etc. ([3]).

4° Les *III viri monetales, AAAFF* (*aeri, argento, auro flando feriundo*) ([4]).

5° Les *IV viri viis in urbe purgandis* et *II viri extra urbem* (dans un rayon de 1000 pas) *purgandis*. Ils sont subordonnés aux édiles ([5]).

Auguste abolit les *IV viri juri dicundo* et les *II viri viis ext. urb. purg.* Des autres il forme un collége, *XX viratus*, qui devient le premier degré des magistratures (Tac., *Ann.*, III, 29), et dont les membres sont pris dans l'ordre équestre (Dion Cass., LIV, 26).

Quand des circonstances spéciales l'exigeaient, les *comitia tributa* (p. 179) nommaient des commissions extraordinaires (*II, III, V, VII, X, XX viri*), chargées de fonctions déterminées (*cura, curatores*) ([6]). Tels sont les *III viri coloniae deducendae* ([7]), les *III* etc. *viri agro metiendo dividendo* ou *agrarii* ([8]), les *III* etc. *viri mensarii* ([9]), les *II* etc. *viri aedi dedicandae* ([10]), les *II viri navales* ([11]), les *praefecti annonae* ([12]) etc. -

(1) Varr., *de l. l.*, V, 14. Ascon., p. 38. Plaut., *Amphit.*, I, 1, 5-7. *Dig.*, I, 2, 2, § 30. Cic., *de rep.*, III, 3, § 6. Sall., *Cat.*, 55. Val. Max., V, 4, 7.—Rein, *III viri capitales* (en all.) dans Pauly's *Realencycl.*, VI, p. 2155. Zumpt, *Dr. crim.*, I, 2, 122-129.

(2) Voyez la juridiction civile.

(3) *Inscr. l. ant.*, p. 186. Fest., p. 233. Cf. Liv., IX, 20, XXVI, 16.

(4) *Dig.*, I, 2, 2, § 30. Cic., *de leg.*, III, 3, § 6. Cf. Liv., VII, 28. Mommsen, *Hist. du syst. mon.*, p. 366.

(5) *Lex. J. mun.*, l. 50, dans les *Inscr. l. ant.*, p. 121. Cf. ib., p. 94.

(6) Cic., *De leg. agr.*, II, 7, § 17. *de leg.*, III, 4.

(7) Liv., IV, 11, V, 24, VI, 21 etc.

(8) Liv., VI, 21, XXVII, 21, XXXI, 4. Cic., *Phil.*, V, 7. Dion Cass., XXXVIII, 1 etc.

(9) Liv., VII, 21, XXIII, 21 etc.

(10) Liv., XXIII, 21, 30, 31, XXXIV, 53 etc.

(11) Liv., IX, 30, XL, 18, 26 etc.

(12) Liv., IV, 12-13. App., *B. c.*, II, 18. Cic., *ad Att.*, IV, 1, § 7.

§ 9. *Des officiers subalternes des magistrats* (¹).

Ils portent le nom générique d'*apparitores* (*apparent, parent magistratibus*) (²). Ils sont salariés et nommés par les magistrats parmi les citoyens romains (³). En règle générale les magistrats maintiennent en fonctions les *apparitores* de leurs prédécesseurs. Les principales classes, subdivisées à leur tour en *decuriae* (⁴), sont :

1° Les *scribae*, ou commis de bureau (⁵).

2° Les *lictores*, qui sont les *insignia imperii* (p. 219) (⁶).

3° Les *viatores* ou messagers, chargés de la *vocatio absentis* et de la *prensio praesentis* (⁷).

4° Les *praecones*, chargés des proclamations publiques (⁸).

5° L'*accensus*, propre seulement aux magistrats *cum imperio*, est attaché spécialement à la personne du magistrat (⁹).

Les magistrats ont en outre à leur service des *servi publici* (p. 113).

(1) BECKER, II, 2, 370-384. LANGE, I, 768-775. TH. MOMMSEN, *de apparitoribus magistratuum Romanorum* dans le *Rhein. Mus.*, VI, p. 1-57.

(2) FRONTIN., *de aquaed.*, 100. Cf. LIV., II, 55. CIC., *Verr.*, II, 3, 78 et 80.

(3) *Lex de XX quaest.*, I, 7 suiv., II, 7 suiv., 31. *Inscr. l. ant.*, p. 108.

(4) TAC., *Ann.*, XIII, 27. Cf. LIV., XL, 29.

(5) FEST., p. 333. *Lex Jul. mun.*, l. 80. CIC., *Verr.*, II, 3, 79, § 183. REIN, *Scribae* (en all.) dans PAULY's *Realencycl.*, T. VI, 876. HAGEN, les *Scribae* (en all.) dans les *Unters. ueber Roem. Gesch.* Koenigsberg, 1854. 1, p. 38-62. KRAUSE, *de scribis publicis Romanorum*, part. 1. Magdebourg, 1858.

(6) « *Turbam summovere.* » LIV., III, 48, VIII, 33, Cf. XXIV, 44. *Virgis caedere, securi ferire, lege agere.* LIV., II, 5, VIII, 32, XXVI, 15-16 etc. REIN, *Lictores* (en all.) dans PAULY's *Realencycl.* T. IV, p. 1082.

(7) LIV., VI, 15, VIII, 18. GELL., IV, 10. Cf. FEST., p. 371. Bien que primitivement les *viatores* fussent l'insigne du *jus prensionis* (p. 220), dans les derniers siècles cependant, les édiles et les questeurs, sans obtenir le *jus prensionis*, eurent des *viatores* à leur service, en qualité de messagers. REIN, *Viator* (en all.) dans PAULY's *Realencycl.* T. VI, p. 2564.

(8) Ils convoquent les sénateurs (LIV., III, 38), la *contio* (ib., IV, 32), proclament le résultat du scrutin (CIC., *de leg. agr.*, II, 2), ordonnent le silence (LIV., VIII, 33) etc. REIN, *Praecones* (en all.) dans PAULY's *Realenc.* T. VI, p. 3.

(9) NON. MARC., p. 58. M. 41. G. PSEUD. ASC., p. 179. Or. L'*accensus* est ordinairement un *libertinus* du magistrat (CIC., *ad Quint.*, I, 1, § 4). — Voyez pp. 231, n° 5 et 239. REIN, *Accensi* (en all.) dans PAULY's *Realenc.*, T. I.

—

CH. I. — DE L'ORIGINE DU POUVOIR IMPÉRIAL [1].

Le pouvoir impérial s'est formé d'un ensemble d'attributions qui, par dérogation aux lois républicaines, furent déléguées successivement (DION CASS., LIII, 18) par le peuple et surtout par le sénat à un seul citoyen : Caesar Octavianus. Celui-ci reçut d'abord le titre purement honorifique de *princeps senatus* [2], et celui d'*Augustus* (27 av. J.-Chr.) [3]. Les pouvoirs dont il fut successivement investi, sont les suivants :

1° En 29 av. J.-Chr. l'*imperium* militaire suprême avec le titre d'*Imperator* [4]. De là Auguste a déduit le droit de

(1) *Res gestae divi Augusti*. Ed. TH. MOMMSEN. Berlin, 1865. — MARQUARDT, II, 3, 392-306. WALTER, §§ 271-273, 275-276. HANOW, *De Augusti principatu*. Sorau, 1837. AD. SCHMIDT, *La transformation de la République romaine en monarchie* (en all.) dans le *Zeitschr. f. d. Geschichtsw*. 1848. T. IX, p. 326. REIN, *Princeps*, (en all.) dans PAULY's *Realencycl*., VI, p. 47.

(2) DION CASS., LIII, 1. Cf. LVII, 8, LXXIII, 5. TAC., *Ann*., I, 1 : «*Cuncta... nomine principis sub imperium accepit.*»

(3) DION CASS., LIII, 16. VEGET., II, 5. ECKHEL, *Doctrina numorum*, Vienne, 1792-1798, VI, 88. Cf. MARQUARDT, IV, 423-433.

(4) DION CASS., LII, 41. Ce titre, accordé par le sénat déjà à César (DION CASS., XLIII, 44), et placé devant le nom (*praenomen imperatoris*, SUET., *Cés*., 76) est essentiellement différent de l'ancien titre républicain d'*imperator*, accordé par les soldats au général, après une éclatante victoire, et qui fut donné aussi aux empereurs (DION CASS., LII, 41), par exemple : «*Imp. Caesari Augusto Divi f. pontifici maxumo, tribunic. potestate XV. Imp. XIII.*» ORELLI, *Inscript*., 626.

lever des armées, d'imposer des contributions de guerre, et de décider de la paix et de la guerre (¹).

2° En 23 av. J.-Chr. l'*imperium proconsulare*, accordé à vie. De ce pouvoir, qui n'était pas même suspendu *intra pomerium*, découlait le droit de surveillance suprême sur *toutes* les provinces et en conséquence celui de recevoir l'*appellatio* des provinciaux (²). —

3° En 23 av. J.-Chr., la *tribunicia potestas*, sans limite ni de temps ni de lieu (³). Elle assurait à Auguste l'inviolabilité de sa personne, la présidence du sénat et des comices, l'*intercessio* contre tous les magistrats et contre les décrets du sénat, l'*auxilii latio* aux citoyens, et la dernière instance en toute juridiction (⁴).

4° En outre il est investi de la *potestas censoria*, sous le nom de *praefectura morum* ou *cura legum et morum*. Elle comprenait aussi la *recognitio equitum* et surtout la *lectio senatus* (⁵).

5° En 12 av. J.-Chr., la dignité de *Pontifex Maximus* lui confère la surveillance suprême sur le culte (⁶).

6° Les *edicta* de l'empereur sont assimilés aux *leges* (⁷); il exerce donc de fait le pouvoir législatif. Il est lui-même *legibus solutus*, pour autant que les lois en vigueur s'opposent à l'exercice de ses pouvoirs exceptionnels (⁸).

---

(1) Dion Cass., LIII, 17. Cf. 16, LVII, 2. Capit., *Macrin.*, 6. Cf. *leg. de imp. Vespasiani.*

(2) Dion Cass., LIII, 32. Cf. 17. Eckhel, *Doctr. num.*, VlII, 354.

(3) Dion Cass., LIII, 32. Cf. LI, 19. App., *B. c.*, V, 132. Ce pouvoir avait déjà été accordé à César. Dion Cass., XLII, 20, XLIV, 5. — L'empereur ne portait pas le nom de *tribunus;* car il était patricien. Dion Cass., LIII, 17.

(4) Cf. Dion Cass., LIII, 17. Tac., *Ann.*, III, 56. *Lex de imp. Vesp.* Suet., *Tib.*, 23. Lange, I, 713. Eckhel, *Doctr. num.*, VIII, 391-449. A.W. Zumpt, *Studia romana*, pp. 248-266, et *Du pouvoir tribunicien des empereurs* (en all.) dans les *Abhandl. der Philol. Versamml.* Vienne, 1859, p. 102.

(5) *Monum. Ancyr.*, c. 6. Suet., *Aug.*, 27. Cf. *Cés.*, 76. Dion Cass., LIII, 17. Cf. LII, 42, LIV, 2, 13, 16, 26, 30.

(6) Ovid., *Fast.*, III, 420. Merkel, *Préf. à l'éd. des Fasti* d'Ov., p. XLI. De la Bastie, *Du souverain pontificat des emp. rom.* dans les *Mémoires de l'Ac.*, XII, p. 355-427, XV, p. 38-144.

(7) Dion Cass., LIV, 10. Gaj., I, 5. *Dig.*, I, 4, 1. Walter, § 441. Rudorff, *H. d. dr. r.*, I, §§ 54-59.

(8) *Lex de imp. Vesp.* Dion Cass., LIII, 18, 28. *Dig.*, 1, 3, 31.

Sous Auguste, la plupart de ces pouvoirs furent renouvelés tous les dix ans (DION CASS., LIII, 16); mais sous ses successeurs ils sont accordés, ensemble et à vie, par la *lex de imperio*, qui, dans les premiers siècles de l'Empire, était conférée par le sénat, et censée ratifiée par le peuple (¹). La *lex de imperio Vespasiani* est conservée (²).

Ch. II. — DES COMICES, DU SÉNAT ET DES MAGISTRATURES.

Auguste, tout en sapant par le fondement les institutions républicaines, en respecta cependant encore les formes extérieures. Ce n'est que sous ses successeurs, et peu-à-peu, que s'est opérée dans les institutions et en droit cette transformation radicale du gouvernement romain qui en fait existe dès le commencement de l'Empire.

I. *Les comices* (³). Déjà sous Auguste ils perdent pour toujours leur *compétence judiciaire*. (DION CASS , LVI, 40).

Leur *pouvoir législatif* est essentiellement amoindri, depuis que les édits de l'empereur et les décrets du sénat sont assimilés aux lois. Cependant, durant le règne d'Auguste, des *rogationes* législatives, approuvées d'avance par le sénat (DION CASS., LIII, 21), furent encore soumises aux comices tributes (SÉNÈQ., *de benef.*, VI, 32), soit par lui-même *(leges Juliae*, cf. p. 68, n° 3), soit par d'autres magistrats, mais de son consentement *(leges Aelia Sentia, Furia Caninia*, p. 118) etc.

Après Auguste, l'intervention du peuple dans la législa-

---

(1) DION CASS., LIII, 16, 18, LXXIII, 12, 13. TAC., *Hist.*, I, 47, IV, 3. LAMPR., *Al. Sev.*, 1, 2. VOPISC., *Tac.*, 2, 7.

(2) HAUBOLD, *Monum. leg.*, pp. 222-223. GOETTLING, 15 *documents romains*. Halle 1845, p. 20. REIN, *Lex regia* (en all.) dans PAULY's *Realencycl.* T. IV, 995.

(3) MARQUARDT, II, 3, 199-210. LANGE, II, 670 682. WALTER, § 274. SCHMIDT, *De la décadence des droits du peuple à Rome* (en all.) dans le *Zeitschr. f. d. Geschichtw.* 1844. T. 1, p. 37.

tion devient de plus en plus rare, et ne survit pas au premier siècle de l'Empire (¹).

Sous Auguste, le *pouvoir électoral* des comices centuriates et tributes (²) se réduit à l'acclamation des candidats présentés par l'empereur (³). Depuis Tibère la désignation des titulaires des anciennes magistratures républicaines est transférée au sénat (⁴); l'empereur se réserve le droit de proposer au sénat une partie des candidats (*candidati principis, Caesaris*) (⁵). Les candidats, désignés par le sénat ou par l'empereur, sont proposés à l'acclamation du peuple (⁶), et cette intervention du peuple subsiste, au moins pour les consuls, jusqu'au 3e siècle de l'Empire (DION CASS., LVIII, 20). Ces réunions du peuple n'avaient conservé des anciens comices que les formalités purement extérieures : du vote par classes et par centuries, du vote par tribu, le souvenir avait disparu depuis longtemps (⁷).

II. *Le sénat* (⁸). En vertu de sa *potestas censoria*, Auguste réorganisa le sénat. Il réduisit le nombre des sénateurs à 600 (DION CASS., LIV, 14), exigea un *census senatorius* d'un million de sesterces (ib., LIV, 17, 26), et en accordant certains priviléges non-seulement aux sénateurs, mais encore aux membres de leurs familles (⁹), il créa un ordre nouveau dans l'Etat : l'*ordo senatorius*.

(1) Cf. TAC., *Ann.*, IV, 16, XI, 13; la *lex Junia Norbana* (p. 158), et la *lex de imp. Vespas.*, qui se nomme elle-même une *lex rogata*.

(2) GOELL, *Des comices électoraux de l'empire* (en all.) dans le *Zeitschr. f. d. Alterthumsw.* 1856, p. 509.

(3) DION CASS., LIII, 21, LV, 34, LVI, 40.

(4) TAC., *Ann.*, I, 15. Cf. VELL. PAT., II, 126.

(5) VELL. PATERC., II, 124. TAC., *Ann.*, I, 15. *Lex de imp. Vesp.* STOBBE, *Les candidati Caesaris* (en all.) dans le *Philologus*, T. XXVII, p. 88 et XXVIII, p. 648.

(6) VOP., *Tac.*, 7. Cf. DION CASS., LVIII, 20.

(7) Cf. JUV., X, 80. *Dig.*, XLVIII, 14.

(8) MARQUARDT, II, 3, 210-234. LANGE, I, 611, II, 344-347, 358-361, 399-400, 410-411, 415-417. WALTER, §§ 277-281. CADUZAC, *Décadence du sénat romain depuis César jusqu'à Constantin.* Limoges, 1847. DUMÉRIL, *De senatu Romano sub imperatoribus Augusto Tiberioque.* Paris 1856. HERRMANN, *Senatus romani sub primis quinque Caesaribus quae fuerit fortuna ac dignitas.* Bruchsal, 1857.

(9) *Dig.*, I, 9. Cf. L, I, 22, § 5. SUET. *Aug.*, 38 etc.

Depuis Auguste le sénat se réunit régulièrement aux calendes et aux ides de chaque mois, à l'exception des mois de septembre et d'octobre *(senatus legitimus,* opposé à *senatus indictus)* (¹). Outre les consuls, préteurs et tribuns, le *jus relationis* et même *plurium relationum* (²) appartient à l'empereur, qui parfois préside lui-même (³), mais en règle générale fait lire sa *relatio,* sous la forme d'une *oratio, libellus, epistola principis,* par le *quaestor principis* (⁴).

Le sénat perd, il est vrai, de ses attributions anciennes, le gouvernement des provinces dites impériales, et l'administration des revenus de ces provinces (⁵); mais par contre, il est chargé d'une partie importante de la juridiction criminelle (⁶), il partage avec l'empereur l'exercice du pouvoir législatif (⁷), et depuis Tibère il exerce en partie les anciennes attributions électorales des comices (p. 270).

En droit, le sénat représente dès lors le peuple; il est le dépositaire du pouvoir souverain. Aussi est-ce le sénat qui, en droit, nomme (⁸) ou déstitue (⁹) l'empereur, et lui confère par la *lex de imperio* les pouvoirs impériaux (p. 269).

En fait, le sénat fut l'instrument servile des chefs de l'Empire : en fait, l'empereur fut désigné par son prédécesseur, ou proclamé par les prétoriens ou par les légions.

De plus, Auguste, en instituant une commission, composée surtout de sénateurs, comme le *concilium principis* (¹⁰), prépara la création du *consistorium principis* ou conseil

---

(1) Suet., *Aug.,* 35. *Lex de imp. Vesp.* Dion Cass., LV, 3.

(2) Dion Cass., LIII, 32. *Lex de imp. Vesp.* Vop., *Prob.,* 12. Capit., *Pert.,* 5 etc.

(3) Tac., *Ann.,* I, 7, III, 17. Suet., *Tib.,* 23.

(4) Dion Cass., LIV, 25. *Dig.,* I, 13, 1, § 2, XXVII, 9, 1, § 1.

(5) Voyez l'administration des provinces et des finances.

(6) Voyez le chapitre qui traite de la juridiction criminelle

(7) Gaj., I, 4. *Dig.,* I, 2, 2, § 9. — La plupart des sénatus-consultes législatifs ont rapport au droit civil ou criminel. Ils sont désignés par le nom du *relator,* par ex. *senatusconsultum Claudianum* (p. 63), *Silanianum* (p. 110) etc. Walter, § 439. Rudorff, *H. d. dr. r.,* I, §§ 46-53.

(8) Tac., *Hist.,* I, 12. Spart., *Hadr.,* 4. Cf. Vop., *Tac.,* 2, 12. *Florian.,* 5, 6.

(9) Suet., *Ner.,* 49. Spart., *Did. Jul.,* 8. Vop., *Flor.,* 6.

(10) Suet., *Aug.,* 35. Dion Cass., LIII, 21. Walter, §§ 276, 375.

d'Etat, qui se développa plus tard et finit par absorber les pouvoirs du sénat.

III. *Les magistratures*. Les anciennes magistratures républicaines sont maintenues avec leurs insignes et leurs honneurs; mais l'exercice de leurs pouvoirs antérieurs, concentrés désormais entre les mains de l'empereur, est délégué par celui-ci à de nouvelles magistratures impériales, qui dans le principe furent des dignités essentiellement militaires, et dont les titulaires sont nommés directement par l'empereur et ne dépendent que de lui.

1° *Les magistratures républicaines* (¹). Remarquons d'abord que, à côté des magistrats effectifs *(consulatu, praetura, aedilitate* etc. *functi)* (²), l'Empire introduit les magistrats honoraires, qui, sans exercer de pouvoir, ont le rang des magistrats effectifs. Cette distinction honorifique est accordée soit par l'empereur *(adlectio inter consulares, praetorios, tribunicios* etc.) (³), soit par le sénat *(ornamenta* ou *insignia consularia, praetoria, aedilicia* etc.) (⁴).

A) Consulat. Les consuls ne restent généralement en charge que deux mois *(consules ordinarii, consules suffecti)* (⁵), et dépendent complètement de l'empereur. Ils obtiennent une certaine juridiction (⁶). A la fin les *manumissiones* sont leur attribution principale (*Dig.* I, 10, 1). Le consulat subsiste en Occident jusqu'à 534 après J.-Chr.

<hr>

(1) Marquardt, II, 3, 235-275. Walter, §§ 282-285.

(2) Tac., *Ann.*, I, 39, II, 33, 67, IV, 58, VI, 30 etc.

(3) Dion Cass., LII, 42. Cf. XLIII, 47. Plin., *Ep.*, I, 14, § 5. Cap., *M. Aur.*, 10.

(4) Tac., *Ann.*, XI, 4, 38, XII, 53. Suet., *Claud.*, 28. Orelli, *Inscr.*, 3986. Les *ornamenta* ne confèrent point le *jus sententiae dicendae* au sénat. A. W. Zumpt, *honorum gradus sub imperatoribus Hadriano et Antonino Pio*, dans le *Rhein. Mus.*, 1843.T. II, 249-289. Nipperdey, *Les honneurs extraordinaires conférés à Octavius en 43 av. J.-Chr. Ornamenta consularia etc., sententiam dicere, et allegi inter consulares* etc. Second appendice aux *leges annales* de l'auteur.

(5) Dion Cass., XLIII, 46, XLVII, 35. Cf. Suet., *Galb.*, 6. — Lange, I, 625-627.

(6) Gell., XIII, 25 (24), § 2. Dion Cass., LXIX, 7.

B) Préture (¹). L'abolition successive des *quaestiones per-petuae* diminue d'abord leurs attributions. L'Empire donne à certains préteurs des fonctions spéciales : *practores acrarii* (la garde de l'*aerarium* étant enlevée aux questeurs) (²), *practor hastarius* (³), *praetor tutelaris* (CAPIT., *M. Aur.*, 10) etc. Les préteurs pérégrin et urbain perdent une partie de la juridiction civile ; par contre ils obtiennent la juridiction des édiles curules (DION CASS., LIII, 2), une part de la *cura urbis* (DION CASS., LV, 8) et l'organisation des *ludi publici* qui devient leur charge la plus importante (DION CASS., LIV, 2). Le préteur pérégrin disparaît depuis Caracalla, le préteur urbain subsiste jusqu'au-delà de l'époque de Constantin *(Cod. Theod.*, VI, 4, 16).

C) Censure. Comme le *regimen morum*, la *lectio senatus* et la *recognitio equitum* font partie des attributions impériales, et que le recensement a perdu toute importance politique, cette magistrature disparaît dès le commencement de l'Empire. Plusieurs empereurs ont cependant porté le titre de *censor* (⁴).

D) Tribunat de la plèbe (⁵). Ils conservent le droit de présider le sénat (DION CASS., LVI, 47) ; ils exercent l'*auxilium* (ib., LX, 28) et l'*intercessio* (ib., LVII, 15), mais jamais contre l'Empereur, dont ils dépendent complètement (⁶). Ils obtiennent une certaine juridiction *(Dig.*, I, 2, 2, § 34), et participent à la *cura urbis* (DION CASS., LV, 8). Ils subsistent jusqu'après Constantin *(Cod. Theod.*, XII, 1, 74, § 3).

E) Edilité (⁷). Sa juridiction et la *cura ludorum* passent

---

(1) LANGE, I, 666-667. Foss, *Quaest. criticae, quibus interposita est disput. hist. de praetoribus Rom., qui sub imperatoribus fuerunt.* Altenburg, 1837.

(2) DION CASS., LIII, 32. TAC., *Hist.*, IV, 9.

(3) *« Qui inter fiscum et privatos jus diceret. » Dig.*, I, 2, 2, § 32.

(4) BECKER, II, 2, 246. MARQUARDT, II, 3, 300, ne 1334.

(5) LANGE, I, 713-715. GOELL, *Le tribunat du peuple sous l'Empire* (en all.) dans le *Rhein. Mus.*, 1858. T. XIII, p. III.

(6) DION CASS., LX, 28. Cf. TAC., *Ann.*, VI, 47, XIII, 28, XVI, 26.

(7) LANGE, I, 734-735. GOELL, *de Romanorum aedilibus sub Caesarum imperio.* Schleiz, 1860.

aux préteurs. Elle perd en outre la *cura annonae* (¹), et partage la *cura urbis* avec d'autres magistrats (DION CASS., LV, 8). La dernière mention de cette magistrature est faite vers 240 après J.-Chr. (ORELLI, *Inscr.*, 977).

F) Questure. Elle perd la garde de l'*aerarium* (p. 273). Quatre questeurs sont attachés au service des deux consuls (²), un à la personne de l'Empereur *(quaestor principis)*. Celui-ci exerce depuis Constantin les fonctions de chancelier de l'Empire (³).

2° *Magistratures impériales* (⁴).

A) La *praefectura urbis* (⁵) fut instituée par Auguste (25 avant J.-Chr.) pour exercer le commandement des 5 *cohortes urbanae*, qui étaient chargées de la police de la sûreté politique de la ville (⁶).

Le *praefectus urbis* exerce la direction suprême de la *cura urbis*, et, à ce titre, tous les magistrats auxquels la *cura* compète, lui sont subordonnés (⁷).

Il obtient en outre, surtout depuis la suppression des *quaestiones perpetuae*, la juridiction criminelle à Rome, et *intra centesimum miliarium* (⁸).

---

(1) Elle est accordée à une nouvelle magistrature, la *praefectura annonae*. Voyez plus loin. Les édiles gardent cependant la surveillance des marchés (SUET., *Tib.*, 34. *Dig.*, L, 2, 12).

(2) DION CASS., XLVIII, 43. TAC., *Ann.*, XVI, 34.— LANGE, I, 747-749.

(3) Voyez p. 271, n° 4. — BOECKING, *Ad notitiam dignitatum*. Bonn, 1839. I, 247, II, 324.

(4) MARQUARDT, II, 3, 276-291. WALTER, §§ 286-290, 292, 293. BOECKING, *Ad notit. dignit.*, I, 164-180, II, 140, 181.

(5) REIN, *Praefectus urbis* (en all.) dans PAULY's *Realenc.*, VI, 14.

(6) TAC., *Ann.*, VI, 11. *Hist.*, III, 64. DION CASS., LII, 21, LIV, 6, LV, 24. — MARQUARDT, III, 2, 381 383. EICHHORST, *De cohortibus urbanis imperatorum Romanorum*. Dantzig, 1864.

(7) BOECKING, l. l., I, 181, II, 172-173. Sur les fonctionnaires subalternes, qui furent institués sous Auguste pour administrer, sous la direction des édiles, préteurs et tribuns, les XIV *regiones*, dans lesquelles Rome fut divisée sous l'Empire, voyez EGGER, *Examen des historiens d'Auguste*. Paris, 1844. 2d Appendice, pp. 360-375.

(8) DION CASS., LII, 21. *Dig.*, I, 12.

Dans les causes civiles il est chargé de l'instance d'appel (¹).

Le *praefectus urbis* devient ainsi la première magistrature de la ville *(culmen urbanum)* (²).

De ses sentences il y a appel à l'Empereur (³).

B) La *praefectura vigilum* fut créée en 6 ap. J.-Chr. pour le commandement des 7 *cohortes vigilum*, auxquelles était confiée la police des incendies et de la sûreté matérielle de la ville (⁴). Le *praefectus vigilum* obtient en outre une certaine juridiction criminelle (incendiaires, voleurs etc.), mais il est en toutes ses attributions subordonné au *praefectus urbis* *(Dig.,* I, 15, 3, § 1).

C) La *praefectura annonae*, dont le titulaire est également soumis au *praefectus urbis*, et investi, en dehors de la *cura annonae*, d'une juridiction criminelle et civile sur les *frumentarii*, etc. (⁵).

D) La *praefectura praetorii* (⁶) ne comprenait d'abord que le commandement militaire des 9 *cohortes praetoriae* ou de la garde impériale (⁷). Elle était gérée en règle générale par deux dignitaires, parfois par un seul, parfois par trois (⁸). Le rôle important que cette garde a joué dans l'histoire de l'Empire romain, explique le développement progressif du

---

(1) *Cod. Theod.*, XI, 30, 2, 3, 13, 17. *Cod.*, VII, 62, 17 etc. Cf. *Dig.*, IV, 4, 38. Dion Cass., LII, 21, 33.

(2) Cassiod., *Variar.*, IV, 29.

(3) *Dig.*, XLIX, 1, 6; 2, 1. *Cod. Theod.*, XI, 30, 23. Cf. *Dig.*, IV, 4, 38. Dion Cass., LII, 33.

(4) Dion Cass., LV, 26. *Dig.*, I, 15. — Rein, *Vigiles* (en all.) dans Pauly's *Realencycl.* T. VI, 2594. Marquardt, III, 2, 383-384. Kellermann, *Vigilum Romanorum latercula duo Coelimontana.* Rome, 1835.

(5) Dion Cass., LII, 24, 33. LIV, 17. *Dig.*, XLVIII, 2, 13. — Marquardt, III, 2, 106-108. Rein, *Praefectus annonae* (en all.) dans Pauly'-*Realencycl.*, VI, 9. Sur la *cura annonae*, voyez outre l'ouvrage indiqué p. 260, n° 7, Mommsen, *les trib. rom.*, 178-208. Kuhn, *sur l'importation du blé à Rome dans l'antiquité* (en all.) dans le *Zei'schr. f. Alterthumsw.* 1845, p. 993-1008, 1073-1084. Hirschfeld, *Annona* dans le *Philologus*, T. XXIX. 1869, pp. 1-96.

(6) Rein, *Praefectus praetorii* (en all.) dans Pauly's *Realencycl.*, VI, 11-14.

(7) Dion Cass., LV, 10. Cf. LII, 24, LIII, 11. Tac., *Ann.*, IV, 2. — «*Praefectus praetorianarum cohortium*» Suet., *Tit.*, 4. — Marquardt, III, 2, 378-381.

(8) Voyez Marquardt, II, 3, 288, n° 1274₃

pouvoir des *praefecti*. Déjà depuis Tibère (TAC., *Ann.*, VI,
8), mais surtout depuis Commode, ils exercent une autorité
illimitée, presque égale à celle de l'Empereur (¹). Toutes les
armées de l'Empire (CAPIT., *Gord.*, 28), et bientôt après, les
finances et les provinces (²) sont placées sous leur haute administration. Ils ont en l'absence de l'Empereur la présidence du
consilium ou *consistorium principis*, ils publient des *rescripta*,
ayant force légale *(Cod.*, I, 26, 2), et peuvent être chargés
par l'empereur de recevoir l'*appellatio* tant au criminel qu'au
civil, *vice sacra* (³).

Les réformes ultérieures d'Adrien (117-138 après J.-Ch.),
de Dioclétien (284-305) et surtout de Constantin (324-327)
ont achevé la transformation définitive de la République romaine en deux Empires monarchiques, absolus et héréditaires, avec une administration uniforme et puissamment
centralisée dans toutes leurs divisions et subdivisions.

(1) DION CASS., LXXII, 9. LAMPR., *Comm.*, 5.
(2) BETHMANN-HOLLWEG, *Organisation judiciaire et procédure civile, à
l'époque de la décadence de l'Empire*. Bonn, 1834 (en all.), I, 76.
(3) *Cod. Theod.*, XI, 30, 16. CASSIOD., *Var.*, VI, 3. DION CASS., LXXV,
15. CAPIT., *Marc. Aur.*, II. BETHMANN-HOLLWEG, l. l., 80. GEIB, *Hist. de la
procédure criminelle*, p. 431.

LIVRE III. — DES BRANCHES PRINCIPALES DE L'ADMINISTRATION.

SECTION I. — DE L'ORGANISATION JUDICIAIRE.

Le droit romain distingue entre les *judicia privata (actiones forenses, privatae)* et les *judicia publica* (¹).

Les *judicia privata* comprennent :

1° Les procès civils proprement dits.

2° Les procès pour délits privés *(delicta privata, Dig.,* XXI, 1, 17, § 18); c'est-à-dire les actions portant sur des *" obligationes quae ex delicto oriuntur, veluti si quis furtum fecerit, bona rapuerit, damnum dederit, injuriam commiserit* (²). *"*

Les *judicia publica* sont les procès pour des *crimina pu-*

(1) *Inst.,* IV, 18, pr. *Dig.,* XLVII, 9, 1, § 1 ; 20, 1. Cf. Quintil., *Inst· or.,* III, 10, § 1. — Cette distinction fondamentale ne coïncide pas complètement avec la division moderne en *juridiction civile* et *criminelle,* qui se trouve pourtant nettement formulée dans ce passage de Cic., *p. Caec.,* 2, § 6. *" Omnia judicia aut distrahendarum controversiarum aut puniendorum maleficiorum causa reperta sunt. "*

(2) Gaj., III, 182. — Walter, §§ 789-802. Rudorff, *H. d. dr. r.,* II, §§ 105-110. Rein, *Dr. c.,* p. 736-758.

blica (¹), tels que les *judicia perduellionis, majestatis, ambitus, repetundarum, de peculatu, de sicariis, veneficis, de vi* etc. (²).

Les *delicta privata* deviennent par certaines circonstances des *crimina publica*, de telle sorte que dans ce cas l'accusateur a le choix entre le *judicium privatum* et le *judicium publicum*. (³).

Les différences essentielles entre les *judicia publica* et *privata* portent :

1° Sur le juge compétent et la procédure à suivre, dont nous parlerons dans les deux chapitres suivants.

2° Sur le droit, qui les régit, en ce sens que, en dehors de la loi, l'édit prétorien agit sur les *judicia privata*, non sur les *judicia publica*.

3° Sur les conséquences du procès. Le *judicium privatum* entraîne la perte ou le gain de la chose en litige, parfois des amendes pécuniaires, et exceptionnellement l'*infamia* (p. 124). Les *judicia publica* peuvent, en dehors de ces peines, atteindre le *caput* (vie, liberté, droit de cité) de l'accusé (⁴).

Ch. I. DES JUDICIA PUBLICA.

§ 1. *Des judicia publica jusqu'à l'institution des quaestiones perpetuae* (⁵).

A l'époque royale, le pouvoir judiciaire tant criminel que civil appartient au roi (p. 34. Cf. p. 36).

Du temps de la République, les *leges de provocatione*, la

---

(1) *Dig.*, XXI, 1, 17, § 18 ; XLVIII, 1, 1 : «*Non omnia judicia, in quibus crimen vertitur, et publica sunt, sed ea tantum quae ex legibus judiciorum publicorum veniunt.*»

(2) WALTER, §§ 803-818. RUDORFF, *H. d. dr. r.*, II, §§ 111-121.

(3) *Inst.*, IV, 4, § 10. *Dig.*, XLVII, 1, 3 ; 2, 92.

(4) Les pénalités légales d'après CIC. cité par S. AUG., *De civ. Dei*, XXI, 11, sont au nombre de huit : *damnum, vincula, verbera, talio, ignominia, exsilium, mors, servitus*. Cf. *Dig.*, L, 16, 103 et 131. — WALTER, §§ 819-827. RUDORFF, II, § 123-125.

(5) Les travaux modernes sur ce sujet sont cités p. 181, nᵒˢ 2 et 3.

lex Aternia Tarpeja et la législation décemvirale octroient la compétence des *judicia publica*, relatifs aux citoyens, aux comices centuriates (p. 181), tributes et aux *concilia plebis* (p. 183).

Exceptionnellement le jugement est délégué par le peuple à une *quaestio extraordinaria* (p. 185).

Cependant le *jus vitae et necis, sine provocatione*, appartient au *paterfamilias*, à l'égard de ceux qu'il a *in patria potestate* (p. 71), à l'époux, assisté du *consilium domesticum*, à l'égard de la femme *in manu* (p. 70, n^es 1, 2), au *Pontifex Maximus*, sur les vierges vestales et leurs complices en cas d'inceste (¹), aux magistrats *cum imperio* sur les citoyens-soldats et sur les non-citoyens (p. 183). Ces magistrats ont en outre, de même que les tribuns de la plèbe, un droit de coercition à l'égard de tous les citoyens (p. 219, n° 4), et les *III viri capitales* exercent une certaine juridiction criminelle sur les esclaves et les *humiles* (p. 265).

En outre, tous les magistrats et le *Pontifex Maximus* (p. 184, n° 2) jouissent de la *multae dictio* (p. 183).

La juridiction sur les villes soumises et alliées de l'Empire compète en dernière instance au sénat (p. 211).

§ 2. *Des quaestiones perpetuae* (²).

La *quaestio perpetua* (appelée ainsi par opposition aux *quaestiones extraordinariae*) est un tribunal criminel, permanent, ayant une compétence déterminée, et composé d'un président et de jurés qui changent annuellement.

---

(1) Liv., IV, 44, VIII, 15, XXII, 57. Fest., p. 241 et 333. Cic., *de leg.*, II, 9, § 22. — Geib, *Hist. de la proc. crim.*, p. 159. Marquardt, IV, 245-247. Comparez-y Zumpt, *Dr. crim.*, 1, 1, 110-121 et 348 349.

(2) Walter, §§ 254, 834 836, 849 852. Rudorff, *H. d. dr. r.*, I, § 39, II, §§ 102-103, 127-134. Geib, *Hist. de la proc. crim.*, 2e période, p. 169, suiv., et la critique de cet ouvrage par Mommsen, dans la *Neue Jenaische allg. Litteraturzeitung*. 1844, p. 245. Rein, *Dr. crim.*, p. 63-67. A. W. Zumpt, *Le droit crim. de la Rép. rom.* T. II. 1e partie. *Les tribunaux criminels jusqu'à la législation de Sulla*. Berlin, 1868. 2e partie. *Les tribunaux criminels depuis L. Sulla jusqu'à la fin de la République*. Berlin, 1869 (en all.).

Chaque *quaestio perpetua* est instituée par une loi spéciale, qui précise sa compétence criminelle, la composition du tribunal (le nombre de jurés de la *quaestio* en général, le nombre de juges pour chaque procès particulier, avec le mode spécial de désignation), la procédure à observer et les pénalités à prononcer. Cette loi peut être modifiée ou complétée par des lois suivantes (¹).

La première *quaestio perpetua* fut instituée par la *lex Calpurnia* pour juger les *judicia repetundarum*, 149 av. J.-Chr. (Cic., *Brut.*, 27, § 106). Le même système fut appliqué ensuite à d'autres catégories de crimes, et développé surtout par Sulla (*quaestio perpetua inter sicarios, de veneficis, de ambitu, de peculatu* etc.) (²).

I. *La présidence* des différentes *quaestiones perpetuae* est répartie par le sort entre les préteurs (p. 245), et, si leur nombre ne suffit pas, entre des particuliers qui s'appellent *judices quaestionis* (³).

II. *Des jurés* ou *judices selecti*. (Cic., *p. Cluent.*, 43, § 121).

Le droit de siéger comme juges dans les *quaestiones perpetuae* appartint d'abord aux sénateurs (p. 211) ; mais il leur fut enlevé et conféré aux membres de l'ordre équestre par la loi judiciaire de C. Gracchus, 123 av. J.-Chr.(p. 146, n° 3).

La composition de la *quaestio repetundarum*, la *quaestio* principale, sinon unique de cette époque, fut organisée par la *lex (Acilia?) repetundarum* (123 ou 122 av. J.-Chr.) de la manière suivante : le préteur pérégrin choisit parmi les membres de l'ordre équestre 450 jurés et en publie la liste (*album*

---

(1) Nous possédons, presqu'en entier, une loi organique de ce genre concernant la *quaestio repetundarum*, et qui semble être la *lex Acilia* de 123 ou 122 av. J.-Ch. Cf. Mommsen, *Inscr. lat. antiq.*, p. 49-72. Zumpt, *Dr. crim.*, II, 1, 99-116.

(2) *Dig.*, I, 2, 2, § 32. Cic., *p. Cluent.*, 53, § 147, 54. *Verr.*, I, 13. Ascon., pp. 54, 60, 62. Or.

(3) *Coll. leg. Mos.*, I, 3, § 1. *Dig.*, XLVIII, 8, 1, § 1. Cf. Walter, § 835, n° 13. — Le mode de désignation de ces *judices quaestionum* est inconnu. Sur l'*officium* du *praetor* ou *judex quaesitor* voyez *Auct. ad Herenn.*, IV, 35. — Cf. Zumpt, *Dr. crim.*, II, 2, 137-155.

judicum). Pour chaque procès, chacune des deux parties choisit sur cette liste 100 membres, et récuse *(rejicere)* ensuite 50 de ceux qui ont été fournis par la partie adverse. Les 100 restants forment le tribunal définitif ([1]).

Des lois nombreuses modifièrent dans la suite la composition de l'*album judicum (leges judiciariae)*. La *lex Livia* de 91 av. J.-Chr. fit entrer 300 *equites* dans le sénat, et rendit aux sénateurs le droit d'être jurés ([2]).

La *lex Plautia* (89 av. J.-Chr.) ordonna l'élection des jurés aux comices, 15 par tribu (Ascon., p. 79 Or.).

La *lex Cornelia* (81 av. J.-Chr.) rendit le privilége au sénat ([3]). D'après les lois de Sulla, le préteur tirait au sort pour chaque procès la dixième partie du sénat sur laquelle les parties pouvaient en récuser un certain nombre. ([4]).

La *lex Aurelia*, 70 av. J.-Chr., composa l'ordre judiciaire de 3 décuries : sénateurs, *equites, tribuni aerarii* ([5]). César, 46 av. J.-Ch., supprima la *decuria tribunorum aerariorum* ([6]), et Antoine, 43 av. J.-Chr., y substitua une décurie de centurions et de vétérans, qui fut de courte durée ([7]). Les *leges Juliae judiciorum publicorum et privatorum* d'Auguste instituèrent 4 décuries de juges : sénateurs, *equites, tribuni*

---

(1) *Lex repet.*, l. 13-15, 19-26. Voyez p. 280, n° 1.

(2) App., *B. c.*, I, 35. Cf. Aur. Vict.; *De vir. ill.*, 66. Liv., *Epit.*, LXX, LXXI. — Les anciens parlent d'une *lex Servilia*, qui antérieurement à la *lex Livia* (106 avant J.-Chr.) aurait rendu aux sénateurs le droit d'être jurés. Tac., *Ann.*, XII, 60. Cic., *Brut.*, 43, § 161. *de invent.*, I, 49, § 92 etc. Mais si cette loi a été réellement adoptée, elle ne peut pas avoir été longtemps en vigueur. Cf. Cic.. *Verr.*, I, 13, § 38. Pseud. Ascon., p. 103, 145. Or. — Zumpt, *Dr. crim.*, II, 1, 188-196.

(3) Tac., *Ann.*, XI, 22. Vell. Paterc., II, 32. Pseudo. Asc., pp. 99, 103. Or. etc.

(4) *Scol. Gronov.*, p. 392. Or. Cf. Cic., *p. Cluent.*, 27, § 74. — Wilmanns, *Des tribunaux sous l'empire de la lex Cornelia judiciaria* (en all.) dans le *Rhein. Mus.*, 1864. T. XIX, 528-541.

(5) Ascon., pp. 16, 78. *Scol. Bob.*, p. 229, 339. Cf. Cic., *Phil.*, I, 8, § 20. — Sur les *tribuni aerarii* voyez p. 47, n° 8, et les finances.

(6) Dion Cass., XLIII, 23. Suet., *Cés.*, 41.

(7) Cic., *Phil.*, I, 8, V, 5, 6, XIII, 2, 3.

aerarii et *ducenarii* ([1]). Caligula y ajouta une cinquième décurie (Suét., *Calig.*, 16).

Depuis la *lex Aurelia*, l'*album* des *judices selecti* ([2]) est formé annuellement par le préteur urbain conformément aux prescriptions des *leges judiciariae*. Les questeurs urbains répartissent les jurés ensuite par le sort entre les différentes *quaestiones perpetuae* (Dion Gass., XXXIX, 7).

Le nombre de juges, qui doivent siéger dans chaque procès, varie d'après la *quaestio* ([3]). Pour constituer le tribunal, le président tire au sort parmi les jurés de la *quaestio*, un nombre supérieur au nombre prescrit, afin que les parties puissent exercer leur droit de *rejectio* ([4]).

III. *Procédure.*

Sauf les exceptions légales ([5]), tout citoyen peut se porter accusateur. A cet effet il doit d'abord : *delationem nominis postulare* ([6]) auprès du préteur ; s'il y a des compétiteurs, un débat est engagé devant le magistrat, et celui-ci décide à qui l'accusation sera confiée *(divinatio)* ([7]). Alors, après un

----

(1) Depuis Auguste les juges des *judicia privata* étaient pris aussi de l'*album judicum* (Cf. *fragm. Vatic.*, § 197-198. *Dig.*, XXII, 5, 4. Gell., XIV, 2, § 1). Il semble même que la *decuria ducenariorum*, de même que probablement la 5e de Caligula, n'était instituée que pour les procès civils (Suét., *Aug.*, 32). La composition des trois autres décuries est très-controversée. Walter, § 837, n^e 9. Rudorff, I, § 39, II, § 103. Le passage de Plin., XXIII, 7-8 (1-2), qui en traite, est en effet très-obscur.

(2) Cic., *p. Cluent.*, 43. Cf. Suét., *Claud.*, 16. Sén., *de benef.*, III, 7.

(3) Cf. Cic., *ad Att.*, I, 16, § 5, IV, 15, § 4, 16, § 9.

(4) Cf. *ad Att.*, 1, 16, § 3. *p. Planc.*, 17. — Plusieurs lois, telles que la *lex Vatinia* (59 av. J.-Chr.), la *lex Licinia* (55) etc., portèrent des prescriptions spéciales sur le mode de composition du tribunal et le droit de *rejectio*. Lorsqu'après la constitution définitive du tribunal, un membre devait s'abstenir, par exemple parce qu'il avait été élu à une magistrature (car le magistrat ne peut pas être juré) ou pour d'autres motifs légaux, il était remplacé par *subsortitio*. Cf. Rudorff, II, § 103.

(5) Walter, § 854, Rudorff, II, § 127.

(6) Cic., *divin.*, 20. *Ad div.*, VIII, 6.

(7) « *Cum de constituendo accusatore quaeritur judiciumque super ea re redditur, cuinam potissimum ex duobus pluribusve accusatio subscriptiove in reum permittatur, ea res atque judicum cognitio* «*divinatio*» *appellatur.* » Gell., II, 4. Cf. *Dig.*, XLVIII, 2, 16. Cic., *Ad Quint.*, III, 2, § 1.

certain délai, la *delatio nominis* est faite par l'accusateur en présence du magistrat et de l'accusé dûment cité (1). Là a lieu une première instruction contradictoire *(legibus interrogare)* (2); l'acte d'accusation est formulé et signé par l'accusateur et ceux qui l'appuient *(subscriptio)* (3), et la cause est mise au rôle *(receptio nominis)* (4).

Au jour fixé pour le procès (après 10 jours ou plus) (5), le président constitue le tribunal ; et les jurés, éventuellement le *judex quaestionis*, prêtent serment (6).

Les plaidoiries *(actio perpetua)* de l'accusateur et de l'accusé, dont la durée, primitivement libre, fut limitée par une *lex Pompeia (tempus legitimum)* (7), sont suivies de l'*altercatio* : «*Neque alia dicuntur in altercatione* (que dans l'*actio perpetua), sed aliter, aut interrogando, aut respondendo* (8). »

L'administration des preuves *(probatio, testimonia, instrumenta* etc.) est faite soit pendant soit après les débats (9).

Les débats sont suivis du vote des jurés, *(mittere in consilium,* Cic., *p. Cluent.*, 30, § 83). Chaque juré jette dans l'urne une tablette sur laquelle il inscrit ou *A(bsolvo)*, ou *C(ondemno)*, ou *N(on) L(iquet)* (10). La majorité des voix *(sententia)* absout ou condamne. S'il n'y a pas de majorité ni pour la condamnation ni pour l'acquittement, la cause est remise *(amplius, ampliatio)* (11).

IV. La sentence est sans appel (12). Cependant le peuple peut exercer le droit de grâce, par exemple, en rappelant

(1) Cic., *Ad div.*, VIII, 6. *Ascon.*, p. 40, Or.

(2) Pseud. Asc., p. 128, 206. Or. *Scol. Bob.*, p. 342. Sall., *Catil.*, 18, 31.

(3) Ascon., p. 55, 59. Or. Cic., *p. Cluent.*, 47. Cf. *Div.*, 15-16.

(4) Cic., *Ad div.*, VIII, 8. *p. Cluent.*, 31. *Dig.*, XLVIII, 2, 3, § 1. Cf. Liv., XXXVIII, 55.

(5) Ascon., p. 59. Cic., *Ad Quint.*, II, 13.

(6) Cic., *Verr.*, I, 10 § 32. *p. Cluent.*, 33-35.

(7) Ascon., p. 40, 62. Or. Dion Cass., XL, 52. Cic., *Brut.*, 94. Tac., *Dial. de or.*, 38. Cf. Cic., *Verr.*, II, 1, 9, § 24-25.

(8) Quint., *Inst. or.*, VI, 4. Cf. 3, § 4. Cic., *Brut.*, 44.

(9) Cic., *p. Flacc.*, 10. *Verr.*, II, 2, 72. Quint., *Inst. or.*, V, 7, § 25.

(10) Pseud. Asc., p. 108, 164, Or. Cf. *leg. rep.*, 50-52.

(11) Cic., *Verr.*, II, 1, 9 § 26. Cf. Liv., XLIII, 2. Val. Max., VIII, 1, 11.

(12) Geib, *Hist. de la procéd. crim.*, p. 387-391. Eisenlohr, *Provocatio*, p. 30.

ceux qui ont été punis d'*interdictio aqua et igni* (p. 140, n° 4).

V. Jusqu'à la fin de la République, des causes criminelles ont encore été portées devant les comices, soit qu'elles ne fussent de la compétence d'aucune *quaestio perpetua*, soit pour des motifs exceptionnels. Dans ces cas, le jugement était délégué ordinairement par le peuple et le sénat à une *quaestio extraordinaria* (¹). —

§ 3. *Des judicia publica sous l'Empire* (²).

Sous Auguste le peuple perd définitivement ses attributions judiciaires (p. 269). Les *quaestiones perpetuae* sont maintenues (³), mais leur nombre diminue. En effet d'une part, le sénat (⁴) obtient la juridiction criminelle :

1) dans les causes de lèse-majesté (⁵),

2) dans les *judicia repetundarum* (⁶),

3) dans les causes capitales, relatives à un membre de l'ordre sénatorial (Dion Cass., LII, 31),

4) en général dans les causes d'une gravité exceptionnelle (⁷).

D'autre part, une certaine juridiction est accordée au *praefectus vigilum* et au *praefectus annonae* (p. 275), et surtout au *praefectus urbis* (⁸).

Peu-à-peu les *quaestiones perpetuae* disparaissent (⁹), et la juridiction du sénat diminue, de sorte que depuis Septime Sévère le *praefectus urbis* exerce seul toute la juridiction cri-

---

(1) Cf. Cic., *De fin.*, II, 16, § 54. *p. Mil.*, 5-6. Ascon., pp. 46, 53. *Scol. Bob. et Gronov.*, 276, 282, 443, Or. — Walter, § 834, n°ˢ 7 et 8.

(2) Walter, § 837-846. Rudorff, II, § 104.

(3) Cf. Tac., *Ann.*, II, 79, III, 12, XIV, 41 etc.

(4) Woltersdorff, *De l'influence de Tibère sur les procès au sénat* (en all.). Halberstadt, 1853. Lange, II, 414-415.

(5) Dion Cass., LII, 31, LVII, 15. Tac., *Ann.*, II, 28, IV, 42 etc.

(6) Tac., *Ann.*, III, 66, IV, 15 etc.

(7) Cf. Tac., *Ann.*, II, 42, 67, 85, III, 48, XIV, 17. Suet., *Aug.*, 5.

(8) Cf. *Dig.*, XLV, 1, 135, § 4, XLVII, 11, 8, XLVIII, 10, 24.

(9) Menn, *De interitu quaestionum perpetuarum.* Neuss, 1859.

minelle à Rome et *intra centesimum miliarium* (p. 274). Il est assisté d'un *consilium* (APUL., *Apol.*, p. 381 Oud.).

De toute sentence il y a *appellatio* à l'empereur [1], qui ou bien juge personnellement (Cf. SUET., *Aug.*, 33) ou délègue le jugement soit au sénat [2], soit aux *praefecti praetorii* (p. 276), soit à un simple *judex* (cf. PLIN., *Epit.*, VII, 6).

CH. II. DES JUDICIA PRIVATA [3].

§ 1. *De la judicis datio. Judices, arbitri, recuperatores,*
X et C viratus [4].

A l'avènement de la République la juridiction civile passa des rois aux consuls, et depuis 366 av. J.-Ch. au préteur et en partie aux édiles curules.

Cependant en règle générale le magistrat judiciaire ne juge pas lui-même. Il admet les parties à l'*actio*, et leur donne un juge *(judicis datio)*. Celui-ci fait la procédure *(cognitio causae)* et prononce la *sententia*. L'exécution incombe au magistrat. Les actes, posés devant le magistrat, constituent l'instance *in jure*; ceux, posés devant le délégué, l'instance *in judicio*.

L'institution de la *judicis datio* avait pour but de diminuer les charges du magistrat judiciaire, et d'augmenter la confiance des parties dans l'impartialité de la justice.

(1) *Dig.*, XLIX, 2, 1. Cf. TAC., *Ann.*, VI. 5. Dans les *Dig.*, l. l., § 2, il est dit qu'il n'y a pas d'appel des jugements du sénat, mais ce ne fut qu'une mesure transitoire.

(2) TAC., *Ann.*, III, 10, 37, IV, 22, VI, 7-10.

(3) ZIMMERN, *Histoire du droit civil romain* (en all.). Heidelberg, 1826-1829. 3 vol. BETHMANN-HOLLWEG, *Organisation judiciaire et procédure à l'époque de la décadence de l'empire romain* (en all.). Bonn, 1834. HEINECCIUS, *Antiquitatum Romanarum jurisprudentiam illustrantium syntagma retr. et auxit* MUEHLEN-BRUCH. Frankfort s/m. 1841. BOECKING, *Pandectes* (en all.). 2 vol. Bonn, 1853. 2e édit. WETZELL, *Système de la procédure civile* (en all.). Leipzig, 1854. KELLER, *La procédure civile en droit romain* (en all.). Berlin, 1855 (2e éd.). PUCHTA, *Cours des instilutes* (en all.). Berlin, 1856-1857. 3 vol. 5e édit. IHERING, *L'esprit du droit romain aux différents degrés de son développement* (en all.). Leipzig, 1852-1858. 2 vol.

(4) WALTER, §§ 692-702. RUDORFF, II, §§ 1-10, 14. REIN, *Dr. civ.*, 852-858, 865-877.

D'après la nature du procès et le vœu des parties la délégation est faite ou bien à des juges internationaux *(recuperatores)* ou à des juges nationaux *(judices)*. Ceux-ci sont ou bien des *judices majores, publici (Cod.*, III, 8, 1), investis pour une année d'une juridiction déterminée, comme les *decemviri* et les *centumviri,* ou des *judices privati.* Ces derniers se distinguent encore en *judices* dans un sens plus restreint et *arbitri.*

I. *Recuperatores.* Ils sont une création des traités internationaux. Ils ne jugeaient d'abord que des procès entre romains et étrangers (¹), mais comme la procédure suivie devant ces juges était plus expéditive que devant les autres (²), ils furent donnés dans la suite aussi pour juger des procès entre des citoyens (³).

Ils siégent en collége, ordinairement 3. Pour chaque procès le préteur tire au sort un nombre déterminé de *recuperatores* (par ex. 11), parmi lesquels chaque partie en récuse 4 *(sortitio* et *rejectio)* (⁴). Les trois qui restent connaissent de la cause.

II. *Tribunaux permanents.*

A) *Centumviratus* (⁵) Les *causae centumvirales* concernent *le droit de propriété, de succession, et de gentilité («in quibus usucapionum, tutelarum, gentilitatum, agnationum, alluvionum, circumluvionum, nexorum, mancipiorum, parietum, luminum,*

---

(1) Fᴇsᴛ., p. 274. — Cette opinion sur l'origine des *judicia recuperatoria* est combattue par Wᴀʟᴛᴇʀ, § 697, nᵉ 49. — Cᴏʟʟᴍᴀɴɴ, *De Romanorum judicio recuperatorio.* Berlin, 1835. Sᴇʟʟ, *La Recuperatio des Romains* (en all.). Braunschweig, 1837. Kᴜᴇʜɴᴀsᴛ, *De recuperatoribus ad Liv. locum XXVI,* 48. Thorn, 1845.

(2) Cf. Cɪᴄ., *p. Tull.,* 10, *divin.,* 17. *Verr.,* II, 3, 58. Gᴀᴊ., IV, 185.

(3) Voyez Rᴇɪɴ, *Dr. civ.,* 875, nᵉ 3.

(4) *Lex agr.,* 1. 37-38 dans les *Inscr. lat. ant.,* p. 81. Cf. Cɪᴄ., *Verr.,* II, 3, 11, § 28. XIV., XXVI, 48. Gᴀᴊ., IV, 46. — Parmi qui étaient-ils tirés au sort? Il y avait sur ce point des dispositions légales diverses. Cf. *leg. agr.,* 1.1.

(5) Bᴇᴛʜᴍᴀɴɴ-Hᴏʟʟᴡᴇɢ, *De la compétence du centumvirat* (en all.) dans Sᴀᴠɪɢɴʏ's *Zeitschr.* T. V, 11. Sᴄʜɴᴇɪᴅᴇʀ, *De centumviralis judicii apud Romanos origine.* Rostock, 1835. Zᴜᴍᴘᴛ, *De l'origine, de l'organisation et de l'importance du centumvirat* (en all.). Berlin, 1838. Jᴀɴssᴇɴ, *Monographies sur différentes parties de la jurisprudence* (en all.). Heidelberg, 1856.

stilicidiorum, testamentorum ruptorum aut ratorum, ceterarumque rerum innumerabilium jura versentur) (¹). — *Hasta decemviralis* (GAJ., IV, 16).

L'origine de ce tribunal est inconnue (²). Les membres sont désignés pour une année, probablement par le préteur, 3 par tribu (³). Le préteur préside (PLIN., *Epit.*.V, 21).

Du temps de l'Empire, ce tribunal, qui maintint toujours la procédure *per legis actiones*, comptait 180 membres (PLIN., *Epit.*, VI, 33), et il était divisé en 4 chambres ou *consilia*. Il arrivait qu'une cause était portée successivement devant 2 chambres (*judicium duplex, duae hastae*) (⁴). Dans d'autres procès les débats avaient lieu devant les 4 chambres réunies, mais elles jugeaient ensuite séparément *(quadruplex judicium)* (⁵).

B) *Decemviratus stlitibus judicandis.* Ce tribunal juge les *causae liberales* ou procès concernant le *status* des citoyens *(libertas, libertinitas, ingenuitas* etc.) (⁶). En outre les *X viri* assistent et suppléent le préteur dans la présidence du centumvirat (⁷).

L'origine de ce tribunal est également inconnue (⁸). Les membres, élus aux comices tributes, sont des *magistratus minores (XXVI viratus)* (⁹).

(1) CIC,, *de or.*, I, 38, § 173. Cf. *de leg. agr.*, II, 17, § 44. QUINT., *Inst. or.*, IV, 2, § 5. *Cod.*, III, 31, 12.

(2) NIEBUHR *(H. r.*, I, 472) et WALTER en attribuent l'origine à Servius Tullius. Les différentes opinions à ce sujet sont indiquées par REIN, *Dr. civ.*, 870, n⁰ 2.

(3) PAUL. DIAC., p. 54. VARR., *De r. r.*, II, 1, § 26. Cf. *Inscr. lat. ant.*, p. 21. — LANGE, I, 752-755. REIN, *X viri stlit. jud.* dans PAULY's *Realencyc.* T. II, p. 874.

(4) QUINTIL., *Inst. or.*, V, 2, § 1, XI, 1, § 78.

(5) QUINT., *Inst. or.*, XII, 5, § 6. PLIN., *Epit.*, VI, 33. Cf. I, 18, IV, 24, VI, 33.

(6) CIC., *p. Caec.*, 33, § 97. *p. dom.*, 29. § 78. Cf. *Dig.*, IV, 8, 32, § 7.

(7) Comparez *Dig.*, I, 2, 2, § 29, DION CASS., LIV, 26, SUET., *Aug.*, 36, avec PLIN., *Epit.*, V, 21.

(8) D'après l'opinion généralement reçue, les *X viri stl. jud.* sont les mêmes que les *judices X viri* auxquels la *lex Valeria Horatia* de 449 garantit l'inviolabilité. LIV., III, 55. D'après les *Dig.* I, 2, 2, § 29, leur création est plus récente et coïncide à peu près avec celle des *III viri capitales*. Cf. LANGE, I, 516-517. REIN, *Dr. civ.*, 869, n⁰ 1. RUDORFF, II, § 7, n⁰ 31.

(9) DION CASS., LIV, 26. CIC. *de leg.*, III, 3, § 6.

III. *Judex* et *arbiter*. — Le *judex* est lié strictement par le droit ou la formule du préteur; il est donné de préférence pour les *actiones stricti juris*. L'*arbiter* juge *ex aequo et bono*, et est délégué pour les *judicia bonae fidei* ou *arbitria* (¹).

Le *judex* ou *arbiter* est désigné par *conventio* ou accord des parties (Cic., *p. Cluent.*, 43 § 120). Le *petitor* (demandeur) a le droit de le proposer *(ferre judicem)* (²); le *reus* (défendeur) l'accepte *(sumit*, Cic., *p. Quint.*, 9), ou le récuse sous la foi du serment *(ejerare*, Cic., *de or.*, II, 70, § 285); sur quoi le *petitor* en présente un autre. Les parties peuvent aussi s'entendre librement *(sumere)* (³), ou ne pas récuser *(rejicere)* celui que le magistrat leur propose *(dare judicem)* (⁴). Le *judex arbiterve* prête serment (⁵).

Quoiqu'en règle générale les sénateurs fussent choisis comme juges (Polyb., VI, 17), cependant cela n'était pas obligatoire (⁶) Un pérégrin même pouvait être *judex* (Gaj., IV, 105). Ce n'est que depuis Auguste que les juges des *judicia privata* furent choisis exclusivement sur l'*album judicum* (p. 282, nᵉ 1).

Les magistrats judiciaires et les délégués sont assis-

---

(1) La différence entre le *judicium* et l'*arbitrium* est exprimée nettement dans ce passage de Cic., *p. Rosc. Com.*, 4 : « *Aliud est judicium, aliud arbitrium. Judicium est pecuniae certae : arbitrium incertae. Ad judicium hoc modo venimus, ut totam litem aut obtineamus, aut amittamus : ad arbitrium hoc animo adimus, ut neque nihil, neque tantum quantum postulavimus, consequamur. Ejus rei ipsa verba formulae testimonio sunt. Quid est in judicio? directum, asperum, simplex.* Si paret H-S ↀↃↃ dari oportere. *Hic, nisi planum facit* H-S ↀↃↃ *ad libellam sibi deberi, causam perdit. Quid est in arbitrio? Mite, moderatum,* quantum aequius melius, id dari. *Ille tamen confitetur plus se petere, quam debeatur : sed satis superque habere dicit, quod sibi ab arbitro tribuatur.* » Cf. Sénèq., *De clem.*, II,7. Sur la distinction entre les *judicia stricti juris* et les *judicia bonae fidei* voyez *Instit.*, IV, 6, §§ 28 et 30. Gaj., IV, 62, 64. Cf. Cic., *Top.*, 17, § 66. *de off.*, III, 15, § 61, 16, § 66, 17, § 70. Rudorff, II, § 42.

(2) Cic., *de or.*, II, 65, § 263, 70, § 285. Liv., III, 24, 57 etc.

(3) Plin., *praef.*, § 7-8. Quint., *Inst. or.*, V, 6, § 6. *Dig.*, V, 1, 80.

(4) Cic., *Verr.*, II, 2, 12, § 30. Plin., *Panég.*, 36.

(5) Cic., *p. Cluent.*, 43, § 121-122. Cf. *de off.*, III, 10, § 44.

(6) Y avait-il avant Auguste un *album judicum* pour les *judicia privata* ? Il semble que non. Voyez Rein, *dr. civ.*, 866, nᵉ 2. Walter, § 696, nᵉ 35.

tés ordinairement d'un conseil *(assessores consiliarii)* (¹).

« *Omnia autem judicia aut legitimo jure consistunt aut imperio continentur. Legitima sunt judicia, quae in urbe Roma vel intra primum urbis Romae miliarium inter omnes cives Romanos sub uno judice accipiuntur.... Imperio vero continentur recuperatoria et quae sub uno judice accipiuntur interveniente peregrini persona judicis aut litigatoris; in eadem causa sunt, quaecumque extra primum urbis Romae miliarium tam inter cives Romanos quam inter peregrinos accipiuntur.* » GAJ., IV, 103-105.

Le siége ordinaire des magistrats judiciaires et des délégués est le *forum* et spécialement le *comitium* (²).

Les actes judiciaires du magistrat, depuis la conception de la formule jusqu'à l'exécution de la sentence, sont soumis à l'*intercessio* d'une *potestas major* (Consul, VAL. MAX., VII, 7, 6), d'une *par potestas* (préteur) (³) et des tribuns (⁴).

§ 2. *De la procédure* (⁵).

L'histoire de la procédure civile se divise en trois périodes.

I. *Procédure per legis actiones (legitima actio)* (⁶). Elle prévalut jusqu'aux derniers siècles de la République. Son caractère distinctif, c'est que les parties, pour obtenir du pré-

---

(1) *Dig.*, I, 22. Cf. CIC., *de or.*, I, 37, § 168. *Top.*, 17, § 65-66. p. *Quint.*, 1-2 etc. — WALTER, § 742. RUDORFF, II, § 12.

(2) *Auct. ad Herenn.*, II, 13, § 20. GELL., XX, 1, § 47. PLAUT., *Poen.*, III, 6, 12.

(3) Cf. CÉS., *B. c.*, III, 20. CIC., *Verr.*, II, 1, 46, § 119·

(4) CIC., p. *Tull.*, 38. p. *Cluent.*, 27, § 74. ASCON., p. 84. Or. LIV., VI, 27 etc. — WALTER, § 759. REIN, *Dr. civ.*, 958, ne 1.

(5) WALTER, §§ 703-732. RUDORFF, II, §§ 20 34, 63-84. REIN, *Dr. civ.*, 882-933.

(6) KRUG, *Sur la legis actio et le centumvirat* (en all.). Leipzig, 1855. A. SCHMIDT, *De originibus legis actionum*. Fribourg, 1857. — GAJUS (IV, 11) dit : «*Legis actiones appellabantur, vel ideo quod legibus proditae erant, quippe tunc edicta praetoris, quibus conplures actiones introductae sunt, nondum in usu habebantur, vel ideo quia ipsarum legum verbis accommodatae erant et ideo immutabiles proinde atque leges observabantur.* »

teur l'admission à l'*actio*, doivent poser certains actes sym-
boliques et prononcer certaines formules sacramentelles, dans
lesquelles ils énoncent en termes précis leurs prétentions res-
pectives. La rigueur de cette procédure est telle que la
moindre inexactitude dans l'accomplissement de ces formalités entraîne la perte du procès *(litem perdere)* (¹).

Les *legis actiones* sont au nombre de cinq (GAJ., IV, 12) :

1° *Per sacramentum* (²). Elle consistait en ce que les deux
parties, en énonçant par des formules sacramentelles leurs
prétentions directement ou indirectement contradictoires (³),
déposaient *ad pontem* (⁴), comme gage de la vérité de leurs
prétentions, un *sacramentum*, c'est-à-dire une certaine
somme, dont la quotité dépendait de l'importance du litige (⁵),
à telle condition que le cautionnement du perdant serait con-
fisqué au profit de l'*aerarium (in publicum cedebat)* (GAJ.,
IV, 13).

« *Sacramenti actio generalis erat : de quibus enim rebus
ut aliter ageretur, lege cautum non erat, de his sacramento
agebatur.* » GAJ., IV, 13.

2° *per judicis postulationem*. Le nom, c'est tout ce que
nous en savons (⁶).

3° *per condictionem*, dans laquelle « *actor adversario de-
nuntiabat, ut ad judicem capiendum die XXX adesset... Haec
autem legis actio constituta est... lege quidem Silia certae*

---

(1) GAJ., IV, 11, 30. *Fragm. vat.*, § 318. CIC., *de or.*, I, 36, § 167.

(2) ASVERUS, *La legis actio sacramento* (en all.). Leipzig, 1837. STINTZING,
Des rapports entre la leg. act. sacr. et la procédure de la sponsio praejudicialis (en
all.). Heidelberg, 1853.

(3) Voyez p. 91 la *vindicatio*, introduite par la *legis actio per sacramentum*.

(4) *Ad pontem* veut dire : en un endroit sacré : *in sacro*. VARR., *de l. l.*, V,
36, p. 179, Sp. — Plus tard, le *sacramentum* (FEST., p. 344) fut garanti par
caution, *praedes* (GAJ., IV, 13), et celui du perdant recouvré par les *III viri
capitales* (FEST., l. l.).

(5) «*Poena autem sacramenti aut quingenaria erat aut quinquagenaria : nam
de rebus mille aeris plurisve quingentis assibus, de minoris vero quinquaginta
assibus sacramento contendebatur; nam ita lege XII tabularum cautum erat.*»
GAJ., IV, 14.

(6) Le passage de GAJUS, qui en traitait, est perdu. — Cf. GAJ., IV, 20.
REIN, *Dr. civ.*, 888, n° 4.

pecuniae, lege vero Calpurnia de omni certa re " GAJ., IV,
18-19.

4° *per manus injectionem.* Elle était accordée par la loi
des XII tables à l'*actor* contre celui qui était condamné en
justice, et ne s'exécutait pas. Il devait en ce cas fournir un
" *vindex qui pro se causam agere solebat* "; sinon, " *do-
mum ducebatur ab actore et vinciebatur* " (¹).

5° *per pignoris capionem.* Elle était permise aux soldats
pour recouvrer le paiement arriéré de leur solde, contre ceux
qui étaient chargés de donner la paye aux troupes; aux *publicani* " *adversus eos, qui aliqua lege vectigalia deberent* "
etc. GAJ., IV, 26-29.

Les trois premières *legis actiones* sont des procédures de
juridiction, les deux dernières, d'exécution.

Les quatre premières se font *apud praetorem praesente*
adversario, et à un *dies fastus.* Ces conditions ne sont pas
exigées pour la cinquième; aussi celle-ci n'était-elle pas universellement considérée comme une *legis actio.* GAJ., IV, 29.

Dans les procédures de juridictiction, à la suite de la *legis*
actio, le préteur accorde le juge. Devant celui-ci (*in judicio*)
se fait la procédure comprenant la *causae conjectio* ou *collectio* (²), la *peroratio*, l'*altercatio*, la *probatio* etc (³); ensuite
le juge prononce la *sententia.* (CIC., *de fin.*, II, 12, § 36
etc.). L'exécution est de la compétence du magistrat (⁴).

II. *Procedure per formulam.* " *Sed istae omnes legis actiones paulatim in odium venerunt : namque ex nimia sub-
tilitate veterum, qui tunc jura condiderunt, eo res perducta
est, ut vel qui minimum errasset, litem perderet; itaque per
legem Aebutiam et duas Julias* (⁵) *sublatae sunt istae legis*

---

(1) GAJ., IV, 21-25. Voyez p. 98, surtout n° 9.

(2) Tantôt on exprime par ces termes l'exposition sommaire de la cause,
qui précède les débats (PSEUD. ASCON., p. 164. Or. Cf. GAJ., IV, 15), tantôt
les débats en général (NON., IV, 89. GELL., V, 10).

(3) QUINTIL., *Inst., or.*, IV, 1, § 6, VI, 4 etc. — ESCHER, *De testium ratione.* Zurich, 1842.

(4) WALTER, §§ 750-751. RUDORFF, II, §§ 89-93.

(5) Cf. GELL., XVI, 10, § 8. Il est difficile de déterminer la part respective
qu'il faut attribuer à ces trois lois dans l'abolition des *legis actiones.* L'âge de la
lex Aebutia est complètement inconnu; ou la place entre la fin du troisième et

actiones effectumque est, ut PER CONCEPTA VERBA, *id est* PER FORMULAS *litigaremus. Tantum ex duabus causis permissum est lege agere, damni infecti et si* CENTUMVIRALE JUDICIUM *fit.* " GAJ., IV, 30-31.

Après une instruction sommaire de la cause, faite par le magistrat en présence des parties, le magistrat rédige une *formula*. Celle-ci comprend principalement les parties suivantes :

1° La *demonstratio*. " *Est ea pars formulae, quae ideo inseritur, ut demonstretur res, de qua agitur* " par ex. " QUOD AULUS AGERIUS NUMERIO NEGIDIO HOMINEM VENDIDIT. (¹) "

2° L'*intentio*. " *Est ea pars formulae, qua actor desiderium suum concludit* " par ex. " SI PARET, NUMERIUM NEGIDIUM AULO AGERIO SESTERTIUM X MILIA DARE OPORTERE " GAJ., IV, 41.

3° L'*adjudicatio* " *Est ea pars formulae, qua permittitur judici rem alicui ex litigatoribus adjudicare* " par ex. " QUANTUM ADJUDICARI OPORTET, JUDEX, CUI OPORTET, ADJUDICATO " GAJ., IV, 42. Elle n'intervient que dans les *judicia divisoria* (p. 90).

4° *Condemnatio*. " *Est ea pars formulae, qua judici condemnandi absolvendive potestas permittitur* " par ex. " JUDEX NUMERIUM NEGIDIUM AULO AGERIO SESTERTIUM X MILIA CONDEMNA. SI NON PARET, ABSOLVE " (²).

En dehors de ces parties principales, la *formula* peut contenir aussi des parties accessoires, telles que des *praescriptiones*, des *exceptiones* etc. (³). Mais de toutes les parties, principales ou accessoires, l'*intentio* est la seule qui soit absolument nécessaire dans toute formule (GAJ., IV, 44).

La *formula*, étant rédigée, est remise par le préteur au

le milieu du deuxième siècle avant J.-Ch. Cf. RUDORFF, I, § 44. Quant aux *leges Juliae*, on ne sait si elles ont été données toutes deux par Auguste, ou si l'une des deux est de César. WALTER, § 706. RUDORFF, I, § 39.

(1) GAJ., IV, 40. Cf. *Coll. leg. Mos.*, II, 6, § 3-5.

(2) GAJ., IV, 43. Cf. *Dig.*, XLII, 1, 1 et 3, L, 17, 37.

(3) GAJ., IV, 115-137. — RUDORFF, II, §§ 31-33. REIN, *Dr. civ.*, 908-913.

délégué, qui doit s'y conformer dans la procédure et dans le jugement.

§ 3. *Des judicia privata sous l'Empire* ([1]).

La procédure formulaire se maintient. Le nombre des magistrats judicaires est augmenté (préteurs, consuls, tribuns, pp. 272-273). De ceux-ci il y a appel au préfet de la ville (p. 275). La procédure *per sacramentum* est conservée devant le centumvirat (GAJ., IV, 31). A côté d'elles, une troisième procédure, qui jusqu'à cette époque n'était appliquée qu'extraordinairement, et qui s'appelle en effet :

III. *Per cognitionem* ou *persecutionem extraordinariam* ([2]), devient ordinaire, et reste à la fin seule en usage (*Inst.*, IV, 15, § 8). Dans celle-ci il n'y a qu'une seule instance, soit celle du magistrat sans intervention du *judex* ([3]), soit, pour des causes peu importantes, celle du délégué jugeant sans formule. *Judex pedaneus* ([4]). Du délégué il y a dès lors appel au magistrat délégant *(Dig.*, XLIX, 3, 3).

De toute sentence judiciaire il y appel à l'empereur, qui juge lui-même ou confie le jugement au sénat, à un magistrat ou à un *judex* ([5])

§ 4. *Des avocats et des avoués* ([6]).

I. Parmi les personnes qui assistaient les parties dans les procès ([7]), on a distingué de tout temps ([8]) deux catégories :

---

(1) WALTER, §§ 733-749, 759-760. RUDORFF, II, §§ 4, 11, 60. REIN, *Dr. civ.*, 858-863, 939-940.

(2) *Dig.*, L, 13 et 16, 178, §2. Cf. SUÉT., *Tib.*, 31. *Claud.*, 15.

(3) Voyez WALTER, § 743, n° 11. Cf. RUDORFF, II, § 60.

(4) *Cod.*, II, 8, 6 ; 13, 27 ; III, 3. Ils sont pris dans la corporation des *advocati. Cod.*, II, 7, 6. — Voyez BETHMANN-HOLLWEG, *Procéd. civ.* etc. pp. 135-152.

(5) Voyez p. 285. Cf. CAPIT., *M. Aur.*, 10. *Dig.*, XLIX, 3, 3. PAULL., V, 5A, § 1 etc.

(6) WALTER, §§ 781-787. RUDORFF, II, §§ 13, 17. REIN, *Dr. civ.*, 877-881.

(7) VAN LOO, *De advocato Romano*. Leiden, 1820. BENECH, *Etudes sur les classiques latines appliqués au droit civil romain*. I, p. 231 suiv. Paris, 1853. GRELLET-DUMAZEAU, *Le barreau romain*. Paris 1858.

(8) Voyez RUDORFF dans SAVIGNY's *Zeitschrift*, XIII, 57-61.

1° Les *jurisperiti* ou *jurisconsulti*, appelés plus tard aussi *pragmatici* (¹), qui donnaient des *consultationes* juridiques (*adhiberi in consilia, respondere de jure, juris scientia* ou *prudentia*) (²).

2° Les *causarum patroni, causidici, oratores* ou avocats plaidants (*causam dicere, eloquentia*) (³).

L'une profession n'excluait cependant pas l'autre (QUINT., *Inst. or.*, XII, 3). Le terme d'*advocati* désigna sous la République la première catégorie (⁴), sous l'Empire la seconde (⁵).

Les services des *patroni* étaient essentiellement gratuits. Une *lex Cincia* (204 av. J.-Chr.), renouvelée par un sénatus-consulte sous Auguste (⁶), défendit même aux avocats de recevoir des honoraires. L'empereur Claude fixa le maximum des honoraires à 10000 sesterces (⁷).

II. Sous le régime des *legis actiones* les parties ne pouvaient, sauf quelques exceptions, se faire représenter en justice (GAJ., IV, 82). Dans les autres procédures l'on distingue entre deux classes d'avoués : les *cognitores* et les *procuratores* (⁸).

« COGNITOR *certis verbis in litem coram adversario substituitur*... PROCURATOR *nullis certis verbis*... *sed ex solo mandato, et absente et ignorante adversario constituitur* » (GAJ., IV, 83-84).

<hr>

(1) QUINT., *Inst. or.*, III, 6, § 58-59, XII, 3, § 3-4. *Scol. ad Juv.*, VIII, 123.

(2) CIC., *Top.*, 17, § 65-66. *de or.*, I, 45, § 198, III, 33, § 134-135.

(3) CIC., *Top.*, l. l. *de or.*, III, l. l. *de off.*, II, 14, § 49-51. *p. Cluent.*, 40, § 110. PSEUD. ASC., p. 104. Or.

(4) CIC., *p. Mur.*, 4, § 9. *p. Cluent.*, 40, § 110. *p. Quint.*, 8, § 31.

(5) TAC., *Ann.*, XI, 5-6. *dial. de or.*, 1.

(6) DION CASS., LIV, 18. TAC., *Ann.*, XI, 5. — RUDORFF, *De lege Cincia.* Berlin, 1825. LANGE, II, 178.

(7) TAC., *Ann.*, XI, 7. — Dans les derniers siècles de l'Empire les *advocati* formaient une corporation spéciale, et n'étaient inscrits qu'en nombre déterminé (*Cod.*, II, 7, 8 et 11) sur la *matricula fori* (*Cod.*, II, 7, 13) dans chaque ressort judiciaire. Pour exercer les fonctions d'*advocatus*, il fallait alors avoir fait preuve de connaissances juridiques (*examen*) et d'ordinaire un certain stage (*supernumerarii*). *Cod.*, II, 7, § 11, 1.

(8) BETHMANN-HOLLWEG, *Essais* (en all.), p. 138-249.

« Cognitor *domini loco habetur.* « Il ne doit pas fournir caution *« judicatum solvi. « «Procurator... satis dare jubetur ratam rem dominum habiturum »* (Gaj., IV, 97-98), ou *« judicatum solvi «* (*Fragm. vat.,* § 317).

« *Cognitore interveniente, judicati actio domino vel in dominum datur... interveniente vero procuratore, judicati actio... ipsi et in ipsum, non domino vel in dominum, competit. « Fragm. vat.,* § 317).

Aux derniers siècles de l'Empire les *procuratores* sont complètement assimilés aux *cognitores* (1).

(1) *Dig.,* XLIV, 2, 11, § 7. Cf. *Fragm. vat.,* §§ 317, 331, 333.

Ch. I. — DES DÉPENSES PUBLIQUES (2).

Les sources des dépenses publiques sont les suivantes :

1° Les travaux publics *(opera publica)*, qui furent encore
du temps de POLYBE (VI, 13) la plus grande source de dépenses : réparation des bâtiments publics, constructions
nouvelles de temples, de *basilicae*, de *porticus*, de *fora*, de
théâtres, de ponts, d'aqueducs etc., à Rome, et en Italie, de
chaussées, de ports etc. (³).

2° Les *sacra publica* (⁴).

3° Les dépenses militaires, l'*aes equestre* et l'*aes hordiarium*
(p. 54), et depuis 406 av. J.-Chr. la solde des légionnaires

(1) MARQUARDT, III, 2, 65-231. REIN, *Vectigal* (en all.) dans PAULY's *Rea-
lencycl.*, VI, 2402-2419. BURMANN, *Vectigalia populi Romani*. Leiden, 1734.
HEGEWISCH, *Essai historique sur les finances romaines* (en all.). Altona, 1804.
BOSSE, *Traits fondamentaux du système des finances de l'Etat romain* (en all.).
Braunschweig, 1804. 2 vol. DUREAU DE LA MALLE, *Economie politique des
Romains.* Paris, 1840. 2 vol.

(2) MARQUARDT, III, 2, 65-118. WALTER, § 184.

(3) LIV., IX, 29, XXIX, 37, XL, 51, XLI, 27. POLYB., VI, 17 etc.

(4) Bien que chaque temple et les colléges de prêtres eussent leurs dotations,
suffisantes pour les dépenses ordinaires (DENYS, II, 7, cf. APP., *B. Mithr.*, 22,
DION CASS., XLIII, 47), l'*aerarium* pourvoyait aux dépenses de réparation et
construction de temples, des sacrifices et jeux publics etc. (cf. LIV., I, 20, XXV,
12, FEST., p. 347. Voyez plus haut, p. 261, n° 8).

(stipendium semestre, annuum, payé en une fois pour toute une campagne) (¹).

4° L'administration. Peu importants sous la République (car les *apparitores* seuls étaient salariés, p. 226, nᵉ 3), les frais de l'administration deviennent considérables sous l'Empire (²).

5° La *cura annonae.* Elle devient onéreuse pour le trésor depuis que les *leges frumentariae* (³)(la première fut de C. Gracchus, 123 av. J.-Chr.) ordonnent à l'état la distribution de blé à un prix inférieur au prix d'achat (⁴), et depuis l'époque de Clodius, 58 av. J.-Chr., des distributions gratuites (⁵). Il faut y ajouter sous l'Empire la distribution gratuite ou à bas prix d'huile, de viande, d'habillements etc. *(congiaria)* (⁶).

6° Les dépenses extraordinaires, telles que les récompenses nationales (⁷), la réception de députés étrangers (p. 263) etc.

Cʜ. II. — DES REVENUS DE L'ÉTAT (⁸).

Les revenus ordinaires consistent dans le *tributum* des citoyens et les *vectigalia.*

I. *Tributum ex censu* est l'impôt direct, payé d'après les institutions de Servius Tullius par chaque *paterfamilias* majeur,

---

(1) Lɪv.; IV, 59. Vᴀʀʀ., cité par Nᴏɴ., s. v. *aere dirutus.* Cf. Lɪv.; XXIV, 12. — MᴀʀQᴜᴀʀᴅᴛ, III, 2, 74, nᵉ 357. Sur le montant de la solde voyez Mᴏᴍᴍsᴇɴ, *Les trib. rom.,* p. 41, suiv.

(2) En effet des émoluments très-élevés furent accordés sous l'Empire à tous les fonctionnaires impériaux, aux *praefecti praetorii, urbis, vigilum* etc., aux membres du consistoire impérial, aux fonctionnaires de la cour, de l'enseignement public, des postes et des finances. Voyez MᴀʀQᴜᴀʀᴅᴛ, III, 2, 86 suiv.

(3) Lᴀɴɢᴇ, II, 642-644. Rᴜᴅᴏʀғғ, I, § 18. — Les travaux modernes sur la *cura annonae* sont mentionnés p. 275, nᵉ 5.

(4) *Scol. Bob.,* p. 300, Or. Cf. *Auct. ad Herenn.,* I, 12, § 21.

(5) Aѕᴄᴏɴ., p. 9. *Scol. Bob.,* p. 301. Or. Dɪᴏɴ Cᴀѕѕ., XXXVIII, 13. — Le nombre des citoyens qui participaient à cette distribution était à l'époque de César de 320000, mais il fut restreint par lui à 150000 (Sᴜᴇᴛ., *Cés.,* 41). Il augmenta de nouveau sous l'Empire. (Dɪᴏɴ Cᴀѕѕ., LV, 10).

(6) Lᴀᴍᴘʀ., *Al. Sev.,* 21 et 25. Vᴏᴘ., *Aurelian.,* 48 etc.

(7) Cf. Cɪᴄ., *Phil.;* IX, 7, XIV, 14. Vᴀʟ. Mᴀx., V, 1, 1. Rᴇɪɴ, *Index* (en all.) dans Pᴀᴜʟʏ's *Realenc.,* IV, 122, et *Praemia,* ib., VI, 18.

(8) MᴀʀQᴜᴀʀᴅᴛ, III, 2, 119-215. Wᴀʟᴛᴇʀ, § 180-183, 238-242, 321-329.

pro portione census (¹), soit un pour mille ou ¹/₁₀ p. c. *(tributum simplex)*, soit deux pour mille ou ¹/₅ p. c. *(tributum duplex)*, soit plus, d'après la décision du sénat (²). Cet impôt servait surtout aux dépenses militaires, et ne fut régulièrement perçu que depuis l'introduction de la solde (³). Ajoutez-y le *tributum ex censu* arbitrairement multiplié des *aerarii* (p. 126), et le *tributum* spécial pour l'*aes hordiarium*, dû aux *equites equo publico* par les *orbi* et *viduae* (⁴).

Depuis la conquête de la Macédoine, 167 av. J.-Chr., le *tributum* ne fut plus perçu (⁵).

II. Les *vectigalia* (⁶).

1° Les revenus de l'*ager publicus* en Italie, et en province de l'*ager publicus populi Romani a censoribus locatus*, c'est-à-dire du sol des *civitates stipendiariae*, pour autant qu'il n'a été ni vendu par l'Etat *(ager privatus vectigalisque, ager quaestorius)*, ni *stipendiariis datus assignatus* (⁷). — *Vectigal decumae scriptura pecoris* (⁸).

A la fin de la République, il n'y avait plus guère d'*ager publicus* en Italie; sous l'Empire il diminue aussi considérablement en province (⁹).

---

(1) Varr., *de l. l.*, V, 36, p. 179 Sp. Liv., I, 42-43. Cf. Denys, IV, 11, 19. — Lange, I, 466-478.

(2) Liv., XXIII, 31, XXIX, 15, XXXIX, 44 etc.

(3) Denys, IV, 11, 19. Plutarq., *Poplic.*, 12, Cic., *de off.*, II, 21, § 74. De là le *tributum* s'appelle aussi *stipendium*; il était parfois levé pour certaines autres dépenses extraordinaires. Voyez Liv., VI, 14, et 32. Cf. Cic., *p. Flacc.*, 32, § 80. — Il arrivait aussi que, si le butin de la guerre était suffisant, les sommes versées avant la guerre fussent rendues aux citoyens. Denys, V, 47. Liv., XXXIX, 7. Cf. V, 20. Voyez cependant Walter, § 180, n° 17.

(4) Cic., *de rep.*, II, 20. Cf. Liv., I, 43. Plutarq., *Popl.*, 12.

(5) Plutarq., *Aem.*, 38. Cic., *de off.*, II, 22, § 76. Plin., XXXIII, 17 (3).

(6) Sur l'étymologie de ce mot voyez Marquardt, III, 2, 122, n° 625.

(7) Voyez pp. 94-97, et sur l'*ager publicus* en province Th. Mommsen, *de agro publico populi Romani in Africa* dans les *Inscript. lat. ant.*, pp. 96-106. Koczorowski, *De loco publico fruendo locandoque apud Romanos*. Berlin, 1850.

(8) *Lex agr.*, 1. 82 suiv. dans les *Inscr. l. ant.*, p. 84. Cf. Cic., *Verr.*, II, 2, 70, § 169; 5, 21, § 53. *de leg. agr.*, I, 4, § 10, II, 19. App., *B. c.*, I, 24 etc.

(9) Il finit par être assimilé à la fortune privée de l'Empereur : *agri fiscales*. *Dig.*, XLIX, 14.

2° Les contributions annuelles, soit en argent, soit en nature, (*vectigal*, *tributum*, *stipendia*), imposées aux cités pérégrines en provinces, qui ne jouissaient point de l'*immunitas* (¹).

Sous l'Empire ces *stipendia*, qui différaient de *civitas* à *civitas*, furent peu à peu remplacés par deux impôts, uniformes pour tous les habitants des provinces : 1° *tributum soli*, impôt foncier, proportionnel à la valeur du sol, 2° *tributum capitis*, impôt personnel, proportionnel à la fortune de chaque habitant (²). Celle-ci était constatée par des recensements *(professiones)*, qui étaient faits à des époques fixes (³), et dont le premier avait été ordonné par Auguste, en même temps qu'il fit exécuter les plans géographiques et géodésiques de tout l'Empire (⁴).

3° Le produit des *metalla (salinae, aurifodinae* etc.) de l'Etat (⁵), et les impôts sur ceux des particuliers (Cf. Liv., XLV, 29).

4° Le produit de la location de la pêche des lacs et des fleuves (⁶).

5° Les *portoria* ou droits de douane sur les marchandises et objets de luxe, les droits de barrière, de passage des ponts etc., en Italie et en province (⁷).

---

(1) Cf. Liv., XLV, 26, 29. Polyb., II, 12. Suet., *Cés.*, 25 et surtout Cic., *Verr.*, III, 6, § 12. — Sur les distinctions à faire entre les cités pérégrines voyez l'organisation provinciale.

(2) Hygin., *De lim. const.*, p. 205. L. Tertull., *Apol.*, 13. Dig., L, 15, 8, § 7. — Savigny, *Sur le système des contributions sous les empereurs romains* (en all.), publié pour la 3e fois dans ses *Verm. Schrift.*, II, 67-215. Huschke, *Sur le recensement et le système des contributions à la première époque de l'Empire romain* (en all.), Berlin, 1847. Voyez aussi p. 157, n° 4.

(3) Savigny, l. l. pp. 126-134.

(4) Huschke, *Sur le recensement fait à l'époque de la naissance de J.-Chr.*, (en all.), Breslau 1840. Ritschl, *L'arpentage de l'Empire romain sous Auguste*, (en all.); dans le *Rhein. Mus.*, 1842, pp. 481-523. 1843. p. 157. Petersen, *La cosmographie de l'empereur Auguste* (en all.), Ib., 1852, pp. 161-210.

(5) Polyb., VI, 17. Dig., L, 16, 17, § 1. Cf. Plin., XXXIII, 21 (4).

(6) Polyb., VI, 17. Serv., *ad Georg.*, II, 162. Dig., XLIII, 14, 1, § 7.

(7) Liv., II, 9, XXXII, 7, XL, 51. Cic., *Verr.*, II, 2, 72 § 176, 75, § 185. *p. leg. Man.*, 6. Dig., XIX, 2, 60, § 8, XXIV, 1. 21 pr., XXXIX, 4, 16, § 7, L, 16, 17, § 1.

6° La *vicesima manumissionum*, établie par la *lex Manlia* en 357 av. J.-Chr. (p. 117) (¹).

Vers la fin de la République, le *tributum* des citoyens n'étant plus perçu, et les *portoria* ayant été abolis en Italie vers 60 av. J.-Chr. (²), Auguste créa deux nouveaux impôts auxquels les citoyens seuls étaient soumis.

1° La *vicesima hereditatium* (³).

2° La *centesima rerum venalium* et *quinquagesima venalium mancipiorum* (⁴)

Les revenus extraordinaires consistent dans les amendes judiciaires *(multae)* (⁵), le produit de la vente *sub corona*, de la *sectio bonorum* et de l'*ager quaestorius* (p. 89-90), les *praedae* et les contributions extraordinaires imposées aux peuples vaincus (⁶) etc.

(1) Il faut y ajouter encore le revenu de la location des aqueducs (FRONTIN., *de aquaed.*, 94), le *solarium*, ou impôts sur les bâtisses dans des *loca publica* (*Dig.*, XLIII, 8, 2, § 17) et d'autres ressources moins importantes.

(2) DION CASS., XXXVII, 51. Cf. CIC., *Ad Att.*, II, 16. — Le *tributum* fut encore une fois levé extraordinairement sous le consulat de Hirtius et de Pansa (43 av. J.-Chr.) PLUTARQ., *Aem.*, 38. Les *tributa*, payés par les provinciaux, ne furent imposés à l'Italie que depuis Dioclétien. SAVIGNY, *Le syst. des contrib.* etc., p. 109. HUSCHKE, *Sur le recens. et le syst.* etc., p. 70-75. Au contraire d'après WALTER, § 325, n° 44, le *tributum* serait redévenu ordinaire en Italie depuis 43 av. J.-Chr.

(3) Il y avait cependant à cet impôt de nombreuses exceptions. DION CASS., LV, 25. Cf. LVI, 28. PLIN., *Panég.*, 37. GAJ., III, 125. — BACHOFEN, *L'histoire des impôts sur les successions, et leur influence sur le droit privé* (en all.), dans ses *Ausgew. Lehren des roem. Civilrechts.* 1848. pp. 322-395. ROULEZ, *De l'impôt d'Auguste sur les successions*, dans les *Bulletins de l'académie de Belgique*, T. XVI, 1re part., p. 362. Bruxelles, 1849. REIN, *Vicesima haereditatium* (en all.) dans PAULY's *Realencycl.*, VI, p. 2579.

(4) DION CASS., LV, 31. TAC., *Ann.*, I, 78. Cf. XIII, 31. ORELLI,*Inscript.*, 3336.

(5) LIV., XXXVIII, 60. TAC., *Ann.*, XIII, 28. *Lex repet.*, 1. 56-59. REIN, *Multa* (en all.) dans PAULY's *Realencycl.*,V, 191-198.

(6) DENYS, VII, 63. LIV., X, 46, XXVIII, 38, XXX, 45. POLYB., I, 62, XV, 8, XVIII, 27 etc.

Ch. III. — DE L'ADMINISTRATION FINANCIÈRE (1).

Du temps de la République la haute administration financière compète au sénat (p. 213), qui fait exécuter ses décisions surtout par le ministère des censeurs et des questeurs. Cependant un état ou budget fixe des revenus et des dépenses ne fut introduit que par Auguste *(rationarium, breviarium imperii)* (2).

L'*aerarium publicum* ou *Saturni*, confié à la garde des questeurs (3), reçoit tous les revenus publics, à l'exception de la *vicesima manumissionum*, dont le produit *(aurum vicesimarium)* constitue un fonds de réserve et est déposé à l'*aerarium sanctius* (4).

Le *tributum* des citoyens était perçu directement par les *tribuni aerarii* (5). Au contraire la plupart des *vectigalia* (par ex. les *decumae*, les *portoria* etc. de toute une province) étaient, de même que les *opera publica*, mis en adjudication publique par les censeurs (pp. 252-253). A cet effet des sociétés de citoyens riches se formaient pour l'entreprise de ces adjudications *(societates publicanorum* ou *vectigalium)* (6). Ces *publicani*, prédominaient dans l'ordre équestre, qui fut créé par la loi judiciaire de C. Gracchus.

(1) Marquardt, III, 2, 216-231. Walter, §§ 179, 185, 330, 334.

(2) Tac., *Ann.*, I, 11. Dion Cass., LIII, 30, LVI, 33, Suet., *Aug.*, 28, 101.

(3) Voyez p. 263. Folkert van Heukelom, *De aerario Romano.* Leiden 1821.

(4) Liv., voyez p. 231, n° 1 et Cic., *ad Att.*, VII, 21. Cf. Drumann, *Histoire romaine* (en all.), III, 445. Koenigsberg, 1837.

(5) Les *tribuni aerarii* sont mentionnés aux premiers temps et à la fin de la République. Dans les premiers siècles ils lèvent le *tributum*, et paient la solde aux soldats. (Varr., *de l. l.*, V, 36, p. 180 Sp. Gell., VI, (VII), 10. Paul. Diac., p. 2): Cette dernière attribution passa ensuite aux questeurs. Au dernier siècle de la République les *tribuni aerarii* reparaissent comme jurés dans les *quaestiones perpetuae* (p. 281). D'après Mommsen, *les trib. rom.*, p. 44, ils sont identiques aux *curatores tribuum* (Cf. Denys, IV, 14, 15). D'autres hypothèses qui ont été émises à leur sujet sont mentionnées par Marquardt, III, 2, 132-134.

(6) *Publicanus* est le terme générique pour désigner quiconque entreprend des adjudications de l'Etat (Liv., XXIII, 48-49, XXV, 3-5, XXXIX, 44, Val. Max., V, 6, 8), mais il se dit surtout des fermiers des *vectigalia* (Cic., *Verr.*, II, 2, 70, § 171, 71, § 175. *p. Sext.*, 14, § 32. *Dig.*, III, 4, 1, XXXIX, 4).

Chaque société a à Rome un directeur *(manceps, princeps societatis)* qui met enchère, fournit la caution *(praedes et praedia)* et est responsable envers l'Etat (¹); un gérant annuel *(magister societatis)*, chargé de la comptabilité et de la correspondance (²), et dans la province où les *vectigalia* doivent être recouvrés, un *pro-magistro* (³), ayant sous ses ordres des *tabellarii, servi* etc. (⁴).

Ce mode de perception, favorable pour le trésor, était très-onéreux pour les provinces (Cf. Liv., XLV, 18).

Sous l'Empire, le sénat conserve, au moins de nom (⁵), l'administration de l'*aerarium Saturni;* mais les revenus de ce trésor sont considérablement diminués. En effet Auguste créa deux trésors nouveaux, placés sous la haute direction de l'empereur :

1° L'*aerarium militare*, qui était surtout une caisse de pension militaire. Il était alimenté par les nouveaux impôts établis en Italie, et administré par des *praefecti* spéciaux (⁶).

2° Le *fiscus*, ou le trésor impérial (⁷). Il est administré par un *procurator a rationibus* et perçoit les revenus des provinces impériales, de l'*ager publicus*, les produits des *bona damnatorum* etc. (⁸). Le *fiscus* absorbe peu-à-peu les revenus de l'*ae-*

---

(1) Varr., *de l. l.*, V. 4. s. f. Paul Diac., p. 151. Pseud. Ascon., p. 113, Or. Cf. Polyb., VI, 17. — Sur la caution *praedibus praediisque* voyez Mommsen, *Les munic. de Salp. et Mal.*, p. 466 suiv.

(2) Cic., *Verr.*, II, 2, 74, § 182. *ad Att.*, V, 15 § 3.

(3) Cic., *Verr.*, II, 2, 70, § 169. *ad Att.*, XI, 10.

(4) Cic., *ad Att.*, V, 15 et 18. *Verr.*, II, 2, 77, § 188 etc.

(5) Suet., *Tib.*, 30, Tac., *Ann.*, II, 37-38. De fait la disposition en appartient à l'empereur. Dion Cass., LIII, 16, 22, LXXI, 33.

(6) *Monum. ancyr.*, tabl. III, 1. 35. Dion Cass., LV, 23, 25, 31. Tac., *Ann.*, I, 78. Suét., *Aug.*, 49. — O. Hirschfeld, *Le trésor militaire et son administration sous l'Empire romain* (en all.) dans les *Neue Jahrb. f. Philol. u. Paedag.* Leipzig, 1868. T. XCVIII, nº 10, 1e div.

(7) Dion Cass., LIII, 15-16. Tac., *Ann.*, II, 47.— *« Res fiscales quasi propriaē et privatae principis sunt. » Dig.*, XLIII, 8, 2, § 4.

(8) Marquardt, III, 2. 223 224. Sur le *procurator a rationibus*, ib., nº 1272. — Il y a à l'égard des trésors impériaux de nombreuses controverses. Voyez Marquardt, ib., p. 226, nº 1279. Walter, § 332, nº 111.

rarium Saturni, au point que depuis le 3e siècle de l'Empire le trésor du sénat n'est plus en réalité que la caisse communale de la ville de Rome *(arca publica*, Vopisc., *Aurel.*, 20).

Dans les premiers temps de l'Empire les *vectigalia (portoria, scriptura* etc.) furent encore perçus par adjudication (Tac., *Ann.*, IV, 6). Mais l'importance de ces adjudications diminua peu-à-peu : car d'abord les *tributa soli* et *capitis* étaient levés directement par les fonctionnaires provinciaux[1]; ensuite d'autres revenus déterminés furent confiés à des administrations centrales à Rome, représentées en chaque province par des *procuratores* spéciaux. Ceux-ci font recouvrer directement l'impôt qui est de leur ressort ou le mettent en ferme [2].

(1) Tac., *Agric.*, 15. Capit., *Ant. Pius.*, 6. *Dig.*, I, 16, 9 pr.
(2) Cf. Dion Cass., LII, 25. Voyez Marquardt, III, 2, 228-231.

Ch. I. — DE L'ORGANISATION DE L'ITALIE
SOUS LA DOMINATION ROMAINE (1).

Les guerres Samnitiques et celle de Tarente amenèrent la soumission successive de l'Italie entière à la République romaine (272 av. J.-Chr.) (²). Cependant l'Italie se distingua jusqu'à l'époque de Constantin des pays extra-italiques; elle ne reçut point, comme ceux-ci, une organisation provinciale.

Elle se divisait en un nombre considérable de territoires séparés, dont chacun formait une unité administrative (*civitas*), et se composait d'une ville servant de chef-lieu ou de

(1) Marquardt, III, 1, 4-71. Walter, §§ 99-101, 212-232, 258-270, 299-307, 387. Hopfensack, *Le droit public des peuples soumis à Rome* (en all.). Dusseldorf, 1829. Peter, *Les rapports entre Rome et les villes et peuples soumis de l'Italie jusqu'à la lex Julia de 90 av. J.-Chr.* (en all.) dans le *Zeitschr. f. Alterthumsw.* 1844, nᵒˢ 25 à 28. Mommsen, *Le syst. mon. des Rom.*, p. 223 suiv.

(2) Il y a cependant à observer que l'Italie à cette époque ne comprenait ni la Gaule cisalpine (Strab., V, 1, § 1, p. 210 Cas.), ni les îles de Sicile, de Sardaigne et Corse. La Gaule cisalpine, dont la partie cispadane reçut le droit de cité en 89 av. J.-Chr. (Marquardt, III, 1, 48, nᵒ 221), la partie transpapane en 49 (Dion Cass., XLI, 36), ne cessa d'être considérée comme province et ne devint partie intégrante de l'Italie qu'en 43 (App., *B. c.*, V, 3. Cf. Dion Cass., XLVIII, 12. Savigny, *Verm. schrift.*, III, 317). Ce ne fut que sous Constantin que les îles de la Méditerrannée et les deux *Rhaetiae* furent ajoutées à l'Italie.

centre (*oppidum*), et de villes moins importantes, villages, hameaux (*loci*), dépendant de l'*oppidum*.

Jusqu'au dernier siècle de la République, l'on distingue, dans la condition et l'organisation de ces *civitates*, deux catégories bien différentes :

I. A la première catégorie appartiennent les *civitates*, jouissant de la *civitas romana*. Celles-ci se subdivisent encore en deux classes :

1° *Municipia* ([1]). Ce sont des villes soumises, aux habitants desquelles Rome a accordé la *civitas romana* ([2]). Les plus privilégiées obtiennent dès le principe la *civitas cum suffragio et jure honorum;* d'autres ne reçoivent que la *civitas sine suffragio* ([3]).

(1) C. G. ZUMPT, *Sur la différence des dénominations de municipe, colonie, préfecture dans le droit public romain* (en all.) dans les *Mém. de l'ac. de Berlin, (class. hist. et phil.),* 1839. GRAUER, *De re municipali Romanorum.* Kiel, 1840. RUBINO, *De la signification des mots : municipium et municeps à l'époque de la République romaine* (en all.) dans le *Zeitschr. f. Alterthumsw.* 1844 et 1847 REIN, *De Romanorum municipiis,* Eisenach, 1847, et *Municeps et municipium* (en all.) dans PAULY's *Realenc.,* V, 212 suiv. TH. MOMMSEN, *Les trib. rom.,* p. 157 suiv. KIENE, *Les municipes romains à l'époque de la République* (en all.) dans le *Zeitschr. f. d. Alterthumsw.* 1849. A.W. ZUMPT, *De propag. civ. rom.* dans ses *Stud. rom.* p. 325 suiv. HAECKERMANN, *Sententiarum aliquot de municipiis Romanorum post Niebuhrium propositarum examinatio ac dijudicatio.* Stolp, 1861. ZOELLER, *De civitate sine suffragio et municipio Romanorum.* Heidelberg, 1866.

(2) Quel est le sens primitif des mots *municipia, municeps?* Les auteurs anciens sont indécis sur cette question. Cf. GELL., XVI, 13, § 6. Ils dérivent généralement ces mots de : *munus capessere, munus fungi* (GELL., l. l., FEST., p. 142, VARR., *de l. l.,* V, 36, p. 178 Sp.) ou comme disent les *Dig.,* L, 1, 1, § 1: «*muneris participes, recepti in civitatem ut munera nobiscum facerent*», et appliquent donc dès le principe le nom de municipe à ces cités soumises dont les habitants, en recevant le droit de cité romain, étaient astreints aux charges des citoyens. Il semble cependant que le mot *municipium* est antérieur à la soumission des villes italiques et désignait alors les villes indépendantes, alliées à Rome par un *hospitium publicum.* Le mot *municeps* dériverait de *munus capere;* dans le sens de : recevoir des présents en qualité de *hospites.* Cette étymologie, émise par RUDORFF, dans le *Progr. de l'Univ. de Berlin,* 1848-1849, est aujourd'hui généralement adoptée.

(3) Voyez p. 60, n° 7, et sur la condition des *municipes sine suffragio,* au point de vue du droit de cité romain, voyez l'article qui traite des *aerarii,* p. 123 suiv. La *civitas sine suffragio* n'était point comme le présentent TITE-LIVE et DENYS (Cf. GELL., XVI, 13, § 7), un privilége, mais plutôt une punition. MADVIG, *De jure et cond. colon.* p. 233 suiv.

La plupart des *municipia* jouissent d'une administration communale propre : comices, sénat, magistrats. Quelques-uns cependant sont punis de la perte de leur autonomie administrative ([1]).

Dans les *municipia* de la dernière catégorie, et même dans quelques-uns de la première, la juridiction est exercée par des *praefecti juri dicundo*, nommés par le préteur, et en partie par les *comitia tributa (IV viri, p. 265). — Praefecturae* ([2]).

2° *Coloniae civium romanorum* ([3]). Les colonies de citoyens étaient fondées, comme les *coloniae latinae* (p. 153-154) par un décret du peuple *(lex colonica,* appelée plus tard aussi *lex agraria)* ([4]). Elles avaient dans les premiers siècles

(1) Les passages classiques sur la distinction à faire entre les *municipia* sont ceux de PAUL. DIAC., p. 127 et FEST., p. 142. Mais ces passages obscurs et incomplets ont donné lieu à de nombreuses controverses. Voyez MARQUARDT, III, 1, 9, n° 27, WALTER, § 85, n° 38, 212, n° 7 et la nombreuse littérature sur cette question, énumérée p. 305, n° 1. — Un municipe sans autonomie municipale est cité par ex. LIV., IX, 43.

(2) Le passage classique et presque unique sur ce sujet est celui de FEST., p. 233. Aussi y a-t-il sur le caractère spécial des *praefecturae* et l'extension de cette institution des opinions très-différentes. Voyez, en dehors des ouvrages cités p. 305, n° 1, REIN, *Praefectura* dans PAULY's *Realenc.*, VI, 4-8. A.W. ZUMPT, *Commentat. epigr.*, Berlin, 1850. T. I, p. 50-66. VOIGT, *La doctrine du jus naturale* etc., II, 369-372, 492-495. Un *praefectus pro praetore juri dicundo in urbe Lavinio* est mentionné chez ORELLI, *Inscript.*, 2275.

(3) MARQUARDT, III, 1, 311-347. WALTER, §§ 217-223, 253, 265-270. MADVIG, *De jure et condicione coloniarum populi Romani*, dans ses *Opusc.* Copenhague, 1834, p, 208 suiv. RUPERTI, *De coloniis Romanorum*, dans les *Diss. della pontif. ac. rom. di archeol.* Rome, 1840. REIN, *Colonia* (en all.) dans PAULY's *Realencycl.*, II, p. 504. DUMONT, *Essai sur les colonies romaines*. Bruxelles, 1844. SCHMIDT, *Le système des colonies romaines* (en all.). Potsdam, 1847. A. W. ZUMPT, *De coloniis Romanorum militaribus*, dans ses *Comment. epigr.* T. I. RUDORFF, *Inst. grom.*, II, 323-421. VOIGT, *La doctrine du jus naturale* etc., II, 337-344. SAMBETH, *De Romanorum coloniis*. Tuebingen, 1861, part. 2ª 1862.

(4) Sur la coutume italique de fonder des colonies voyez p. 153, n° 4, sur la *lex colonica* et le partage des lots de terre entre les *coloni*, p. 94, n°s 3 et 4. Ce n'est que depuis les Gracques que les *leges coloniae deducendae* sont comprises sous le nom général de *leges agrariae*. Sur celles-ci voyez RUDORFF, II, § 16. Les formalités qui accompagnent l'établissement de la colonie, sont décrites par MARQUARDT, III, 1, 341-347.

un but militaire, celui d'affermir la domination romaine dans des contrées soumises, *propugnacula imperii* (¹), depuis les Gracques, un but social, celui d'établir les pauvres de Rome (²), et dès le premier siècle av. J.-Chr. elles redeviennent militaires, et servent à établir les vétérans (³).

Les *coloni* conservent le droit de cité complet à Rome (⁴), et ont, en outre, dans la colonie une organisation municipale, calquée sur celle de la métropole (⁵).

Les *municipes* (au moins ceux *cum suffragio)* et les *coloni* sont à la fois citoyens de Rome et citoyens de leur colonie ou municipe (⁶).

II. La seconde catégorie, ce sont les *civitates fœderatae.* Elles conservent leur indépendance administrative (⁷), et leurs lois propres (cf. GELL., IV, 4), le droit de battre monnaie (p. 155, n° 2), le droit d'exil (p. 120) etc. Mais elles doivent à Rome des secours en troupes, en argent, blé, vaisseaux etc., déterminés par le *fœdus* qui les unit à Rome *(fœdus non aequum)* (⁸).

Une classe spéciale et privilégiée de ces *civitates fœderatae*

____

(1) CIC., *De leg. agr.*, II, 27, § 73. Cf. DENYS, II, 53, 54, VI, 32. LIV., I, 56, II, 34, IV, 11. APP., *B. c.*, I, 7. SIC. FLACC., dans les GROM., ed. L., p. 135.

(2) APP., *B. c.*, I, 23, 35. PLUTARQ., *C. Gracch.*, 9.

(3) VELL. PAT., I, 15, § 5. De telles colonies militaires furent fondées en grand nombre par Sulla (APP., *B. c.*, I, 96, 100, 104 etc.). Celles qui furent établies sous l'Empire eurent aussi presque toutes le même caractère.

(4) APP., *B. c.*, I, 10. MADVIG, l. l., p. 244-254. Ce fait est combattu par ZUMPT, *Stud. rom.*, p. 367.

(5) « *Quasi effigies parvae simulacraque esse quaedam videntur* » GELL., XVI, 13. Les colons romains, ordinairement au nombre de 300 (DENYS, II, 53, LIV., VIII, 21, XXXII, 29, XXXIV, 45), étaient envoyés presque toujours en des villes déjà peuplées (DENYS, II, 16, 54. SIC. FLACC., dans les GROM., p.135.L.) La condition des anciens habitants de la colonie n'est pas bien connue ; ils étaient en tout cas subordonnés aux colons (DENYS, VIII, 14). Probablement obtenaient-ils la *civitas sine suffragio* (MADVIG, l. l., 232-244) ; plus tard ils se sont peu-à-peu confondus avec les colons.

(6) « *Omnibus municipibus duas esse censeo patrias : unam naturae, alteram civitatis* etc. » CIC., *De leg.*, II, 2, § 5. cf. PAUL. DIAC., p. 127.

(7) LIV., XXVI, 24. Des exemples : LIV., VIII, 25, IX, 20 etc.

(8) LIV., IX, 20. Cf. VIII, 25, XXVI, 39, XXXV, 16, XXXVI, 42 etc.

se compose de celles qui jouissent du *jus Latii (socii nominis latini* par opposition aux alliés italiques).Voyez pp. 154-157.

A la suite des *leges Julia* et *Plautia Papiria* (90-89 av. J.-Chr.), le droit de cité complet fut conféré à toutes les *civitates* italiques (p. 60), qui ont dès lors, quoique conservant leurs noms antérieurs *(municipium, colonia, praefectura)* (¹), la même organisation municipale (²).

La tendance de l'Empire fut d'assimiler de plus en plus l'Italie aux provinces : Auguste déjà divisa l'Italie en XI districts administratifs ou *regiones* (³); dont la haute

---

(1) Cic., *p. Sext.*, 14, § 32. *in Pis.*, 22, § 51. *Phil.*, IV, 3, § 7. *Lex Rubria* et *lex Julia munic.*, passim. — Les préfectures se distinguent encore toujours des autres municipes, en ce que la justice y est rendue par un *praefectus juri dicundo*, envoyé de Rome ; mais leur nombre diminue insensiblement. Walter, § 263.

(2) Les *municipia* ou chefs-lieux des *civitates* ont leurs comices, leur sénat et leurs magistratures annuelles. Les dépendances du chef-lieu *(loci, lex Rubr.,* I, 42) s'appellent d'après leur importance *fora, conciliabula, vici, pagi, castella* (*lex Rubr.*, II, 3, 26, 53, 56, dans les *Inscr. lat.*, pp. 116, 117, Paull., IV, 6, § 2) ; elles ont les unes une certaine administration communale, les autres point. Voyez sur ce sujet Mazochi, *Commentariorum in Regii Herculanensis Musei aeneas tabulas heracleas.* Naples, 1754-1755. 2 vol. in-fol. et Voigt, *Trois constitutions épigraphiques de Constantin le Grand* auxquelles est ajoutée une *Recherche sur la constitution des pagi et vici de l'Empire romain* (en all.). Leipzig, 1860. — Sur l'organisation des municipes qui au fond fut la même pour les colonies, municipes et *oppida latina* de tout l'Empire, voyez parmi les documents anciens, la *lex Rubria* et la *lex Julia municipalis* dans les *Inscript. lat. ant.*, pp. 115-125 et les *leges Salpensana* et *Malacitana*, publiées avec un commentaire par Th. Mommsen, Leipzig 1855, et parmi les travaux modernes, outre l'ouvrage cité : Marquardt, III, 1, 347-383. Walter, §§ 300-307. A. W. Zumpt, *De quinquennalibus municipiorum et coloniarum* et *De quattuorviris municipalibus* dans ses *Comment. epigr.*, T. I. Berlin, 1850 et *De legibus municipalibus hispanicis* dans ses *Stud. rom.* Berlin, 1859. Dirksen, *Sur l'organisation municipale de Salpensa* (en all.) dans les *Mém. de l'ac. de Berlin*, 1856, pp. 677-706. Laboulaye, *Les tables de bronze de Malaga et de Salpensa.* Paris, 1856. Giraud, *Les tables de Salpensa et de Malaga.* Paris 1856. Giraud, *La lex Malacitana.* Paris 1869. Quinion, *Du municipe romain, de la commune au moyen-âge et de la municipalité moderne.* Paris, 1859. Dubois, *Essai sur les municipes dans le droit romain.* Paris, 1862. E. Kuhn, *L'organisation municipale de l'Empire romain jusqu'à l'époque de Justinien* (en all.). Leipzig, 1864-1865. 2 vol.

(3) Plin., III, 6 (5). Bien que Pline ne le mentionne point, le territoire de Rome n'était pas compris dans cette division.

juridiction fut accordée par Adrien à 4 *consulares* (¹), par Marc-Aurèle, à des *juridici* (CAPIT., *M. Aur.*, 11), plus tard à des *correctores* (²). Depuis l'époque qui suit Constantin, il n'y a plus de différence réelle entre l'Italie et les autres parties de l'Empire.

CH. II. — DES PROVINCES (³).

§ 1. *La lex provinciae* (⁴).

Provincia, dans le sens géographique de ce mot (p. 214, n° 1), désigne un territoire extra-italique, soumis par la guerre au peuple romain (⁵), gouverné par un magistrat romain, et tributaire *(praedium populi Romani. CIC.,Verr.,* II, 2, 3, § 7).

Après la conquête d'un pays, le sénat déterminait par un sénatus-consulte l'organisation de ce pays, et il y envoyait une commission de sénateurs (ordinairement dix *legati)*. Celle-ci, de concert avec le général d'armée qui avait fait la conquête (⁶), mettait à exécution l'organisation décrétée

(1) SPART., *Hadr.*, 21. CAPIT., *Anton. Pius.*, 2-3.

(2) VOPISC., *Aurelien*, 39. EUTROP., IX, 13. AUR. VICT., *De Caes.*, 35.

(3) MARQUARDT, III, 1, 72-310, 383-388 et *Appendice à la statistique des prov. rom.* (en all.). Leipzig, 1854. BERGFELD, *De jure et conditione provinciarum Rom. ante Caesaris principatum*, Neustrelitz, 1841, et *l'Organisation des provinces romaines* (en all.), Ib., 1846. FONTEIN, *De provinciis Romanorum*, Utrecht, 1843. POINSIGNON, *Sur le nombre et l'origine des provinces romaines, créées depuis Auguste jusqu'à Dioclétien.* Paris 1846. REIN, *Provincia* dans PAULY's *Realenc.*, VI, 135 suiv. VOIGT, *Du jus naturale* etc., II, 373-492, 517-525. A.W. ZUMPT, *Comment. epigr.* T. II. Berlin, 1854 et *De Gallia*, dans ses *Stud. rom.*, p. 3-196. Sur la *Gallia Belgica* voyez ROULEZ, *Mémoires sur les magistrats romains de la Belgique* dans les *Mém. de l'ac. roy. de Brux.* T. XVII, 1844.

(4) MARQUARDT, III, 1, 242-275. WALTER, §§ 95-97, 233, 244-246.

(5) Dans la suite cependant ce nom fut donné aussi à des pays que l'Etat romain avait acquis par donation, par simple occupation et même à des royaumes tributaires. STRAB., XVII, 3, § 25, p. 840 Cas.

(6) C'est lui qui reçoit la *deditio* du peuple vaincu (CIC., *de off.*, I, 11, § 35). Sur les formules de *deditio* voyez LIV., I, 38, VII, 31, IX, 9.

(*in provinciae formam redigere*, (Suét., *Cés.*, 25). Cette organisation constitue la *lex provinciae* [1].

Cette loi divise la province en un nombre déterminé de cercles administratifs *(civitates)* [2], dont chacun a une ville comme centre et certaines dépendances ; elle fixe ensuite la condition propre de chaque *civitas*, et les obligations qui lui sont imposées. Sous ce rapport les *civitates* de la province se divisent en trois catégories :

I. Les *civitates* jouissant du *jus civitatis romanae*, à savoir les *coloniae civium*, établies en province (p. 306-307), et les *municipia* ou villes provinciales dotées du *jus civitatis* [3]. Elles se distinguent des colonies et municipes en Italie, sous le rapport des contributions (pp. 157, 299). Une classe privilégiée est formée par celles qui sont dotées du *jus italicum* (p. 82).

II. Les *civitates* de droit latin : à savoir les *coloniae latinae* et les *oppida latina* (p. 157).

III. Les *civitates peregrinae*. Celles-ci se subdivisent en *fœderatae*, en *liberae* et en *stipendiariae* ou *dediticiae* [4].

1° Les *civitates fœderatae* se sont alliées à Rome par un *fœdus* [5]. Elles jouissent de la *libertas* (indépendance administrative) et de leur législation et juridiction nationales (αὐτονομία) [6]. Elles ne dépendent point du gouverneur, et n'ont

(1) Elle porte d'ordinaire le nom du général qui a présidé à l'organisation. Telles furent la *lex Rupilia* pour la Sicile (Cic., *Verr.*, II, 2, 16, § 39), la *lex Aemilia* pour la Macédoine, (Liv., XLV, 30, 32. Just., XXXIII, 2), la *lex Pompeia* pour la Bithynie (Plin., *Epit.*, X, 83, 112, 114), etc.

(2) Les Romains avaient en général l'habitude de modifier profondément les divisions politiques qui existaient avant la soumission (Marquardt, III, 1, 244, n° 1730). Les pays où il n'y avait pas de centres populeux, étaient divisés en cercles territoriaux, *pagi* (comme la Pannonie, Marquardt, ib., 104, n° 647) ou *regiones* (comme la Moesie, ib., p. 106, n° 668). Sur cette division des provinces en *civitates* voyez Plin., III. — Marquardt, III, 1, 72-241.

(3) Cf. Liv., *Epit.*, CX, Dion Cass., XLI, 24, LIV, 25 etc.

(4) Serv., *ad Aen.*, III, 20. *Scol. Bob.*, p. 375, Or.

(5) Procop., *B. Vand.*, I, 11. Le nombre de ces cités était très-restreint. Cf. Cic., *Verr.*, II, 3, 6, § 13. Plin., III, 3 (1), 4 (3) etc.

(6) *Dig.*, XLIX, 15, 7, § 1. Plin., *Epit.*, X, 94. Liv., XXXV, 46, etc.

pas de garnison romaine ([1]). Elles restent propriétaires du sol de leur territoire ([2]); elles sont *immunes*, en ce sens qu'elles ne sont pas soumises à des *stipendia* annuels, ni à des impôts indirects *(portoria)* perçus par le trésor romain, quoiqu'elles doivent aux Romains des secours en troupes et en argent, déterminés par le *foedus (foedus non aequum)* ([3]).

2° Les *civitates liberae* jouissent aussi de la *libertas* et de l'autonomie ([4]), non par un *foedus*, mais en vertu d'une *lex* ou d'un sénatus-consulte ([5]). Cependant elles sont soumises aux *stipendia* et aux *portoria* ([6]), sauf celles qui ont reçu l'*immunitas (civitates liberae et immunes)* ([7]).

3° Les *civitates stipendiariae*, *dediticiae*, *nationes exterae* ([8]). Ce sont elles qui constituent vraiment la province, dépendant de l'*imperium* du gouverneur romain ([9]). Leur sol devient *ager publicus;* elles sont obligées à des *stipendia* dé-

---

(1) Liv., XXXV, 46. Cf. XLIV, 7, XLV, 26.

(2) Liv., XXXVII, 32, XLV, 29. *lex de Thermessibus*, 12 suiv. *Corp. inscr. gr.*, n° 2737. Il est vrai que dans plusieurs de ces textes il n'est question que des *civitates liberae*, mais à fortiori cela s'applique aussi aussi aux *civitates foederatae* — Cf. Mommsen, *Ager privatus ex jure peregrino* dans les *Inscr. l. ant.*, p. 98.

(3) Strab., VIII, 15, § 5, p. 365 Cas. Cic., *Verr.*, II, 4, 9, § 21, 67, § 150; II, 4, 19-23. Cf. Liv., XXXVIII, 44, XXXIX, 37.

(4) Les *civitatés liberae* étaient plus nombreuses que les *foederatae*. La source principale sur leur condition est la *lex de Termessibus (Inscr. lat. ant.*, pp. 114-115). — Dirksen, *Remarques sur le plebisc. de Therm.* dans ses *Essais de critique et d'explication des sources du dr. rom.* (en all.). Leipzig, 1823.

(5) *Lex de Therm.* Polyb., XXII, 6. Strab., XVII, 3, § 24. p. 839. *Corp. inscr. graec.*, n° 2222. La *libertas* était accordée « pour aussi longtemps que cela plaisait au peuple et au sénat romain » App., *Hisp.*, 44. Aussi cette liberté n'est-elle qu'une *precaria libertas* (Liv., XXXIX, 37), une liberté de fait, par opposition aux *civitates foederatae* qui sont libres de droit.

(6) Liv., XLV, 26, 29. Tac., *Ann.*, XII, 62-63.

(7) Liv., XXXIII, 32. XLV, 26. App., *B. c.*, I, 102. Cf. Cic., *Verr.*, II, 2, 69, § 166; 3, 6, § 13; 5, 21, § 53.

(8) Cés., *B. g.*, I, 27, II, 32. *Scol. Bob.*, p. 375. Cic., *Divin.*, 5. *Verr.*, II, 1, 27 etc. Cette catégorie de *civitates* est « *in arbitratu dicione potestate populi Romani*, » tandis que les *civitates foederatae* et *liberae* sont « *in amicitia*. » *Lex repet.* 2 (*Inscr. l. ant.*, p. 58).

(9) Cf. Suét., *Cés.*, 25. *Vespas.* 18.

terminés et soumises aux impôts indirects (¹). Elles conservent l'exercice libre de leur culte-national (²), et même une certaine administration communale (³); tout en dépendant en toute chose des magistrats romains.

§ 2. *Du gouvernement provincial* (⁴).

Les quatre premières provinces furent gouvernées par des préteurs (p. 244). Après l'augmentation du nombre des provinces, le sénat décidait annuellement de la division des provinces en *consulares* et en *praetoriae* (p. 214). Les consuls se répartissaient ensuite par le sort les provinces consulaires (p. 232), les préteurs, les provinces prétoriennes (p. 244). Consulaires étaient de préférence celles qui n'étant pas encore complètement pacifiées, exigeaient la présence d'une force militaire importante (⁵).

La *lex Sempronia* (123 av. J.-Chr.) ordonna au sénat de désigner les provinces consulaires et prétoriennes pour l'année suivante, avant l'élection des consuls de cette année (p. 232).

Depuis Sulla, les préteurs ne se rendent en province qu'après leur année de charge, avec le titre de *propraetor* (p. 245). Bientôt après, la même mesure est appliquée aux consuls (p. 232). Un sénatus-consulte de 53 av. J.-Chr., confirmé par une *lex Pompeia*, 52, fixe un intervalle de 5 ans entre l'exercice du consulat et de la préture, et l'envoi des proconsuls et des propréteurs en province. (DION CASS., XL, 46, 56).

Le pouvoir des gouverneurs est annuel, sauf *prorogatio imperii* (p. 214). Une *lex Cornelia* de 81 av. J.-Chr., ordonne

____

(1) Voyez p. 298-299.

(2) CIC., *Verr.*, II, 2, 51-52; 4, 49. GAJ., II, 7.

(3) CIC., *Verr.*, II, 2, 5, § 14, 13, § 32, 53, § 131-132 etc.

(4) MARQUARDT, III, 1, 275-292. WALTER, §§ 234-237, 243, 247-248.

(5) Il en résulte que la même province est selon les circonstances consulaire ou prétorienne. Cf. LIV., XLI, 8 et le discours de CIC., *de provinciis consularibus*.

aux gouverneurs de rester dans leur province, jusqu'à ce que le sénat leur ait désigné un successeur, et dans ce cas, de partir endéans les 30 jours (¹). Une *lex Julia* (de César) décrète : « *Ne praetoriae provinciae plus quam annum, neve plus quam biennium consulares obtinerentur* » (²). Enfin une *lex Antonia* fixe un maximum de 6 ans (³).

Avant le départ du gouverneur, le sénat détermine les limites de sa *provincia*, de même que la somme d'argent, le nombre de troupes et de navires dont il disposera etc. *(ornatio provinciae)* (⁴). Aussitôt après la collation de l'*imperium* (p. 214, nᵉ 5), le gouverneur « *secundum vota in Capitolio nuncupata* » quitte la ville en tenue de guerre *(paludatus)* (⁵).

Les proconsuls et les propréteurs ne sont pas des *magistratus* (Cf. *Dig.*, II, 1, 13, § 1), mais des *privati cum imperio;* aussi leur pouvoir est-il limité à leur seule *provincia* (⁶).

Le proconsul est supérieur en rang au propréteur (⁷); il a douze licteurs *cum fascibus et securibus*, tandis que le propréteur n'en a que six (⁸); il a, de plus, sous ses ordres des forces militaires plus importantes (Cic.,*de prov.cons.*,7,§ 15). Pour le reste leurs pouvoirs sont égaux.

---

(1) Cic., *ad div.*, I, 9, § 25, III, 6, § 3. Depuis lors le pouvoir du gouverneur dure en règle générale plusieurs années. Voyez Marquardt, III, 1, 279, nᵉ 1917.

(2) Cic., *Phil.*, I, 8, § 19, V, 3, § 7. Dion Cass., XLIII, 25.

(3) Cic., *Phil.*, V, 3, § 7. Cf. II, 42, § 109.

(4) Cic., *in Pis.*, 2, § 5, 16, § 37, 21, § 49. Cf. Lamprid., *Al. Sev.*, 41. — Marquardt, III, 2, 82-85. Rein, *Legati* dans Pauly's *Realéncycl.*, IV, 853. Hofmann, *De provinciali sumtu populi Romani*, Berlin, 1851.

(5) Cette solennité était observée par tous les magistrats ou citoyens *cum imperio* qui partaient de Rome pour se mettre à la tête de leur armée. Cf. Liv., XXI, 63, XXXI, 14, XLII, 49. Varr., *de l. l.*, VII, 3.p. 324 Sp.

(6) Voyez p. 214, nᵉ 5. — Lange, I, 627-632, 664-665. Soldan, *Quaestionum de aliquot partibus proconsulum et propraetorum, qui liberae reipublicae tempore erant, capita sex.* Hanovre, 1831.

(7) Cic., *p. Planc.*, 6, § 15. Plutarq., *Cat. min.*, 55, 57. Cependant le nom générique de *praetor* est employé de tout gouverneur de province, qu'il soit préteur ou consul, proconsul ou propréteur. Voyez Marquardt, III, 1, 277, nᵉ 1909.

(8) Plutarq., *Aemil.*, 4. Voyez pp. 231 et 242, nᵉ 3.

Le gouverneur exerce le commandement des troupes, stationnées dans la province; il a le droit de recruter les citoyens et les provinciaux, et de prélever les contributions nécessaires pour la guerre (¹).

Il est chargé de la juridiction criminelle et civile; comme juge criminel, il a le *jus vitae et necis sive provocatione* sur les provinciaux (²). Les citoyens ont le droit d'appel depuis les *leges Porciae* (p. 182).

Dans la juridiction civile, il se conforme 1° aux dispositions juridiques, prescrites par la *lex provinciae* (³), 2° aux lois romaines et sénatus-consultes, relatifs au droit civil dans les provinces (⁴), 3° à l'édit qu'il publie lui-même (⁵), et 4° au droit national des provinciaux, pour autant qu'il n'est pas en opposition avec les sources précédentes. Sous l'Empire il faut y ajouter les constitutions impériales. (PLIN., *Epit.*, X, 71-72).

Sous le rapport de la juridiction, les provinces sont divisées en ressorts judiciaires *(conventus,* διοικήσεις) (⁶). A des époques fixées d'avance, le gouverneur fait une tournée judiciaire dans les chefs-lieux de ces ressorts (⁷). Il juge lui-même, assisté d'un conseil de citoyens romains, ou donne aux parties un juge (citoyen ou pérégrin) (⁸).

De plus, il a la haute administration de la province, et exerce, de ce chef, un contrôle général sur les administrations locales (⁹).

Outre le gouverneur il y a dans chaque province :

(1) CIC., *ad Att.*, V, 18, § 2, VI, 5, *ad div.*, XV, 1, § 5, *p. Flacc.*, 12, § 27 etc.

(2) LIV., XXXI, 29. CIC., *Verr.*, II, 1, 28-30, 2, 28-30 etc. PLUTARQ., *Pomp.*, 10. STRAB., IV, 1, § 95, p. 181.

(3) CIC., *Verr.*, II, 2, 13 § 32, 15 § 37. DION CASS., XXXVII, 20.

(4) GAJ., I, 185, III, 122. CIC., *ad Att.*, V, 21, § 11-12.

(5) GAJ., I, 6. CIC., *ad div.*, III, 8, § 4. *ad Att.*, VI, 1, § 15 etc.

(6) CIC., *ad div.*, XIII, 53 et 67. *Verr.*, II, 5, 11, § 28. HIRTIUS, *B. g.*, VIII, 46. PLIN., III. 3 (1), 4 (3) etc.

(7) *Conventus agere :* LIV., XXXI, 29. CIC., *Verr.*, II, 5, 11, § 28. CÉS., *B. g.*, I, 54 etc. — WALTER, § 699. RUDORFF, II, §§ 2, 99.

(8) CIC., *Verr.*, II, 1, 29 ; 2, 13, § 32, 29, § 70, 37, § 90 ; 5, 21 etc.

(9) CIC., *ad Quint.*, I, 1, § 25. *ad Att.*, VI, 2, 5. *Verr.*, II, 2, 53 etc.

1º *Un questeur* (¹). Il est trésorier, receveur et payeur (²). A la fin de l'année, il doit rendre compte de sa gestion financière (³); d'après la *lex Julia*, l'original de son état des recettes et des dépenses est déposé dans l'*aerarium* à Rome, deux copies sont conservées dans deux villes de la province (⁴). Le gouverneur peut lui déléguer des fonctions administratives, entre autres la juridiction civile (⁵).Le questeur est lié au gouverneur par des rapports de piété filiale (⁶).

2º Un ou plusieurs *legati*, nommés par le sénat sur la présentation du gouverneur (⁷). Les *legati* exercent les commandements militaires et d'autres fonctions qui leur sont déléguées par le gouverneur, par ex. la juridiction civile (⁸).

3º La *cohors practoria* (⁹), qui comprenait les *contubernales* ou *comites praetoris*(¹⁰), ensuite une garde d'élite, composée surtout de *veterani* (¹¹), enfin tout le personnel des agents subalternes : *lictores, scribae, interpretes, haruspices, medici* etc. (¹²).

(1) Voyez p. 263-264. LANGE, I, 745-746. — En Sicile il y avait deux questeurs, dont l'un avait sa station à Lilybée, l'autre à Syracuse. PSEUD. ASCON., p. 207. Or. Exceptionnellement toute l'administration d'une province est conférée à un questeur : *quaestor pro praetore.* SALL., *Catil.*, 19. MARQUARDT, III, 1, 284, nᵉ 1951. Sur le *proquaestor* voyez le même, ib., p. 283.

(2) CIC., *Verr.*, II, 1, 13, § 34, 14 § 36; 3, 76, § 177. *Divin.*, 10.

(3) «*Rationes referre*» CIC., *Verr.*, II, 1, 13, § 36.

(4) CIC., *ad div.*, V, 20, § 2. *ad Att.*, VI, 7. *in Pis.*, 25, § 61.

(5) CIC., *ad Att.*, VI, 6, § 3. *Divin.*, 17, § 56. *Verr.*, II, 2, 18, § 44. Le questeur exerçait en province la juridiction des édiles curules à Rome. GAJ., I, 6.

(6) «*Sic enim a majoribus nostris accepimus, praetorem quaestori suo parentis loco esse oportere*» CIC., *Divin.*, 19, § 61. Cf. § 62. *Verr.*, II, 1, 15, § 40.

(7) CIC., *in Vat.*, 15. *Phil.*, II, 13, § 31. *Scot. Bob.*, p. 323.

(8) LIV., XXIX, 19. CÉS., *B. g.*, I, 10, 21, 54 etc. *B. c.*, II, 17, III, 51 etc. *Dig.*, I, 21, 1, § 1. Le *legatus* peut même remplacer le gouverneur dans l'administration de la province : *legatus pro praetore.* CÉS., *B. g.*, I, 21, V, 8 etc. MARQUARDT, III, 1, 282, nᵉ 1933.

(9) Cette dénomination date du second Africain. PAUL. DIAC., p. 223. — MARQUARDT, III, 2, 307.

(10) CIC., *p. Cael.*, 30, § 73. *p. Planc.*, 11, § 27. *Dig.*, I, 18, 16 etc. Cf. MOMMSEN, *les Comites Augusti de la première époque de l'Empire* (en all.) dans le *Hermes*, IV, 120 (1869).

(11) PAUL. DIAC., l. l. CÉS., *B. c.*, I, 75. CIC., *ad div.*, XV, 4, § 7.

(12) CIC., *Verr.*, II, 2, 10, § 27, *ad Quint.*, I, 1, § 4. *p. Balb.*, 11, § 28.

Les provinciaux étaient exposés non-seulement aux concussions du gouverneur, mais encore et surtout à l'avidité des *publicani* (p. 302) et à l'usure des *negotiatores* (banquiers) romains ([1]). Bien qu'aux derniers siècles de la République le peuple mît certaines bornes aux exactions des gouverneurs par de nombreuses *leges repetundarum* ([2]), plutôt dans son intérêt, il est vrai, que dans l'intérêt des provinciaux ; cependant ceux-ci, s'ils voulaient obtenir justice à Rome, devaient s'assurer de la protection d'un citoyen influent à Rome *(patronus)* ([3]), et encore leurs plaintes restèrent-elles ordinairement sans effet.

§ 3. *Des provinces sous l'Empire* ([4]).

Les provinces depuis Auguste sont divisées en 2 catégories ([5]) : les provinces les plus importantes, surtout celles qui exigent l'occupation d'une armée, sont complétement soumises au pouvoir impérial, *provinciae Caesaris, principis.* Elles sont gouvernées au nom de l'empereur par des *legati Caesaris*, soit *consulares*, soit *praetorii* ([6]), qui sont chargés du commandement militaire et de la juridiction, et par des *procuratores*, ou fonctionnaires financiers, choisis d'ordinaire

(1) Cic., *p. Font.*, 1. — Haentjes, *Sur l'arbitraire et les concussions dans l'administration des provinces romaines* (en all.). Cologne, 1863.

(2) Cic., *Divin.*, 5. — Sur les *leges* et *judicia repetundarum* voyez Walter, § 814. Rudorff, I, § 31, II, § 120. Rein, *Dr. crim.*, pp. 604-672, C. G. Zumpt, *De legibus judiciisque repetundarum in Republica romana commentationes.* Berlin, 1845, 1847. Th. Mommsen, dans les *Inscr. lat. ant.*, pp. 54 et 555. — A. W. Zumpt, *Dr. crim.*, II, 1, 1-54, 357-375, 2, 294-352. — Voyez plus haut, p. 280, n° 1.

(3) *Lex rep.*, 9-12. Ordinairement le patronat est donné au citoyen qui a fait la conquête de la province, et à ses descendants. Cic., *De off.*, I, 11, § 35. — Rein, *Patronus* dans Pauly's *Realenc.*, V, 1247. Mommsen, *Rech. rom.*, I, 361, n° 10.

(4) Marquardt, III, 1, 293-309. Walter, §§ 308-320.

(5) Les passages importants sur ce sujet sont : Dion Cass., LIII, 12-15. Strab., XVII, 3, § 25, p. 840, Cas. Suét., *Aug.*, 47.

(6) De là la subdivision des provinces impériales en *consulares* et *praetoriae.* Capit., *M. Aur.*, 22. Les gouverneurs provinciaux portent aussi le nom générique de *praesides. Dig.*, I, 18, 1. — Marquardt, III, 1, 297, nos 2023-28.

dans l'ordre équestre. Dans certaines provinces toute l'administration est confiée à un *procurator* (¹).

Les provinces de la seconde catégorie sont administrées, comme du temps de la République, par des *proconsules* (soit *consulares*, soit *practorii)*, accompagnés de *quaestores*. *Provinciae senatus*, *populi* (²), *proconsulares* (CAPIT., *M. Aur.*, 22).

Cependant même dans les provinces dites sénatoriales, le pouvoir appartient en dernière instance à l'Empereur auquel les provinciaux peuvent appeler des sentences, prononcées par le gouverneur (³). Dès le 3ᵉ siècle de l'Empire toutes les provinces sont impériales (Cf. VOP., *Florian.*, 5-6).

La tendance marquée du gouvernement impérial fut d'effacer peu-à-peu les distinctions administratives et politiques qui existaient non seulement entre l'Italie et les provinces, mais encore de province à province, et de *civitas* à *civitas* dans une même province (⁴). Cette œuvre de nivellement qui fut facilitée par l'extension du droit de cité par Caracalla (p. 60), eut acquis son complet achèvement à la fin du 4ᵉ siècle après J.-Chr. En effet, à cette époque, à part les deux capitales, Rome et Constantinople, gouvernées par des *praefecti urbis*, le reste de l'Empire est placé sous l'administration *civile* et uniforme de quatre *praefecti practorio*. Chaque préfet gouverne un nombre déterminé de *diocèses* dont chacun est administré par un *vicarius*, subordonné au

---

(1) « *Procurator et praeses*, ou *vice praesidis* » Coll. *leg. Mos.*, XIV, 3, § 3. ORELLI, *Inscr.*, nᵒ 74. Cf. TAC., *Hist.*, I, 11, DION CASS., LX, 9. Exemple : la Judée. JOSEPH, *Antiq.*, XVIII, 1, 1 ; *B. j.*, II, 8, 1, — L'Egypte était gouvernée par un *eques* avec le titre de *praefectus*. DION CASS., LI, 17. TAC., *Hist.*, I, 11. Cf. *Ann.*, II, 59.

(2) STRAB., 1. 1. DION CASS., LIII, 13-14. GAJ., 1, 6. Les proconsuls n'ont point de pouvoir militaire. (DION CASS., 1. 1.). — Depuis l'Empire tous les fonctionnaires provinciaux sont salariés. DION CASS., LII, 23, 25, LIII, 15, etc.

(3) *Dig.*, I, 18, 4. Voyez p. 268, nᵒ 2.

(4) Ainsi la *libertas* des *civitates foederatae* et *liberae* devient de plus nominale. PLIN., *Ep.*, VI:I, 24. DION CHRYS.; II, p. 200 R. Le gouverneur étend son pouvoir administratif sur les *municipes, colonies, oppida latina* (MARQUARDT, III, 1, 260, nᵒ 1809) etc.

préfet. Chaque diocèse est subdivisé en un certain nombre de *provinciae*, à la tête desquelles se trouvent des *rectores, praesides* ou *correctores*, qui dépendent à leur tour du *vicarius* (1).

Enfin Justinien abolit toute distinction entre citoyens et pérégrins (p. 61).

(1) C'est la division de l'Empire, telle que nous la connaissons par la *Notitia dignitatum*, qui date de 400 apr. J.-Chr. — WALTER, §§ 387-392.

Ch. I. — DU POUVOIR COMPÉTENT ET DES FETIALES.

Les relations internationales se résument en l'état de paix et de guerre. Du temps de la République, le sénat était le représentant du peuple romain dans ses rapports internationaux (pp. 213-214). Cependant la décision de la guerre était de la compétence des comices centuriates (p. 187, n° 1); et aux derniers siècles de la République, les *concilia plebis* s'attribuèrent le droit de ratifier les traités internationaux, conclus par le sénat (p. 189, n° 1).

Les *formalités*, qui donnent la consécration religieuse aux relations internationales, sont réglées par un droit spécial (*jus fetiale*). Une corporation sacerdotale de vingt membres *(fetiales)* (²) est chargée de la garde et de l'interprétation de ce droit, quand elle est consultée par le sénat. En outre, c'est une députation de *fetiales* (2 à 4) dont le chef s'appelle *pater*

---

(1) Osenbrueggen, *De jure belli et pacis.* Leipzig, 1836. Mueller-Jochmus, *Histoire du droit des gens dans l'antiquité* (en all.). Leipzig, 1840. Laurent, *Histoire du droit des gens.* T. III, *Rome.* Gand, 1850, M. Voigt, *La doctrine du jus naturale, aequum et bonum et du jus gentium des Romains* (en all.). Leipzig, 1856-1858, 4 vol.

(2) Marquardt, IV, 380-393. Lange, I, 279-286. Conradus, *De ficialibus et jure feciali populi Romani.* Helmstadt, 1734 (réédité dans ses *Scripta min.* Halle, 1823, T. I. p. 259). Laws, *De fetialibus Romanis*, Deutsch-Crone, 1842. Rein, *Fetiales* dans Pauly's *Realenc.*, III, 466. Brandes, *De fetialium origine* dans Jahns *Jahrb.*, Suppl. T. XV, p. 529. 1849. Voigt, *De fetialibus populi Romani quaestionis specimen.* Leipzig, 1852, Wetsels, *De fetialibus.* Groningen 1854.

patratus, qui accomplit dans les actes internationaux les formalités, prescrites par le *jus fetiale* (¹).

Dans le principe aucune protection légale ne garantissait sur le territoire romain la sûreté de l'étranger, à moins qu'un traité international, conclu entre le peuple romain et le peuple étranger d'un commun accord et par les pouvoirs compétents ou leurs plénipotentiaires *(legati)* (²), n'eût déterminé la condition juridique de ces étrangers sur le sol romain (pp. 150-151). Cependant, quoique le droit international positif ou le *jus gentium* (p. 151, nᵉ 4) ne se soit développé que peu-à-peu et à une époque déjà avancée de la République, il y avait déjà, dès la plus haute antiquité, semble-t-il, au moins deux principes admis dans les relations entre les peuples italiques (³) :

1) L'inviolabilité des députés *(legati)* (⁴), protégée, en cas de transgression, par la *deditio* du coupable *per patrem patratum* (p. 136, nᵉ 4).

2) L'obligation de ne commencer les hostilités qu'après une déclaration formelle de guerre.

Cʜ. II. — DES TRAITÉS INTERNATIONAUX (⁵).

Ils sont de deux catégories : ou bien des traités de paix et d'amitié, ou bien des traités d'alliance (⁶).

(1) « *Foederum, pacis, belli, induciarum oratores, fetiales judicesve sunto Bella disceptanto.* » Cɪc., *De leg.*, II, 9, § 21. Cf. *De off.*, I, 11, § 36. III, 29. Vᴀʀʀ., *de l. l.*, V, 15. Vᴀʀʀ., cité par Nᴏɴ, p. 362, G. — Dᴇɴʏs, II, 72 : εἰρηνοδίκαι. Pʟᴜᴛᴀʀǫ., *Num.*, 12. Cf. *Quaest. rom.*, 62. Pᴀᴜʟ. Dɪᴀᴄ., p. 91. Sᴇʀᴠ., *ad Aen.*, I, 62, IV, 242. Lɪᴠ., I, 24, XXXI, 8, XXXVI, 3.

(2) Wᴇɪsᴋᴇ, *Considérations historiques et diplomatiques sur les ambassades des Romains, comparées aux modernes.* Zwickan, 1834.

(3) Wᴀʟᴛᴇʀ, §§ 72-75.

(4) Lɪᴠ., I, 14, II, 4, IV, 17, 19, 32. Cés., *B. g.*, III, 9. Tᴀᴄ., *Hist.*, III, 80. *Dig.*, L, 7, 17.

(5) Wᴀʟᴛᴇʀ, §§ 79-85, 93-95. Eɢɢᴇʀ, *Mémoire historique sur les traités publics dans l'antiquité.* Paris, 1867, 2ᵉ éd.

(6) C'est là, ce nous semble, la division fondamentale des traités romains, qui est indiquée fréquemment par les auteurs romains. Ils distinguent constamment entre *amici et socii, amicitia* avec ou sans *societas, civitas socia amicave* (*Dig.*, XLIX, 15, 19, § 3), *amicitia sine sociali foedere* (Lɪᴠ., XLV, 25) etc. Cf. Aᴘᴘ., *Gall.*, 13.

I. *Amicitia*, *pax*. Un tel traité, conclu pour un temps limité, *in diem certum (indutiae)* (¹), ou à perpétuité (*fœdus amicitiae causa factum*) (²), après une guerre (³), ou sans que l'état de guerre ait précédé (cf. Liv., VIII, 25), assure des relations amicales entre des états indépendants, et détermine le mode dont la sûreté et les intérêts des nationaux de chaque Etat seront protégés, quand ils seront de séjour sur le territoire de l'autre Etat *(Recuperatio)* (⁴).

Des *indutiae* et du *fœdus*, il faut distinguer la *sponsio*, ou le pacte conclu de sa propre autorité par un magistrat romain avec un peuple ennemi (⁵). La *sponsio* n'obligeait le peuple romain que quand elle était agréée par le pouvoir compétent (Liv., IX, 9). Dans le cas contraire, l'auteur de la *sponsio* était livré à l'ennemi par *deditio per patrem patratum* (pp. 136-137).

Il arrivait que le sénat romain accordait à un étranger, voire même à une cité entière, le *jus hospitii publici* à Rome, comme une récompense spéciale pour des services rendus (⁶).

---

(1) Voyez la définition de ce mot dans Gell.. I, 25. Des exemples : Liv., I, 15, II, 54, V, 32, VII, 20, 22, IX, 37, XXX, 38 etc.

(2) *Dig.*, XLIX, 15, 5, § 2. Cf. Liv., XXXVIII, 38.

(3) En ce cas les Romains imposent ordinairement certaines conditions défavorables à la partie adverse, cf. Polyb., I, 62, III, 27, XV, 18, XVIII, 27, XXII, 26. Liv., XXX, 37 et 43, XXXIII, 30, XXXVIII, 38 etc.

(4) Fest., p. 274. *Dig.*, XLIX, 15, 19, § 3 : « *cum in civitatem sociam amicamve, publico nomine tutus.* » Cf. Polyb., III, 22, 24.

(5) Gaj., III, 94. Liv., IX, 5, 41. — Danz, *La protection du droit sacré* (en all.). Jéna, 1857, p. 117-124.

(6) D'après Mommsen (*Le droit d'hospitalité à Rome* dans ses *Rech. rom.*, I, 326-354), l'*hospitium publicum* ne se serait point distingué essentiellement de l'*amicitia*; il aurait été comme la base de tout autre traité, et le *minimum* de concessions réciproques que deux peuples s'accordaient dans un pacte international. L'*hospitium publicum* aurait assuré à l'*hospes*, ou aux nationaux de l'Etat, avec lequel il était contracté, quand ils seraient de séjour à Rome, une demeure gratuite (*locus, aedes liberae*), des *lautiu* (Paul. Diac., p. 68) (proprement les ustensiles nécessaires pour le bain), et des dons en or ou en argent, *munera* (de là *municeps*, primitivement synonyme de *hospes* p. 305, nᵉ 2), devant servir aux frais d'entretien. — Cette opinion de Mommsen nous semble donner lieu à de nombreuses objections. 1º Les sources distinguent nettement entre *ami-*

II. *Fœdus sociale* (¹) ou traité d'alliance. Un tel traité comprenait, outre l'*amicitia*, des clauses spéciales concernant l'assistance réciproque que les deux peuples confédérés s'assuraient en cas de guerre, soit défensive, soit défensive et offensive (²).

Ces traités sont encore de deux catégories :

1) *fœdus aequum*, imposant aux deux parties des obligations égales (³).

citia et *hospitium* (*Dig.*, XLIX, 15, 5, § 2). 2o Les exemples historiques d'*hospitium publicum* sont rares, surtout entre Rome et toute une *civitas* étrangère (Liv., V, 28 et 50. Cés., *B. g.*, I, 31). 3o Un de ces exemples, c'est l'*hospitium publicum* entre Rome et le peuple gaulois des *Haedui*. (Cés. l. l.). Or César atteste « *Haeduos fratres consanguineosque saepenumero a senatu appellatos,* » et Tacite *(Ann.*, XI, 25) le confirme encore, en parlant de son époque : « *soli Gallorum fraternitatis nomen cum populo Romano usurpant* » preuve évidente, ce nous semble, que de l'*amicitia* ou la *societas* à l'*hospitium publicum* il y avait une grande distance. 4o L'*hospitium publicum* ce nous semble, n'était pas nécessairement une obligation bilatérale, mais plutôt un privilége, accordé comme récompense par le peuple romain à un particulier ou à une *civitas* étrangère. Comprend-on, sans cela, un *hospitium publicum* entre tout le peuple romain et un seul étranger ? 5o D'ailleurs, est-il admissible, que tous les *amici* et *socii* de l'Etat romain aient joui à Rome des droits de l'hospitalité ?

La seconde question est de savoir quels priviléges l'*hospitium publicum* conférait. Il n'est pas aisé de le dire exactement. Dans la plupart des passages, cités à cette intention par Mommsen (p. 344, nes 35, 36, 37, p. 345, no 39, p. 346, no 42, cf. Walter, § 83. no 31), il s'agit non pas autant de l'*hospitium publicum* que du *jus legatorum* : ce qui ne nous semble pas identique. Mommsen s'appuie surtout sur le *senatusconsultum de Asclepiade, Polystrato* etc., 78 av. J.-Chr. *(Inscr. lat. ant.* pp. 110-112) ; mais encore ce sénatus-consulte, comme le fait remarquer Walter, § 83, no 31, s'adresse à des provinciaux, et leur accorde des priviléges (par ex. l'*immunitas*), qui ne peuvent être conférés à des citoyens d'Etats indépendants de Rome. Cf. Orelli, *Inscript.*, no 784. De ce sénatus-consulte il résulte qu'il y avait une *formula* spéciale, déterminant exactement les priviléges de l'*hospitium* (Sc. *de Asc.* lat. 8) : mais elle ne nous e point connue. — Sur l'*hospitium privatum* voyez pp. 150-151.

(1) Liv., XXXIV, 57, XLV, 25, etc.

(2) La clause ordinaire était : « *ut eosdem hostes haberet quos populus Romanus* » Liv., XXXVIII, 11. Cf. Cic., *ad div.*, XII, 15. Denys, exc. Reisk., IV, p. 2320. Dion Cass., LXVIII, 9.

(3) Liv., XXXIV, 57. Justin, XLIII, 5. Cf. Liv., XXVI, 24. XXXIII, 13. App., *B. c.*, IV, 66, 70. Depuis les guerres puniques, les *fœdera* qu'on appelle encore *aequa*, ne le sont que de nom : un témoignage d'estime du peuple romain envers une cité provinciale. Le *fœdus aequum* le plus célèbre fut celui entre Rome et le Latium, p. 153. — Niebuhr, II, 56-88, et Walter, § 85,

2) *fœdus iniquum*, assurant, sous le nom de confédération, la dépendance réelle de l'un Etat vis-à-vis de l'autre (¹). Dans cette condition se trouvait plus tard la presque totalité des *civitates fœderatae* en province (p. 310).

III. La conclusion des *fœdera* et des *indutiae* était accompagnée de cérémonies religieuses accomplies par les *fetiales*. Après la lecture du traité, le *pater patratus* tue la victime au moyen d'un *silex*, en invoquant Jupiter par ces paroles : » *ut illa palam prima postrema ex illis tabulis cerave recitata sunt sine dolo malo, utique ea hic hodie rectissime intellecta sunt, illis legibus populus Romanus prior non deficiet. Si prior defexit publico consilio dolo malo, tum tu, ille Diespiter, populum Romanum sic ferito, ut ego hunc porcum hic hodie feriam, tantoque magis ferito, quanto magis potes pollesque* (²) » De là *fœdus icere, ferire, percutere*.

distinguent dans les premiers siècles de la République entre le *fœdus aequum* et le *municipium*. D'après eux le *municipium* consisterait en ce que deux peuples s'accordent réciproquement l'exercice du droit de cité, à l'exception des seuls droits politiques (*suffragium* et *honores*.)Ce serait une institution analogue à l'ἰσοπολιτεία chez les Grecs, dénomination dont se sert en effet fréquemment Denys. Cette signification du mot *municipium* est basée sur un texte controversé de Festus, voyez p. 306, n° 1. Quant au terme ἰσοπολιτεία, Walter, § 85, n° 40, avoue lui-même que Denys n'y attache pas un sens bien déterminé ; voyez aussi Schwegler, *H. r.*, II, 315-322. Au point de vue historique, cette condition devrait s'appliquer surtout aux Etats de la confédération latine : or, rien ne nous prouve que le *conubium* ait été commun aux Romains et aux Latins confédérés (p. 153, n° 3). Dans ce cas, il n'y avait point d'ἰσοπολιτεία entre eux. — Marquardt, III, 1, 26 suiv.

(1) Liv., IX, 20, XXXV, 46. Cf. XXXVIII, 11. Polyb., I, 16, XXII, 15. Sall., *Jug.*, 14. Flor., III, 1 etc. La formule, contenue dans un tel traité pour déclarer l'infériorité du peuple étranger, était celle-ci : »*Majestatem populi Romani comiter conservato.*» Cic., *p. Balb.*, 16. *Dig.*, XLIX, 15, 7, § 1. — Par contre le peuple romain assurait sa protection à l'Etat confédéré. Liv., XXX, 42. Cic., *p. leg. Man.*, 6. Cés., *B. g.*, I, 43, etc.

(2) L'auteur ajoute : »*Id ubi dixit, porcum saxo silice percussit. Sua item carmina Albani suumque jusjurandum per suum dictatorem suosque sacerdotes peregerunt.*» Liv., I, 24. Il s'agit en effet d'un traité entre Rome et Albe : mais l'historien avait dit plus haut : »*fœdera alia aliis legibus, ceterum eodem modo omnia fiunt.*» Cf. ib., IX, 5, XXX, 43. Polyb., III, 25. Serv., *ad Aen.*, VIII, 641. Il arrivait cependant déjà du temps de la République que le magistrat prêtait serment au lieu d'un *fetialis*. Liv., XXXVIII, 39. Suétone dit de l'empereur Claude (*Claud.*, 25) : »*cum regibus fœdus in foro icit porca caesa ac veteri fetialium praefatione adhibita.*» — Marquardt, IV, 391, n° 2665.

Les documents authentiques étaient gravés sur des tables d'airain, et gardés au Capitole dans l'*aedes Fidei populi Romani* (¹).

CH. III. DE LA DÉCLARATION DE GUERRE. (2).

La guerre, pour être conforme au *jus fetiale (justum ac pium bellum)* (³), ne peut se faire que quand le peuple étranger se refuse à donner satisfaction aux griefs, qui lui sont imputés par le peuple romain.

A cet effet, une députation de *fetiales* est chargée avant tout de demander réparation *(ad res repetendas* (⁴), *clarigatio)* (⁵). Au moment de passer la frontière du peuple étranger, le *pater patratus*, en prenant Jupiter comme témoin de la vérité de ses affirmations, prononce à haute voix la plainte du peuple romain (⁶). Il la répète au premier habitant qu'il rencontre sur le territoire étranger, à la porte et au *forum* de la ville où réside le pouvoir du peuple étranger (LIV., I, 32). Il donne à celui-ci un délai de 30 jours ; le trente-troi-

---

(1) POLYB., III, 26. LIV., XXVI, 24. SUÉT., *Vesp,*, 8. Cf. *Sc. de Asclep.*, l. 25. *(Ins. l. ant.*, p. 112) «πίνακα χαλκοῦν φιλίας ἐν τῷ Καπετωλίῳ ἀναθεῖναι.» MOMMSEN, Mémoire cité p. 192, nᵉ 1.

(2) WALTER, §§ 76-78. Voyez dans RUDORFF, II, § 21, note, l'analogie entre la procédure par *legis actiones* et les formalités, précédant la déclaration de la guerre.

(3) LIV., III, 25, IX, 8. VARR., *de l. l.*, V, 15. CIC., *de off.*, I, 11, § 36 : «*nullum bellum esse justum nisi quod aut rebus repetitis geratur aut denuntiatum sit ante et indictum*» III, 29 : «*cum justo et legitimo hoste res gerebatur adversus quem et totum jus fetiale et multa jura sunt communia.*» De là la différence entre *hostes* et *latrunculi* ou *praedones. Dig.*, XLIX, 15, 24.

(4) LIV., I, 32, IV, 30, VIII, 22, X, 12 etc.

(5) ARNOB., II, 67. Cf. LIV., VIII, 14. SERV., *ad Aen.*, X, 14, IX, 53. Dans ce dernier passage l'explication est inexacte. — MARQUARDT, IV, 386, nᵉ 2629.

(6) «*Audi, Juppiter, audite fines*» — *Cujuscumque gentis sunt nominat.* — «*Audiat fas! ego sum publicus nuntius populi Romani ; juste pieque legatus venio verbisque meis fides sit.*» *Peragit deinde postulata. Inde Jovem testem facit :* «*si ego injuste inpieque illos homines illasque res dedier mihi exposco, tum patriae compotem me numquam siris esse*» LIV., I, 32.

sième jour (¹), s'il n'a pas obtenu satisfaction, il répète sa protestation solennelle (²), retourne à Rome, et déclare au sénat que d'après le droit divin rien ne s'oppose à la déclaration de la guerre.

Après que la décision de la guerre a eu lieu par le sénat et par le peuple, elle doit être suivie d'une déclaration formelle de guerre *(indicere bellum)* (³).

A cet effet le *pater patratus* se rend à la frontière de l'Etat ennemi; et là, en présence d'au moins trois hommes, il proclame qu'à cause de l'injustice du peuple ennemi, le sénat et le peuple romains lui déclarent la guerre (⁴), et il pose le premier acte d'hostilité, en lançant un javelot sur le territoire ennemi (⁵).

(1) Liv., I, 32. Cf. ib., 22. Denys, II, 72, VIII, 35, 37.

(2) *« Audi Juppiter et tu Jane Quirine diique omnes caelestes vosque terrestres vosque inferni audite ! ego vos testor, populum illum »* — quicumque est, nominat — *« injustum esse, neque jus persolvere, Sed de istis rebus in patria majores natu consulemus, quo pacto jus nostrum adipiscamur. »* Liv., I, 32.

(3) Cic., *de rep.*, II, 17. Liv., I, 32. Cf. XXXI, 8.

(4) La formule était la suivante : *« Quod populus Hermundulus hominesque populi Hermunduli adversus populum Romanum bellum fecere deliqueruntque, quodque populus Romanus cum populo Hermundulo hominibusque Hermundulis bellum jussit, ob eam rem ego populusque Romanus populo Hermundulo hominibusque Hermundulis bellum dico facioque. »* Gell., XVI, 4. Voyez une formule analogue chez Liv., I, 32.

(5) Liv., I, 32. — *« Denique cum Pyrrhi temporibus adversus transmarinum hostem bellum Romani gesturi essent, nec invenirent locum, ubi hanc solennitatem per feciales indicendi belli celebrarent, dederunt operam, ut unus de Pyrrhi militibus caperetur, quem fecerunt in Circo flamineo locum emere, ut quasi in hostili loco jus belli indicendi implerent : denique in eo loco ante pedem Bellonae consecrata est columna. »* Serv., *ad Aen.*, IX, 53. Cette formalité fut observée jusqu'à une époque avancée de l'Empire. (Dion Cass., L, 4, LXXI, 33. Amm. Marc., XIX, 2, 6). Bien que les féciaux n'intervinssent plus dans ces formalités, l'existence de leur collège est constatée jusqu'au 3ᵉ siècle de l'Empire.

TABLE DES MATIÈRES.

PREMIÈRE PARTIE.

ÉPOQUE DE FORMATION.

LIVRE I. — L'ÉTAT PATRICIEN.

LIVRE II. — L'ÉTAT PATRICIO-PLÉBÉIEN OU L'ÉPOQUE DE TRANSITION.

SECONDE PARTIE.

ÉPOQUE D'ACHÈVEMENT·

LIVRE I. — DES PERSONNES.

LIVRE II. — DES POUVOIRS CONSTITUTIFS
DU GOUVERNEMENT.

LIVRE III. — DES BRANCHES PRINCIPALES DE L'ADMINISTRATION.

Ch. II. Des *judicia privata*.

SECTION II. — DES FINANCES.

SECTION III. — DE L'ITALIE ET DES PROVINCES.

SECTION IV. — DES RELATIONS INTERNATIONALES.

ADDITIONS ET CORRECTIONS.

P.   3, l. 8. Halicarnasse. Lisez : Denys d'Halicarnasse.
P. 13, l. 1. Effacez *curiata.*
P. 19, notes, l. 1. Effacez : *elle le fut ensuite* etc. jusqu'à la fin.
P. 23, nᵉ 1. Ajoutez-y : Cf. SCHWEGLER, *H. r.*, I, 614. MARQUARDT, V, 1, 34,
P. 27, nᵉ 1. Lisez GAJ., III, 17.
P. 31, l. 11. *Ainsi :* lisez *aussi.*
P. 41, l. 7. *ni* : lisez *in.*
P. 53, l. 12. *tibicines* : lisez *tubicines.*
P. 123, l. 8. Lisez : tout citoyen majeur qui etc.
P. 148, l. 16. Lisez : le cens sénatorial.
P. 150, nᵉ 3. Effacez : l'*hospitium privatum* jusqu'à *le cas.*
P. 168, nᵉ 4, l. 2. Au lieu de *cens* lisez *recensement.*
P. 173, l. 5. Au lieu de 90 lisez 70.
P. 180, nᵉ 5. Ajoutez : DIHLE, *de lege Publilia a. u.* 282. Nordhausen, 1859.
P. 198, l. 11. Les magistrats : lisez *les ex-magistrats.*
P. 207, nᵉ 1. A mettre en tête de la note : La *praescriptio* de ce sénatus-consulte n'est pas conservée dans le texte latin. Nous avons donné d'après MOMMSEN la traduction latine du texte grec.
P. 219, l. 8. Lisez : *jus habendi contionem.*
P. 226, ll. 10-11. Lisez : pendant dix ans.
P. 249, l. 1. *in dominio.* Ajoutez : *ex jure quiritium.*
P. 255, nᵉ 1, l. 4. VAL. Lisez VAL. MAX.
P. 287, l. 3. Au lieu de *decemviralis* lisez *centumviralis.*
P. 306, nᵉ 4. RUDORFF, II, § 16. Lisez : R., I, § 16.

www.ingramcontent.com/pod-product-compliance
Lightning Source LLC
Chambersburg PA
CBHW061433060726

47597CB00002B/316